B L U M E • S T E I N

New Edition

French

T W O   Y E A R S

R E V I E W   T E X T

(New Edition)

ELI BLUME

Former Chairman of the Foreign Language Department
Forest Hills High School
New York City

GAIL STEIN

Foreign Language Department
Martin Van Buren High School
New York City

When ordering this book, please specify *either* **R 527 P** *or*
BLUME/STEIN FRENCH TWO YEARS REVIEW TEXT

AMSCO

AMSCO SCHOOL PUBLICATIONS, INC.
315 Hudson Street/New York, N.Y. 10013

Please visit our Web site at:

www.amscopub.com

Cover photograph: Pont Alexandre III, Paris, France, by Sandra Baker
Illustrations by Tom Sperling
Maps by Susan Detrich

ISBN 1-56765-310-3
NYC Item 56765-310-2

Printed in the United States of America

4 5 6 7 8 9 10   03 02

Preface

The BLUME / STEIN FRENCH TWO YEARS is designed to give students a comprehensive review and thorough continuing understanding of the elements of the French language and the highlights of French culture. Abundant and varied exercises help students master each phase of the work.

ORGANIZATION

For ease of study and reference, the book is divided into six parts. In Parts One through Three, the chapters are organized around related grammatical topics. The two chapters in Part Four are devoted to vocabulary: synonyms, antonyms and topical vocabulary. Part Five covers the culture of France, dealing with language, geography, history, life-style, literature, art, music, architecture, and science. Part Six provides material for comprehensive practice and testing of the speaking, listening, reading, and writing skills.

GRAMMAR

Each grammatical chapter deals fully with one major grammatical topic or several closely related ones. Explanations of structure are brief and clear. All points of grammar are illustrated by many examples, in which the key elements are typographically highlighted.

This second year review of French covers a basic grammatical sequence. Care has been taken, especially in the critical Part One: Verb Structures, to avoid the use of overly complex, structural elements. To enable students to concentrate on the structural practice, the vocabulary has been carefully controlled and systematically "recycled" throughout the grammatical chapters.

EXERCISES

For maximum efficiency in learning, the exercises directly follow the points of grammar to which they apply. Carefully graded, the exercises proceed from simple assimilation to more challenging manipulation of elements and communication. To provide functional continuity of a grammatical topic, the exercises are set in communicative contexts. Many are also personalized to stimulate student response.

While the contents of the exercises afford extensive oral practice, the book's format also encourages reinforcement through written student responses, including English to French exercises intended to sharpen composition skills. The grammatical chapters conclude with Mastery Exercises, in which all grammatical aspects in the chapter are again practiced in recombinations of previously covered elements. French is used to describe communicative situations and to give specific directions to the exercises.

FLEXIBILITY

The topical organization and the integrated completeness of each chapter permit the teacher to follow any sequence suitable to the objectives of the course and the needs of the students. This flexibility is facilitated by the detailed table of contents at the front of the book and the comprehensive grammatical index at the back. Teachers as well as students will also find the book useful as a reference source.

CULTURE

The cultural chapters in Part Five are in French. Every effort has been made to keep the narratives clear and readable and to provide a wealth of cultural information. Each cultural chapter includes varied exercises designed to test comprehension.

OTHER FEATURES

The Appendix features model verb tables and the principal parts of common irregular verbs, prepositions, a list of proverbs, additional idioms, and basic rules of French punctuation and syllabication. French-English and English-French vocabularies and a comprehensive Index complete the book.

The BLUME / STEIN FRENCH TWO YEARS is a thoroughly revised and updated edition. With its comprehensive coverage of the elements of French, clear and concise explanations, extensive practice materials, functional vocabulary, and interesting cultural narratives, the book will help students strengthen their skills in the French language. As students pursue proficiency, they will also gain valuable insights into the culture of France.

Contents

Part One
Verb Structures

Part Two
Noun and Pronoun Structures;
Prepositions

Part Three
Adjective / Adverb and Related Structures

Part Four
Word Study

Part Five
French Civilization

Part Six
Comprehensive Testing
Speaking, Listening, Reading, Writing

Appendix *499*

Part one

Verb Structures

QUÉBEC

SAINT-PIERRE-
ET-MIQUELON

LOUISIANE

BELGIQUE

LUXEMBOURG

FRANCE — SUISSE

MONACO

CORSE

MAROC

ALGÉRIE

TUNISIE

MAURITANIE

MALI

NIGER

TCHAD

HAÏTI

GUADELOUPE

MARTINIQUE

SÉNÉGAL

GUINÉE

BURKINA FASO

CÔTE-D'IVOIRE

RÉPUBLIQUE
CENTRAFRICAINE

GUYANE

TOGO

BÉNIN

CAMEROUN

ZAÏRE

GABON

CONGO

Chapter 1
Present Tense of Regular Verbs

[1] PRESENT TENSE OF *-ER* VERBS

The present tense of regular *-er* verbs is formed by dropping the infinitive ending *(-er)* and adding the personal endings *-e, -es, -e, -ons, -ez, -ent.*

marcher *to walk*		
SINGULAR	**je marche**	*I walk, I am walking, I do walk*
	tu marches	*you walk, you are walking, you do walk*
	il marche	*he walks, he is walking, he does walk*
	elle marche	*she walks, she is walking, she does walk*
PLURAL	**nous marchons**	*we walk, we are walking, we do walk*
	vous marchez	*you walk, you are walking, you do walk*
	ils marchent	*they walk, they are walking, they do walk*
	elles marchent	*they walk, they are walking, they do walk*

NOTE:

1. The familiar form *tu* is generally used when addressing a relative, a friend, or a child—someone with whom one is familiar. *Vous* is used in the singular to show respect, and to denote formality or politeness.

2. The *e* of *je* is dropped when the next word begins with a vowel or a silent *h*.

   J'aime le chocolat.   *I like chocolate.*
   J'habite à Montréal.   *I live in Montreal.*

3. The third person pronouns *il, elle, ils, elles* refer to both persons and things. To refer to nouns of different genders, *ils* is used.

   L'homme et la femme bavardent.   *The man and the woman chat.*
   Ils bavardent.   *They chat.*

   Common *-er* verbs:

   accompagner *to accompany*   ajouter *to add*
   adorer *to adore*   allumer *to light, turn on*
   aider *to help*   apporter *to bring*
   aimer *to like, love*   arriver *to arrive*

3

bavarder *to chat*

camper *to camp*

chanter *to sing*

chauffer *to heat, warm*

chercher *to look for*

collectionner *to collect*

commander *to order*

comparer *to compare*

composer *to compose, dial* (phone number)

compter *to count*

continuer *to continue*

coûter *to cost*

crier *to shout*

cuisiner *to cook*

danser *to dance*

décorer *to decorate*

déjeuner *to eat lunch*

demander *to ask (for)*

dépenser *to spend*

désirer *to desire*

dîner *to dine*

donner *to give*

écouter *to listen (to)*

emprunter *to borrow*

entrer dans *to enter*

étudier *to study*

expliquer *to explain*

fermer *to close*

gagner *to win*

garder *to keep, look after*

habiter *to live (in)*

indiquer *to indicate*

inviter *to invite*

jouer *to play*

laver *to wash*

mâcher *to chew*

marcher *to walk*

monter *to go up*

montrer *to show*

noter *to note down, notice*

organiser *to organize*

oublier *to forget*

parler *to speak*

participer *to participate*

passer *to pass, spend* (time)

patiner *to (ice-)skate*

pêcher *to fish*

penser *to think*

plaisanter *to joke*

porter *to carry; to wear*

pousser *to push; to grow*

pratiquer *to practice; to play* (sport)

préparer *to prepare*

présenter *to introduce*

prêter *to lend*

raconter *to tell, narrate*

rapporter *to bring back*

regarder *to look at, watch*

rentrer *to return*

réparer *to repair*

respecter *to respect*

rester *to stay, remain*

retourner *to return*

téléphoner *to phone*

toucher *to touch*

travailler *to work*

trouver *to find*

vider *to empty*

Other common -*er* verbs:

arracher *to pull out*

arroser *to water*

assister (à)   *to attend*
cacher   *to hide*
chasser   *to hunt; to chase away*
couper   *to cut*
critiquer   *to criticize*
déclarer   *to declare*
décoller   *to take off* (plane)
demeurer   *to live*
distribuer   *to distribute*
durer   *to last*
emballer   *to wrap up*
embrasser   *to hug; to kiss*
enregistrer   *to record*
épouser   *to marry*
éviter   *to avoid*
exprimer   *to express*
fêter   *to celebrate*
fonctionner   *to work*
frapper   *to hit*
terminer   *to end*goûter   *to taste*
gronder   *to scold*
laisser   *to leave, let*
louer   *to rent*
marcher   *to walk*
mériter   *to deserve*
pardonner   *to pardon, excuse*
piloter   *to pilot*

pleurer   *to cry*
poser   *to place*
quitter   *to leave*
ramasser   *to pick up; to collect*
regretter   *to regret*
remarquer   *to notice*
remercier   *to thank*
rencontrer   *to meet*
repasser   *to iron*
réserver   *to reserve*
retirer   *to remove*
saluer   *to greet*
séjourner   *to stay*
sembler   *to seem*
siffler   *to whistle*
signer   *to sign*
sonner   *to ring*
souhaiter   *to wish*
surveiller   *to watch*
tirer   *to pull*
tomber   *to fall*
tousser   *to cough*
traverser   *to cross*
tromper   *to deceive*
visiter   *to visit*
voler   *to steal*

EXERCICE A

C'est la rentrée des classes. Exprimez ce que ces personnes font.

EXEMPLE: le professeur / distribuer les emplois du temps
Le professeur **distribue** les emplois du temps.

1. les jeunes filles / saluer leurs amis
2. nous / raconter des histoires amusantes
3. Alice / organiser un club

4. vous / rencontrer vos amis

5. les petits enfants / pleurer le premier jour d'école

6. je / poser beaucoup de questions

7. le directeur / souhaiter la bienvenue aux élèves

8. tu / surveiller les plus jeunes

EXERCICE B

Tanya écrit une lettre à une amie au sujet d'une boum. Complétez chaque phrase avec la forme correcte du verbe approprié.

accompagner	décorer	emprunter	fêter	organiser
cuisiner	distribuer	enregistrer	inviter	réserver

Chère Michelle,

Louise _____ son anniversaire. Elle a seize ans. Des amis et moi, nous
     1.

_____ une boum pour elle. Nous _____ des invitations à tous nos
   2.   *3.*

camarades de classe. Je _____ avec l'aide de la mère de Louise. Paul
                          4.

_____ les chansons préférées de Louise sur une cassette. Les parents de
   5.

Louise _____ une caméra pour filmer les moments les plus amusants de la
        6.

fête. C'est décidé: nous _____ la maison samedi. Toi, Michelle, tu _____
                          7.   *8.*

des places de théâtre et tu _____ aussi Janine. Janine et toi, vous _____
                             9.   *10.*

Brian et David chez elle le soir de la fête. D'accord?

À très bientôt.

Tanya

a. Negative constructions

   In a negative construction, *ne* precedes the conjugated verb and *pas* follows it.

Je **ne critique pas** mes amis.	*I don't criticize my friends.*
Vous **ne fêtez pas** cet événement.	*You aren't celebrating that event.*

Ne becomes *n'* before a vowel or a silent *h*.

Tu **n'écoutes** pas.	*You are not listening.*
Ils **n'hésitent** pas souvent.	*They don't hesitate often.*

EXERCICE C

Exprimez ce que ces personnes ne font pas aujourd'hui.

EXEMPLE: je / préparer le dîner
Je **ne prépare pas** le dîner.

1. nous / surveiller les enfants *Nous ne surveillons pas les enfants.*
2. Lise / arroser les fleurs *Lise n'arrose pas les fleurs.*
3. vous / repasser vos vêtements *Vous ne repassez pas vos vêtements*
4. les filles / couper les légumes pour la salade
5. tu / organiser ton travail *Tu n'organise pas ton travail.*
6. le garçon / distribuer ses brochures
7. je / rencontrer mon ami à la bibliothèque
8. Pierre et Charles / ramasser les papiers *Pierre et Charles ne ramasse pas les papiers.*

EXERCICE D

Exprimez ce que les élèves ne font pas en classe.

EXEMPLE:

Je **ne regarde pas** la télévision.

1. Tu *ne* _____.

2. Les filles _____.

3. Vous _____.

4. Kim _____.

5. M. Higgins _____.

6. Je _____.

b. Interrogative constructions with simple intonation

In everyday conversations, questions are often asked simply by saying a statement with an interrogative intonation. (In writing, the statement would appear with a question mark at the end.) This is especially the case for questions that can be answered by yes or no.

Tu travailles bien en classe?	*You work well in school?*
Oui, je travaille très bien.	*Yes, I work very well.*

NOTE: The expression *n'est-ce pas?* is sometimes placed at the end of such a statement—especially when the expected answer is *oui.*

Il arrive demain, **n'est-ce pas?**	*He is coming tomorrow, isn't he?*

EXERCICE E

Catherine et Isabelle sont deux amies qui habitent près de Paris. C'est le 2 septembre et elles bavardent au téléphone. Complétez leur conversation avec la forme correcte des verbes donnés.

ISABELLE: Allô! Bonjour, Catherine. Ça va?

CATHERINE: Salut, Isabelle. Ça va. Tu _____ de vacances?
                                            1. (rentrer)

ISABELLE: Oui, mais je _____ à l'école demain. Et toi, tu
2. (retourner)

_____ tes affaires pour l'école?
3. (préparer)

CATHERINE: Non. J'aide ma mère à préparer le dîner. Tu _____ dîner
4. (désirer)
chez nous?

ISABELLE: Ton frère _____ avec vous?
5. (dîner)

CATHERINE: Ah! Ah! Tu _____ mon frère?
6. (aimer)

ISABELLE: Moi? Tu _____ ? Alors ta mère et toi, vous m' _____ ?
7. (plaisanter)   8. (inviter)

CATHERINE: Bien sûr! À ce soir, Isabelle!

c. **Interrogative constructions with** *est-ce que*

A question may be formed by beginning a sentence with *est-ce que*.
Est-ce que becomes *est-ce qu'* before a vowel or a silent *h*.

Nous chantons bien.	**Est-ce que** nous chantons bien?
Ils expliquent le problème.	**Est-ce qu'ils** expliquent le problème?
Hélène rencontre Luc.	**Est-ce qu'**Hélène rencontre Luc?

EXERCICE F

Vous faites la connaissance d'un nouveau copain dans une disco. Exprimez les questions que vous lui posez.

EXEMPLE: aimer le sport *(tu)*
          Est-ce que tu aimes le sport?

1. danser souvent ici *(tu)*

2. demeurer dans le même quartier *(nous)*

3. quitter l'école à quatre heures le lundi *(Bruce et toi, vous)*

4. habiter depuis longtemps ici *(ta famille)*

5. sembler sympathique *(je)*

6. organiser bientôt une boum *(tes amis)*

7. critiquer tes opinions *(tes parents)*

8. rencontrer tes amis le dimanche *(tu)*

d. Interrogative constructions with inversion

A question may also be formed by reversing the word order of the subject pronoun and the verb and joining them with a hyphen.

Tu restes ici.	**Restes-tu** ici?
Vous étudiez le latin.	**Étudiez-vous** le latin?

NOTE:

1. If the subject pronoun is *il, elle,* or *on,* and the conjugated verb ends in a vowel, a *-t-* is added between the verb and the pronoun.

Il cherche son ami.	Cherche-**t**-il son ami?
Elle étudie beaucoup.	Étudie-**t**-elle beaucoup?
On aime nager.	Aime-**t**-on nager?

2. When the subject of a question is a noun, the noun stays before the verb and a corresponding third person pronoun is added after the verb.

Andrew embrasse son amie.	**Andrew embrasse-t-il** son amie?
Laura travaille beaucoup.	**Laura travaille-t-elle** beaucoup?
Les garçons aiment jouer.	**Les garçons aiment-ils** jouer?
Les feuilles tombent.	**Les feuilles tombent-elles?**

3. The inverted construction is rarely used in spoken French and almost never with the first-person singular. With the pronoun *je* the form with *est-ce que* is generally used.

Je parle trop.	**Est-ce que je** parle trop?

EXERCICE G

Posez des questions sur ce que vos amis et vous faites aujourd'hui.

EXEMPLE: tu / jouer au tennis
            Joues-tu au tennis?

1. nous / quitter la maison tôt
2. il / fêter son anniversaire
3. vous / patiner sur le lac
4. tu / organiser un match de foot
5. elles / rester à la maison

6. elle / ranger sa chambre

7. il / travailler après l'école

8. vous / prêter votre bicyclette

EXERCICE H

Écrivez les questions que vous désirez poser au sujet de vos amis.

EXEMPLE: Les garçons jouent au football. *(au tennis)*
           Les garçons jouent-ils au tennis aussi?

1. Hitoshi embrasse sa mère. *(sa petite amie)*

2. John et Michael aiment pêcher. *(patiner)*

3. Lisa séjourne en France. *(en Italie)*

4. Janice et Robert organisent un club. *(un concours)*

5. Jennifer gronde sa sœur. *(son frère)*

6. Katya et Fatima rencontrent leurs cousins. *(leurs amis)*

7. Justin oublie son chapeau. *(son manteau)*

8. Joan et Richard chassent les chiens. *(les chats)*

EXERCICE I

Posez cinq questions à un(e) camarade de classe sur ses passe-temps favoris en utilisant les suggestions données.

aimer le sport	jouer au golf
collectionner les timbres	nager bien
écouter les informations tous les jours	regarder souvent la télévision

EXEMPLE: Aimes-tu le sport?
           Oui, j'aime le sport.
   ou: **Non, je n'aime pas** le sport.

e. Negative interrogative constructions

In negative questions using inversion, *ne* and *pas* surround the inverted verb and pronoun.

Rencontrent-ils leurs amis?	*Are they meeting their friends?*
Ne rencontrent-ils **pas** leurs amis?	*Aren't they meeting their friends?*

Gordon danse-t-il bien?	*Does Gordon dance well?*
Gordon **ne danse-t-il pas** bien?	*Doesn't Gordon dance well?*

NOTE:

1. To answer a negative question, the French use *si* instead of *oui*.

Gordon ne danse-t-il pas bien?	*Doesn't Gordon dance well?*
Si, Gordon danse bien.	*Yes, Gordon does dance well.*

2. In spoken French, negative questions are generally expressed with regular word order and interrogative intonation or with *est-ce que* at the beginning of the statement.

Tu n'aimes pas le fromage?	*You don't like cheese?*
Est-ce que Barbara n'aime pas chanter?	*Doesn't Barbara like to sing?*

EXERCICE J

Vous bavardez entre amis. Votre ami(e) entend les réponses, mais pas les questions. Reformulez les questions posées pour lui / elle.

EXEMPLE: Si, David embrasse souvent ses parents.
            David n'embrasse-t-il pas souvent ses parents?

1. Si, Lenisha remercie toujours ses amis.

2. Si, Patrick et Matthew regrettent leurs erreurs.

3. Si, Douglas raconte ses exploits sportifs.

4. Si, Cécile et Lise téléphonent à leur grand-mère à Noël.

5. Si, Winston critique les vêtements de son frère.

6. Si, Anne et Maria pardonnent à Sasha.

7. Si, Jamie et Cliff expriment leurs opinions.

8. Mais si, Jessica cache la vérité.

[2] PRESENT TENSE OF *-IR* VERBS

The present tense of regular *-ir* verbs is formed by dropping the infinitive ending *(-ir)* and adding the personal endings *-is, -is, -it, -issons, -issez, -issent.*

punir *to punish*		
SING.	je pun**is**	*I punish, I am punishing, I do punish*
	tu pun**is**	*you punish, you are punishing, you do punish*
	il pun**it**	*he punishes, he is punishing, he does punish*
	elle pun**it**	*she punishes, she is punishing, she does punish*
PLUR.	nous pun**issons**	*we punish, we are punishing, we do punish*
	vous pun**issez**	*you punish, you are punishing, you do punish*
	ils pun**issent**	*they punish, they are punishing, they do punish*
	elles pun**issent**	*they punish, they are punishing, they do punish*

Common -*ir* verbs:

accomplir *to accomplish*	guérir *to cure*
agir *to act*	maigrir *to lose weight*
applaudir *to applaud*	nourrir *to feed*
atterrir *to land* (plane)	obéir *to obey*
avertir *to warn*	punir *to punish*
bâtir *to build*	réfléchir *to reflect, think*
choisir *to choose*	remplir *to fill*
désobéir *to disobey*	réussir *to succeed*
finir *to finish*	rôtir *to roast*
garantir *to guarantee*	rougir *to blush*
garnir *to garnish*	saisir *to seize, grab*
grandir *to grow*	trahir *to betray*
grossir *to put on weight*	

NOTE:

1. **Negative, interrogative, and negative interrogative constructions
   with -*ir* verbs follow the same rules as for -*er* verbs.**

   Elle n'avertit pas ses parents.   *She doesn't warn her parents.*

   Tu choisis la robe rouge?
   Est-ce que tu choisis la robe rouge? } *Do you choose the red dress?*
   Choisis-tu la robe rouge?

   Julia n'applaudit pas?
   Est-ce que Julia n'applaudit pas?   } *Doesn't Julia applaud?*
   Julia n'applaudit-elle pas?

2. For *-ir* verbs, it is not necessary to add *-t-* when forming a question with *il, elle,* or *on* since the verb form already ends in *t.*

Punit–il son chien?   *Does he punish his dog?*

EXERCICE K

Exprimez ce que chaque personne fait dans les situations suivantes.

agir	grossir	réfléchir	réussir
applaudir	maigrir	remplir	rougir

1. Je _____ avant de prendre une décision.

2. Le public _____ quand il aime le spectacle.

3. Les personnes timides _____ dans une situation embarrassante.

4. Nous _____ pour sauver l'environnement.

5. Le garçon _____ le questionnaire.

6. Tu _____ quand tu manges trop de gâteaux.

7. Vous _____ parce que vous travaillez beaucoup.

8. M. Williams _____ parce qu'il est au régime.

EXERCICE L

Exprimez ce que ces personnes ne font pas parce qu'elles n'ont pas le temps.

EXEMPLE: Anne / garnir son gâteau d'anniversaire
            Anne **ne garnit pas** son gâteau d'anniversaire.

1. je / choisir les disques compacts maintenant

2. Linda / réfléchir avant d'agir

3. Frank et moi / accomplir notre travail

4. tu / finir tes devoirs

5. Felipe et Carlos / agir assez vite

6. vous / réussir

7. elles / nourrir le chat

8. Joshua / rôtir le poulet pour son dîner

EXERCICE M

Vos amis et vous organisez une boum.

EXEMPLE: saisir l'occasion de venir *(Karl et Marc)*
Karl et Marc **saisissent-ils** l'occasion de venir?

ne pas saisir l'occasion de venir *(tu)*
Ne saisis-tu pas l'occasion de venir?

1. garantir un grand succès *(tu)*

2. ne pas avertir toute la classe *(nous)*

3. ne pas rôtir le poulet avant de faire des sandwichs *(Becky et Cathy)*

4. choisir des cassettes populaires *(vous)*

5. ne pas remplir les éclairs de crème *(on)*

6. réfléchir à tout ce qui est nécessaire *(vous)*

7. réussir à décorer le salon *(Roger et Bernard)*

8. finir ces tartes avant de préparer la limonade *(nous)*

9. ne pas saisir cette chance de jouer de la guitare en public *(tu)*

10. ne pas agir de façon autoritaire *(vous)*

[3] PRESENT TENSE OF *-RE* VERBS

The present tense of regular *-re* verbs is formed by dropping the infinitive ending *(-re)* and adding the personal endings *-s, -s, –, -ons, -ez, -ent.*

vendre *to sell*		
SINGULAR	**je vends**	*I sell, I am selling, I do sell*
	tu vends	*you sell, you are selling, you do sell*
	il vend	*he sells, he is selling, he does sell*
	elle vend	*she sells, she is selling, she does sell*
PLURAL	**nous vendons**	*we sell, we are selling, we do sell*
	vous vendez	*you sell, you are selling, you do sell*
	ils vendent	*they sell, they are selling, they do sell*
	elles vendent	*they sell, they are selling, they do sell*

Common –re verbs:

attendre *to wait (for)*	perdre *to lose*
correspondre *to correspond*	rendre *to give back, return*
défendre *to defend*	répondre (à) *to answer*
descendre *to go (come) down*	rompre *to break, break up*
entendre *to hear*	tondre *to mow*
interrompre *to interrupt*	vendre *to sell*
pendre *to hang*	

NOTE:

1. There are three exceptions: The verbs *rompre, corrompre* (to corrupt), and *interrompre* end in *-t* in the third person singular.

   il rompt   on corrompt   elle interrompt

2. Negative, interrogative, and negative interrogative constructions of *-re* verbs follow the same rules as for *-er* and *-ir* verbs.

   Les garçons ne tondent pas la pelouse.   *The boys aren't mowing the lawn.*

   Tu attends tes amis?
   Est-ce que tu attends tes amis?   } *Are you waiting for your friends?*
   Attends-tu tes amis?

   Michael ne descend pas?
   Est-ce que Michael ne descend pas?   } *Michael doesn't come downstairs?*
   Michael ne descend-il pas?

3. With *-re* verbs, it is not necessary to add *-t-* when forming a question with *il, elle,* or *on* since the form already ends in a consonant.

   Attend-elle sa voiture?   *Is she waiting for her car?*

EXERCICE N

Exprimez ce que ces personnes font ce dimanche.

attendre des amis au club
   de tennis
correspondre avec un ami
descendre en ville
pendre de nouveaux rideaux

répondre au téléphone toute la
   journée
tondre la pelouse
vendre des fruits au marché
entendre un concert

EXEMPLE: Shawn **répond** au téléphone toute la journée.

1. M. Karensky _____.
2. Je _____.
3. Vous _____.
4. Les filles _____.

5. Tu _____.
6. Nous _____.
7. Claude _____.

EXERCICE O

Exprimez ce que ces personnes ne font pas.

EXEMPLE: Tu es timide. *(défendre tes idées)*
Tu ne défends pas tes idées.

1. Ching tient sa parole. *(rompre ses promesses)*
2. Claire et Tasha sont calmes. *(perdre patience)*
3. Nous sommes toujours aimables. *(répondre d'une manière impolie)*
4. Vous écoutez attentivement. *(interrompre vos amis)*
5. Tu es loin de la scène. *(entendre bien les acteurs)*
6. Je suis impatiente. *(attendre mes amis en retard)*

EXERCICE P

Reformulez les questions suivantes sur une journée à l'école en employant l'inversion.

EXEMPLE: Tu entends sonner la cloche?
Entends-tu sonner la cloche?

Tu n'entends pas sonner la cloche?
N'entends-tu pas sonner la cloche?

1. Julio ne répond pas à beaucoup de questions?
2. Tu interromps le prof?
3. Megan et moi, nous ne défendons pas bien nos opinions?
4. Stephanie perd patience?
5. Vous ne descendez pas au gymnase?
6. Nous attendons Kevin aussi?
7. Les filles correspondent avec leurs amis français?
8. Le professeur ne rend pas les copies?
9. Vous entendez les réponses correctes?
10. Richard et Paul ne rompent pas leur promesse de bien travailler?

[4] Uses of the Present Tense

a. The present tense may have the following meanings in English.

John arrive.	*John arrives (is arriving, does arrive).*
Elles travaillent au magasin.	*They work (are working, do work) in the store.*
Obéissez-vous à vos parents?	*Do you obey (Are you obeying) your parents?*
Je ne descends pas en ville.	*I don't go (I'm not going) downtown.*

b. The present tense is often *used instead of the future* to ask for instructions or to refer to an action that will take place in the immediate future.

Je la répare?	*Shall I repair it?*
Je te parle dans cinq minutes.	*I'll speak to you in five minutes.*

c. The present tense + *depuis* + an expression of time expresses an action or event that began in the past and continues in the present. In such situations, the question is expressed by *Depuis combien de temps...* + present tense, or *Depuis quand...* + present tense.

Je lui parle **depuis une heure.**	*I have been speaking to him for one hour.*
Il travaille ici **depuis 1985.**	*He has been working here since 1985.*
Depuis combien de temps étudies-tu le français?	*How long have you been studying French?*
Depuis quand habitez-vous ici?	*Since when have you been living here?*

NOTE: The construction *il y a* + expression of time + *que* + the present tense also expresses a past action or event that continues in the present. In such situations, the question is expressed by *Combien de temps y a-t-il que...* + present tense.

Combien de temps y a-t-il que vous étudiez le français?	*How long have you been studying French?*
Il y a deux ans que j'étudie le français.	*I have been studying French for two years.*

EXERCICE Q

Vous jouez le rôle de la marraine (godmother) de Cendrillon (Cinderella) dans une pièce à l'école. En vous basant sur les réponses de Cendrillon, exprimez les questions posées par sa marraine.

EXEMPLE: Je cuisine depuis une heure.
            Depuis quand cuisines-tu?

1. Je lave les vêtements depuis une demi-heure.
2. J'obéis à ces méchantes sœurs depuis dix ans.
3. Je repasse les robes depuis quarante minutes.
4. Je nourris les souris depuis un an.
5. J'attends le Prince Charmant depuis longtemps.
6. Je pleure depuis deux mois.

EXERCICE R

Écrivez les questions que vous posez à un(e) camarade de classe pour le / la connaître mieux et notez ses réponses.

EXEMPLE:
pratiquer ton sport préféré
Combien de temps y a-t-il que tu pratiques ton sport préféré?
Il y a deux ans que je pratique le tennis.

1. étudier le français
2. demeurer dans ce quartier
3. apprendre (quelque chose)
4. correspondre avec un(e) Français(e)
5. collectionner (quelque chose)
6. écouter ta musique favorite

MASTERY EXERCISES

EXERCICE S

Aidez-vous de la liste pour compléter l'histoire avec l'équivalent français des verbes donnés entre parenthèses.

applaudir	désirer	perdre	remercier	rougir
attendre	dîner	quitter	remplir	séjourner
choisir	interrompre	réfléchir	rendre	visiter
demander	marcher	regarder	répondre	voyager

Les Dupont _____ en France. Ils _____ dans un hôtel luxueux à Paris.
_____*1. (travel)*_____ __*2. (stay)*__

Aujourd'hui ils _____ beaucoup de monuments importants. Ils _____
____*3. (visit)*____ *4. (walk)*

dans la ville. De temps en temps, ils _____ le métro ou l'autobus.
5. (wait for)

Soudain, M. Dupont _____ son plan de la ville. Quand un passant le lui
                6. (loses)

_____ , M. Dupont _____ et le _____ mille fois. Le soir, les
7. (gives back)   *8. (blushes)*   *9. (thank)*

Dupont _____ dans un restaurant sympathique. Françoise
         10. (have diner)

_____ , puis elle _____ la bouillabaisse. Son frère, Henri,
11. (thinks)   *12. (chooses)*

_____ manger un bifteck-frites. Le garçon _____ leurs verres d'eau.
13. (desires)   *14. (fills)*

Pendant ce temps, Françoise et Henri _____ les musiciens. Pendant
             15. (applaud)

le dîner, Henri _____ continuellement la conversation de ses parents.
      16. (interrupts)

Finalement, il _____ le restaurant. M. Dupont _____ l'addition
     17. (leaves)   *18. (asks for)*

et la paie. Une fois rentrés à l'hôtel, Henri _____ la télévision et
             19. (watches)

Françoise _____ aux lettres de ses amis américains.
20. (answers)

EXERCICE T

Vous regardez un film de guerre. Exprimez ce que les personnages ne font pas.

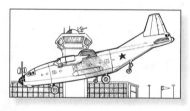

1. L'avion _____ à l'aéroport.

2. Les soldats _____ le pont.

3. Le héros _____ les ordres
de son capitaine.

4. Le lieutenant et ses hommes
_____ les fortifications nécessaires.

5. Les hommes _____ cette forteresse.

6. Les soldats ennemis _____ les victimes.

7. Le géneral _____ ses ordres au capitaine.

8. Les victimes _____ avec leurs familles.

EXERCICE U

Vous participez à une enquête (**survey**) *sur vos relations avec votre famille.*

1. How long have you and your family been living here?
We've been living here for five years.

2. Do you watch the young children in your family?
Yes, and I also feed the baby.

3. Doesn't your brother mow the lawn every weekend?
No, but he washes the car.

4. Doesn't your mother water the plants every day?
Yes, and she also finishes the housework *(ménage).*

5. Do you and your sister prepare dinner every day?
No, but we wash the dishes.

6. Do you talk on the phone too long?
No, I don't chat on the telephone.

Chapter 2
Spelling Changes in Certain -er Verbs

[1] -CER VERBS

Verbs ending in -cer change c to ç before a or o to retain the soft c sound.

avancer *to move forward*	
j' avance	nous avançons
tu avances	vous avancez
il / elle avance	ils / elles avancent

Other verbs ending in -cer:

annoncer *to announce*	lancer *to throw*	prononcer *to pronounce*
commencer *to begin*	menacer *to threaten*	remplacer *to replace*
effacer *to erase*	placer *to put, place*	renoncer (à) *to give up*

EXERCICE A

Utilisez les verbes donnés pour exprimer ce que le professeur dit à Jacques et à ses parents.

annoncer	menacer	prononcer
avancer	placer	renoncer

1. Jacques _____ rapidement dans ses études.

2. Vous ne _____ pas à l'idée d'envoyer Jacques à l'université.

3. En classe, nous _____ ensemble les mots difficiles.

4. Quand les élèves n'écoutent pas, je _____ de les punir.

5. Jacques, tu _____ toujours tes devoirs sur mon bureau à l'heure.

6. Les professeurs et moi, nous vous _____ que Jacques est un élève excellent.

EXERCICE B

Les employés de la Société Lutèce refusent de travailler. Un journaliste enquête (**investigates**). *Exprimez les questions du journaliste et les réponses des employés.*

EXEMPLE: effacer ces slogans cruels *(oui) (non)*
             Effacez-vous ces slogans cruels?

Oui, nous effaçons ces slogans cruels.
OU: **Non, nous n'effaçons pas** ces slogans cruels.

1. placer une annonce dans le journal *(oui)*
2. renoncer à travailler cette semaine *(oui)*
3. annoncer vos projets pour l'avenir de la société *(non)*
4. lancer ces brochures aux automobilistes *(non)*
5. menacer ceux qui travaillent *(non)*
6. avancer vers un accord *(oui)*

[2] *-GER* VERBS

Verbs ending in *-ger* insert a silent *e* between *g* and *a*, and between *g* and *o*, to keep the soft *g* sound.

nager *to swim*	
je nage	nous nageons
tu nages	vous nagez
il / elle nage	ils / elles nagent

Other verbs ending in *-ger:*

arranger *to arrange*

bouger *to move*

changer *to change*

corriger *to correct*

déménager *to move* (to another residence)

déranger *to disturb*

diriger *to direct*

manger *to eat*

mélanger *to mix*

neiger *to snow*

obliger *to force, impose*

partager *to share, divide*

plonger *to plunge, dive*

ranger *to put away, put in order*

songer (à) *to think (about), consider*

voyager *to travel*

EXERCICE C

La famille Lelong quitte Paris pour aller habiter à Marseille. Exprimez ce qui arrive le jour de leur départ.

EXEMPLE: je / changer de résidence
           Je **change** de résidence.

1. nous / déménager

2. Janine et vous / mélanger les cartons *(boxes)*

3. papa / diriger les déménageurs

4. nous / déranger les voisins avec notre camion

5. tu / ranger tes affaires dans cette boîte

6. maman et papa / songer à notre nouvelle maison

EXERCICE D

Exprimez ce que votre sœur et vous faites ce samedi après-midi.

EXEMPLE: bouger tout dans la cuisine
Nous **bougeons** tout dans la cuisine.

1. songer à préparer un gâteau

2. déranger maman pour lui demander où est la recette

3. arranger ce qui est nécessaire sur la table

4. changer un peu la recette

5. mélanger tous les ingrédients

6. ranger la cuisine

7. partager le gâteau avec toute la famille

8. obliger toute la famille à apprécier notre gâteau

[3]   -YER VERBS

Verbs ending in -*yer* change *y* to *i* before silent *e*.

envoyer *to send*	
j' env*oie*	nous envoyons
tu env*oies*	vous envoyez
il / elle env*oie*	ils / elles env*oient*

Other verbs ending in -*yer:*

employer *to use*	nettoyer *to clean*
ennuyer *to bore, bother*	renvoyer *to dismiss, send back*
essuyer *to dry, wipe*	

NOTE: Verbs ending in *-ayer* may or may not change the *y* to *i* in all present tense forms except *nous* and *vous*.

essayer *to try*	
j'ess*aie* or j'ess*aye*	nous essayons
tu ess*aies* or tu ess*ayes*	vous essayez
il / elle ess*aie* or il / elle ess*aye*	ils / elles ess*aient* or ils / elles ess*ayent*

Other verb ending in *-ayer:*

payer *to pay*

EXERCICE E

Exprimez ce que chaque personne emploie pour faire son travail.

EXEMPLE: je / calculette
J'**emploie** une calculette.

1. Kim et moi / un ordinateur

2. tu / une carte du monde

3. Rachel / une règle

4. vous / un dictionnaire

5. je / un programme de traitement de texte

6. Marcel et Ali / une encyclopédie

EXERCICE F

Aidez-vous des illustrations pour exprimer ce que ces personnes font.

1. Le patron _____ l'employé.   *2.* Nous _____ nos larmes.

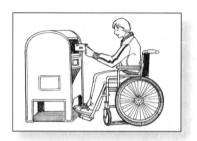

3. J'_____ une lettre au directeur du journal.

4. Les vendeurs _____ Myoko.

5. Vous _____ enfin votre chambre.

6. Tu _____ tes nouvelles cassettes.

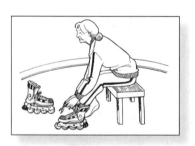

7. Mme Conway _____ des patins en ligne.

[4]   *-E* + CONSONANT + *-ER* VERBS

Verbs with silent *e* in the syllable before the infinitive ending change silent *e* to *è* when the next syllable contains another silent *e*.

NOTE: These verbs are often called "shoe" verbs because accents are added to the *je, tu, il, elle, ils, elles* forms, which can be represented in the shape of a shoe.

enlever *to remove*	
j' enlève	nous enlevons
tu enlèves	vous enlevez
il / elle enlève	ils / elles enlèvent

Other *e* + consonant + *-er* verbs:

acheter *to buy*	geler *to freeze*
achever *to complete, finish*	lever *to raise, lift*
amener *to bring, lead to*	mener *to lead*
élever *to raise, bring up*	peser *to weigh*
emmener *to take* (with you)	promener *to walk* (the dog)

EXERCICE G

Exprimez ce que chaque personne achète au centre commercial.

EXEMPLE:

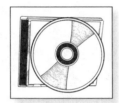

André **achète des disques compacts.**

1. Nous _____ .

2. Elles _____ .

3. Tu _____ .

4. J'_____ .

5. Vous _____ .

6. Elle _____ .

EXERCICE H

Nanette, une jeune Québécoise, se présente chez Mme Fabre pour travailler au pair. Exprimez les questions de Mme Fabre et les réponses de Nanette.

EXEMPLE: amener souvent les enfants au parc
                        MME FABRE: **Amenez-vous** souvent les enfants au parc?
                        NANETTE: **Oui, j'amène** souvent les enfants au parc.

1. emmener les enfants à l'école

MME FABRE:

NANETTE:

2. élever bien les enfants

MME FABRE:

NANETTE:

3. peser les avantages et les inconvénients avant de prendre une décision

MME FABRE:

NANETTE:

4. achever toujours le travail ménager avant midi

MME FABRE:

NANETTE:

5. mener une vie tranquille

MME FABRE:

NANETTE:

6. promener le chien tous les jours

MME FABRE:

NANETTE:

7. lever le bébé le matin

MME FABRE:

NANETTE:

[5]   *APPELER* AND *JETER*

Some "shoe" verbs with silent *e*, like *appeler* and *jeter*, double the conso-nant instead of changing *e* to *è*.

appeler *to call*	
j' app**elle**	nous appelons
tu app**elles**	vous appelez
il / elle app**elle**	ils / elles app**ellent**

jeter *to throw (away)*	
je j**ette**	nous jetons
tu j**ettes**	vous jetez
il / elle j**ette**	ils / elles j**ettent**

Other verbs like *appeler* and *jeter:*

épeler   *to spell*

épousseter   *to dust*

EXERCICE I

Lisez les situations, puis déterminez qui chaque personne appelle.

EXEMPLE: Alison a mal à l'estomac.
    Elle appelle le docteur.

1. J'ai très mal aux dents.

2. La voiture de M. Spinelli ne marche pas.

3. Tu vois un crime.

4. Vous dînez au restaurant et vous désirez l'addition.

5. Elles voient une maison en flammes.

6. Nous sommes dans un magasin et nous cherchons un vêtement.

EXERCICE J

Les Duval changent la décoration de leur appartement. Exprimez ce que chacun jette.

EXEMPLE: tu / le tapis
            Tu **jettes** le tapis.

1. ma sœur et moi / la lampe de céramique

2. je / les vieux rideaux

3. vous / le lit du bébé

4. Monsieur et Madame Duval / les vieux magazines

5. tu / le fauteuil rouge

6. Charline / les chaises cassées

[6] *É* + CONSONANT + *-ER* VERBS

Verbs with *é* in the syllable before the infinitive ending change *é* to *è* only before the silent endings *-e, -es, -ent.*

célébrer *to celebrate*	
je célèbre	nous célébrons
tu célèbres	vous célébrez
il / elle célèbre	ils / elles célèbrent

Other verbs ending in *é* + consonant + *-er:*

espérer *to hope*   protéger *to protect*
posséder *to possess, own*   répéter *to repeat, rehearse*
préférer *to prefer*

NOTE: The verb *protéger,* like other verbs ending in *-ger,* inserts *e* between *g* and *o* or *a (nous protégeons).*

EXERCICE K

Exprimez ce que chaque personne espère.

étudier dans une université célèbre   trouver un bon poste
gagner à la loterie   visiter le Sénégal
perdre du poids   voyager autour du monde
réussir aux examens

EXEMPLE: Clara **espère** gagner à la loterie.

1. J'_____ .

2. Vous _____ .

3. Tu _____ .

4. Lisa et moi _____ .

5. Les garçons _____ .

6. Kandra _____ .

EXERCICE L

Complétez l'histoire avec la forme correcte du verbe approprié de la liste.

célébrer   posséder   protéger
espérer   préférer   répéter

Delphine _____ son anniversaire le 21 septembre. Elle _____ recevoir un
      1.   *2.*

beau cadeau, mais elle _____ déjà beaucoup de choses. Ses parents _____
                     3.   *4.*

souvent qu'elle a beaucoup de chance. C'est vrai. Sa famille _____
                                                5.

Delphine des problèmes sérieux, mais elle _____ penser qu'elle n'a pas de
                                            6.

problèmes parce qu'elle est gentille.

M A S T E R Y   E X E R C I S E S

EXERCICE M

Les éditeurs d'un magazine pour adolescents font une enquête dans votre lycée.
Répondez à leurs questions.

1. Quel genre de film préférez-vous regarder?

2. Qu'est-ce que vous achetez avec votre argent de poche?

3. Est-ce que vous nettoyez souvent votre chambre?

4. Qu'est-ce que vous espérez faire plus tard?

5. Qui appelez-vous quand vous êtes triste?

6. À quelle heure achevez-vous vos devoirs?

7. Quand célébrez-vous votre anniversaire?

8. Combien pesez-vous?

EXERCICE N

Dans la même enquête il y a une liste de travaux ménagers. Exprimez ce que vos frères, vos sœurs et vous faites et ne faites pas.

> acheter les provisions
> ranger la maison
> jeter les ordures
> changer les draps
> enlever la neige de l'allée de garage
> épousseter nos trophées sportifs
> arranger les livres sur les étagères
> envoyer les paquets de vieux vêtements
> promener le chien

EXEMPLE: **Nous (n')achetons (pas) les provisions.**

EXERCICE O

Thomas est moniteur dans une colonie de vacances. Exprimez ce qu'il écrit à sa petite amie Nicole en choisissant le verbe approprié dans la liste ci-dessous.

acheter	employer	manger	plonger
appeler	ennuyer	nager	répéter
commencer	lancer	nettoyer	

1. Nous _____ la journée tôt, à sept heures du matin.

2. Nous _____ trois bons repas par jour.

3. J'_____ les garçons «mes petits frères».

4. Nous _____ et nous _____ dans le lac deux fois par jour.

5. Nous _____ du pain aux canards du lac.

6. Les enfants ne m'_____ jamais.

7. J'_____ mes talents de musicien pour les amuser.

8. En ce moment, nous _____ une petite pièce de théâtre.

9. Quand nous allons en ville, nous _____ des cartes et des souvenirs.

10. Le vendredi soir, les garçons _____ les cabines.

EXERCICE P

Exprimez en français comment Kimberly passe son après-midi.

1. It's freezing and it's snowing.

2. I'm not happy, but I bring my dog to the park.

3. I walk Médor every day at five o'clock.

4. I hope to meet my friend Michael. He's celebrating his birthday today.

5. Here's Michael now. He's raising his hand to say "Hi."

6. We start to walk together *(ensemble)*.

7. I give Michael a beautiful gift.

8. Now he owns a pretty watch.

9. He sets the watch immediately.

10. Afterward, we share a hot chocolate.

Chapter 3
Verbs Irregular in the Present Tense

[1] COMMON IRREGULAR VERBS

The verbs presented in this chapter are irregular in the present tense and must be memorized.

aller   *to go:*   je vais, tu vas, il/elle va
                       nous allons, vous allez, ils/elles vont

avoir   *to have:*   j'ai, tu as, il/elle a
                       nous avons, vous avez, ils/elles ont

boire   *to drink:*   je bois, tu bois, il/elle boit
                       nous buvons, vous buvez, ils/elles boivent

conduire   *to lead, drive:*   je conduis, tu conduis, il/elle conduit
                       nous conduisons, vous conduisez,
                       ils/elles conduisent

Like conduire: **construire** *to build*;   **cuire** *to cook*;   **produire** *to produce*;
                       traduire *to translate*

connaître   *to know:*   je connais, tu connais, il/elle connaît
                       nous connaissons, vous connaissez,
                       ils/elles connaissent

Like connaître: **paraître** *to appear, to seem*;   **apparaître** *to appear*

courir   *to run:*   je cours, tu cours, il/elle court
                       nous courons, vous courez, ils/elles courent

croire   *to believe:*   je crois, tu crois, il/elle croit
                       nous croyons, vous croyez, ils/elles croient

devoir   *to owe, have to:*   je dois, tu dois, il/elle doit
                       nous devons, vous devez, ils/elles doivent

dire   *to tell, say:*   je dis, tu dis, il/elle dit
                       nous disons, vous dites, ils/elles disent

dormir   *to sleep:*   je dors, tu dors, il/elle dort
                       nous dormons, vous dormez, ils/elles dorment

Like dormir: **partir** *to go away, leave*;   **servir** *to serve*;   **sortir** *to go out, leave*

écrire   *to write:*   j'écris, tu écris, il/elle écrit
                       nous écrivons, vous écrivez, ils/elles écrivent

être   *to be:*   je suis, tu es, il/elle est
nous sommes, vous êtes, ils/elles sont

faire   *to make; to do:*   je fais, tu fais, il/elle fait
nous faisons, vous faites, ils/elles font

falloir   *to be necessary:*   il faut

lire   *to read:*   je lis, tu lis, il/elle lit
nous lisons, vous lisez, ils/elles lisent

mettre   *to put, put on:*   je mets, tu mets, il/elle met
nous mettons, vous mettez, ils/elles mettent

Like mettre: **permettre** *to allow;*   **promettre** *to promise*

ouvrir   *to open:*   j'ouvre, tu ouvres, il/elle ouvre
nous ouvrons, vous ouvrez, ils/elles ouvrent

pleuvoir   *to rain:*   il pleut

pouvoir   *to be able:*   je peux, tu peux, il/elle peut
nous pouvons, vous pouvez, ils/elles peuvent

prendre   *to take:*   je prends, tu prends, il/elle prend
nous prenons, vous prenez, ils/elles prennent

Like prendre: **apprendre** *to learn;*   **comprendre** *to understand*

recevoir   *to receive:*   je reçois, tu reçois, il/elle reçoit
nous recevons, vous recevez, ils/elles reçoivent

savoir   *to know, know how:*   je sais, tu sais, il/elle sait
nous savons, vous savez, ils/elles savent

venir   *to come:*   je viens, tu viens, il/elle vient
nous venons, vous venez, ils/elles viennent

Like venir: **devenir** *to become;*   **revenir** *to come back*

voir   *to see:*   je vois, tu vois, il/elle voit
nous voyons, vous voyez, ils/elles voient

vouloir   *to wish, want:*   je veux, tu veux, il/elle veut
nous voulons, vous voulez, ils/elles veulent

NOTE:

1. **Negative, interrogative, and negative interrogative constructions follow the same rules as for regular verbs.**

Il ne conduit pas bien.	*He doesn't drive well.*
Claire vient ce soir?	*Claire is coming tonight?*

Est-ce que tu le connais?	*Do you know him?*
Tiffany est-elle intelligente?	*Is Tiffany smart?*
Tu ne vas pas chez Anne?	*You aren't going to Anne's?*

2. Verbs that end in a vowel in the third person singular add -*t*- before the pronoun in the inverted question form.

Où va-*t*-il?	*Where is he going?*
A-*t*-elle le temps de venir?	*Does she have the time to come?*
Pourquoi ouvre-*t*-il la porte?	*Why is he opening the door?*

EXERCICE A

Exprimez ce que les personnes suivantes boivent le matin.

EXEMPLE: Alain / du chocolat
           Alain **boit** du chocolat.

1. les filles / du thé
2. nous / du café
3. je / de l'eau
4. Erica / du jus d'orange
5. vous / du café au lait
6. tu / un citron pressé

EXERCICE B

Exprimez comment à votre avis chaque personne conduit sa voiture.

bien	mal	rapidement
d'une façon dangereuse	prudemment	trop vite
lentement		

EXEMPLE: Mon amie **conduit** trop vite.

1. Mes amis et moi, nous _____ .
2. Tu _____ .
3. Je _____ .
4. Ma mère_____ .
5. Mes grands-parents _____ .
6. Vous _____ .

EXERCICE C

Aidez-vous des illustrations pour demander ce que chaque personne connaît.

EXEMPLE:

Connaît-il cette **rue**?

1. _____-nous le _____ des Chats Bleus?

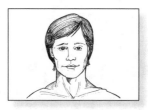

2. _____-tu l'_____ sur la photo?

3. _____-ils le nouveau _____ chinois?

4. _____-vous l'_____ des Balcons?

5. _____-elle le _____ de San Diego?

6. Est-ce que je _____ la _____? Bien sûr!

EXERCICE D

Les personnes suivantes sont en retard. Exprimez où elles courent.

EXEMPLE:

Il **court à l'arrêt d'autobus.**

1. M. Smith _____ .

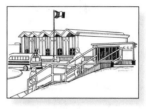

2. Les enfants _____ .

3. Vous _____ .

4. Tu _____ .

5. Nous _____ .

6. Je _____ .

EXERCICE E

Exprimez ce que les passagers de l'avion croient voir quelques minutes avant d'arriver à Paris.

EXEMPLE: Marian **croit** qu'elle **voit** la tour Eiffel.

1. Je _____ que je _____ le Sacré-Cœur.
2. Vous _____ que vous _____ la Seine.
3. Tu _____ que tu _____ Versailles.
4. Les hôtesses de l'air _____ qu'elles _____ Montmartre.
5. Paolo _____ qu'il _____ Notre-Dame.
6. Nous _____ que nous _____ l'Arc de Triomphe.

EXERCICE F

Exprimez ce que chaque personne doit faire avant la fin de la journée.

EXEMPLE: Jeffrey / finir ses devoirs
            Jeffrey **doit finir** ses devoirs.

1. nous / enregistrer une cassette
2. Patrick / garder ses petits frères
3. je / rendre le pull de Natasha
4. vous / passer l'examen du permis de conduire
5. Amanda et Crystal / poster un colis
6. tu / réserver des places au restaurant

EXERCICE G

*Complétez les paragraphes suivants en utilisant la forme correcte de **dire**, **écrire** ou **lire**.*

1. Chaque matin M. Blanc _____ bonjour à ses employés. Ensuite, il

   _____ son courrier puis il _____ quelques lettres.

2. Vous _____ une annonce publicitaire. Vous _____ que les

   informations données sont fausses. Vous _____ une lettre à la société.

3. Je (J') _____ un poème. Je ne le _____ pas à mes parents. Je

   _____ que c'est un poème très personnel.

4. Nous _____ l'explication du problème dans notre livre. Nous _____

les réponses dans nos cahiers. Nous _____ au professeur que ce

problème est facile.

5. Elles _____ qu'elles _____ un excellent roman. Après, elles

_____ une lettre à l'auteur.

6. Tu _____ un conte. Tout le monde _____ qu'il est superbe. Tu le

_____ pendant le cours d'anglais.

EXERCICE H

Exprimez ce que chaque personne fait en utilisant la forme correcte des verbes **dormir, partir, servir** *ou* **sortir.**

EXEMPLE: Ashley **dort** jusqu'à huit heures. Elle **part** dans une demi-heure. Elle **sort** de chez elle. Elle **sert** les repas à la cantine.

1. Je _____ jusqu'à sept heures. Je _____ le petit déjeuner à mes

parents. Je _____ dans cinq minutes. Je _____ avec ma sœur.

2. M. Martinez _____ jusqu'à 7h30. Il _____ de son appartement. Il

_____ en métro parce qu'il va à son restaurant. Il _____ les clients.

3. Nous _____ jusqu'à neuf heures. Nous _____ tout de suite à la

cantine où nous _____ le petit déjeuner. Nous _____ de la cantine

à onze heures.

4. Les filles _____ jusqu'à 6h30. Elles travaillent au café *Chez Pauline.*

Elles _____ à vélo. Elles _____ des sandwichs. Elles _____ de

Chez Pauline à quatre heures.

5. Vous _____ jusqu'à midi. Vous _____ la voiture du garage. Vous

_____ travailler l'après-midi. Vous _____ les clients de l'hôtel.

EXERCICE I

Écrivez cinq choses qu'il faut faire avant de partir à l'étranger.

EXEMPLE: **Il faut acheter les billets d'avion.**

EXERCICE J

Exprimez ce que chaque personne promet de faire.

arroser le jardin   promener le chien
faire le ménage   repasser les vêtements
laver la voiture   tondre la pelouse
obéir au règlement

EXEMPLE: Alan **promet** de promener le chien.

1. Vous _____ .   *4.* Grace _____ .

2. Arthur et George _____ .   *5.* Tu _____ .

3. Nous _____ .   *6.* Je _____ .

EXERCICE K

Exprimez ce que chaque personne ouvre en arrivant en classe.

EXEMPLE:

Il **ouvre le cartable.**

1. Le professeur _____ .

2. Tu _____ .

3. J' _____ .

4. Nous _____ .

5. Vous _____ .   **6.** Les élèves _____ .

EXERCICE L

Il n'y a pas classe aujourd'hui. Exprimez ce que Catherine et ses amis peuvent faire s'ils veulent.

EXEMPLE: Catherine / aller voir sa cousine Delphine
Catherine peut aller voir sa cousine Delphine si elle veut.

1. Benjamin / aller à la pêche

2. tu / faire les courses

3. Trisha et Nicole / descendre en ville

4. Brandon et moi / jouer avec l'ordinateur

5. vous / sortir avec des copains

6. je / regarder MTV toute la journée

EXERCICE M

Votre classe déjeune dans un restaurant français. Exprimez ce que chaque personne prend.

de la bouillabaisse	du coq au vin
de la soupe à l'oignon	un croque-monsieur
des escargots	une quiche
du bœuf bourguignon	

EXEMPLE: Tanya **prend** de la soupe à l'oignon.

1. Elizabeth _____ .

2. Je _____ .

3. Joseph _____ .

4. Tu _____ .

5. Vous _____ .

6. Brad et Amanda _____ .

EXERCICE N

Mme Burton distribue des cadeaux à ses élèves pour célébrer Noël. Exprimez ce que chacun reçoit.

EXEMPLE:

Nick **reçoit** un magazine français.

1. Gary et moi, nous _____ .

2. Albert et Arthur _____ .

3. Je _____ .

4. Vous _____ .

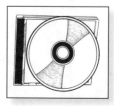

5. Stacy _____ .

6. Tu _____ .

EXERCICE O

Mme Burton demande à ses élèves ce qu'ils savent faire. Ils répondent en exagérant un petit peu. Exprimez leurs réponses.

EXEMPLE: Nick / bâtir une maison
            Nick **sait** bâtir une maison.

1. Albert et Arthur / conduire une voiture

2. je / marcher sur mes mains

3. vous / piloter un avion

4. tu / réussir à tous les examens

5. Stacy / nager comme un poisson

6. Christine et moi / jouer du piano

EXERCICE P

Exprimez comment les invités viennent à la boum de Michel.

EXEMPLE:

Jim **vient** en scooter.

1. Nous _____ .

2. Les garçons _____ .

3. Janine _____ .

4. Tu _____ .

5. Vous _____ .

6. Je _____ .

[2] COMMON EXPRESSIONS WITH *ALLER*

aller + adverb   *to feel, to be* (describing a state of health)

Comment allez-vous? Je vais bien.   *How are you? I'm fine.*
Les affaires vont mal.   *Business is bad.*

aller à pied   *to walk, go on foot*
Je vais à l'école à pied.   *I walk to school.*

aller à la pêche   *to go fishing*
Ils vont souvent à la pêche.   *They often go fishing.*

aller en voiture   *to go by car*
Tu vas au Canada en voiture?   *You go to Canada by car?*

A conjugated form of *aller* followed by an infinitive is used to express an action that will take place in the near future.

Qu'est-ce que tu vas faire ce soir?   *What are you going to do this evening?*

Je vais étudier.   *I am going to study.*

EXERCICE Q

Complétez ce dialogue entre deux amies avec la forme correcte du verbe **aller.**

JANINE: Tu _____ à la patinoire avec Claudine cet après-midi?
          1.

RACHEL: Non, je ne _____ pas bien. Je _____ aller chez le docteur.
                      2.   *3.*

JANINE: Tes parents _____ aller avec toi ou est-ce que tu _____ à pied?
                       4.   *5.*

RACHEL: Ma mère _____ en ville en voiture à trois heures, elle
                   6.

          _____ m'emmener.
          7.

JANINE: C'est dommage. Patricia et moi, nous _____ au cinéma à
                                                8.

          deux heures.

RACHEL: Qu'est-ce que vous _____ voir au cinéma?
         9.
JANINE: *Le Docteur Zhivago!*

[3] COMMON EXPRESSIONS WITH *AVOIR*

avoir... ans   *to be . . . years old*
Quel âge as-tu?   *How old are you?*
J'ai seize ans.   *I'm sixteen years old.*

avoir l'air   *to appear, to look*
Tu as l'air fatigué.   *You look tired.*

avoir besoin de   *to need*
Il a besoin d'un crayon.   *He needs a pencil.*

avoir de la chance   *to be lucky*
Vernon a beaucoup de chance.   *Vernon is very lucky.*
Il gagne toujours à la loterie.   *He always wins the lottery.*

avoir chaud   *to be hot* (of persons)
Il a très chaud.   *He is very hot.*

avoir froid   *to be cold* (of persons)
Myriam a souvent froid.   *Myriam is often cold.*

avoir envie de   *to desire, want*
J'ai envie d'une glace.   *I would like some ice cream.*

avoir faim   *to be hungry*
Mon frère a toujours faim.   *My brother is always hungry.*

avoir soif   *to be thirsty*
Nous avons très soif.   *We are very thirsty.*

avoir honte (de)   *to be ashamed (of)*
Il a honte de ses erreurs.   *He is ashamed of his mistakes.*

avoir lieu   *to take place*
Les Jeux Olympiques ont lieu   *The Olympic Games take place in*
à Atlanta.   *Atlanta.*

avoir mal à   *to have an ache*
Qu'avez-vous?   *What's the matter with you?*
J'ai mal à la tête.   *I have a headache.*

avoir peur (de) *to be afraid (of)*
Tu as peur de ce petit chien?

You're afraid of this little dog?

avoir raison *to be right*
J'ai toujours raison.

I'm always right.

avoir tort *to be wrong*
Je sais que vous avez tort.

I know that you are wrong.

avoir sommeil *to be sleepy*
Il est tard et j'ai sommeil.

It is late and I am sleepy.

Impersonal use of *avoir:*

il y a *there is, there are*
Il y a un chat noir dans le jardin.

There is a black cat in the garden.

y a-t-il? *is there? are there?*
Y a-t-il du lait pour le café?

Is there any milk for the coffee?

il n'y a pas *there isn't, there aren't*
Il n'y a pas de chaises dans la salle
de classe.

*There aren't any chairs in the
classroom.*

n'y a-t-il pas? *isn't there? aren't there?*
N'y a-t-il pas de serveurs dans ce café?

Aren't there any waiters in this cafe?

EXERCICE R

Pour chaque situation, complétez la phrase avec l'expression avec **avoir**
appropriée.

avoir besoin	avoir froid	avoir mal	avoir soif
avoir de la chance	avoir l'air	avoir peur	avoir tort
avoir envie	avoir lieu		

1. Donnez-moi un coca, s'il vous plaît. J'_____ .

2. Michelle va à la Martinique demain, elle _____ .

3. Nous _____ parce que nous regardons un film d'horreur.

4. Le match est terminé et les joueurs _____ fatigué.

5. Roy court parce que la cérémonie _____ dans cinq minutes.

6. Vous désirez sortir? Vous _____ d'aller au parc?

7. Pour aller au Cambodge, tu _____ de ton passeport.

8. Je vais chez le dentiste parce que j'_____ aux dents.

9. Il gèle. Elles _____ .

10. Deux et deux ne font pas cinq. Vous _____ !

[4] COMMON EXPRESSIONS WITH *ÊTRE*

être à   *to belong to*
À qui est cette bague?   *Whose ring is this?*
Elle est à moi.   *It belongs to me.*

être en train de   *to be in the middle* (of an action)
Je suis en train de faire le dîner.   *I'm in the middle of preparing dinner.*
                                       (I'm preparing dinner.)

EXERCICE S

Exprimez ce que chaque personne est en train de faire.

EXEMPLE:

Martin **est en train de planter des fleurs.**

1. Max et Christopher _____ .   **2.** Je _____ .

3. Vous _____ .   **4.** Makiko _____ .

5. Tu _____ .

6. Nous _____ .

[5] COMMON EXPRESSIONS WITH *FAIRE*

faire attention (à)   *to pay attention (to)*
Jeanne fait attention au professeur.   *Jeanne pays attention to the teacher.*

faire de son mieux   *to do one's best*
Tu fais de ton mieux pour réussir.   *You do your best to succeed.*

faire la connaissance de   *to meet someone, to become acquainted*
Vous faites la connaissance du   *You meet the new student.*
nouvel élève.

faire les courses   *to go shopping*
Nous faisons les courses le samedi.   *We do the shopping on Saturday.*

faire peur (à)   *to frighten*
Le chien fait peur à l'enfant.   *The dog frightens the child.*

faire une promenade   *to go for a walk*
Le soir, ils font une promenade.   *In the evening they take a walk.*

faire un voyage (en avion, en voiture)   *to take a trip (by plane, by car)*
Les Duval font un voyage en France.   *The Duvals are taking a trip in France.*

Weather expressions with *faire:*

Quel temps fait-il?	*How's the weather?*
Il fait bon.	*The weather is fine.*
Il fait beau.	*It's nice.*
Il fait mauvais.	*The weather is bad.*
Il fait froid.	*It's cold.*
Il fait chaud.	*It's warm / hot.*
Il fait frais.	*It's cool.*

Il fait du vent.	*It's windy.*
Il fait du soleil.	*It's sunny.*

Sports expressions with *faire:*

Nous faisons du ski.	*We ski.*
Nous faisons du tennis.	*We play tennis.*

EXERCICE T

Exprimez ce que ces personnes font.

EXEMPLE: Michael / du golf
           Michael **fait** du golf.

1. je / un voyage à moto
2. nous / du foot
3. les garçons / des achats en ville
4. vous / une promenade à vélo
5. Vassili / des courses au supermarché
6. Lisa et Helga / la connaissance de Raoul
7. tu / du volley-ball
8. Lydia / attention à ses devoirs

[6]   OTHER COMMON VERBAL EXPRESSIONS

apprendre par cœur   *to memorize, to learn by heart*
Vous apprenez ce poème par cœur.   *You learn this poem by heart.*

mettre la table, le couvert   *to set the table*
Mon frère met la table.   *My brother sets the table.*

prendre au sérieux   *to take seriously*
Il prend son travail au sérieux.   *He takes his work seriously.*

venir de   *to have just*
Nous venons de manger.   *We just ate.*

vouloir dire   *to mean*
Que veut dire cela?   *What does that mean?*

M A S T E R Y   E X E R C I S E S

EXERCICE U

Vous écoutez des personnes parler, mais vous n'entendez pas tous les mots. Complétez les conversations avec la forme correcte du verbe de la première phrase.

EXEMPLE: **Pouvez**-vous nous accompagner au théâtre?
Non, nous **ne pouvons pas.**
Moi, je **peux** vous accompagner au théâtre.

1. **Savez**-vous jouer au golf?

Oui, nous _____ bien jouer au golf.

Moi, je _____ seulement jouer au tennis.

2. Quand est-ce que vous **devenez** nerveux?

Je _____ nerveux quand je passe un examen.

Jacques et Mark _____ nerveux quand ils prennent l'avion.

3. Qui **dit** toujours la vérité?

Nous _____ toujours la vérité.

Mais non, parfois vous _____ des mensonges.

4. Qu'**apprenez**-vous en classe de français?

Moi, j'_____ des poèmes.

Dans ma classe, les élèves _____ des chansons.

5. D'où **êtes**-vous?

Nous _____ de Dakar.

Je _____ de Marseille, mais mes cousins _____ de Casablanca.

6. Quel âge **as**-tu?

J'_____ quinze ans. Quel âge _____-vous?

Nous _____ seize ans.

7. Que **fais**-tu le samedi après-midi?

Je _____ du basket. Que _____-vous?

Nous _____ du foot.

8. Où **allez**-vous cet été?

Nous _____ en Europe. Et toi?

Je _____ chez mon correspondant martiniquais et mes parents

_____ en Afrique.

9. Qu'est-ce que vous **voulez** comme dessert?

Nous _____ une mousse au chocolat. Et toi?

Je _____ de la tarte aux pommes.

10. Qu'est-ce que tu **dois** faire après les cours?

Moi, je _____ étudier pour mon examen. Qu'est-ce que Paul et Evan

_____ faire?

Evan _____ ranger sa chambre. Paul et moi, nous _____

aller travailler.

EXERCICE V

Exprimez ce qui arrive aujourd'hui à un camarade en écrivant la forme correcte des verbes donnés entre parenthèses.

J'_____ ma fenêtre. Il _____ . Je _____ que je _____ faire
1. (ouvrir)   2. (pleuvoir)   3. (savoir)   4. (devoir)

attention. Aujourd'hui je _____ la voiture de mes parents seul pour
5. (conduire)

la première fois. J'_____ un peu peur. Avant de quitter la maison
6. (avoir)

je _____ mon petit déjeuner: des œufs et du pain grillé. Je _____
7. (prendre)   8. (boire)

aussi du jus d'orange. Finalement je _____ prêt et je _____ .
9. (être)   10. (partir)

Je _____ vers la voiture parce que je _____ éviter la pluie.
11. (courir)   12. (vouloir)

Je _____ faire démarrer la voiture. Je _____ le contact. Enfin,
13. (savoir)   14. (mettre)

je _____ en route. Je _____ bien le chemin. Il _____ rouler
15. (être)   16. (connaître)   17. (falloir)

lentement. Je _____ à peine les autres voitures. Je _____ tout pour
18. (voir)   19. (faire)

éviter un accident. Je _____ les panneaux *(signs)* avec attention.
20. (lire)

Une demi-heure plus tard, j'arrive chez ma petite amie. Je _____ tout
21. (aller)

de suite téléphoner à mes parents. De cette façon, ils _____ être rassurés
                                                            22. (pouvoir)
pour moi et leur voiture!

EXERCICE W

Exprimez les sentiments **(feelings)** *de cet étudiant qui part pour l'université.*

1. My friends and I, we're leaving for different colleges tomorrow.
2. Now we're packing our suitcases and putting our things *(affaires)* in the car.
3. John and Paul are going to school by car, but George and I are taking a plane.
4. It's necessary to bring a computer to school.
5. I have to call my parents once a week.
6. We're all very excited but sad.
7. I'm becoming nervous. Am I going to like my school?
8. Today we're all receiving a lot of phone calls.
9. I don't have time to chat. I have a lot to do.
10. Tonight I'm saying good-bye to all my friends.

Chapter 4
Imperative

The imperative is a verb form used to give commands.

[1] IMPERATIVE OF REGULAR VERBS

For regular verbs, the forms of the imperative are the same as the corresponding forms of the present tense, except for the omission of the subject pronouns *tu* and *vous*.

FAMILIAR		FORMAL / PLURAL	
Parle!	*Speak!*	**Parlez!**	*Speak!*
Obéis!	*Obey!*	**Obéissez!**	*Obey!*
Réponds!	*Answer!*	**Répondez!**	*Answer!*

NOTE:

1. To form the familiar imperative of -er verbs, drop the final -s of the present tense *tu* form.

   Tu parles français.   **Parle** français!   *Speak French!*
   Tu cherches le livre.   **Cherche** le livre!   *Look for the book!*

2. The first person plural of the present tense is used without the pronoun *nous* to express *Let us (Let's)*.

   Travaillons!   *Let's work!*
   Attendons Kerri!   *Let's wait for Kerri!*

3. In the negative imperative, *ne* and *pas* surround the verb.

   Ne chante pas si fort!   *Don't sing so loud!*
   N'attendez pas!   *Don't wait!*
   N'allons pas si loin!   *Let's not go so far!*

EXERCICE A

Vous donnez une boum chez vous ce soir, mais vous devez sortir. Vous laissez un message à votre sœur pour lui dire comment elle peut vous aider. Complétez ce message avec l'impératif du verbe approprié.

choisir	garnir	préparer	répondre
descendre	passer	ranger	rôtir

1. _____ de bonnes cassettes.

2. _____ les deux chaises de ta chambre.

3. _____ le salon.

4. _____ le gâteau.

5. _____ au téléphone.

6. _____ l'aspirateur.

7. _____ la mousse au chocolat.

8. _____ le poulet.

EXERCICE B

Vous avez une dispute avec vos amis. Exprimez ce que vous dites à ces amis.

EXEMPLE: *(changer)* **Changez** d'opinion.

1. *(défendre)* _____ vos arguments.

2. *(laisser)* _____-moi tranquille.

3. *(finir)* _____ la discussion.

4. *(coopérer)* _____ un peu.

5. *(rendre)* _____-moi mes affaires.

6. *(répondre)* _____ à mes questions.

7. *(peser)* _____ bien ce que vous dites.

8. *(saisir)* _____ cette occasion d'exprimer vos idées.

EXERCICE C

M. et Mme Krause sortent ce soir. Exprimez ce qu'ils disent à leurs enfants de ne pas faire.

EXEMPLE: pleurer
           Ne pleurez pas.

1. désobéir à la baby-sitter

2. répondre au téléphone

3. manger trop de bonbons

4. téléphoner à vos amis

5. descendre tous vos jouets
6. regarder la télé après neuf heures
7. casser ce vase
8. nourrir le chien

EXERCICE D

Vous aidez Russell à faire les préparatifs d'un voyage. Exprimez ce que vous lui dites en mettant les verbes de la liste à l'impératif.

> ne pas oublier ton passeport
> achever ton travail
> régler ton problème avec la banque
> promener le chien
> acheter des chèques de voyage
> nourrir les poissons rouges
> ne pas perdre ton portefeuille
> avertir le facteur de ton départ
> tondre la pelouse
> ne pas attendre la dernière minute

EXEMPLES: **N'oublie pas** ton passeport.
Achève ton travail.

EXERCICE E

Votre amie et vous avez rendez-vous avec Paul à midi. Il est maintenant une heure et Paul n'est pas là. Suggérez les actions suivantes à votre amie et exprimez ses réponses.

EXEMPLE: changer de projet
VOUS: **Changeons** de projet!
VOTRE AMIE: Non, **ne changeons pas** de projet.

1. téléphoner chez lui
VOUS:

VOTRE AMIE:

2. attendre plus longtemps

VOUS:

VOTRE AMIE:

3. avertir la police

VOUS:

VOTRE AMIE:

4. manger sans lui

VOUS:

VOTRE AMIE:

5. commencer notre promenade sans lui

VOUS:

VOTRE AMIE:

6. oublier Paul

VOUS:

VOTRE AMIE:

[2]   IMPERATIVE OF IRREGULAR VERBS

The imperative of irregular verbs generally follows the same pattern as that of regular verbs.

aller	*to go*	**va, allons, allez**
faire	*to do*	**fais, faisons, faites**
sortir	*to go out*	**sors, sortons, sortez**
venir	*to come*	**viens, venons, venez**

NOTE:

1. Verbs conjugated like *-er* verbs in the present tense, and the verb *aller*, drop the final *-s* in the familiar command form.

| Tu ouvres la porte. | **Ouvre** la porte! | *Open the door!* |
| Tu vas au marché. | **Va** au marché! | *Go to the market!* |

2. The verbs *avoir, être,* and *savoir* have irregular command forms.

avoir *to have*	**aie, ayons, ayez**
être *to be*	**sois, soyons, soyez**
savoir *to know*	**sache, sachons, sachez**

EXERCICE F

Votre ami Pierre est toujours très anxieux. Vous lui donnez des conseils (advice) *pour l'aider à rester calme. Complétez les phrases avec la forme correcte du verbe à l'impératif.*

EXEMPLE: *(rester)* calme!
           Reste calme!

1. *(prendre)* _____ ton temps avant d'agir!

2. *(recevoir)* _____ calmement la critique des autres!

3. *(être)* _____ patient!

4. *(avoir)* _____ confiance!

5. *(dormir)* _____ au moins huit heures par nuit!

6. *(boire)* _____ de l'eau et non pas du coca!

7. *(faire)* _____ ton travail à l'avance.

8. *(croire)* _____ toujours en toi-même.

EXERCICE G

Vous donnez des conseils à vos amis qui veulent rester en forme. Exprimez ce que vous leur dites.

EXEMPLE: faire du sport
           Faites du sport.

1. aller au gymnase trois fois par semaine

2. promettre de ne pas manger de bonbons

3. faire attention à votre santé *(health)*

4. avoir une attitude positive

5. courir chaque après-midi

6. être sérieux

7. boire beaucoup d'eau

8. savoir vous relaxer

EXERCICE H

Vous êtes malade et vos parents ne vous permettent pas de faire certaines activités. Exprimez ce qu'ils vous disent.

EXEMPLE: Je peux jouer au tennis?
Non, **ne joue pas** au tennis.

1. Je peux sortir?

2. Je peux ouvrir toutes les fenêtres?

3. Je peux prendre ce sirop?

4. Je peux regarder la télé toute la nuit?

5. Je peux aller au cinéma?

6. Je peux courir dans le parc?

7. Je peux faire ces exercices de gymnastique?

8. Je peux conduire?

EXERCICE I

Karen et Nicolas ont huit ans. Ils vont bientôt partir en colonie de vacances. Exprimez les recommandations de leur sœur Terry.

EXEMPLE: croire aux fantômes
Ne croyez pas aux fantômes.

1. aller dans les bois le soir

2. faire les idiots

3. être impolis

4. avoir peur des moniteurs *(counselors)*

5. nager dans le lac seuls

6. prendre les affaires des autres

7. lire les lettres de vos camarades

8. dire que vous êtes malheureux

EXERCICE J

Vous voulez faire quelque chose de différent cet été. Exprimez vos suggestions à votre frère ou à votre sœur en choisissant ce que vous préférez.

EXEMPLE: nager / dans la mer ou dans un lac?
            Nageons dans la mer!

1. écrire / un roman ou des poèmes?

2. faire / une croisière ou un voyage à bicyclette?

3. voyager / à l'étranger ou aux États–Unis?

4. apprendre / le piano ou le karaté?

5. lire / l'encyclopédie ou des bandes dessinées?

6. conduire / en Afrique ou en France?

7. aller / à Euro Disney ou à Disneyland?

8. ouvrir / une boutique de tee-shirts ou une boutique de disques compacts?

9. commencer / des études de chant ou de ballet?

EXERCICE K

Les téléphones publics sont différents en France. Pour savoir comment utiliser ces téléphones électroniques, complétez les instructions en mettant les verbes entre parenthèses à l'impératif.

1. *(lire)* _____ le message écrit sur l'écran *(screen)*.

2. *(décrocher)* _____ le récepteur *(handset)*.

3. *(introduire)* _____ la télécarte dans la fente *(slot)*.

4. *(faire)* _____ attention. Regardez sur l'écran si vous avez du crédit.

5. *(patienter)* _____ un peu.

6. *(composer)* _____ le numéro.

7. *(attendre)* _____ que la personne appelée parle.

8. *(répondre)* _____ à la personne.

9. *(raccrocher)* _____ le récepteur.

10. *(voir)* _____ sur l'écran le crédit qui reste sur votre télécarte.

11. *(reprendre)* _____ votre télécarte.

M A S T E R Y E X E R C I C E S

EXERCICE L

Exprimez vos conseils à des amis qui se plaignent (complain) *tout le temps.*

EXEMPLE: Nous avons faim.
Mangez un sandwich.

1. Nous avons soif.

2. Nous avons sommeil.

3. Nous avons chaud.

4. Nous avons froid.

5. Nous n'avons pas de devoirs.

6. Nous n'avons pas classe aujourd'hui.

7. Nous ne comprenons pas le travail.

8. Nous ne pouvons pas conduire en ville.

EXERCICE M

Vous faites des suggestions à vos amis. Utilisez les expressions entre paren-
thèses pour exprimer ce que vous leur dites.

EXEMPLE: MARK: J'ai oublié de copier les devoirs.
VOUS: *(téléphoner à Steven)* **Téléphone** à Steven.

1. SOPHIE: Le gâteau que tu as préparé est sensationnel.

   VOUS: *(prendre un autre morceau)* _____ .

2. ROBERT: J'ai enfin mon permis de conduire!

   VOUS: *(ne pas conduire trop vite)* _____ .

3. MARVIN: Je voudrais sortir avec Vanessa.

   VOUS: *(ne pas être trop optimiste)* _____ .

4. LYNN: J'ai envie de visiter Paris.

   VOUS: *(aller en France au printemps)* _____ .

5. ANA: Je ne sais pas où ranger ces papiers.

   VOUS: *(acheter un classeur)* _____ .

6. CHRISTOPHER: J'ai une entrevue pour un job cet après-midi.

   VOUS: *(avoir confiance)* _____ .

7. CLAIRE: Il gèle et j'ai peur de tomber.

   VOUS: *(ne pas courir)* _____ .

8. ROGER: J'ai la grippe.

   VOUS: *(ne pas venir chez moi ce soir)* _____ .

EXERCICE N

Exprimez en français les ordres de M. Bertrand, le professeur de français.

1. Don't drink and don't chew gum in class!
2. Don't do your homework while *(pendant que)* I speak!
3. Think before giving an answer!
4. Have your French book in your bag!
5. Don't forget to bring your notebook every day!
6. Don't sleep in class!
7. Wait for the bell at the end of the lesson!
8. Write all the rules in your notebook!
9. Don't be shy, but don't speak with your friends!
10. Always tell the truth!

Chapter 5
Passé composé of Verbs Conjugated with *avoir*

The *passé composé* is used to narrate an action or event completed in the past.

[1] REGULAR VERBS

The *passé composé* is formed by combining the present tense of the helping verb *avoir* (to have) and the past participle of the verb.

parler *to speak*
I spoke, I have spoken
j' *ai* parlé tu *as* parlé il / elle *a* parlé nous *avons* parlé vous *avez* parlé ils / elles *ont* parlé

choisir *to choose*
I chose, I have chosen
j' *ai* choisi tu *as* choisi il / elle *a* choisi nous *avons* choisi vous *avez* choisi ils / elles *ont* choisi

attendre *to wait*
I waited, I have waited
j' *ai* attendu tu *as* attendu il / elle *a* attendu nous *avons* attendu vous *avez* attendu ils / elles *ont* attendu

NOTE:

1. The past participle of regular verbs is formed by dropping the infinitive endings and adding *-é* for *-er* verbs, *-i* for *-ir* verbs, and *-u* for *-re* verbs.

Il a commencé à pleurer.	*He began to cry.*
Tu as fini tes devoirs.	*You finished your homework.*
J'ai perdu ton livre.	*I lost your book.*

2. In a negative sentence in the *passé composé, ne* precedes and *pas* follows the helping verb.

Il n'a pas encore réussi.	*He has not succeeded yet.*
Elle n'a pas déménagé.	*She hasn't moved.*

3. In an interrogative sentence in the *passé composé,* the subject pronoun and the helping verb are inverted.

As-tu changé d'opinion?	*Have you changed your mind?*
Le chien a-t-il chassé le chat?	*Did the dog chase the cat?*

4. In a negative interrogative sentence in the *passé composé, ne* and *pas* surround the inverted helping verb and the subject pronoun.

N'avez-vous pas fini?	*Haven't you finished?*
Claude n'a-t-il pas répondu?	*Didn't Claude answer?*

5. Interrogative sentences can also be formed without inversion, using either *est-ce que* or simple intonation, especially in conversations.

Tu as changé d'opinion?	*Have you changed your mind?*
Tu n'as pas changé d'opinion?	*Haven't you changed your mind?*
Est-ce qu'il a bien travaillé?	*Has he worked well?*
Est-ce qu'il n'a pas bien travaillé?	*Hasn't he worked well?*

EXERCICE A

La boum de Gabrielle a lieu ce soir. Exprimez comment ces personnes ont aidé Gabrielle.

acheter les boissons	organiser des jeux
arranger les fleurs	préparer des sandwichs
enregistrer des cassettes	ranger le salon
envoyer les invitations	téléphoner à des amis
inviter des copains	

EXEMPLE: Claire **a rangé** le salon.

1. Tu _____ .

2. Ron et moi _____ .

3. Je _____ .

4. Dennis _____ .

5. Vous _____ .

6. Charlotte_____ .

7. Vivian et Lucy _____ .

8. Keith et Paul _____ .

EXERCICE B

Exprimez ce que chaque personne a fait au mariage de Philip et de Brenda Bonner.

applaudir	finir	nourrir	rougir
choisir	garnir	remplir	

EXEMPLE:

Madame Malon **a rougi.**

1. J'_____ l'orchestre.

2. Vous _____ les cygnes *(swans)*.

3. Nous _____ des fleurs roses.

4. Ils _____ leurs cassettes en même temps.

5. Le pâtissier _____ le gâteau.

6. Tu _____ les coupes de glace à la vanille.

EXERCICE C

Exprimez ce qui est arrivé en classe hier.

EXEMPLE:
le professeur / rompre sa promesse de ne pas donner d'exercices de grammaire
Le professeur **a rompu** sa promesse de ne pas donner d'exercices de grammaire.

1. vous / interrompre le professeur

2. le professeur / rendre les devoirs

3. les filles / répondre correctement à toutes les questions

4. je / défendre mes idées

5. tu / perdre ton cahier

6. nous / entendre des chansons de Louisiane

EXERCICE D

Hier, ces personnes ont perdu quelque chose d'important. Exprimez comment chaque personne a réagi.

1. *(réussir)* J'_____ à ne pas m'énerver *(to get annoyed)*.

2. *(téléphoner)* Les Goncourt _____ à la police.

3. *(perdre)* Nous _____ patience.

4. *(agir)* Nous _____ immédiatement.

5. *(pousser)* Tu _____ un cri de désespoir.

6. *(finir)* Daniel et Billy _____ tranquillement leur promenade.

7. *(commencer)* Kristen et moi, nous _____ à pleurer.

8. *(avertir)* Mme Fields _____ son mari.

9. *(attendre)* Suzanne et vous _____ la réponse de la police.

EXERCICE E

Regardez cette liste de choses que votre mère vous a demandé de faire.
Exprimez ce que vous avez déjà fait et ce que vous n'avez pas encore fait.

> ✓ *ranger la chambre*
> *tondre la pelouse*
> ✓ *commencer à faire les devoirs*
> *répondre au courrier*
> *envoyer le paquet à la poste*
> *nettoyer le salon*
> ✓ *payer la note du magasin*
> ✓ *acheter le matériel scolaire*
> *remplir le questionnaire pour l'université*
> ✓ *pratiquer le piano*

EXEMPLES: **J'ai déjà rangé** la chambre.
Je n'ai pas encore tondu la pelouse.

EXERCICE F

Vos ami(e)s et vous avez participé à un débat, mais vous avez perdu. Répondez négativement aux questions de votre professeur.

EXEMPLE: Avez-vous gagné le débat?
Non, nous n'avons pas gagné le débat.

1. As-tu réfléchi avant de répondre?
2. Paul et Scott ont-ils bien entendu les questions?
3. Avez-vous défendu ces nouvelles idées?
4. Est-ce que j'ai bien préparé l'équipe *(team)* pour cette compétition?
5. Charles a-t-il organisé ses idées?
6. Avez-vous saisi chaque occasion de répondre?
7. Dana a-t-elle interrompu les autres?
8. Avons-nous obéi à toutes les règles?
9. Les filles ont-elles beaucoup participé?

EXERCICE G

Votre famille est en train de déménager. Exprimez les questions de votre mère.

descendre tous les cartons
ficeler les boîtes
finir de vider les placards *(closets)*
nettoyer la cuisine
organiser le départ

perdre les clefs de la grande valise
remarquer un problème
remplir le coffre *(trunk)* de la voiture
vider tous les tiroirs

EXEMPLE: *(vous)* **Avez-vous nettoyé** la cuisine?

1. *(je)* _____ ?

2. *(nous)* _____ ?

3. *(elles)* _____ ?

4. *(il)* _____ ?

5. *(vous)* _____ ?

6. *(elle)* _____ ?

7. *(tu)* _____ ?

8. *(ils)* _____ ?

EXERCICE H

Vos amis et vous parlez de ce qui est arrivé pendant l'été. Exécutez ce dialogue avec un(e) camarade de classe.

EXEMPLE: Kelly / jouer au golf *(oui)* *(non)*
            Est-ce que Kelly a joué au golf?
            Oui, elle a joué au golf.
    OU: **Non, elle n'a pas joué** au golf.

1. Paula et vous / perdre beaucoup de poids *(weight)* *(non)*

2. je / maigrir *(non)*

3. Thomas / correspondre avec son amie canadienne *(oui)*

4. Carly et moi / grandir *(oui)*

5. Lindsay et Simon / travailler au supermarché *(non)*

6. tu / camper dans les bois *(oui)*

EXERCICE I

Un étudiant français visite votre classe. Posez-lui des questions sur ces Français célèbres. Utilisez la forme négative.

EXEMPLE: Degas / dessiner les scènes de ballet
            Degas **n'a-t-il pas** dessiné les scènes de ballet?

1. Rodin / sculpter *Le Penseur*

2. Voltaire et Rousseau / attaquer l'injustice sociale

3. Pasteur / inventer la pasteurisation

4. Richelieu / fonder l'Académie française

5. Napoléon Bonaparte / vendre la Louisiane aux États-Unis

6. Debussy et Berlioz / composer beaucoup d'opéras

7. Jeanne d'Arc / réussir à chasser les Anglais d'Orléans

8. Marquette et Joliet / descendre le Mississippi

[2] IRREGULAR VERBS CONJUGATED WITH *AVOIR*

The following verbs and verbs conjugated like them have irregular past participles.

a. Past participles ending in *-u*

avoir *to have*	**eu**	**lire** *to read*		**lu**
boire *to drink*	**bu**	**pleuvoir** *to rain*		**plu**
connaître *to know*	**connu**	**pouvoir** *to be able to*		**pu**
courir *to run*	**couru**	**recevoir** *to receive*		**reçu**
croire *to believe*	**cru**	**savoir** *to know*		**su**
devoir *to have to, to owe*	**dû***	**voir** *to see*		**vu**
falloir *to be necessary*	**fallu**	**vouloir** *to want*		**voulu**

b. Past participles ending in *-is*

apprendre *to learn*	**appris**	**mettre** *to put*	**mis**
comprendre *to understand*	**compris**	**prendre** *to take*	**pris**

c. Past participles ending in *-it*

conduire *to drive*	**conduit**	**écrire** *to write*	**écrit**
dire *to say*	**dit**		

d. Irregular past participles

être *to be*	**été**	**ouvrir** *to open*	**ouvert**
faire *to do*	**fait**		

---

*The following past participle forms of *devoir* do not take a circumflex accent: *due, dues, dus.*

EXERCICE J

Exprimez ce que ces personnes ont fait et n'ont pas fait hier.

EXEMPLE: elle *(regarder la télé / finir ses devoirs)*
Elle a regardé la télé. Elle n'a pas fini ses devoirs.

1. vous *(courir au lycée / prendre le bus)*
2. elle *(boire une grande orangeade / avoir mal à l'estomac)*
3. nous *(conduire en ville / faire les courses)*
4. il *(être anxieux / pouvoir dormir)*
5. elles *(recevoir une mauvaise note / savoir les réponses au contrôle hier)*
6. je *(dire la vérité / écrire cette lettre)*
7. tu *(voir un joli pantalon / vouloir dépenser tant d'argent)*
8. ils *(ouvrir leurs parapluies / mettre leurs imperméables)*
9. je *(devoir étudier / lire mon magazine)*
10. vous *(croire votre camarade de classe / apprendre le poème)*

EXERCICE K

Complétez l'histoire d'Albert avec le passé composé du verbe entre parenthèses.

Hier il _____ . À huit heures précises du matin j'_____ un coup
    1. (pleuvoir)   *2. (avoir)*

de téléphone. J'_____ immédiatement la voix du directeur de
                   3. (reconnaître)

mon école. Il m'_____ de venir tout de suite. J'_____ un verre de
          4. (dire)   *5. (boire)*

jus d'orange et j'_____ du pain grillé en vitesse. J'_____ mon
               6. (prendre)   *7. (mettre)*

imperméable et j'_____ vers ma voiture. J'_____ à l'école.
                  8. (courir)   *9. (conduire)*

J'_____ la route en un quart d'heure. Aussitôt arrivé, j'_____ le
 10. (faire)   *11. (voir)*

directeur dans le couloir. Il m'_____ une lettre du doyen de
                            12. (donner)

l'université de Paris. J'_____ l'enveloppe et j'_____ la lettre.
                   13. (ouvrir)   *14. (lire)*

J'_____ une bourse *(grant)* de 10.000 francs! Je ne l'___pas___ .
   15. (recevoir)   16. (croire)

J'_____ sauter en l'air. Je n'___pas___ contenir ma joie. J'_____
   17. (vouloir)   18. (pouvoir)   19. (être)

vraiment stupéfait. J'_____ tout de suite écrire une lettre d'acceptation.
                          20. (devoir)

EXERCICE L

Posez les questions suivantes à un(e) camarade et notez ses réponses.

EXEMPLE: courir dans le marathon
               As–tu couru dans le marathon?
               Oui, j'ai couru dans le marathon.
    OU: **Non, je n'ai pas couru** dans le marathon.

1. être à la plage ce week-end
2. prendre l'autobus pour aller à l'école
3. faire les courses en ville
4. voir le nouveau film au cinéma Miramar
5. ouvrir le cadeau de ton frère
6. lire *L'Étranger* d'Albert Camus

[3] AGREEMENT OF PAST PARTICIPLES

Past participles of verbs conjugated with *avoir* agree in gender and number with a preceding direct object. This preceding direct object can be a noun or a pronoun.

Quelle voiture as-tu conduite?	*Which car did you drive?*
Combien de **films** avez–vous vus?	*How many films did you see?*
J'ai pris **cette photo** et je l'ai montrée à ma famille.	*I took this picture and I showed it to my family.*
Les chemises? Non, il ne **les** a pas essayées.	*The shirts? No, he didn't try them on.*
Il **nous** a vus, Paul et moi.	*He saw us, Paul and me.*

Regarde **les fleurs** qu'elle a reçues.	*Look at the flowers she received.*
Voici **les poèmes** que j'ai écrits.	*Here are the poems I wrote.*
Nous avons écouté deux **chansons**. **Laquelle** as-tu préférée?	*We have heard two songs. Which one did you prefer?*
Lequel as-tu choisi parmi tous ces livres?	*Which one did you choose among all those books?*

NOTE:

1. Past participles already ending in *-s* remain unchanged when preceded by a masculine plural direct object.

Il a pris **le livre**. Il **l'**a pris.	*He took the book. He took it.*
Il a pris **les livres**. Il **les** a pris.	*He took the books. He took them.*

2. There is no agreement of past participles with a preceding indirect object, or with any object placed after the verb, or with the pronoun *en*.

J'ai parlé **à Nancy**. Je **lui** ai parlé.	*I spoke to Nancy. I spoke to her.*
Il a téléphoné **aux filles**. Il **leur** a téléphoné.	*He called the girls. He called them.*
Elle a préparé **des sandwichs**. Elle **en** a préparé.	*She prepared some sandwiches. She prepared some.*

EXERCICE M

La famille Nalet a préparé un grand dîner pour célébrer Noël. Exprimez ce que chaque personne dit.

EXEMPLE: voici les cadeaux / le Père Noël / apporter
Voici les cadeaux **que** le Père Noël **a apportés.**

1. voici les gâteaux / maman / faire

2. montre-moi le poulet / tu / rôtir

3. je n'ai pas vu les photos / Timothy / prendre

4. regarde la boîte de chocolats / papa / ouvrir

5. as-tu goûté les desserts / Louis / préparer

6. je vous raconte les nouvelles / je / entendre

7. on parle des vêtements / Jill / mettre

8. où est la lettre / Arthur / écrire au Père Noël

EXERCICE N

Vous quittez les États-Unis pour aller faire un stage en France. Répondez aux questions qu'un voisin curieux vous pose.

EXEMPLE: As–tu rangé tes affaires? *(oui) (non)*
            Oui, je les ai rangées.
    OU: **Non, je ne les ai pas rangées.**

1. As–tu vendu la maison? *(non)*

2. As–tu averti les professeurs? *(oui)*

3. As–tu acheté le billet d'avion? *(oui)*

4. As–tu reçu les documents nécessaires? *(oui)*

5. As–tu loué la villa de Mme Charpentier? *(non)*

6. As–tu fait les réservations d'hôtel? *(non)*

7. As–tu pris les adresses de tes amis? *(oui)*

8. As–tu fini le livre de français? *(non)*

EXERCICE O

Hier vous avez fait un grand effort pour aider tout le monde. Exprimez ce que vous avez fait.

EXEMPLE: Votre tante a oublié de préparer le dîner.
            (le cuisiner pour elle)
            Je l'ai cuisiné pour elle.

1. Votre cousine a fêté son anniversaire.

    (lui envoyer une carte)

2. Votre sœur a eu une entrevue pour un emploi.

    (la conduire en ville)

3. Vos parents ont dû faire le ménage.

    (les aider)

4. Vos amis n'ont pas compris la leçon de maths.

    (leur expliquer comment faire les exercices)

5. Votre amie a préparé son premier gâteau.

    (en goûter un morceau)

6. Votre cousin a perdu ses clefs dans le jardin.
(les chercher avec lui)

7. Votre frère a cassé son baladeur.
(le réparer)

8. Votre amie a oublié son portefeuille *(wallet)*.
(lui prêter de l'argent)

EXERCICE P

Complétez le récit (story) *d'une aventure de nos amis parisiens en mettant les verbes au passé composé.*

1. Samedi dernier Delphine *(téléphoner)* _____ à son amie Sophie. Elle lui *(demander)* _____ de venir tout de suite.

2. Elle lui *(dire)* _____ bonjour et elle l'*(embrasser)* _____ sur les deux joues.

3. «Écoute! J'*(parler)* _____ avec Catherine. Ses cousins américains lui font une visite. Ils veulent rencontrer des étudiants français. Je les *(inviter)* _____ à une boum demain. Mes parents m'*(permettre)* _____ de le faire. Aide-moi!»

4. Sophie l'*(aider)* _____ sans hésitation.

5. D'abord les filles *(appeler)* _____ six camarades de classe et leur *(demander)* _____ d'inviter chacun un ou une autre camarade.

6. Ensuite elles *(préparer)* _____ leur fameux gâteau. Elles *(faire)* _____ une salade de fruits et une crème à la vanille. Elles les *(goûter)* _____ et les *(trouver)* _____ très bonnes.

7. Puis elles *(arranger)* _____ l'appartement. Le salon et la salle de séjour, elles les *(ranger)* _____ . Les tapis, elles les *(rouler)* _____ . Les cassettes qu'elles *(choisir)* _____ , elles les *(mettre)* _____ sur la table à côté des disques compacts et de la stéréo. Les objets fragiles, elles les *(placer)* _____ dans une autre pièce.

8. Finalement elles *(acheter)* _____ du saucisson, du fromage et du pain. Elles *(préparer)* _____ des petits sandwichs avec les produits qu'elles *(acheter)* _____ et elles les *(arranger)* _____ sur un plat.

9. Enfin elles *(attendre)* _____ leurs invités.

M A S T E R Y   E X E R C I S E S

EXERCICE Q

Lisez les situations données et dites ce que ces personnes ont fait ou n'ont pas fait.

EXEMPLE: Randy a eu faim. *(faire ses devoirs / manger quelque chose)*
Il n'a pas fait ses devoirs. Il a mangé quelque chose.

1. M. Houston a eu mal à la tête. *(prendre de l'aspirine / pouvoir lire le journal)*

2. Peter a été en retard. *(marcher lentement / conduire sa voiture)*

3. J'ai remarqué qu'il faisait beau. *(ouvrir les fenêtres / mettre mon manteau d'hiver)*

4. Nous avons beaucoup étudié pour notre examen de science. *(recevoir de bonnes notes / rater l'examen)*

5. Vous avez donné une mauvaise réponse à une question. *(réfléchir / faire une faute)*

6. Les filles ont eu très sommeil. *(dormir / apprendre la leçon)*

EXERCICE R

Demandez à un camarade de classe s'il a fait les choses suivantes la semaine dernière et notez ses réponses.

EXEMPLE: jouer au tennis
As-tu joué au tennis?
Oui, j'ai joué au tennis.
OU: **Non, je n'ai pas joué** au tennis.

1. correspondre avec un ami étranger

2. lire le nouveau roman de science-fiction

3. être malade

4. jouer avec l'ordinateur

5. recevoir la carte postale d'un ami en vacances

6. obéir aux parents

7. acheter de nouveaux vêtements

8. célébrer l'anniversaire d'une amie

EXERCICE S

Exprimez en français ce qui est arrivé à Mme Solage. Employez le passé composé.

1. Yesterday it rained and I could not go out.
2. Then the mailman knocked *(frapper)* on my door and gave me a package.
3. I received a box of chocolates from my friends, Roger and Barbara.
4. They sent it by air mail *(par avion)*.
5. I opened the box immediately and I put it on my night table.
6. I took one chocolate and I ate it. I found it delicious.
7. I shared the chocolates with my family.
8. Here is the card that they wrote me.
9. I read it many times: they've been so kind.
10. Yesterday I called Roger and Barbara and I thanked them.

Chapter 6
Passé composé of Verbs Conjugated with être

[1] VERBS CONJUGATED WITH ÊTRE

Sixteen common verbs use the helping verb *être* instead of *avoir*. Their *passé composé* is formed by combining the present tense of *être* and the past participle of the verb. Most of these verbs express motion or a change of place, state, or condition.

INFINITIVE	PAST PARTICIPLE
aller *to go*	*allé*
venir *to come*	*venu*
arriver *to arrive*	*arrivé*
partir *to leave, go away*	*parti*
entrer *to enter*	*entré*
sortir *to go out, leave*	*sorti*
monter *to go up, come up*	*monté*
descendre *to go (come) down*	*descendu*
tomber *to fall*	*tombé*
rester *to stay, remain*	*resté*
devenir *to become*	*devenu*
revenir *to come back*	*revenu*
retourner *to go back*	*retourné*
rentrer *to go in again, return*	*rentré*
naître *to be born*	*né*
mourir *to die*	*mort*

[2] AGREEMENT

Past participles of verbs conjugated with *être* agree in gender (masculine or feminine) and number (singular or plural) with the subject.

MASCULINE SUBJECTS	FEMININE SUBJECTS	
je suis arrivé	**je suis arrivée**	*I arrived, have arrived*
tu es arrivé	**tu es arrivée**	*you arrived, have arrived*
il est arrivé	**elle est arrivée**	*he / she arrived, has arrived*
nous sommes arrivés	**nous sommes arrivées**	*we arrived, have arrived*
vous êtes arrivé(s)	**vous êtes arrivée(s)**	*you arrived, have arrived*
ils sont arrivés	**elles sont arrivées**	*they arrived, have arrived*

Elles sont sorties.	*They went out.*
Maria est née en avril.	*Maria was born in April.*
Jacques et Claudine sont arrivés.	*Jacques and Claudine have arrived.*

NOTE: The interrogative, negative, and negative interrogative forms of the *passé composé* of verbs conjugated with *être* follow the same rules as verbs conjugated with *avoir.*

Est-ce qu'elle est revenue?
Elle est revenue?   } *Did she come back?*
Est-elle revenue?

Elle n'est pas revenue.   *She didn't come back.*

Est-ce qu'elle n'est pas revenue?
Elle n'est pas revenue?   } *Didn't she come back?*
N'est-elle pas revenue?

EXERCICE A

Exprimez comment chaque personne est arrivée à Nice.

EXEMPLE:

Claire **est arrivée en taxi.**

1. Gisèle et Anne _____ .

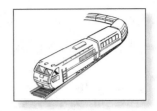

2. Chantal _____ .

3. Roland et vous _____ .

4. Je _____ .

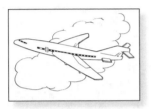

5. Carine et moi, nous _____ .

6. Hubert et Alain _____ .

7. Yves _____ .

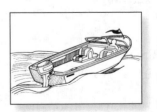

8. Tu _____ .

EXERCICE B

Exprimez à quelle heure les personnes suivantes sont parties de la boum de Kathleen.

EXEMPLE: je / 11h
            Je **suis parti(e)** à onze heures.

1. vous / 11h30

2. Lionel et Bernard / minuit

3. tu / 11h25

4. Amy et Sofia / 12h15

5. je / 12h30

6. nous / 1h

7. Sherry / 1h15

8. Christa et moi / 12h30

EXERCICE C

Exprimez ce que ces anciens élèves du lycée Jean Bart sont devenus.

EXEMPLE: Raoul / artiste
            Raoul **est devenu** artiste.

1. Nicole / médecin

2. Alice et moi / architectes

3. tu / avocate

4. Patrick et Régis / plombiers

5. je / mécanicien(ne)

6. Joséphine / programmeuse

7. vous / électriciens

8. Robert / professeur

EXERCICE D

En vous servant des suggestions données, exprimez comment les personnes suivantes ont réagi quand elles se sont senties malades.

aller chez le docteur
devenir anxieux (anxieuse)
monter dans sa chambre
partir du bureau de bonne heure
rentrer à la maison

rester à la maison
revenir plus tôt
sortir prendre l'air
venir à l'hôpital

EXEMPLE: Mme Evans **est rentrée** à la maison.

1. Mme Quinn _____ .

2. Tu _____ .

3. Raymond et David _____ .

4. Vous _____ .

5. Je _____ .

6. Les filles Lascaux _____ .

7. Leslie et moi, nous _____ .

8. Roland _____ .

EXERCICE E

Les commérages **(gossip)** *au bureau intéressent tout le monde. Exprimez ce qui n'est pas arrivé dans ce bureau.*

EXEMPLE: M. Patrick / sortir avec Mlle Zeigler
M. Patrick **n'est pas sorti** avec Mlle Zeigler.

1. Lori / arriver à l'heure hier

2. Victor et vous / devenir copains

3. tu / descendre parler au directeur

4. Todd / tomber amoureux de Tina

5. les filles / revenir de leur voyage d'affaires

6. nous / partir avant cinq heures

7. je / rester tard le soir

8. les garçons / monter parler à la secrétaire du directeur

EXERCICE F

Vous posez des questions à votre oncle sur son passé. Exprimez vos questions et ses réponses.

EXEMPLE: aller au Canada *(oui) (non)*
            VOUS: **Es-tu allé** au Canada?
            VOTRE ONCLE: **Oui, je suis allé** au Canada.
    OU: VOTRE ONCLE: **Non, je ne suis pas allé** au Canada.

1. naître en France *(oui)*

    VOUS:

    VOTRE ONCLE:

2. rester longtemps en France *(non)*

    VOUS:

    VOTRE ONCLE:

3. devenir ingénieur *(oui)*

VOUS:

VOTRE ONCLE:

4. tomber amoureux de Tante Mireille tout de suite *(non)*

VOUS:

VOTRE ONCLE:

5. partir pendant la guerre *(oui)*

VOUS:

VOTRE ONCLE:

6. venir au Canada avec toute la famille *(non)*

VOUS:

VOTRE ONCLE:

7. arriver en bateau *(non)*

VOUS:

VOTRE ONCLE:

8. rentrer en France *(oui)*

VOUS:

VOTRE ONCLE:

EXERCICE G

Vous discutez avec vos amis d'une excursion que la classe a faite. Vous n'êtes pas sûr(e) de certains détails. Exprimez vos questions en employant **est-ce que.**

EXEMPLE: tu / rester avec Sharif
            Est-ce que tu n'es pas resté(e) avec Sharif?

1. nous / rester au restaurant pendant deux heures

2. vous / arriver en retard

3. Helen et Heather / partir avant les autres

4. Ryan / sortir pour téléphoner à ses parents

5. tu / tomber dans le couloir

6. Jeremy et Paul / monter au deuxième étage

7. Rhonda / venir avec ses cousins

[3]   SPECIAL VERBS

The following verbs are conjugated with *avoir* instead of *être* when
these verbs have a direct object. Note the differences in meanings.

descendre *to bring down*	**sortir** *to take out*	
monter *to bring up*		

Il est descendu de l'avion.	*He got off the plane.*
Il a descendu ses bagages.	*He took down his luggage.*
Il a descendu l'escalier.	*He went downstairs.*
Elle est montée chez elle.	*She went up to her place.*
Elle a monté ses paquets.	*She brought up her packages.*
Elle a monté l'escalier.	*She went upstairs.*
Je suis sorti(e) avec mon ami.	*I went out with my friend.*
J'ai sorti les clefs de ma voiture.	*I took out my car keys.*

EXERCICE H

Exprimez ce que Jacqueline et Danielle ont fait hier.

1. *(descendre)* Elles _____ de leur chambre à neuf heures.

2. *(monter)* Elles _____ les cartons au grenier *(attic).*

3. *(sortir)* Elles _____ ensemble déjeuner.

4. *(descendre)* Elles _____ leur lessive *(laundry)* avant de partir.

5. *(monter)* Elles _____ rendre visite à la vieille dame.

6. *(sortir)* Elles _____ le chien.

7. *(monter)* Elles _____ les achats de Madame Paquin.

M A S T E R Y   E X E R C I S E S

EXERCICE I

Complétez les phrases ci-dessous en écrivant ce que vous avez fait.

EXEMPLE: Le week-end passé, **je suis resté(e)** à la maison.

1. Le week-end passé, _____ .

2. Hier soir, _____ .

3. Lundi dernier, _____ .

4. Ce matin à 7h30, _____ .

5. Hier après-midi, _____ .

6. Avant-hier, _____ .

7. La semaine passée, _____ .

8. L'été passé, _____ .

EXERCICE J

Exprimez ce que ces personnes ont fait ou n'ont pas fait hier.

EXEMPLES: nous / jouer au golf *(oui)*
Nous avons joué au golf.

vous / rester à la maison *(non)*
Vous n'êtes pas resté(e)(s) à la maison.

1. vous / aller à la bibliothèque *(oui)*

2. Larry / faire la vaisselle *(non)*

3. Jim et moi / sortir avec des copains *(non)*

4. je / lire un livre *(oui)*

5. Tina et Eda / arriver en retard au travail *(non)*

6. Nazar / écrire un poème *(oui)*

7. Charlene et vous / être au cinéma *(non)*

8. nous / voir un film *(oui)*

9. Martin et Tony / rentrer de bonne heure *(non)*

10. Lauren / monter ranger sa chambre *(oui)*

EXERCICE K

Complétez les phrases en mettant les verbes entre parenthèses au passé composé.

Enfin, le jour de la boum _____ ! Delphine et Sophie _____ tous
         1. (arriver)   2. (finir)

les préparatifs. On _____ à la porte. Delphine _____ ouvrir.
              3. (sonner)   4. (aller)

Elle _____ «Qui est là?» Puis ses amis _____ dans l'appartement.
   5. (demander)   6. (entrer)

Isabelle _____ ses cousins américains. Delphine _____ le nom
     7. (présenter)   8. (dire)

de ses amis. Les Américains et les Français _____ amis très vite.
9. (devenir)

Ils _____ en mélangeant le français et l'anglais. Ils _____
10. (parler)   11. (bavarder)

longtemps. Ils _____ leurs vies et ils _____ des différences qui
12. (comparer)   13. (trouver)

les _____ . Puis Delphine et Sophie _____ des boissons et des
14. (intéresser)   15. (servir)

sandwichs. Tout le monde en _____ . Enfin, Sophie _____
16. (prendre)   17. (mettre)

une cassette. Elle _____ avec son copain Éric.
18. (danser)

EXERCICE L

Écrivez ce qui est arrivé à cette fille.

1. Last night my girlfriends and I went out together.

2. My parents told us to return before midnight.

3. We went to a discotheque where we danced all evening.

4. We drank soda, we ate sandwiches, and we listened to music.

5. I met a handsome boy, Robert, and I didn't want to return home immediately.

6. We stayed at the disco until *(jusqu'à)* 2 A.M.

7. When we left, Robert drove us home and took my phone number.

8. My friends and I, we went upstairs to my room without noise *(bruit)*, but my parents heard us.

9. They became very angry because we disobeyed.

10. I asked for forgiveness.

11. I had to promise to wash the dishes every day for a month.

12. I deserved this punishment *(punition)*.

Chapter 7
Imperfect Tense

[1]   REGULAR VERBS

The imperfect tense *(l'imparfait)* of regular verbs is formed by dropping the *-ons* ending of the *nous* form of the present tense and adding the imperfect tense endings *-ais, -ais, -ait, ions, -iez, -aient*.

parler   to speak
I spoke I was speaking I used to speak
nous parl**ons**
je parl**ais** tu parl**ais** il / elle parl**ait** nous parl**ions** vous parl**iez** ils / elles parl**aient**

choisir   to choose
I chose I was choosing I used to choose
nous choisiss**ons**
je choisiss**ais** tu choisiss**ais** il / elle choisiss**ait** nous choisiss**ions** vous choisiss**iez** ils / elles choisiss**aient**

attendre   to wait
I waited I was waiting I used to wait
nous attend**ons**
j' attend**ais** tu attend**ais** il / elle attend**ait** nous attend**ions** vous attend**iez** ils / elles attend**aient**

Quand il **faisait** beau, nous **marchions** dans les bois.

When the weather was good, we used to walk in the woods.

NOTE:

1. Verbs ending in *-ions* in the present indicative have forms ending in *-iions* and *-iiez* in the imperfect: *nous étudiions, vous étudiiez.*

2. Negative, interrogative, and negative interrogative constructions in the imperfect follow the same rules as for the present tense.

Il ne faisait pas beau.	*The weather wasn't nice.*
Vous marchiez vite?	*Were you walking fast?*
Faisait-il beau?	*Was the weather nice?*
Est-ce qu'il faisait beau?	*Was the weather nice?*
Ne faisait-il pas beau?	*Wasn't the weather nice?*
Est-ce qu'il ne faisait pas beau?	*Wasn't the weather nice?*
Il ne faisait pas beau?	*The weather wasn't nice?*

EXERCICE A

Exprimez ce que les personnes suivantes aimaient faire il y a plusieurs années.

camper au bord de la mer   jouer au basket   patiner
écouter de la musique   monter à cheval   piloter un avion
étudier l'informatique

EXEMPLE: Alan **patinait.**

1. Dennis et moi _____
2. Pia et Melissa _____
3. Je _____
4. Vous _____
5. Tu _____
6. Beth _____

EXERCICE B

Exprimez ce que ces personnes avaient l'habitude de faire quand elles étaient plus jeunes.

EXEMPLE: Frédéric Sélat réussit à tous ses examens.
    Frédéric Sélat **réussissait** à tous ses examens.

1. Brett et moi, nous bâtissons des châteaux de sable chaque été.
2. Je rôtis des châtaignes *(chestnuts)* aux fêtes de fin d'année.
3. Vous désobéissez tout le temps à vos parents.
4. Suzanne saisit toujours l'occasion de faire une bonne action.
5. Bob et Jenna choisissent de passer le week-end à la plage.
6. Tu réfléchis longtemps avant d'agir.

EXERCICE C

Exprimez ce que ces personnes étaient en train de faire au marché hier.

EXEMPLE: *(perdre)* M. Wolf **perdait** patience.

1. *(attendre)* Tu _____ les clients.
2. *(interrompre)* Clifton _____ son travail pour bavarder avec les clients.
3. *(vendre)* Je _____ des vêtements.
4. *(défendre)* Vous _____ vos prix.
5. *(répondre)* Alexis et moi, nous _____ à beaucoup de questions.
6. *(rendre)* Julia et Gabrielle _____ la monnaie à Mme Lee.

EXERCICE D

Exprimez les souvenirs de jeunesse des personnes suivantes.

EXEMPLE: Luke / marcher trois kilomètres pour aller à l'école.
            Luke **marchait** trois kilomètres pour aller à l'école.

1. Sandra / raconter des histoires effrayantes
2. je / perdre souvent mon calme
3. Kim et moi / rougir facilement
4. elles / rompre souvent leurs promesses
5. vous / étudier tout le temps
6. nous / obéir à tous les règlements
7. Tori et Ian / attendre toujours le bon moment pour parler
8. tu / réagir toujours avec calme aux problèmes
9. il / écouter ses professeurs avec attention

[2] SPELLING CHANGES IN CERTAIN -*ER* VERBS

a. Verbs ending in -*cer* change *c* to *ç* before *a* to keep the soft *c* sound.

commencer: je commençais, tu commençais, il/elle commençait
            nous commencions, vous commenciez,
            ils/elles commençaient

b. Verbs ending in *-ger* insert mute *e* between *g* and *a* to keep the soft *g* sound.

> nager: je nageais, tu nageais, il/elle nageait
> nous nagions, vous nagiez, ils/elles nageaient

EXERCICE E

Vos amis et vous parlez de votre classe de latin et des farces (jokes) *que vous aviez l'habitude de faire. Exprimez vos souvenirs.*

avancer	lancer	prononcer
commencer	menacer	remplacer
effacer	placer	renoncer

1. À neuf heures, la classe _____ et nous _____ aussitôt des boules de papier dans la classe.

2. Le professeur _____ de nous envoyer chez le directeur.

3. Après, le professeur _____ nos dessins sur le tableau.

4. Nous _____ vers la porte avant la fin du cours.

5. Vous _____ la craie par un crayon.

6. Tu _____ les livres du professeur dans la corbeille à papiers.

7. Mais souvent, on _____ à plaisanter et on _____ les mots avec application pour faire plaisir au professeur.

EXERCICE F

Aidez-vous des suggestions pour exprimer ce que les personnes suivantes avaient l'habitude de faire.

EXEMPLE: Jonathan allait souvent à la plage. *(nager dans la mer)*
Il **nageait** dans la mer.

1. Je jouais chaque jour de la trompette. *(déranger mon frère)*

2. Vous quittiez souvent la France. *(voyager autour du monde)*

3. Denis avait un frère jumeau *(twin). (changer de place avec lui)*

4. Tu étudiais la biologie. *(songer à devenir médecin)*

5. Hank et Louis apprenaient l'espagnol et l'italien. *(mélanger les deux langues)*

6. Mme Dolan était directrice. *(diriger le lycée)*

7. Nous étions très généreux. *(partager tout avec nos amis)*

8. Les filles aimaient bien leur club. *(arranger des réunions chaque semaine)*

[3] IMPERFECT OF IRREGULAR VERBS

The imperfect of irregular verbs, with few exceptions, is formed in the same way as the imperfect of regular verbs.

INFINITIVE	PRESENT **nous** FORM	IMPERFECT
aller *to go*	**allons**	j'allais, tu allais, il / elle allait nous allions, vous alliez, ils / elles allaient
avoir *to have*	**avons**	j'avais, tu avais, il / elle avait nous avions, vous aviez, ils / elles avaient
faire *to do, make*	**faisons**	je faisais, tu faisais, il / elle faisait nous faisions, vous faisiez, ils / elles faisaient
pouvoir *to be able to*	**pouvons**	je pouvais, tu pouvais, il / elle pouvait nous pouvions, vous pouviez, ils / elles pouvaient
venir *to come*	**venons**	je venais, tu venais, il / elle venait nous venions, vous veniez, ils / elles venaient
voir *to see*	**voyons**	je voyais, tu voyais, il / elle voyait nous voyions, vous voyiez, ils / elles voyaient

NOTE:

1. The imperfect forms of *être* (to be) are irregular.

j'étais, tu étais, il/elle était

nous étions, vous étiez, ils/elles étaient

2. The imperfect forms of *il faut* (it is necessary) and *il pleut* (it is raining) are:

il fallait   il pleuvait

EXERCICE G

Exprimez ce que ces personnes étaient en train de faire à deux heures hier après-midi.

EXEMPLE:

Ils **étaient en train de manger.**

1. Ils _____ .

2. Vous _____ .

3. J' _____ .

4. Nous _____ .

5. Elle _____ .

6. Tu _____ .

EXERCICE H

Exprimez ce que vos amis et vous faisiez quand vous étiez à Paris l'année dernière.

EXEMPLE: Paul / vouloir aller partout tous les jours
Paul **voulait aller** partout tous les jours.

1. je / dormir très peu

2. Simon et Kevin / boire du café au lait au petit déjeuner

3. vous / écrire des cartes postales tous les jours

4. tu / conduire trop vite

5. Rebecca et moi / lire des journaux français

6. Gail / prendre le métro chaque jour

7. Eric / faire la sieste chaque après-midi

8. Luis et Marc / préférer aller en autobus

[4] USES OF THE IMPERFECT

The imperfect tense expresses continuous, repeated, or habitual actions, events, or situations in the past. It is also used to describe circumstances surrounding a past action or event.

a. The imperfect is used to express what was happening, used to happen, or happened repeatedly in the past.

Les enfants pleuraient.	*The children were crying.*
Les enfants pleuraient tous les jours.	*The children used to cry every day.*
Je voyageais en Europe chaque été.	*I used to travel in Europe every summer.*
Elle cuisinait tous les jours.	*She used to cook every day.*

b. The imperfect is used to describe persons, things, or conditions in the past.

Il était gentil.	*He was nice.*
La porte était fermée.	*The door was closed.*
Il faisait du vent.	*It was windy.*

c. The imperfect expresses the day, the month, and the time of day in the past.

C'était samedi.	*It was Saturday.*

C'était le mois de juin.   *It was June.*

Il était neuf heures.   *It was nine o'clock.*

d. The imperfect expresses a physical or mental state or condition in progress in the past without indicating when it began or ended. The imperfect is often used with the verbs *aimer, croire, désirer, espérer, être, penser, pouvoir, préférer, regretter, savoir, vouloir,* and similar verbs.

Je croyais (pensais, savais)   *I believed (thought, knew)*
que c'était urgent.   *that it was urgent.*

Elle voulait partir.   *She wanted to leave.*

Tu espérais gagner.   *You hoped to win.*

Ils préféraient voir un film   *They preferred to see an action movie.*
d'action.

e. The imperfect is used to describe a situation that was going on in the past when another action or event, expressed in the *passé composé,* occurred.

Je quittais la maison quand le   *I was leaving the house when the*
téléphone a sonné.   *telephone rang.*

Elle portait des paquets quand   *She was carrying packages when*
elle est tombée.   *she fell.*

f. The imperfect is used to express actions going on simultaneously in the past.

Je regardais la télévision pendant   *I was watching television while I*
que je faisais mes devoirs.   *was doing my homework.*

EXERCICE I

Exprimez ce que les membres de la famille Blanchet avaient l'habitude de faire le samedi.

aller chez des parents ou des amis   faire une promenade en voiture
courir dans le parc   mettre des vêtements de sport
dormir jusqu'à midi   sortir dîner au restaurant
écrire des lettres

EXEMPLE: Liliane **écrivait** des lettres.

1. M. et Mme Blanchet _____ .   *4.* Je _____ .

2. Bernard _____ .   *5.* Georges et moi, nous _____ .

3. Colette et vous _____ .   *6.* Tu _____ .

EXERCICE J

Caroline a photographié le pique-nique de la classe. Décrivez ce que vous voyez sur ses photos.

EXEMPLE: les oiseaux / voler
              Les oiseaux **volaient.**

1. il / commencer à faire du soleil

2. le ciel / être bleu

3. les garçons / courir après le ballon

4. je / faire une partie de tennis avec Cara

5. nous / avoir chaud

6. tu / manger un sandwich

7. le professeur / finir de couper le gâteau

8. Colin et vous / avoir l'air très sérieux

EXERCICE K

Exprimez ce que chaque personne était en train de faire quand quelque chose est arrivé.

lire un bon roman	un orage / éclater
faire les devoirs	François / appeler
écrire une lettre	des amis / venir
préparer un sandwich	le téléphone / sonner
quitter la maison	mon frère / tomber
prendre un bain	Régine / arriver à la maison
faire le ménage	Pierre / téléphoner
nager	le bébé / crier
répondre à une question	la pluie / commencer à tomber

EXEMPLE: Il **écrivait une lettre quand Pierre a téléphoné.**

1. Ils _____ .

2. Je _____ .

3. Vous _____ .

4. Il _____ .

5. Elles _____ .

6. Tu _____ .

7. Elle _____ .

8. Nous _____ .

EXERCICE L

Exprimez les sentiments des personnes suivantes.

EXEMPLE: Ils ont étudié le français. *(aimer la beauté de cette langue)*
              Ils aimaient la beauté de cette langue.

1. Il parlait toujours sans réfléchir. *(être toujours impatient)*
2. Nous étudiions sérieusement les maths. *(espérer devenir ingénieurs)*
3. Tu cherchais un bon restaurant. *(vouloir goûter des spécialités françaises)*
4. Vous aviez bien écouté le moniteur. *(désirer skier comme un pro)*
5. J'ai dansé le rock avec mon ami. *(aimer bien danser)*
6. Elles choisissaient toujours des livres d'Isaac Asimov. *(préférer les romans de science-fiction)*

EXERCICE M

Exprimez ce que les personnes suivantes faisaient simultanément.

EXEMPLE:

Il **parlait** au téléphone pendant que je **regardais** la télévision.

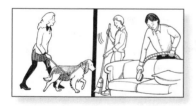

1. Je _____ le chien pendant que les garçons _____ la maison.

2. Vous _____ des disques compacts pendant que nous _____ .

3. Tu _____ au tableau pendant que le professeur _____ l'exercice.

4. Je _____ pendant que Grand-mère _____ du piano.

5. Elles _____ pendant que

vous _____ .

M A S T E R Y   E X E R C I S E S

EXERCICE N

Mettez les verbes donnés entre parenthèses à l'imparfait.

À la boum, tous les jeunes gens _____ , _____ et _____ à la fois.
1. (danser)   2. (parler)   3. (plaisanter)

Ils _____ très heureux et de très bonne humeur. Éric _____ qu'il
4. (être)   5. (dire)

_____ envie d'aller travailler aux États-Unis et Laurent _____ que
6. (avoir)   7. (croire)

c' _____ une très bonne idée, mais il _____ nécessaire de bien savoir
8. (être)   9. (juger)

parler anglais. D'après lui, les employeurs américains _____ les
10. (préférer)

candidats qui _____ parler plusieurs langues étrangères. Pendant ce
11. (savoir)

temps, les cousins américains d'Isabelle _____ qu'ils _____
12. (expliquer)   13. (habiter)

près de New York et qu'ils _____ tout le monde à venir chez eux.
14. (inviter)

Ils _____ leurs études dans un lycée qui _____ recevoir plus de
15. (faire)   16. (pouvoir)

1.000 élèves. Michael _____ seize ans et Lisa quinze ans. Il _____ au
17. (avoir)   18. (jouer)

basket et Lisa _____ à l'équipe de gymnastique. Michael
19. (appartenir)

_____ partie de l'orchestre de l'école. Il _____ de la trompette à
20. (faire)   21. (jouer)

tous les matchs de l'école. Éric _____ que c' _____ formidable.
22. (penser)   23. (être)

Au lycée à Paris, si les élèves _____ faire du sport, ils _____ aller
24. (vouloir)   25. (devoir)

dans un club après l'école. Éric _____ le système américain.
26. (préférer)

EXERCICE O

Employez les expressions données pour décrire ce que ces personnes faisaient pendant leurs vacances.

chaque matin	aller au cinéma
de temps en temps	dîner au restaurant
le samedi après-midi	faire de la planche à voile
rarement	lire de bons romans
souvent	marcher dans les bois
tout le temps	nager dans la piscine
une fois par semaine	prendre des bains de soleil

EXEMPLE: Janine **lisait de bons romans tout le temps.**

1. Je _____ .

2. Philippe _____ .

3. Paul et moi _____ .

4. Jennifer et MaryJo _____ .

5. Vous _____ .

6. Tu _____ .

EXERCICE P

Récrivez cette histoire à l'imparfait.

C'est le début de l'année scolaire. Il **est** deux heures de l'après-midi. Il **fait** du vent et les feuilles **tombent** des arbres. Je **cours** à ma classe de biologie et je **songe** à tout ce que je **dois** faire. Je **suis** un peu anxieuse. Je **veux** arriver à l'heure, mais je **sais** que c'**est** impossible. En même temps, un beau garçon **avance** vers moi. Il **porte** un jean et un gros pull rouge. Il **a** les cheveux noirs et les yeux bleus. Sa barbe me **rappelle** mon frère aîné. Il **pèse** à peu près quatre-vingts kilos et il **mesure** à peu près un mètre quatre-vingts. Je **crois** qu'il ne **va** pas me voir. Je **sais** que je **désire** sortir avec lui. J'**espère** qu'il **va** me proposer un rendez-vous. C'**est** le coup de foudre *(love at first sight)*! Ce jour-là, je **suis** en retard au cours!

EXERCICE Q

Exprimez ce que Laure raconte à une amie sur son enfance.

1. When I was young I always visited my grandparents during the summer.
2. They lived in the south of France. The weather was always nice and the birds were always singing.
3. They had a magnificent old villa that was near the port.
4. My grandfather went fishing every day and I wanted to go with him.
5. He often said that I could accompany him, but I had to be ready by five o'clock in the morning.
6. I would set my alarm clock but I always continued to sleep until eight o'clock.
7. My grandfather wasn't sad because he knew that I loved to go to the cafe for breakfast with my grandmother.
8. Every day we ate croissants and drank two big bowls of hot chocolate.
9. In the afternoon, while my grandfather watched television, my grandmother and I prepared the fish for dinner.
10. I was very happy during these vacations.

Chapter 8
Passé composé and Imperfect Tenses Compared

The basic uses of the *passé composé* and the imperfect tenses are summarized in the chart below.

PASSÉ COMPOSÉ	IMPERFECT
1. Expresses specific actions or events that were started and completed at a definite point in the past. Il a fait ses devoirs. *He did his homework.*	1. Describes ongoing or continuous actions or events in the past. Il faisait ses devoirs. *He was doing his homework.*
2. Expresses a specific action or event at a specific point in past time. Aujourd'hui il est arrivé à neuf heures. *Today he arrived at nine o'clock.* Elle a joué au tennis hier soir. *She played tennis last night.*	2. Describes habitual or repeated actions or events in the past. Il arrivait généralement à neuf heures. *He generally arrived at nine o'clock.* Elle jouait au tennis le matin. *She played tennis in the morning.*
	3. Describes persons, things, or a state of mind in the past. Elle était nerveuse. *She was nervous.* Les oiseaux chantaient. *The birds were singing.* Il savait danser. *He knew how to dance.*

NOTE:

1. The *passé composé* expresses an action or event repeated a specific number of times in the past.

Cet été je suis allé(e) à la plage douze fois.	*This summer I went to the beach twelve times.*
BUT	
J'allais à la plage le samedi.	*I used to go to the beach on Saturday.*

2. The *passé composé* is usually equivalent to an English simple past and the imperfect to the English *was (were)* . . . *-ing, used to,* and *would* (meaning *used to*).

Hier il a neigé pendant deux heures.	*Yesterday it snowed for two hours.*
Il neigeait pendant qu'ils marchaient.	*It was snowing while they were walking.*

3. The *passé composé* is often used with the following words and expressions:

l'année passée (dernière)   *last year*

avant-hier   *the day before yesterday*

d'abord   *at first*

enfin   *finally*

ensuite   *then, next*

l'été (l'hiver) passé   *last summer (winter)*

finalement   *finally*

une (deux...) fois   *once, one (two) time(s)*

hier   *yesterday*

hier soir   *last night*

l'autre jour   *the other day*

ce jour-là   *that day*

plusieurs fois   *several times*

un jour   *one day*

le mois passé (dernier)   *last month*

la semaine passée (dernière)   *last week*

soudain   *suddenly*

tout à coup   *suddenly, all of a sudden*

4. The imperfect is often used with the following adverbial expressions, when they imply repetition.

autrefois   *formerly*

chaque jour (semaine, mois, année)
     each day (week, month, year)

de temps à autre   *from time to time*

de temps en temps   *from time to time*

d'habitude   *usually*

d'ordinaire   *usually, ordinarily*

en ce temps-là   *at that time*

en général   *generally*

fréquemment   *frequently*

généralement   *generally*

habituellement   *habitually*

parfois   *sometimes, every now and then*

quelquefois *sometimes*	tous les jours (mois) *every day*
souvent *often*	*(month)*
toujours *always*	tout le temps *all the time*

5. The imperfect tense is used to describe an action or event that was going on in the past when another action or event took place. The action or event that took place is in the *passé composé.*

Je sortais quand Luc a téléphoné.   *I was leaving when Luc called.*

6. The imperfect is often used with verbs that express a state of mind over a period of time in the past.

aimer *to like, love*	pouvoir *to be able, can*
croire *to believe*	préférer *to prefer*
désirer *to desire*	regretter *to regret, be sorry*
espérer *to hope*	savoir *to know (how)*
être *to be*	vouloir *to wish, want*
penser *to think*	

J'espérais qu'il savait le réparer.   *I hoped he knew how to fix it.*
Il aimait aller à la pêche.   *He liked to go fishing.*

EXERCICE A

Choisissez la forme correcte du verbe entre parenthèses pour exprimer ce qui est arrivé à Mme Dupin.

C'(a été, était) _____ dimanche soir. Il (a été, était) _____ huit heures
           1.   *2.*

du soir. La porte d'entrée (a été, était) _____ ouverte parce qu'il (a fait,
                                          3.

faisait) _____ encore beau. Je / J' (ai lu, lisais) _____ un livre quand,
    4.   *5.*

tout à coup, ma famille et moi, nous (avons entendu, entendions) _____
                                                  6.

un très grand bruit. Nous (avons cru, croyions) _____ que c'(a été, était)
                                      7.

_____ un accident de voiture. Michel, mon plus jeune fils, (a couru, courait)
  8.

_____ tout de suite à la porte. Éric (l'a suivi, le suivait) _____. Moi, je
  9.   *10.*

n'*(ai eu, avais)* _____ aucune envie de voir un accident. Cependant,
$\qquad$ *11.*

Michel *(a crié, criait)* _____: «Maman, vite, viens à la porte.» Quand j'y
$\qquad$ *12.*

(suis arrivée, arrivais) _____ je / j' *(ai commencé, commençais)* _____ à crier.
$\qquad$ *13.* $\qquad$ *14.*

Je *(n'ai pas pu, ne pouvais pas)* _____ en croire mes yeux. Ma belle voiture
$\qquad$ *15.*

neuve, qui *(a été, était)* _____ garée *(parked)* devant la maison, *(a ressemblé,*
$\qquad$ *16.*

ressemblait) _____ maintenant à un accordéon! Je / J' *(ai commencé,*
$\qquad$ *17.*

commençais) _____ à pleurer quand Michel *(m'a dit, me disait)* _____ :
$\qquad$ *18.* $\qquad$ *19.*

«Tant pis, maman! En réalité, je n'*(ai aimé, aimais)* _____ ni la couleur ni
$\qquad$ *20.*

le style de cette voiture. Maintenant, nous pouvons en acheter une autre

plus à mon goût.»

EXERCICE B

Complétez l'histoire de cette fille avec la forme correcte du verbe au passé composé ou à l'imparfait.

C'_____ l'été. Il _____ frais et mon ami et moi, nous n'_____ pas
1. (être) $\quad$ *2. (faire)* $\qquad$ *3. (avoir)*

envie d'aller à la plage. Il _____ me prendre vers midi, mais nous
$\qquad$ *4. (venir)*

ne (n') _____ pas décider ce que nous _____ faire. Alors il
$\quad$ *5. (pouvoir)* $\qquad$ *6. (vouloir)*

_____ à conduire sans savoir où nous _____ . Tout à coup,
7. (commencer) $\qquad$ *8. (aller)*

il _____ la voiture devant un magasin où on _____ des animaux
$\quad$ *9. (arrêter)* $\qquad$ *10. (vendre)*

domestiques. Nous _____ de la voiture et nous _____ dans le
$\qquad$ *11. (sortir)* $\qquad$ *12. (entrer)*

magasin, pleins de curiosité. Il y _____ toutes sortes d'animaux:
$\qquad$ *13. (avoir)*

des chiens, des chats, des lapins et des oiseaux. Nous _____ devant
$\qquad$ *14. (arriver)*

la cage d'un jeune chien. Il _____ petit et il _____ de grands yeux
$\quad$ *15. (être)* $\qquad$ *16. (avoir)*

noirs. Je l'_____ le moment où je le (l') _____ . Je (J') _____
$\quad$ *17. (aimer)* $\qquad$ *18. (voir)* $\qquad$ *19. (demander)*

le prix au vendeur. Il me (m') _____ : «Vingt-cinq dollars.»
20. (répondre)

Je (J') _____ de l'argent à mon ami qui _____ que j'_____
21. (demander)   22. (penser)   23. (être)

trop impulsive. Il _____ que ma mère n'_____ pas aimer cette idée.
24. (savoir)   25. (aller)

Tant pis, j'_____ le chien quand même.
26. (acheter)

EXERCICE C

Décrivez ce qui est arrivé aux Barbeau. Mettez les verbes en caractères gras (in bold type) au passé composé ou à l'imparfait.

C'**est** le matin de très bonne heure. Il **fait** noir. Les étoiles **brillent.** La lune **éclaire** le ciel. M. et Mme Barbeau **dorment.** Tout d'un coup, leurs deux chiens **commencent** à aboyer *(bark).* M. Barbeau ne **voit** rien, mais il **vérifie** quand même que tout **est** normal. Puis il **retourne** au lit et il **dort.** À sept heures l'alarme du réveil **réveille** les Barbeau. Ils **regardent** autour d'eux. Ils **sont** très surpris. Il **est** évident que quelque chose **manque.** M. Barbeau **crie:** «Mon Dieu! Des voleurs **viennent** pendant que nous **dormons**!» Les voleurs **prennent** de l'argent et des bijoux. Mais Mme Barbeau n'**est** pas tellement triste. Pourquoi? D'abord parce qu'elle **a** une assurance contre le vol. Ensuite parce que les voleurs ne **trouvent** pas ses bijoux de grande valeur, cachés dans l'horloge. Les voleurs ne **savent** pas que tous les bijoux qu'ils **prennent sont** faux. Quelle mauvaise surprise pour eux!

EXERCICE D

Expliquez pourquoi chaque personne a fait les choses suivantes. Combinez les phrases en utilisant le passé composé et l'imparfait.

EXEMPLE:
Je reste chez moi. J'ai beaucoup de travail à faire.
Je suis resté(e) chez moi parce que **j'avais** beaucoup de travail à faire.

1. Jerôme téléphone à ses parents. Il va être en retard.
2. Tu achètes une pâtisserie. Tu as faim.
3. Nous allons en ville. Nous voulons faire des achats.

4. Elles prennent le métro. Elles sont pressées.

5. J'ouvre mon parapluie. Il pleut.

6. Ils pleurent. Ils regrettent leurs paroles.

7. Vous restez à la maison. Vous préférez être seul.

8. Elle écrit à son petit ami. Elle pense à lui.

EXERCICE E

Décrivez ce que Guy a fait. Mettez les verbes au passé composé ou à l'imparfait.

EXEMPLE: Guy / vouloir faire quelque chose
             Guy **voulait** faire quelque chose.

1. Guy / avoir les cheveux très longs

2. tous ses amis / plaisanter à propos de ses cheveux

3. il / ressembler à une star de rock

4. un jour il / décider d'aller chez le coiffeur

5. il / vouloir une coupe à la mode

6. le coiffeur / dire: «Ne vous inquiétez pas.»

7. la musique dans le salon / l'endormir

8. une demi-heure après le coiffeur le (l') / réveiller

9. Guy / regarder sa coiffure dans le miroir

10. il / pousser un cri

11. on / pouvoir maintenant voir son visage

12. il / être beau

13. Guy / être content

14. tous ses amis le (l') / féliciter

EXERCICE F

Décrivez ce qui est arrivé dans les cauchemars (nightmares) *des personnes suivantes. Utilisez le passé composé ou l'imparfait.*

EXEMPLE: *(faire / renverser)* Nous **faisions** du canoë quand une vague
             a renversé notre bateau.

1. *(embrasser / entrer)* J'_____ ma petite amie quand ses parents _____ .

2. *(aller / changer)* Marianne _____ épouser Jacques lorsqu'elle _____ d'avis.

3. *(atterrir / éclater)* Mon avion _____ quand un ouragan _____ .

4. *(poursuivre / tomber)* Un animal sauvage me _____ lorsque je _____ .

5. *(manger / devenir)* Tu _____ un délicieux gâteau au chocolat quand tu _____ malade.

6. *(descendre / entrer)* Les garçons _____ d'une montagne au moment où un volcan _____ en éruption.

7. *(marcher / attaquer)* Elles _____ sur la lune quand un extraterrestre _____ leur vaisseau spatial.

8. *(voyager / perdre)* Gregory _____ à l'étranger quand il _____ tous ses papiers.

EXERCICE G

Répondez aux questions que vos parents vous ont posées quand vous êtes rentré(e) très tard hier soir.

1. Où étais-tu hier soir?

2. Avec qui es-tu sorti(e)?

3. Où êtes-vous allé(e)s?

4. Que faisiez-vous pendant toute la soirée?

5. Combien d'argent as-tu dépensé?

6. À quelle heure es-tu revenu(e) à la maison?

7. Pourquoi ne nous as-tu pas téléphoné?

8. Pourquoi es-tu rentré(e) si tard?

MASTERY EXERCISES

EXERCICE H

Écrivez un paragraphe où vous parlez de votre enfance.

Quand j'étais petit(e), . . .

EXERCICE I

Complétez l'histoire en mettant les verbes entre parenthèses au passé composé ou à l'imparfait.

1. La boum *(passer)* _____ très vite. Tous les invités *(être)* _____ contents d'être venus.

2. Delphine et Sophie *(préparer)* _____ des sandwichs délicieux, et les invités les *(manger)* _____ avec du coca. De plus, le gâteau *(être)* _____ un succès et tout le monde *(prendre)* _____ des fruits et de la crème.

3. Les desserts *(être)* _____ vraiment délicieux. Après, la musique *(recommencer)* _____ et les danses *(continuer)* _____ .

4. Tout le monde *(danser)* _____ quand tout à coup le téléphone *(sonner)* _____ . C'*(être)* _____ le voisin d'en dessous qui *(protester)* _____ . Il y *(avoir)* _____ trop de bruit.

5. Le voisin du dessus *(appeler)* _____ aussi. Il ne *(pouvoir)* _____ plus supporter ce bruit.

6. Quelqu'un *(ouvrir)* _____ la porte pendant que Delphine *(répondre)* _____ au téléphone. C'*(être)* _____ son père. Il *(être)* _____ furieux.

7. Il *(expliquer)* _____ qu'ils *(ennuyer)* _____ tous les voisins.

8. Et poliment mais fermement, il *(mettre)* _____ un terme *(end)* à la fête.

9. Michael et Lisa *(dire)* _____ que les parents français *(être)* _____ sévères.

EXERCICE J

Qu'est-ce qui s'est passé à la montagne? Complétez l'histoire de Lucia avec la forme correcte du verbe, au passé composé ou à l'imparfait.

Cet été mes amies et moi _____ dans un hôtel à la montagne.
1. (descendre)

C'_____ la première fois que nous _____ ensemble et nous _____
2. (être)   3. (voyager)   4. (être)

toutes très heureuses. Un jour nous _____ de monter à cheval, une
5. (décider)

activité qui _____ assez cher, mais qui _____ d'être très
6. (coûter)   7. (promettre)

amusante. Mon amie Theresa _____ un peu peur parce que c' _____
  8. (avoir)   9. (être)

la première fois pour elle. Mais nous, nous n'_____ pas peur.
                                                10. (avoir)

Nous _____ à l'écurie *(stable)* à trois heures de l'après-midi et un
     11. (arriver)

guide nous _____ . Il nous _____ sur la route. Tout _____
           12. (parler)   13. (accompagner)   14. (aller)

parfaitement bien lorsque les chevaux _____ et _____ lentement.
                                         15. (marcher)   16. (trotter)

Mais après un quart d'heure assez calme, quelque chose de très effrayant

_____ . Un cerf *(deer)* _____ devant le cheval de notre guide. Ce
17. (arriver)   18. (courir)

cheval _____ peur et _____ à ruer *(kick)*. Nous _____
       19. (prendre)   20. (commencer)   21. (être)

toutes très effrayées parce que les chevaux _____ et _____ des
                                             22. (bouger)   23. (faire)

bruits étranges comme s'ils _____ partir soudain à toute vitesse. Après
                            24. (aller)

ce qui _____ être une éternité, le calme _____ , mais nous
       25. (sembler)   26. (revenir)

_____ toutes d'accord. Nous ne _____ plus continuer notre
27. (être)   28. (vouloir)

promenade. Nous _____ à l'écurie et nous _____ de cheval.
                29. (revenir)   30. (descendre)

Après dix minutes, nous _____ de rire parce que tout d'un coup nous
                        31. (éclater)

_____ la situation assez comique. C'_____ curieux, n'est-ce pas?
32. (trouver)   33. (être)

EXERCICE K

Votre professeur de français raconte comment célébrer un anniversaire. Exprimez en français ce qu'elle dit.

1. It was April 15 and my parents were going to celebrate their fortieth wedding anniversary.

2. My sister and I, we wanted to do something special but we didn't know what.

3. My sister suggested a big party but I didn't like that idea.

4. We wanted to send them to Europe but it was too expensive.

5. Finally we decided to give them a special weekend in Manhattan.
6. We chose a magnificent room in a famous hotel.
7. We reserved tables in elegant restaurants that had excellent reputations.
8. We also bought theater tickets.
9. We even rented *(louer)* a limousine that took them where they wanted to go.
10. When they returned from that weekend, they couldn't stop thanking us.

Chapter 9
Future Tense

[1] FUTURE TENSE OF REGULAR VERBS

The future tense is formed by adding the following endings to the infinitive: -ai, -as, -a, -ons, -ez, -ont.

danser to dance	obéir to obey	attendre to wait
I will / shall dance	I will / shall obey	I will / shall wait
je danser**ai**	j' obéir**ai**	j' attendr**ai**
tu danser**as**	tu obéir**as**	tu attendr**as**
il / elle danser**a**	il / elle obéir**a**	il / elle attendr**a**
nous danser**ons**	nous obéir**ons**	nous attendr**ons**
vous danser**ez**	vous obéir**ez**	vous attendr**ez**
ils / elles danser**ont**	ils / elles obéir**ont**	ils / elles attendr**ont**

NOTE:

1. *-re* verbs drop the final *e* before the future ending.

   répondre   je répond**rai**

   vendre   je vend**rai**

2. Negative, interrogative, and negative interrogative constructions in the future follow the same rules as in the present tense.

   Nous n'attendrons pas davantage.   *We will wait no longer.*
   Tu obéiras?   *Will you obey?*
   Est-ce que tu obéiras?   *Will you obey?*
   Ne répondrez-vous pas?   *Won't you answer?*

EXERCICE A

Exprimez ce que ces personnes feront pour la fête des mères.

EXEMPLE: *(organiser)* J'**organiserai** la fête.

1. *(rôtir)* Nous _____ un canard.
2. *(préparer)* Tu _____ les légumes.
3. *(garnir)* Ils _____ un grand gâteau.
4. *(tondre)* Je _____ la pelouse.

5. *(choisir)* Elles _____ un joli cadeau pour leur mère.

6. *(correspondre)* Tu _____ avec ta mère.

7. *(pendre)* Vous _____ les nouveaux rideaux.

8. *(décorer)* Elle _____ la maison.

EXERCICE B

Exprimez quand ces personnes accompliront ce qu'elles doivent faire.

bâtir une niche pour le chien	cet après-midi
rendre les affaires d'une amie	demain
emballer les paquets	dans une heure
descendre faire la lessive	la semaine prochaine
finir les courses	demain soir
vider les ordures	après-demain
déposer ces chèques à la banque	ce soir

EXEMPLE: Karissa **videra** les ordures demain.

1. Je _____ .

2. Nous _____ .

3. Avi et Theo _____ .

4. Tu _____ .

5. Vous _____ .

6. Roland _____ .

[2] SPELLING CHANGES IN CERTAIN -*ER* VERBS

a. Most verbs with infinitives ending in -*yer* change *y* to *i* in the future.

nettoyer *to clean:* **je nettoierai, tu nettoieras, il/elle nettoiera
nous nettoierons, vous nettoierez,
ils/elles nettoieront**

NOTE:

1. Verbs with infinitives ending in -*ayer* may or may not change the *y* to *i* in all future-tense forms.

payer *to pay:* **je paierai (payerai), tu paieras (payeras), il/elle paiera
(payera) nous paierons (payerons), vous paierez
(payerez), ils/elles paieront (payeront)**

2. The verbs *envoyer* (to send) and *renvoyer* (to dismiss, send back) are irregular in the future.

j'enverrai, tu enverras, il/elle enverra
nous enverrons, vous enverrez, ils/elles enverront

je renverrai, tu renverras, il/elle renverra
nous renverrons, vous renverrez, ils/elles renverront

EXERCICE C

Exprimez ce que chaque personne fera au bureau aujourd'hui.

EXEMPLE: tu / employer une calculette
          Tu **emploieras** une calculette.

1. le patron / payer les employés

2. je / essuyer l'écran de l'ordinateur

3. vous / ennuyer tout le monde

4. tu / essayer de terminer ton travail

5. nous / employer la photocopieuse

6. les employés / nettoyer leurs bureaux

b. Verbs with silent *e* in the syllable before the infinitive ending change silent *e* to *è* in the future.

lever   *to raise:* je lèverai, tu lèveras, il/elle lèvera
                     nous lèverons, vous lèverez, ils/elles lèveront

EXERCICE D

Exprimez ce que chaque personne fera ce soir après le travail.

1. *(enlever)* Elle _____ son maquillage.

2. *(peser)* Je _____ le pour et le contre d'un voyage au Mexique.

3. *(promener)* Vous _____ vos chiens.

4. *(acheter)* Nous _____ des fruits et du pain pour le dîner.

5. *(achever)* Ils _____ la lecture de leur journal.

6. *(amener)* Tu _____ un ami chez toi.

c. Verbs like *appeler* and *jeter,* which also have a silent *e,* double the consonant *l* or *t* in the future.

appeler   *to call:* j'appellerai, tu appelleras, il/elle appellera
                      nous appellerons, vous appellerez,
                      ils/elles appelleront

jeter   *to throw:*   je jetterai, tu jetteras, il/elle jettera
nous jetterons, vous jetterez, ils/elles jetteront

EXERCICE E

Exprimez comment ces personnes célébreront le Nouvel An.

acheter de nouveaux vêtements
amener son amie au bal
appeler beaucoup d'amis
célébrer la nouvelle année à la maison
jeter des confettis

lancer des bonbons aux invités
manger beaucoup
nettoyer la maison
payer le gardien de l'immeuble

EXEMPLE: Il **amènera** son amie au bal.

1. Stephen _____ .

2. Tu _____ .

3. Paul et Albert _____ .

4. Vous _____ .

5. Je _____ .

6. Nous _____ .

7. Martha _____ .

8. Sharon et Tanya _____ .

[3] VERBS IRREGULAR IN THE FUTURE

INFINITIVE	FUTURE
aller *to go*	**j'irai**
avoir *to have*	**j'aurai**
courir *to run*	**je courrai**
devoir *to owe, have to*	**je devrai**
envoyer *to send*	**j'enverrai**
être *to be*	**je serai**
faire *to do*	**je ferai**
falloir *to be necessary*	**il faudra**
mourir *to die*	**je mourrai**
pleuvoir *to rain*	**il pleuvra**
pouvoir *to be able to*	**je pourrai**
recevoir *to receive*	**je recevrai**
savoir *to know*	**je saurai**
venir *to come*	**je viendrai**
voir *to see*	**je verrai**
vouloir *to want*	**je voudrai**

EXERCICE F

Exprimez ce qui arrivera au mariage de Roland et de Viviane.

EXEMPLE: les invités / arriver en voiture

Les invités **arriveront** en voiture.

1. il / pleuvoir
2. tout le monde / aller à la réception
3. les jeunes mariés / devoir prendre une limousine
4. ils / courir pour éviter la pluie
5. nous / pouvoir voir la mariée de près
6. elle / être très belle
7. elle / avoir une jolie robe
8. tu leur / envoyer un télégramme
9. il / falloir les féliciter
10. vous / vouloir les embrasser
11. les jeunes mariés / recevoir beaucoup de cadeaux
12. les parents / être très heureux
13. tous leurs amis / venir à la fête
14. les jeunes mariés / savoir très bien danser
15. nous / voir leur départ
16. ils / faire un voyage aux îles Caraïbes

[4] USES OF THE FUTURE

a. The future tense is used in French, as in English, to express what will happen.

Je partirai demain soir.	*I will leave tomorrow evening.*
Où irez-vous?	*Where will you go?*

b. The future is used after *quand* (when) and *lorsque* (when), if the action refers to the future, even though the present tense may be used in English.

Je viendrai quand j'aurai le temps.   *I will come when I have the time.*

Je le saluerai lorsque je le verrai.   *I will greet him when I see him.*

EXERCICE G

Répondez aux questions qu'un ami vous pose.

EXEMPLE: Que feras-tu quand il pleuvra?
            Quand il pleuvra, je regarderai la télé.

1. Que feras-tu quand tu auras vingt et un ans?

2. Que feras-tu quand tu seras en vacances cette année?

3. Que feras-tu quand tu gagneras beaucoup d'argent?

4. Que feras-tu quand tu finiras tes études au lycée?

5. Que feras-tu quand tu auras beaucoup de temps libre?

EXERCICE H

Complétez cette carte que Douglas écrit à son ami français avec la forme correcte des verbes au futur.

Cher Alain,

Cet automne, j' _____ à l'université de Paris. J'y _____ le
          1. (aller)   2. (arriver)

premier septembre. Il _____ que j'apporte tous mes papiers et mes
                     3. (falloir)

documents américains. Je _____ la traversée en bateau. Je _____ tôt au
                        4. (faire)   5. (venir)

port parce que je _____ très anxieux de ne pas manquer le bateau. Quand
                  6. (être)

j' _____ le mal du pays, tu _____ me parler, d'accord? J'espère
   7. (avoir)   8. (venir)

que je _____ bientôt de tes nouvelles. _____ -tu me montrer
       9. (recevoir)   10. (pouvoir)

ce qu'il y a à voir à Paris? Quand il _____ , nous _____
                                        11. (pleuvoir)   12. (aller)

visiter les musées. Tu _____ sûrement où nous _____ aller.
                       13. (savoir)   14. (devoir)

                                        Ton ami,

                                        Douglas

[5] *ALLER* + INFINITIVE

An action that is going to happen in the near future can be expressed in French with a form of the verb *aller* plus infinitive.

Qu'est-ce que tu **vas manger**?   *What are you going to eat?*

Je **vais manger** un sandwich.   *I'm going to eat a sandwich.*

EXERCICE I

Exprimez ce que chaque personne va faire pour la fête de l'école.

EXEMPLE: George / vendre des boissons
            George **va** vendre des boissons.

1. tu / préparer des plats traditionnels
2. Caroline / apporter ses cassettes
3. Lisa et moi / ranger la salle
4. Patricia et Letitia / organiser des jeux
5. vous / diriger les chants
6. je / jouer de la guitare
7. Richard / servir les invités
8. Dennis et Dylan / garer les voitures

EXERCICE J

Exprimez ce que ces personnes ne vont pas faire cet après-midi.

EXEMPLE:

Il **ne va pas courir.**

1. Paula _____ .

2. Je _____ .

3. Nous _____ .

4. Lisa et Anne _____ .

5. Seth _____ .

6. Vous _____ .

7. Thomas et son frère _____ .

8. Tu _____ .

MASTERY EXERCISES

EXERCICE K

Exprimez ce que ces personnes vont faire et ne vont pas faire.

EXEMPLE:
Julian veut maigrir. *(manger de la salade / manger beaucoup de glace)*
Il va manger de la salade. Il ne va pas manger beaucoup de glace.

1. Tara est fatiguée. *(jouer au tennis / dormir)*

2. J'ai soif. *(boire / manger)*

3. Tu as un examen. *(étudier / regarder la télévision)*

4. Vous avez mal à la tête. *(lire le journal / prendre de l'aspirine)*

5. Les garçons sont en retard. *(marcher lentement / courir)*

6. Nous sommes contents. *(applaudir / pleurer)*

EXERCICE L

Combinez les éléments ci-dessous avec **quand** *pour exprimer ce que chaque personne fera.*

EXEMPLE: Janine / téléphoner à ses parents / être en retard
Janine téléphonera à ses parents quand elle sera en retard.

1. tu / menacer tes frères / perdre patience

2. mes frères / nettoyer la maison / avoir le temps

3. je / faire une boum / célébrer mon anniversaire

4. mon amie / venir chez moi / être libre

5. vous / payer comptant *(cash)* / acheter votre nouvelle télévision

6. nous / envoyer ce paquet / recevoir toutes les informations nécessaires

7. elles / aller en ville / travailler

8. Leo maigrir / manger moins

EXERCICE M

Delphine, Sophie et quelques amis discutent de leurs projets d'avenir. Exprimez ce qu'ils disent en mettant les verbes au futur.

DELPHINE: Quand j'_____ mon bac *(high-school degree)*, j'_____
1. (avoir)   2. (aller)

à l'université. Je ne sais pas encore ce que j'_____ .

3. (étudier)

Il _____ me décider bientôt.

4. (falloir)

SOPHIE: Moi, je vais étudier la médecine. J'espère que je _____ comme

5. (faire)

ma mère. J'_____ mon cabinet à la maison et quand

6. (installer)

j'_____ des enfants, je _____ m'occuper d'eux

7. (avoir)   8. (pouvoir)

facilement. Ma vie professionnelle ne _____ pas ma vie

9. (gêner)

familiale. Je _____ combiner les deux.

10. (savoir)

SYLVIE: Tu _____ de la chance si tu peux faire cela. Ce ne

11. (avoir)

_____ pas toujours facile.

12. (être)

SOPHIE: Évidemment, mais je _____ réussir à tout prix.

13. (vouloir)

J'_____ en tout cas.

14. (essayer)

ÉRIC: Eh bien moi, je _____ ne pas travailler à la maison.

15. (préférer)

J'_____ mieux aller en ville dans un bureau. Je _____

16. (aimer)   17. (prendre)

mon déjeuner au restaurant et je _____ des amis plus souvent.

18. (voir)

LAURENT: Moi, je _____ une profession où je _____

19. (chercher)   20. (voyager)

tout le temps. Je _____ le monde entier.

21. (connaître)

EXERCICE N

Votre ami vous écrit une lettre au sujet de son anniversaire. Exprimez en français ce qu'il dit.

1. Next week I'll celebrate my eighteenth birthday.

2. I'll have *(faire)* a party and I'll send invitations to all my friends.

3. Everyone will come and I'll be happy.

4. When I receive gifts I'll say thank you.

5. My parents and I, we'll prepare many dishes.

6. We'll clean the house and we'll decorate the living room with eighteen balloons *(ballons)*.

7. There will be a DJ *(disc-jockey)* and he'll play the latest hits.

8. My mother is going to serve a delicious cake.

9. I hope that my parents will buy me a new car for my birthday.

10. Two weeks after my eighteenth birthday, I'll vote for the next president of the United States.

Chapter 10
Conditional

[1] CONDITIONAL OF REGULAR VERBS

The conditional of regular verbs is formed with the same stem as the future tense (the infinitive of the verb), to which endings similar to those of the imperfect indicative are added: *-ais, -ais, -ait, -ions, -iez, -aient.*

danser *to dance*	obéir *to obey*
I would dance	I would obey
je danser*ais*	j' obéir*ais*
tu danser*ais*	tu obéir*ais*
il / elle danser*ait*	il / elle obéir*ait*
nous danser*ions*	nous obéir*ions*
vous danser*iez*	vous obéir*iez*
ils / elles danser*aient*	ils / elles obéir*aient*

attendre *to wait*
I would wait
j' attendr*ais*
tu attendr*ais*
il / elle attendr*ait*
nous attendr*ions*
vous attendr*iez*
ils / elles attendr*aient*

NOTE:

1. *-re* verbs drop the final *e* before the conditional ending.

   répondre   je répondrais

   vendre   je vendrais

2. Negative, interrogative, and negative interrogative constructions in the conditional follow the same rules as in the present tense.

Nous n'attendrions pas davantage.	*We wouldn't wait any longer.*
Tu obéirais?	*Would you obey?*
Obéirais-tu?	*Would you obey?*

120

Ne répondriez-vous pas?	*Wouldn't you answer?*
Est-ce que vous ne répondriez pas?	*Wouldn't you answer?*

EXERCICE A

Exprimez ce que vos amis et vous feriez (would do) *si votre professeur de français était malade.*

EXEMPLE: je / participer à la classe
  Je **participerais** à la classe.

1. nous / aider le remplaçant *(substitute)*
2. les garçons / finir leur travail
3. Alice / distribuer les livres
4. je / répondre à toutes les questions
5. vous / respecter les demandes du remplaçant
6. Serge / rendre les devoirs
7. tu / écouter attentivement
8. Ming et Melanie / écrire au professeur

EXERCICE B

Exprimez ce que ces personnes feraient et ne feraient pas dans les situations suivantes.

EXEMPLE: *(noter la date / oublier la date)* Si vous aviez un rendez-vous,
  vous noteriez la date,
  vous n'oublieriez pas la date.

1. *(choisir un film d'horreur / regarder une histoire d'amour)* Si Janine avait facilement peur,
2. *(rentrer à la maison / avertir* (notify) *la police)* Si elles voyaient un accident,
3. *(le frapper / lui parler)* Si vous aviez une dispute avec un ami,
4. *(réussir / rater ton examen)* Si tu étudiais beaucoup,
5. *(le rendre à son propriétaire / le garder)* Si nous trouvions un portefeuille,
6. *(écouter Madonna / jouer un concerto de Bach)* Si j'aimais la musique classique,

[2]   SPELLING CHANGES IN CERTAIN *-ER* VERBS

Verbs ending in *-er* that have spelling changes in the future have similar spelling changes in the conditional.

a. Most verbs with infinitives ending in *-yer* change *y* to *i* in the conditional (except *envoyer,* which is irregular, and verbs ending in *-ayer*).

nettoyer   *to clean:*   je nettoierais, tu nettoierais, il/elle nettoierait
nous nettoierions, vous nettoieriez,
ils/elles nettoieraient

NOTE: In verbs with infinitives ending in *-ayer,* the change from *y* to *i* is optional.

payer   *to pay:*   je paierais (payerais), tu paierais (payerais), il/elle
paierait (payerait) nous paierions (payerions), vous
paieriez (payeriez), ils/elles paieraient (payeraient)

EXERCICE C

Exprimez ce que tout le monde ferait pour garder la maison propre.

employer	essayer	nettoyer
ennuyer	essuyer	payer

1. Mme Leclos n'_____ pas les domestiques.

2. Je _____ ma chambre tous les jours.

3. Les Dupont _____ bien le jardinier.

4. Nous _____ de ranger le salon chaque semaine.

5. Vous _____ la vaisselle tous les soirs.

6. Tu _____ l'aspirateur chaque jour.

b. Verbs with silent *e* in the syllable before the infinitive ending change silent *e* to *è* in the conditional.

acheter   *to buy:*   j'achèterais, tu achèterais, il/elle achèterait
nous achèterions, vous achèteriez,
ils/elles achèteraient

c. Verbs like *appeler* and *jeter,* which also have a silent *e,* double the consonant *l* or *t* in the conditional.

appeler *to call:* j'appellerais, tu appellerais, il/elle appellerait
nous appellerions, vous appelleriez,
ils/elles appelleraient

jeter *to throw:* je jetterais, tu jetterais, il/elle jetterait
nous jetterions, vous jetteriez, ils/elles jetteraient

EXERCICE D

Dites comment la vie pourrait être (could be) *en l'an 2100.*

EXEMPLE: *(achever)* Nous **achèverions** l'irrigation des déserts.

1. *(geler)* La Terre _____ .
2. *(élever)* Les familles _____ des enfants parfaits.
3. *(peser)* Nous _____ très peu.
4. *(mener)* On _____ une vie agréable.
5. *(acheter)* J'_____ des vêtements en plastique.
6. *(emmener)* Tu _____ tes enfants sur la lune.
7. *(appeler)* Nous _____ les Martiens au téléphone.
8. *(jeter)* On _____ tout après chaque usage.

EXERCICE E

Exprimez ce que feraient ces personnes si elles étaient capitaines de leur équipe de volley-ball.

amener des amis au match
appeler l'arbitre *(referee)* «monsieur»
avancer vite vers le filet *(net)*
changer de position
coopérer avec les arbitres

employer les bons joueurs
essayer de gagner
jeter la balle à Maxine
perfectionner la stratégie de l'équipe

EXEMPLE: Risa **changerait** de position.

1. Roland et moi _____ .
2. Tu _____ .
3. Lisa et Dawn _____ .
4. Je _____ .
5. Ted _____ .
6. Vous _____ .
7. Taryn _____ .
8. Roger et Bernard _____ .

[3] VERBS IRREGULAR IN THE CONDITIONAL

INFINITIVE	CONDITIONAL
aller *to go*	**j'irais**
avoir *to have*	**j'aurais**
courir *to run*	**je courrais**
devoir *to owe, have to*	**je devrais**
envoyer *to send*	**j'enverrais**
être *to be*	**je serais**
faire *to do*	**je ferais**
falloir *to be necessary*	**il faudrait**
pleuvoir *to rain*	**il pleuvrait**
pouvoir *to be able to*	**je pourrais**
recevoir *to receive*	**je recevrais**
savoir *to know*	**je saurais**
venir *to come*	**je viendrais**
voir *to see*	**je verrais**
vouloir *to want*	**je voudrais**

EXERCICE F

Expliquez ce que vous feriez si vous héritiez (inherit) *une fortune. Employez les suggestions données ou vos propres idées.*

acheter une voiture de sport
aller à beaucoup de concerts
avoir un avion privé
envoyer des cadeaux à tous mes amis

être très heureux (heureuse)
faire une grande fête
pouvoir faire n'importe quoi
vouloir aider les pauvres

EXERCICE G

Exprimez ce que vos amis parisiens feraient si le lycée était fermé aujourd'hui.

EXEMPLE: ils / recevoir la nouvelle avec joie
          Ils recevraient la nouvelle avec joie.

1. Delphine / écrire à son amie américaine

2. Sophie / faire du cheval au club

3. Sylvie et Chantal / courir les magasins pour trouver une robe pour la
     soirée de Delphine

4. elles / avoir un sorbet chez Berthillon sur l'île Saint-Louis
5. Laurent / voir un vieux film de René Clair à la Cinémathèque
6. Éric / aller au parc jouer au tennis
7. Bruno et Régis / acheter une pizza à la pizzeria près du lycée
8. tous les élèves / être très content

EXERCICE H

Exprimez ce que chaque personne ferait dans les cas suivants.

EXEMPLE: *(jouer au tennis / jouer aux échecs)* S'il faisait beau, je
jouerais au tennis,
je ne jouerais pas aux échecs.

1. *(avoir confiance / avoir peur)* Si Robert nous conduisait dans sa voiture, nous
2. *(aller au parc / aller au cinéma)* S'il pleuvait, je
3. *(devoir étudier / devoir jouer au tennis)* Si vous aviez un examen, vous
4. *(recevoir de jolies cartes postales / recevoir de jolis cadeaux)* Si elles célébraient leur anniversaire, elles
5. *(devenir avocats / devenir docteurs)* S'ils étudiaient le droit, ils
6. *(voir Big Ben / voir la tour Eiffel)* Si tu allais en France, tu
7. *(falloir aller chez le médecin / falloir aller à l'école)* Si elle était malade, il
8. *(être riche / être pauvre)* Si vous gagniez à la loterie, vous
9. *(vouloir manger quelque chose / vouloir boire un verre d'eau)* Si j'avais soif, je
10. *(savoir jouer au football / savoir jouer du piano)* Si nous étions sportifs, nous

[4] USES OF THE CONDITIONAL

a. The conditional expresses what would happen if certain conditions were fulfilled.

Je **dormirais** si j'avais le temps.   *I would sleep if I had the time.*

b. The conditional also expresses what will happen in the future from a point of view in the past.

Il a dit qu'il **viendrait** demain.   *He said he would come tomorrow.*

c. The conditional is also used to make a request or a demand more polite.

Je **voudrais** vous parler.   *I would like to speak to you.*

Il **aimerait** sortir.   *He would like to go out.*

Pourriez-vous le réparer?   *Could you fix it?*

NOTE: **When** *would* **has the sense of** *used to,* **that is, when it indicates a repetitive action in the past, the imperfect is used in French.**

Elle venait tous les soirs.   *She would (used to) come every evening.*

EXERCICE I

Vos camarades voudraient faire des projets avec vous pour le week-end. Exprimez les questions que vous aimeriez leur poser.

EXEMPLE: à quelle heure / partir
             À quelle heure **partiriez-vous?**

1. où / aller

2. que / vouloir faire

3. avec qui / sortir

4. à quelle heure / venir chez moi

5. combien de temps / pouvoir rester en ville

6. que / acheter à manger

7. qui / amener avec nous

8. quand / revenir

EXERCICE J

Vous êtes dans un grand magasin avec des amis. Exprimez ce que chacun voudrait.

EXEMPLE: *(vouloir)* Matthew **voudrait** voir les chemises.

1. *(vouloir)* Charlene et moi, nous _____ aller au rayon *(department)* des jouets.

2. *(pouvoir)* Le vendeur _____–il nous aider?

3. *(aller)* J'_____ au sous-sol voir les lampes.

4. *(désirer)* _____–vous aller au restaurant?

5. *(avoir)* Robin et Liz _____ envie de quitter le magasin.

6. *(devoir)* Colette _____-elle vite faire son choix?

7. *(aimer)* _____-tu essayer ce pantalon?

8. *(désirer)* Regina et Susan _____ parler au gérant *(manager)*.

M A S T E R Y   E X E R C I S E S

EXERCICE K

Chacun voudrait changer pour le mieux. Exprimez ce que vous feriez pour être une meilleure personne.

EXERCICE L

Exprimez ce que les personnes suivantes feraient si elles pouvaient réaliser un de leurs rêves.

aller en Russie	pouvoir faire du ski nautique
établir un record mentionné dans le livre Guinness	recevoir le prix Nobel
faire du parachutisme	savoir faire de la planche à voile
piloter un avion	traverser la Manche à la nage
	voir les sept merveilles du monde

EXEMPLE: Richard **traverserait** la Manche à la nage.

1. Mark _____ .

2. Wendy et Kathy _____ .

3. Nous _____ .

4. Tu _____ .

5. Vous _____ .

6. Paul et Perry _____ .

7. Andrea _____ .

8. Je _____ .

EXERCICE M

Complétez les phrases suivantes selon votre choix.

EXEMPLE: S'il faisait du vent, **je ferais de la voile.**

1. Si j'étais triste, _____ .

2. S'il faisait chaud, _____ .

3. Si je gagnais à la loterie, _____ .

4. Si j'avais 21 ans, _____ .

5. Si je n'avais rien à faire, _____ .

6. Si mes parents partaient en voyage, _____ .

EXERCICE N

Vous voudriez obtenir un poste de secrétaire à la Société Royale. Écrivez ce que vous diriez au directeur de la société.

1. I'd like to find an interesting job.

2. I'd be able to work every day after school and during the summer.

3. I'd arrive at the office on time every day.

4. I'd stay late in the evening if it were necessary.

5. I'd complete all my work on time.

6. I'd always cooperate with my boss.

7. I wouldn't bother the other employees.

8. I'd share an office with the other workers.

9. I'd like to receive a good salary.

10. When could I start to work?

Chapter 11
Reflexive Verbs

[1] REFLEXIVE CONSTRUCTIONS IN SIMPLE TENSES

a. In a reflexive construction, the action is performed by the subject on itself. The reflexive verb has a reflexive pronoun as its object. Thus, the subject and the pronoun object refer to the same person(s) or thing(s): *I shave myself.* The reflexive pronouns *(me, te, se, nous, vous)* generally precede the verb.

PRESENT		
je *me*	cache	*I hide (am hiding) myself*
tu *te*	caches	*you hide (are hiding) yourself*
il / elle *se*	cache	*he / she hides (is hiding) himself / herself*
nous *nous*	cachons	*we hide (are hiding) ourselves*
vous *vous*	cachez	*you hide (are hiding) yourself / yourselves*
ils / elles *se*	cachent	*they hide (are hiding) themselves*

IMPERFECT		
je *me*	cachais	*I hid (was hiding) myself*
tu *te*	cachais	*you hid (were hiding) yourself*
il / elle *se*	cachait	*he / she hid (was hiding) himself / herself*
nous *nous*	cachions	*we hid (were hiding) ourselves*
vous *vous*	cachiez	*you hid (were hiding) yourself / yourselves*
ils / elles *se*	cachaient	*they hid (were hiding) themselves*

FUTURE		
je *me*	cacherai	*I will hide myself*
tu *te*	cacheras	*you will hide yourself*
il / elle *se*	cachera	*he / she will hide himself / herself*
nous *nous*	cacherons	*we will hide ourselves*
vous *vous*	cacherez	*you will hide yourself / yourselves*
ils / elles *se*	cacheront	*they will hide themselves*

CONDITIONAL			
je	*me*	**cacherais**	*I would hide myself*
tu	*te*	**cacherais**	*you would hide yourself*
il / elle	*se*	**cacherait**	*he / she would hide himself / herself*
nous	*nous*	**cacherions**	*we would hide ourselves*
vous	*vous*	**cacheriez**	*you would hide yourself / yourselves*
ils / elles	*se*	**cacheraient**	*they would hide themselves*

b. Negative, interrogative, and negative interrogative constructions follow the same rules as for nonreflexive verbs. Reflexive pronouns remain before the verb.

Ils ne se cachent pas.	*They aren't hiding.*
Se cachent–ils?	*Are they hiding?*
Est-ce qu'ils se cachent?	*Are they hiding?*
Tu te caches?	*Are you hiding?*
Ne se cachent–ils pas?	*Aren't they hiding?*
Ils ne se cachent pas?	*Aren't they hiding?*

c. Common reflexive verbs

s'acheter   *to buy for oneself*

s'améliorer   *to improve (oneself)*

s'amuser (à)   *to have a good time, enjoy oneself*

s'appeler   *to be called*

s'approcher (de)   *to approach, come near*

s'arrêter (de)   *to stop*

s'attendre à   *to expect*

se baigner   *to bathe*

se blesser   *to hurt oneself*

se bronzer   *to tan*

se brosser   *to brush oneself*

se brûler   *to burn oneself*

se cacher   *to hide (oneself)*

se casser   *to break*

se coucher   *to lie down, go to bed*

se déguiser (en)   *to disguise oneself (as)*

se demander   *to wonder*

se dépêcher   *to hurry*

se déshabiller   *to get undressed*

se disputer   *to quarrel*

s'échapper   *to escape*

s'éloigner (de)   *to move away (from)*

s'endormir   *to fall asleep*

s'ennuyer   *to get bored*

s'exprimer   *to express oneself*

se fâcher (contre)   *to become angry (at)*

s'habiller   *to get dressed*

s'habituer à   *to get used to*

s'inquiéter (de)   *to worry (about)*

s'installer   *to settle down, set up shop*

se laver   *to wash (oneself)*

se lever   *to get up, rise*

se maquiller   *to put on make up*

se marier (avec)   *to marry*

se mettre à   *to begin to*

se moquer (de)   *to laugh at*

se peigner   *to comb one's hair*

se préparer (à)   *to prepare (to)*

se présenter   *to introduce oneself*

se promener   *to take a walk*

se rappeler   *to remember*

se raser   *to shave (oneself)*

se regarder   *to look at oneself / each other*

se reposer   *to rest*

se réveiller   *to wake up*

se sauver   *to run away*

se sentir   *to feel*

se servir (de)   *to use*

se souvenir (de)   *to remember*

se spécialiser (en)   *to specialize (in)*

se tromper   *to make a mistake*

NOTE:

1. Remember the spelling changes in the following reflexive verbs.

   s'acheter (je m'achète)   se lever (je me lève)

   s'appeler (je m'appelle)   se promener (tu te promènes)

   s'ennuyer (il s'ennuie)

2. Some reflexive verbs may be used with an object in addition to the reflexive pronoun. In such constructions this object is the direct object of the verb and the reflexive pronoun is the indirect object.

   Claire se lave.   *Claire washes herself.*
   (*Se* is the direct object because Claire is washing herself.)

   Claire se lave les cheveux.   *Claire washes her hair.*
   (*Cheveux* is the direct object, and *se* is the indirect object: Claire is washing her hair for herself.)

   Elle s'achète une robe.   *She buys a dress for herself.*
   (*Robe* is the direct object, and *se* is the indirect object: she is buying a dress for herself.)

3. Most French verbs that take a direct object may be made reflexive by adding a personal pronoun object that refers back to the subject. Compare:

   Papa réveille David.   *Dad wakes David.*

   David se réveille.   *David awakens (wakes himself up).*

   Je regarde mon ami.   *I look at my friend.*

   Je me regarde dans le miroir.   *I look at myself in the mirror.*

d. Reflexive expressions

   se brosser les cheveux, les dents   *to brush one's hair, teeth*

   se casser le bras, la jambe   *to break one's arm, leg*

   s'en aller   *to go away*

   se faire des amis   *to make friends*

   se faire mal (à la jambe)   *to hurt oneself (one's leg)*

   se mettre en colère   *to get angry*

   se mettre en rang   *to get in line*

   se mettre en route   *to start out*

   se rendre compte de / que   *to realize*

EXERCICE A

Exprimez ce que chaque personne fait en écoutant la radio.

EXEMPLE:

Ming **se brosse les cheveux.**

1. Philip _____ .

2. Alison et Holly _____ .

3. Je _____ .

4. Denise _____ .

5. Tu _____ .

6. Vous _____ .

7. Damien et Scott _____ .   *8.* Tu _____ .

EXERCICE B

Exprimez ce que les personnes suivantes n'avaient pas l'habitude de faire.

s'amuser	se laver	se raser
se dépêcher	se maquiller	se tromper
se fâcher	se peigner	s'inquiéter

EXEMPLE: Le petit enfant était toujours très sale.
Il ne se lavait pas.

1. Mariel n'avait jamais de soucis *(worry)*.

2. J'étais toujours en retard.

3. Brian et Tyler ne faisaient jamais de fautes.

4. Lorene et moi, nous n'achetions jamais de mascara.

5. Tu étais toujours trop sérieux.

6. Vous aviez toujours les cheveux peu soignés.

7. Sandi et Deanna restaient toujours calmes et ne se disputaient pas.

8. Jonathan avait une moustache et une longue barbe.

EXERCICE C

Vous faites un safari-photo en Afrique. Exprimez les questions que les touristes posent au guide.

EXEMPLE: où / nous / se déshabiller pour la nuit
Où **nous déshabillons-nous** pour la nuit?

1. quand / nous / se promener dans la savane

2. à quelle heure / nous / se mettre en route

3. pourquoi / ils / se dépêcher de partir

4. de quoi / vous / s'inquiéter

5. pourquoi / il / se sentir en danger

6. pourquoi / vous / se cacher derrière cet arbre

7. comment / cet animal / s'appeler

8. comment / nous / s'approcher des lions

9. pourquoi / vous / se sauver en criant

10. où / les singes / s'en aller

11. où / les touristes / se baigner après le safari

12. pourquoi / tu / se vanter *(to boast)* d'être un bon photographe

EXERCICE D

Utilisez les verbes donnés pour poser des questions sur les situations suivantes.

s'amuser	se dépêcher	se mettre en route
se blesser	se fâcher	se peigner
se coucher	se marier	se regarder

EXEMPLE: *(vous)* Quand vous chantez et dansez, **ne vous amusez-vous pas?**

1. *(tu)* Pendant une dispute avec un ami, _____ ?

2. *(il)* Quand il est prêt à partir, _____ immédiatement?

3. *(vous)* Si vous tombez de cheval, _____ ?

4. *(nous)* S'il fait du vent dehors, _____ quand nous entrons dans la maison?

5. *(vous)* Quand vous êtes très fatigués, _____ ?

6. *(ils)* Avant de sortir _____ dans la glace?

7. *(elle)* Quand elle est en retard _____ ?

8. *(tu)* Paul t'a donné une bague de fiançailles *(engagement)*. _____ _____ bientôt avec lui?

EXERCICE E

En utilisant le verbe approprié, exprimez ce que chaque personne fait.

1. *(cacher / se cacher)* Le criminel _____ l'argent volé, puis il _____ .

2. *(arrêter / s'arrêter)* Il _____ de conduire trop vite quand un agent de police _____ sa voiture.

3. *(acheter / s'acheter)* Je (j') _____ une montre à ma mère, puis je _____ un bracelet en or.

4. *(tromper / se tromper)* Vous _____ quand vous _____ vos amis.

5. *(regarder / se regarder)* Elle _____ dans le miroir, puis elle _____ son petit ami.

6. *(sentir / se sentir)* Tu _____ le pollen et tout de suite après tu _____ malade.

7. *(habiller / s'habiller)* Les mères _____ leurs enfants et après elles _____ .

8. *(demander / se demander)* Ils _____ pourquoi ils _____ toutes ces informations.

[2] REFLEXIVE CONSTRUCTIONS IN COMPOUND TENSES

Compound tenses of reflexive verbs are formed with the helping verb *être*.

PASSÉ COMPOSÉ			
je *me*	*suis*	caché(e)	*I hid myself*
tu *t'*	*es*	caché(e)	*you hid yourself*
il / elle *s'*	*est*	caché(e)	*he / she hid himself / herself*
nous *nous*	*sommes*	caché(e)s	*we hid ourselves*
vous *vous*	*êtes*	caché(e)(s)	*you hid yourself / yourselves*
ils / elles *se*	*sont*	caché(e)s	*they hid themselves*

NOTE:

1. In compound tenses, the reflexive pronoun precedes the helping verb. In the negative, *ne* precedes the reflexive pronoun, and *pas* follows the helping verb.

   Je **ne** me suis **pas** habillé(e).　　　　　*I didn't get dressed.*

2. In interrogative constructions with inversion, the subject pronoun and the helping verb are inverted and the reflexive pronoun remains before the helping verb.

   T'**es-tu** habillé(e)?　　　　　*Did you get dressed?*

   S'**est-elle** levée tôt?　　　　　*Did she get up early?*

   Ne **vous êtes-vous** pas lavés?　　　　　*Didn't you wash yourselves?*

   Ne **se sont-ils** pas trompés?　　　　　*Didn't they make a mistake?*

3. Questions can also be asked without inversion, by using *est-ce que* at the beginning of the sentence or by using simple intonation.

Vous vous êtes promené(e)s?	*Did you take a walk?*
Est-ce que vous vous êtes promené(e)s?	*Did you take a walk?*
Est-ce que tu ne t'es pas souvenu(e)?	*Didn't you remember?*
Tu ne t'es pas souvenu(e)?	*You didn't remember?*

4. The reflexive pronoun may be either a direct or an indirect object of the verb. When the reflexive pronoun is a direct object, as in *elle s'est lavée* (she washed herself), where *se* stands for "herself," the past participle agrees with the reflexive pronoun, therefore also agreeing with the subject.

Elle s'est brûlée.	*She burned herself.*
Ils **se** sont amusés hier.	*They enjoyed themselves yesterday.*

When the reflexive pronoun is an indirect object, as in *elle s'est lavé les mains,* where *se* stands for "for herself" or "of herself," and *les mains* is the direct object, the past participle remains unchanged.

Elle s'est brossé **les dents.**	*She brushed her teeth.*
Ils se sont acheté **les vidéocassettes.**	*They bought the videotapes (for themselves).*

EXERCICE F

Exprimez ce qui est arrivé à ces personnes pendant une très mauvaise journée.

EXEMPLE: je / se mettre en route très tard
Je **me suis mis(e)** en route très tard.

1. Emily / se couper
2. Jean et Louis / se blesser
3. nous / se sentir malade
4. je / se fâcher contre mon meilleur ami
5. Roland / s'inquiéter de tout
6. Samantha et Amy / se tromper
7. vous / se brûler
8. tu / s'exprimer incorrectement dans une composition

EXERCICE G

Posez les questions qui correspondent aux situations données en utilisant les verbes suggérés au passé composé.

s'amuser	s'inquiéter
se blesser le genou	se laver les dents
se brosser les cheveux	se préparer à l'avance
se dépêcher	se présenter à elle
s'endormir	se tromper de date

EXEMPLES: Tu étais en retard.
T'es-tu inquiété(e)?

Il n'est pas venu à la réunion.
S'est-il trompé de date?

1. Le petit enfant avait très sommeil.
2. Tu as mangé des oignons.
3. Vous êtes tombés dans la rue.
4. Les garçons avaient un examen.
5. Corinne et Michelle sont allées à la boum.
6. Nous étions en retard à notre rendez-vous.
7. Paul voulait faire la connaissance de Claude.
8. Luisa voulait changer de coiffure.

EXERCICE H

Exprimez ce qui est arrivé dans les situations suivantes en donnant une réponse négative.

EXEMPLE: *(se reposer)* J'étais fatigué(e), mais je ne me suis pas reposé(e).

1. *(se préparer à sortir)* Tabitha était malade, alors elle _____ .
2. *(se déguiser)* Je suis allé à un bal costumé, mais je _____ .
3. *(se présenter)* Vous aviez déjà rencontré cette personne auparavant, alors vous _____ .
4. *(se casser la jambe)* Les filles ont eu un accident, mais heureusement elles

   _____ .
5. *(se demander pourquoi)* Tu avais tort, mais tu _____ .
6. *(se bronzer)* Il pleuvait quand nous sommes arrivés à la plage, alors nous

   _____ .

7. *(se brosser les cheveux)* Les garçons étaient en retard, alors ils _____ .

8. *(s'endormir tout de suite)* Lucien était inquiet et il _____ .

EXERCICE I

Posez des questions selon l'exemple pour demander ce que les personnes suivantes ont fait avant de partir ce matin.

EXEMPLE:

(tu) **Ne t'es-tu pas brossé les cheveux?**

1. *(elles)* _____

2. *(il)* _____

3. *(vous)* _____

4. *(elle)* _____

5. *(tu)* _____

6. *(je)* _____

[3]   REFLEXIVE COMMANDS

In affirmative commands, reflexive pronouns follow the verb. After the verb, *toi* is used instead of *te*. In negative commands, reflexive pronouns precede the verb.

AFFIRMATIVE IMPERATIVE	
Cache-toi!	*Hide!*
Cachons-nous!	*Let's hide!*
Cachez-vous!	*Hide!*
NEGATIVE IMPERATIVE	
Ne te cache pas!	*Don't hide!*
Ne nous cachons pas!	*Let's not hide!*
Ne vous cachez pas!	*Don't hide!*

EXERCICE J

La mère et la petite amie de Georges ne sont pas d'accord. Exprimez ce qu'elles lui disent.

EXEMPLE: MÈRE: Tu es sale! **Baigne-toi.**
JOLINE: Tu es propre! **Ne te baigne pas.**

1. MÈRE: Je déteste ta barbe!
   JOLINE: J'adore ta barbe!

2. MÈRE: Tu es décoiffé!
   JOLINE: Tu es très bien peigné!

3. MÈRE: Il est très tard!
   JOLINE: Il n'est pas tard!

4. MÈRE: Tes mains sont sales!
   JOLINE: Tes mains sont propres!

5. MÈRE: Tu es toujours en retard!
   JOLINE: Tu es toujours en avance!

6. MÈRE: Tu es trop fatigué!
   JOLINE: Tu es en pleine forme!

EXERCICE K

Vous entrez à l'université. Exprimez les recommandations de votre conseiller.

EXEMPLE: se lever / tôt / tard
Levez-vous tôt. Ne vous levez pas tard.

1. s'inquiéter / de vos examens / de vos passe-temps
2. se reposer / après vos classes / avant vos classes
3. se coucher / de bonne heure / tard
4. s'amuser / pendant le week-end / pendant la semaine

5. s'habituer / à travailler dur / à perdre votre temps

6. se préparer à / étudier le soir / danser toute la nuit

7. s'endormir / dans votre chambre / en classe

EXERCICE L

Vos amis et vous êtes en vacances, mais vous n'êtes pas d'accord sur ce que vous voulez faire. Écrivez vos suggestions et les réponses de vos amis.

EXEMPLE: se promener dans ce parc
  VOUS: **Promenons-nous** dans ce parc.
  VOS AMIS: Non, **ne nous promenons pas** dans ce parc.

1. se mettre en route tôt le matin
  VOUS:
  VOS AMIS:

2. se baigner dans la mer
  VOUS:
  VOS AMIS:

3. s'approcher du bord de l'eau
  VOUS:
  VOS AMIS:

4. se présenter à ces filles
  VOUS:
  VOS AMIS:

5. s'éloigner de ces rochers
  VOUS:
  VOS AMIS:

6. s'installer sur cette plage-là
  VOUS:
  VOS AMIS:

[4] REFLEXIVE CONSTRUCTIONS WITH INFINITIVES

When used as object of an infinitive, the reflexive pronoun precedes the infinitive.

Je vais **me coucher** maintenant. *I'm going to go to bed now.*
Il ne pouvait pas **se lever**. *He couldn't get up.*
Voudriez-vous **vous marier?** *Would you like to get married?*

EXERCICE M

Exprimez ce que ces personnes voudraient faire pendant leurs vacances.

EXEMPLE: elle / se réveiller tard
  Elle **voudrait se réveiller** tard.

1. je / se bronzer

2. elles / s'installer dans leur nouvel appartement

3. tu / s'amuser

4. il / se reposer

5. nous / se promener

6. elle / se baigner tous les jours

7. vous / se présenter aux parents de votre amie

8. ils / se faire des amis

EXERCICE N

Exprimez ce que ces personnes ne pouvaient pas faire ce matin parce qu'elles étaient trop pressées.

s'acheter le journal	se rappeler la date
s'amuser avec le chat	se regarder dans la glace
se baigner	se réveiller
se mettre en route de bonne heure	s'habiller avec soin
se peigner	

EXEMPLE: Sandi **ne pouvait pas se baigner.**

1. Cassandra

2. Vous

3. Je

4. Cody

5. Tu

6. Terri et Melissa

7. Nous

8. Gabriel et Daniel

[5] SUMMARY OF THE POSITION OF REFLEXIVE PRONOUNS

SIMPLE TENSES	**Tu te lèves.**	*You get up.*
	Elles se levaient.	*They were getting up.*
COMPOUND TENSES	**Tu t'es levé(e).**	*You got up.*
COMMANDS	**Lève-toi.**	*Get up.*
	Levez-vous.	*Get up.*
	Ne te lève pas.	*Don't get up.*
	Ne vous levez pas.	*Don't get up.*
INFINITIVE	**Tu veux te lever.**	*You want to get up.*
	Il a décidé de se lever.	*He decided to get up.*

M A S T E R Y   E X E R C I S E S

EXERCICE O

Amy, une amie américaine, pose des questions à Delphine et à Sophie sur la vie quotidienne des jeunes Françaises. Complétez la conversation en mettant au présent les verbes entre parenthèses.

AMY: À quelle heure vous _____ , Delphine et Sophie?
                                  1. (se réveiller)

SOPHIE: Nous _____ à sept heures et nous _____ tout de
                    2. (se réveiller)   *3. (se lever)*

             suite. Ensuite, nous _____ rapidement.
                                  4. (se laver)

AMY: Comment vous _____ ?
                          5. (s'habiller)

DELPHINE: Moi, je _____ en jean avec une chemise et Sophie
                     6. (s'habiller)

             _____ souvent en robe.
             7. (se mettre)

AMY: Vous _____ ?
                  8. (se maquiller)

SOPHIE: Non, juste du rouge à lèvres.

AMY: Prenez-vous le petit déjeuner en famille?

DELPHINE: Oui, on _____ des toasts et du chocolat chaud.
                     9. (se préparer)

AMY: À quelle heure vous _____ pour le lycée?
                                  10. (se mettre en route)

DELPHINE: À huit heures. Le lycée _____ de l'autre côté de la rue.
                                   11. (se trouver)

             C'est tout près, mais nous _____ quand même!
                                       12. (se dépêcher)

AMY: Comment _____ votre lycée?
                     13. (s'appeler)

SOPHIE: Le lycée Janson de Sailly.

AMY: Vous _____ en classe?
                  14. (s'ennuyer)

DELPHINE: Non! On ne _____ jamais! On _____ même
                       15. (s'ennuyer)   *16. (s'amuser)*

             souvent.

AMY: À quelle heure les classes _____ -elles?
17. (se terminer)

DELPHINE: Nous _____ à cinq heures et demie. C'est une longue
18. (s'en aller)

journée!

EXERCICE P

Complétez les phrases avec le verbe approprié au temps correct.

s'amuser	se coucher	s'habiller
se baigner	se demander	se mettre en route
se cacher	se dépêcher	se servir de
se casser	se fâcher avec	se spécialiser en

EXEMPLES: J'étais en retard et je **me dépêchais.**
Il fera une faute et il **se demandera** pourquoi.

1. Elle est montée à sa chambre à minuit et elle _____ .

2. Il a eu une dispute avec un ami et il _____ lui.

3. Nous irons à la fête et nous _____ .

4. Vous êtes tombé et vous _____ la jambe.

5. Tu choisissais tes vêtements parce que tu allais _____ .

6. Je jouais au tennis et je _____ une nouvelle raquette.

7. Elles ont quitté la maison et elles _____ .

8. Ils étudient le latin parce qu'ils _____ langues étrangères.

9. Ils n'ont pas voulu voir ces personnes alors ils _____ .

10. Éric et Stacey pensaient qu'ils iraient à la plage cet été et qu'ils _____ tous les jours.

EXERCICE Q

Paul raconte ses plans pour la soirée. Aidez-le à s'exprimer en français.

1. My friends and I, we are preparing ourselves for a costume party tonight.

2. Yesterday I bought myself an extraordinary costume.

3. I am disguising myself as a wild animal.

4. At six o'clock, I wasn't getting dressed. My mother wondered why I was putting on makeup.

5. I am not going to brush my hair in order to appear wild.

6. I am not going to shave either *(non plus).*

7. I told my mother: "Don't worry! Get used to my costume!"

8. I look like an animal that escaped from the jungle.

9. My friends and I, we are going to start out for the party at nine o'clock.

10. We will have fun at this party.

Chapter 12
Subjunctive

[1] SUBJUNCTIVE IN FRENCH

Chapters 1 to 11 in this book deal with verb constructions in the indicative mood. In this and the next chapter, you will see how the subjunctive mood enables speakers of French to express a variety of attitudes and feelings through the use of different verb forms.

The indicative mood states facts and expresses certainty or reality. The subjunctive mood expresses uncertainty and doubt, necessity, need, commands, desires, fears, and suppositions or conditions that are uncertain or contrary to fact. The subjunctive occurs much more frequently in French than in English.

[2] PRESENT SUBJUNCTIVE OF REGULAR VERBS

The present subjunctive of most verbs is formed by dropping the -ent ending of the third person plural (ils form) of the present indicative and adding -e, -es, -e, -ions, -iez, -ent.

travaill*er*	chois*ir*	attend*re*
je travaille	je choisisse	j' attende
tu travailles	tu choisisses	tu attendes
il / elle travaille	il / elle choisisse	il / elle attende
nous travaillions	nous choisissions	nous attendions
vous travailliez	vous choisissiez	vous attendiez
ils / elles travaillent	ils / elles choisissent	ils / elles attendent

NOTE:

1. The *nous* and *vous* forms of the present subjunctive are identical to the *nous* and *vous* forms of the imperfect indicative.

2. The present subjunctive may express actions that occur in the present or will occur in the future. Verbs in the subjunctive are generally used in dependent clauses introduced by *que*.

146

Il est possible **qu'il** aime Cécile. $\left\{\begin{array}{l} \textit{It's possible that he likes Cécile.} \\ \textit{It's possible that he will like Cécile.} \end{array}\right.$

3. Negative constructions in the present subjunctive follow the same rules as in the present indicative.

Il est possible qu'il **ne** finisse **pas.**   *It is possible he won't finish.*

EXERCICE A

Exprimez ce qu'il est nécessaire de faire pour être bon citoyen.

EXEMPLE:
on / écouter les propositions du gouvernement
Il est nécessaire **qu'on écoute** les propositions du gouvernement.

1. les citoyens / respecter les lois du pays
2. nous / contrôler toutes nos dépenses
3. je / voter aux élections
4. vous / accepter d'être membre d'un jury
5. tu / éviter de commettre des infractions
6. les parents / donner de bons conseils aux enfants

EXERCICE B

Exprimez ce qui aiderait les élèves à éviter les problèmes. Commencez chaque phrase par **il vaut mieux** *(it would be better).*

EXEMPLE: choisir les réponses correctes *(je)*
Il vaut mieux que je choisisse les réponses correctes.

1. réfléchir avant de parler *(je)*
2. réussir à l'école *(nous)*
3. saisir chaque occasion d'apprendre *(les élèves)*
4. finir toujours ton travail *(tu)*
5. obéir à ses parents et à ses professeurs *(l'étudiante)*
6. agir toujours calmement *(vous)*
7. choisir de bons amis *(les étudiants)*

EXERCICE C

Exprimez ce qu'il est bon de faire pour que chaque membre de la famille soit
(be) *heureux.*

EXEMPLES: Tu n'interromps pas les conversations.
Il est bon que tu n'interrompes pas les conversations.

Tu défends tes idées.
Il est bon que tu défendes tes idées.

1. Nous ne perdons pas les affaires des autres.
2. Vous attendez le dîner pour manger.
3. Tu réponds quand on te parle.
4. J'entends ce qu'on me dit.
5. Les parents ne défendent pas aux enfants de sortir.
6. On rend à chacun ce qui lui appartient.

EXERCICE D

Exprimez ce que vous devez faire aujourd'hui.

préparer un discours
correspondre avec mes amis
écouter les informations
organiser mon travail
choisir le sujet de ma composition
remplir cette demande d'emploi
finir mes devoirs
répondre à cette lettre
descendre en ville

EXEMPLE: **Il faut que je prépare** un discours.

EXERCICE E

Exprimez ce que le professeur conseille aux élèves de faire pour réussir.

EXEMPLE: écouter en classe
Il est essentiel que vous écoutiez en classe.

1. choisir des activités éducatives
2. répondre correctement aux questions

3. agir de façon raisonnable

4. respecter vos camarades

5. étudier chaque soir

6. défendre toujours vos idées

[3] PRESENT SUBJUNCTIVE OF VERBS WITH TWO STEMS

Some verbs have two different stems to form the present subjunctive: the third person plural (*ils / elles* form) of the present indicative for the *je, tu, il / elle,* and *ils / elles* forms, and the first person plural (*nous* form) for the *nous* and *vous* forms.

devoir *to owe; must*
present indicative: ils doivent, nous devons
subjunctive: je doive, tu doives, il/elle doive
nous devions, vous deviez, ils/elles doivent

prendre *to take*
present indicative: ils prennent, nous prenons
subjunctive: je prenne, tu prennes, il/elle prenne
nous prenions, vous preniez, ils/elles prennent

voir *to see*
present indicative: ils voient, nous voyons
subjunctive: je voie, tu voies, il/elle voie
nous voyions, vous voyiez, ils/elles voient

Other verbs with two stems:

boire	*to drink*	je boive, nous buvions
croire	*to believe*	je croie, nous croyions
recevoir	*to receive*	je reçoive, nous recevions
venir	*to come*	je vienne, nous venions

[4] PRESENT SUBJUNCTIVE OF VERBS WITH SPELLING CHANGES

Verbs with spelling changes follow the same rules for the formation of the subjunctive as other verbs with two stems.

envoyer	*to send*	j'envoie, nous envoyions
ennuyer	*to bother*	j'ennuie, nous ennuyions

payer *to pay*	je paye (paie), nous payions
acheter *to buy*	j'achète, nous achetions
appeler *to call*	j'appelle, nous appelions
jeter *to throw*	je jette, nous jetions
préférer *to prefer*	je préfère, nous préférions

EXERCICE F

Exprimez ce que ces personnes doivent faire avant de partir en voyage.

EXEMPLE: il est urgent / vous / envoyer ces lettres
Il est urgent que vous envoyiez ces lettres.

1. il est essentiel / tu / voir tes grands-parents avant de partir

2. il est impératif / les garçons / acheter leurs billets à l'avance

3. il est normal / je / recevoir une confirmation de l'hôtel

4. il vaut mieux / je / amener ma valise rouge

5. il est bon / Adrienne / jeter ses tickets de l'année dernière

6. il est nécessaire / vous / répéter votre itinéraire

7. il faut / nous / prendre un taxi pour aller à l'aéroport

8. il est temps / elles / venir me dire au revoir

9. il est important / on / appeler un taxi maintenant

10. il est regrettable / tu / devoir annuler ton voyage

EXERCICE G

Vous interviewez un athlète célèbre pour le journal de l'école. Complétez vos questions et ses réponses avec la forme correcte du verbe au subjonctif.

1. *(mener)*

   VOUS: Quelle sorte de vie faut-il que vous _____ ?

   ATHLÈTE: Il faut que je _____ une vie active.

2. *(prendre)*

   VOUS: De qui est-il nécessaire que vous _____ conseil?

   ATHLÈTE: Il est nécessaire que je _____ conseil de mon entraîneur.

3. *(essayer)*

   VOUS: Est-il important que vous _____ de vous améliorer?

   ATHLÈTE: Il est toujours important que j'_____ de m'améliorer.

4. *(peser)*

    VOUS: Combien faut-il que vous _____ ?

    ATHLÈTE: Il faut que je _____ moins de cent kilos.

5. *(coopérer)*

    VOUS: Est-il préférable que vous _____ avec l'équipe?

    ATHLÈTE: Il est essentiel que je _____ avec l'équipe.

6. *(croire)*

    VOUS: Est-il impératif que vous _____ le capitaine de l'équipe?

    ATHLÈTE: Oui, il est impératif que je le _____ .

7. *(venir)*

    VOUS: Est-il possible que vous _____ bientôt à Chicago?

    ATHLÈTE: Il est possible que j'y _____ bientôt.

[5] PRESENT SUBJUNCTIVE OF IRREGULAR VERBS

a. Verbs with one stem

faire *to do:* **je fasse, tu fasses, il/elle fasse**
                    nous fassions, vous fassiez, ils/elles fassent

falloir *it is necessary:* **il faille**

pleuvoir *to rain:* **il pleuve**

pouvoir *to be able to:* **je puisse, tu puisses, il/elle puisse**
                    nous puissions, vous puissiez, ils/elles puissent

savoir *to know:* **je sache, tu saches, il/elle sache**
                    nous sachions, vous sachiez, ils/elles sachent

b. Verbs with two stems

aller *to go:* **j'aille, tu ailles, il/elle aille**
                nous allions, vous alliez, ils / elles aillent

avoir *to have:* **j'aie, tu aies, il/elle ait**
                nous ayons, vous ayez, ils / elles aient

être *to be:* **je sois, tu sois, il/elle soit**
                nous soyons, vous soyez, ils/elles soient

vouloir *to want:* **je veuille, tu veuilles, il/elle veuille**
                nous voulions, vous vouliez, ils/elles veuillent

EXERCICE H

Le temps est incertain. Exprimez ce que vous aimeriez.

EXEMPLE: il / faire beau
J'aimerais qu'il fasse beau.

1. le météorologue / savoir quel temps il fera demain

2. il / ne pas pleuvoir demain

3. mon frère / vouloir bien me conduire en ville

4. il / ne pas falloir apporter de parapluie

5. tu / aller à la plage

6. les filles / faire du ski nautique cet après-midi

7. nous / avoir un match de base-ball

8. vous / pouvoir jouer au tennis

9. Rafael et Raymond / être contents

EXERCICE I

Delphine téléphone à Sophie. Complétez leur conversation avec la forme correcte des verbes au subjonctif.

DELPHINE: Salut, Sophie. Ça va? Écoute! Il faut que je _____ des courses.
                                                            1. (faire)

Il faut que j'_____ au Printemps. Il est nécessaire que
                2. (aller)

j'_____ une chemise rose qui _____ de la même couleur
    3. (acheter)   *4.* (être)

que ma jupe.

SOPHIE: Si tu veux que je _____ avec toi, il vaut mieux que tu
                            5. (venir)

_____ partir tout de suite. J'ai peur qu'il _____ bientôt.
    6. (pouvoir)   *7.* (pleuvoir)

DELPHINE: C'est bête que le temps _____ si mauvais et qu'il n'y
                                        8. (être)

_____ pas de soleil! C'est triste que nous ne _____
    9. (avoir)   *10.* (pouvoir)

jamais sortir sans parapluie! Mais, j'apprécie que tu _____
                                                        11. (vouloir)

bien venir avec moi. Merci!

SOPHIE: Alors vite. Il faut que je _____ tôt et qu'on _____
                                         12. (revenir)   *13.* (faire)

attention. Autrement mon père ne sera pas content. Il est un peu

en colère contre moi en ce moment, je ne sais pas pourquoi.

EXERCICE J

Maintenant vous interviewez une étudiante en médecine pour la rubrique
«Futures Carrières» de votre journal. Complétez vos questions et ses réponses
avec la forme correcte du verbe au subjonctif.

1. *(savoir)*

    VOUS: Est-il important que vous _____ ce qui est nouveau en
              médecine?

    ÉTUDIANTE: Oui, il est important que je _____ guérir toutes les
              maladies.

2. *(aller)*

    VOUS: Faudra-t-il que vous _____ toujours chez vos clients?

    ÉTUDIANTE: Il faudra que j'_____ de temps en temps chez mes clients.

3. *(faire)*

    VOUS: Qu'est-ce qu'il est bon que vous _____ ?

    ÉTUDIANTE: Il est bon que je _____ toujours de mon mieux.

4. *(pouvoir)*

    VOUS: Est-il possible que vous _____ vous reposer un peu au
              travail?

    ÉTUDIANTE: Il est impossible que je _____ me reposer un peu quand
              je travaille.

5. *(avoir)*

    VOUS: Est-il surprenant que vous _____ du temps libre?

    ÉTUDIANTE: Oui, il est très surprenant que j'_____ du temps libre.

6. *(vouloir)*

    VOUS: Est-il étonnant que vous _____ continuer vos études?

    ÉTUDIANTE: Non, il n'est pas étonnant que je _____ continuer mes
              études.

7. *(être)*

VOUS: Est-il normal que vous _____ contente?

ÉTUDIANTE: Oui, il est normal que je _____ contente.

M A S T E R Y   E X E R C I S E S

EXERCICE K

Exprimez ce que les parents de Lori et de Marc doivent faire pour préparer leur mariage.

EXEMPLE: il est essentiel / nous / prendre une décision
Il est essentiel **que nous prenions** une décision.

1. il est important / nous / choisir le traiteur *(caterer)*
2. il est nécessaire / on / réserver une tente pour le jardin
3. il faut / les jeunes gens / avertir la mairie *(mayor's office)*
4. il est naturel / Lori / dire ce qu'elle désire
5. il est normal / vous / faire décorer la maison
6. il est temps / Lori et Marc / écrire les invitations
7. il vaut mieux / tu / envoyer les invitations six semaines à l'avance
8. il est urgent / je / chercher un bon orchestre
9. il est essentiel / nous / savoir bientôt où organiser la réception
10. il est préférable / nous / payer le photographe après la cérémonie

EXERCICE L

Exprimez cinq choses que vous estimez nécessaires pour améliorer les conditions dans votre école.

EXEMPLES: **Il est nécessaire qu'on nettoie les salles de classe.**
Il faut qu'on achète de meilleurs livres.

EXERCICE M

En employant les expressions données, composez huit phrases où les personnes expliquent pourquoi elles refusent une invitation.

1. Il faut que nous _____ .
2. Il est urgent que ma sœur _____ .

3. Il est nécessaire que mes parents _____ .

4. Il est important que je _____ .

5. Il est regrettable que nous _____ .

6. Il est impossible que mes frères _____ .

7. Il vaut mieux que je _____ .

8. Il est possible que mon père _____ .

EXERCICE N

Votre professeur est malade depuis longtemps. Écrivez ce que vous faites en son absence.

1. It's normal that the principal telephones our teacher every day.

2. It's preferable that the boys buy her flowers.

3. It's good that the class is sending her a card.

4. It's possible that we will go see her tomorrow.

5. It's natural that the students think about her.

6. It's important that we wish her a speedy recovery *(guérison)*.

7. It's imperative that we do our homework as usual.

8. It's time that the doctor cured her.

9. It's necessary that we wait for her return with patience.

10. It's possible that she will be back soon.

Chapter 13
Uses of the Subjunctive

The subjunctive is used after impersonal expressions *(il est possible que... , il faut que...)* or in certain dependent clauses when the subject of the dependent clause is different from the subject of the main clause.

Il est possible qu'elle vienne.   *It's possible she will come.*

Elle est heureuse que **tu** sois là.   *She is happy that you are here.*

[1] SUBJUNCTIVE AFTER IMPERSONAL EXPRESSIONS

The subjunctive is used in the dependent clause introduced by *que* after an impersonal construction expressing an opinion, a doubt, or an emotion.

il est absurde *it is absurd*	**il est naturel** *it is natural*
il est amusant *it is amusing*	**il est nécessaire** *it is necessary*
il est bon *it is good*	**il est normal** *it is normal*
il est curieux *it is curious*	**il est possible** *it is possible*
il est dommage *it is a pity, it is too bad*	**il est préférable** *it is preferable*
il est douteux *it is doubtful*	**il est regrettable** *it is regrettable*
il est essentiel *it is essential*	**il est surprenant** *it is astonishing*
il est étonnant *it is amazing*	**il est temps** *it is time*
il est étrange *it is strange*	**il est urgent** *it is urgent*
il est impératif *it is imperative*	**il est utile** *it is useful*
il est important *it is important*	**il faut** *it is necessary*
il est impossible *it is impossible*	**il semble** *it seems*
il est injuste *it is unfair*	**il vaut mieux** *it is better*
il est juste *it is fair*	(**c'est** may be used in place of **il est**)

Il est préférable que tu viennes le plus tôt possible.   *It is preferable that you come as soon as possible.*

NOTE:

1. The subjunctive is not used after impersonal expressions that show certainty or probability. See Section 2, page 158.

2. **The subjunctive in French is often equivalent to an infinitive in English.**

Il faut que **vous finissiez** ce travail.   *You have to finish this work.*

EXERCICE A

Une amie et vous parlez des activités de votre club de français. Exprimez vos opinions.

EXEMPLE: il est possible / nous / regarder une émission française
             Il est possible **que nous regardions** une émission française.

1. il est douteux / on / recruter de nombreux membres
2. il faut / les programmes / être intéressants
3. il est urgent / tu / choisir de bonnes cassettes
4. il est important / Krista / voir le film avant de le louer
5. il est nécessaire / je / régler notre compte au magasin
6. il est juste / les filles / organiser une soirée
7. il est préférable / nous / correspondre avec de jeunes Canadiens
8. il est impératif / vous / prendre part à toutes les activités
9. il est possible / Scott et John / venir en retard
10. il est impossible / nous / prendre l'avion pour Paris demain

EXERCICE B

Imaginez que vous êtes un guide à l'étranger. Que dites-vous aux touristes? Employez les expressions suggérées.

Alice	coopérer avec les organisateurs
nous	dîner dans un restaurant célèbre
M. Dupont	préférer marcher beaucoup
tu	acheter des souvenirs
je	se promener dans ce parc
vous	employer un bon appareil photo
les Legrand	se mettre en route tout de suite

EXEMPLE: Il est naturel **qu'Alice se promène dans ce parc.**

1. Il est normal _____ .
2. Il faut _____ .
3. Il est essentiel _____ .
4. Il est important _____ .
5. Il est possible _____ .
6. Il est nécessaire _____ .

EXERCICE C

Donnez votre opinion en utilisant les expressions impersonnelles suggérées.

EXEMPLE: travailler dur *(important)*
            Il est important que je travaille dur.
       ou: **Il n'est pas important que je travaille dur.**

1. devoir faire de mon mieux *(normal)*
2. envoyer des cartes d'anniversaire à mes amis *(naturel)*
3. coopérer avec tous mes professeurs *(essentiel)*
4. ranger ma chambre *(urgent)*
5. mener une vie heureuse *(important)*
6. gagner à la loterie *(douteux)*
7. payer mes dettes *(juste)*
8. préférer voir des films étrangers *(curieux)*
9. rougir facilement *(étonnant)*
10. recevoir un bon salaire *(possible)*

[2] SUBJUNCTIVE AFTER VERBS AND EXPRESSIONS OF DOUBT, DENIAL, AND DISBELIEF

The subjunctive is used after verbs and expressions of doubt, disbelief, and denial. The indicative is used after verbs and expressions of certainty or probability. However, when these verbs or expressions are used negatively or interrogatively, they imply uncertainty or doubt and are therefore followed by the subjunctive.

INDICATIVE (certainty)	SUBJUNCTIVE (uncertainty)
je sais *I know*	**je doute** *I doubt*
je suis sûr(e) *I am sure*	**je ne suis pas sûr(e)** *I am not sure*
je suis certain(e) *I am certain*	**je ne suis pas certain(e)** *I am not certain*
il est certain *it is certain*	**il n'est pas certain** *it is not certain*
il est clair *it is clear*	**il n'est pas clair** *it is not clear*
il est évident *it is obvious*	**il n'est pas évident** *it is not obvious*
il est exact *it is exact*	**il n'est pas exact** *it is not exact*
il est vrai *it is true*	**il n'est pas vrai** *it is not true*
il est sûr *it is sure*	**il n'est pas sûr** *it is not sure*
il est probable *it is probable*	**il est possible** *it is possible*
	il est impossible *it is impossible*
	il se peut *it is possible*

INDICATIVE (certainty)	SUBJUNCTIVE (uncertainty)
il paraît *it appears* **je crois** *I believe* **je pense** *I think* **j'espère** *I hope*	**il semble** *it seems* **je ne crois pas** *I don't believe* **crois-tu?** *do you believe?* **penses-tu?** *do you think?* **je ne pense pas** *I don't think* **espères-tu?** *do you hope?* **je n'espère pas** *I don't hope*

Il est évident que l'hiver **sera** dur.	*It is obvious winter will be hard.*
Il n'est pas évident que l'hiver **soit** dur.	*It is not obvious winter will be hard.*
J'espère que vous **viendrez**.	*I hope you will come.*
Je ne pense pas que nous **puissions** arriver avant midi.	*I don't think we can get there before noon.*

EXERCICE D

La situation à votre bureau est instable. Exprimez les doutes des personnes suivantes face aux problèmes qui se posent.

EXEMPLE: il est possible / le directeur / avoir des problèmes
            Il est possible que le directeur **ait** des problèmes.

1. elle doute / on / pouvoir arranger la situation
2. il n'est pas vrai / nous / être irresponsable
3. je ne suis pas sûr / tu / devoir accepter l'offre du directeur
4. il n'est pas certain / ils / aller en Europe
5. il est douteux / les employés / peser le pour et le contre
6. le directeur / ne croit pas / nous / être responsables des problèmes
7. il se peut / vous / recevoir une réprimande aujourd'hui
8. il n'est pas évident / les secrétaires / vouloir partager leur travail

EXERCICE E

En doutez-vous? Exprimez quatre choses dont vous doutez.

EXEMPLE: Je doute **qu'il fasse chaud dimanche.**

1. Je doute _____ .
2. Je doute _____ .
3. Je doute _____ .
4. Je doute _____ .
5. Je doute _____ .

EXERCICE F

Que pensez-vous? Exprimez quatre choses que vous pensez.

EXEMPLE: Je pense **que j'ai réussi mon examen.**

1. Je pense _____ .   **4.** Je pense _____ .

2. Je pense _____ .   **5.** Je pense _____ .

3. Je pense _____ .

EXERCICE G

Quelle est votre opinion? Aidez-vous des suggestions données pour compléter les phrases selon votre opinion.

croire	être probable
douter	ne pas être certain
être certain	ne pas être évident
être possible	penser

EXEMPLES: **Il est certain que** le français **est** une langue musicale.
Je doute que les nations **soient** jamais en paix.

1. _____ que la France est un beau pays.

2. _____ qu'on fasse assez attention à l'environnement.

3. _____ qu'il n'y ait plus jamais de guerre *(war)*.

4. _____ que les études puissent préparer à une bonne carrière.

5. _____ que les voyages sont bons pour les jeunes.

6. _____ que la nuit tous les chats soient gris.

EXERCICE H

Laura ne donne jamais clairement son avis. Exprimez ce qu'elle dit en regardant la répétition d'une pièce à l'école. Employez l'indicatif ou le subjonctif selon les cas en accord avec le sens de la phrase.

EXEMPLES: Vous jouez bien ce rôle. *(je doute)*
Je doute que vous jouiez bien ce rôle.

Vous avez du talent. *(il est certain)*
Il est certain que vous avez du talent.

1. Raul a beaucoup de confiance en lui-même. *(il semble)*

2. Je suis parfaite pour ce rôle. *(il est évident)*

3. Nous chantons bien. *(je sais)*

4. Cette fille apprend bien son rôle. *(il est vrai)*

5. Tu peux danser cette danse. *(il n'est pas certain)*

6. Nous aimons ce personnage. *(il est impossible)*

7. Les garçons sont attentifs. *(je suis sûre)*

8. Marie trahit ses émotions. *(je ne crois pas)*

9. Vous prenez cette audition au sérieux. *(il est douteux)*

10. Tu vois l'importance de mes remarques. *(je ne pense pas)*

[3] SUBJUNCTIVE AFTER A WISH OR A COMMAND

The subjunctive is used after verbs expressing command and request, permission or prohibition, preference or desire, and wishing.

aimer mieux *to prefer*	**insister** *to insist*
commander *to order*	**interdire** *to prohibit*
consentir *to consent*	**ordonner** *to order*
défendre *to forbid*	**permettre** *to permit*
demander *to ask*	**préférer** *to prefer*
désirer *to desire*	**souhaiter** *to wish*
empêcher *to prevent*	**vouloir** *to wish, want*
exiger *to demand*	

Il **aime mieux** que tu **fasses** les courses.	*He prefers that you do the shopping.*
Ses parents **défendent** qu'il **sorte**.	*His parents forbid him to go out.*
Il **exige** que je **réponde** à la question.	*He demands that I answer the question.*
Veux-tu que nous **partions?**	*Do you want us to leave?*
J'**insiste** qu'il **vienne** demain.	*I insist that he come tomorrow.*

NOTE: In the examples above, the verb in the main clause and the verb in the dependent clause have different subjects. If both clauses have the same subject, the infinitive is generally used in French instead of *que* and the subjunctive.

Il aime mieux que **tu fasses** les courses.	*He prefers that you do the shopping.*
Il aime mieux **faire** les courses.	*He prefers to do the shopping (himself).*
Veux-tu que **nous partions?**	*Do you want us to leave?*
Veux-**tu partir?**	*Do you want to leave?*

EXERCICE I

Exprimez ce que les parents demandent à leurs enfants de faire.

EXEMPLE: mes parents / commander / je / finir toujours mes devoirs
Mes parents commandent que je finisse toujours mes devoirs.

1. maman / exiger / les enfants / faire la vaisselle
2. papa / demander / Shaquille / rentrer tôt le soir
3. mes parents / interdire / Kimberly et moi / sortir pendant la semaine
4. maman / préférer / tu / aller dormir de bonne heure
5. papa / vouloir / vous / recevoir de bonnes notes
6. leurs parents / insister / ils / payer leurs sorties eux-mêmes
7. papa / aimer mieux / je / avoir des amis sympathiques
8. nos parents / défendre / nous / aller trop souvent au cinéma

EXERCICE J

Exprimez les demandes faites par les personnes suivantes en utilisant les suggestions données.

agir loyalement	prendre le bus
boire du vin	rentrer tôt le soir
dire des bêtises	savoir se protéger
être raisonnable	se servir de la voiture
être respectueux (respectueuse)	sortir avec des copains
faire de son mieux	

EXEMPLE: Mon père souhaite que je **rentre** tôt le soir.

1. Mes parents interdisent que je _____ .
2. Mon prof exige que nous _____ .
3. Sa mère préfère que Lucien _____ .
4. Vous défendez qu'elles _____ .
5. Je désire que tu _____ .
6. Vos amis souhaitent que vous _____ .
7. Tu empêches que les garçons _____ .
8. Il veut que Marie _____ .
9. Elles ordonnent que nous _____ .
10. Il aime mieux que je _____ .

[4] SUBJUNCTIVE AFTER VERBS AND EXPRESSIONS OF EMOTION AND FEELING

The subjunctive is used after verbs and expressions of feeling or emotion, such as joy, sorrow, regret, and surprise.

être content(e) *to be happy*	**être heureux (heureuse)** *to be happy*
être désolé(e) *to be sorry*	
être embarrassé(e) *to be embarrassed*	**être irrité(e)** *to be irritated*
être enchanté(e) *to be delighted*	**être malheureux (-euse)** *to be unhappy*
être ennuyé(e) *to be annoyed*	**être ravi(e)** *to be delighted*
être étonné(e) *to be astonished*	**être surpris(e)** *to be surprised*
être fâché(e) *to be angry*	**être triste** *to be sad*
être fier (fière) *to be proud*	**avoir honte** *to be ashamed*
être flatté(e) *to be flattered*	**avoir peur** *to be afraid*
être furieux (furieuse) *to be furious, angry*	**s'étonner** *to be astonished*
être gêné(e) *to be bothered*	**regretter** *to be sorry*

Il **est fâché** que je **parte.**	*He is angry that I am leaving.*
Je **regrette** que tu ne **puisses** pas venir.	*I am sorry that you can't come.*
Elle **a peur** qu'il **soit** malade.	*She is afraid that he is sick.*

EXERCICE K

Exprimez les sentiments des personnes suivantes dans les circonstances indiquées.

EXEMPLE: Je suis fâché parce qu'il reçoit une mauvaise note.
             Je suis fâché **qu'il reçoive** une mauvaise note.

1. Je suis ennuyé parce qu'il vient en retard.

2. Nous sommes contents parce que vous finissez le travail à l'heure.

3. Vous êtes embarrassé parce que vos amis jettent des avions en papier.

4. Elles sont ravies parce que tu veux bien les voir.

5. Il s'étonne parce qu'elle reçoit le prix.

6. Vous êtes surpris parce que nous participons au match.

7. Ils sont heureux parce que nous achetons une nouvelle voiture.

8. Je suis désolée parce qu'elle ne sait pas chanter.

EXERCICE L

Exprimez ce que la candidate dit pendant la réunion électorale.

EXEMPLES: je suis heureuse / vous / m'écouter
Je suis heureuse **que vous m'écoutiez.**

avez-vous peur / je / faire des erreurs
Avez-vous peur **que je fasse** des erreurs?

1. êtes-vous surpris / je / être si jeune
2. vous étonnez-vous / je / comprendre vos problèmes
3. mes amis, je suis contente / vous / s'intéresser à la politique
4. nous sommes tous furieux / mon adversaire / dire des mensonges *(lies)* sur moi
5. je suis enchantée / les gens / me défendre
6. je suis fière / ma campagne électorale / être honnête et transparente
7. êtes-vous fâchés / le gouvernement / faire si peu attention aux électeurs
8. je suis flattée / vous / vouloir voter pour moi

[5] SUBJUNCTIVE AFTER CERTAIN CONJUNCTIONS

The subjunctive is used after certain conjunctions expressing time, purpose, or condition.

avant que	*before*	**pour que**	*so that*
bien que	*although*	**sans que**	*without*
jusqu'à ce que	*until*		

Il est parti sans que je le sache. *He left without my knowing it.*
J'ouvre la porte pour qu'il puisse entrer. *I open the door so he may come in.*

NOTE: If the verbs in the main clause and in the dependent clause have the same subject, the infinitive is generally used instead of the subjunctive after *pour, sans,* and *avant de.*

J'ouvre la porte pour pouvoir entrer. *I open the door so I may come in.*

EXERCISE M

Complétez les phrases en employant une des conjonctions ci-dessus.

1. Je prends des photos _____ nous nous souvenions de nos voyages.

2. Elle est entrée _____ on l'entende.

3. Mme Dupont a expliqué la leçon _____ les élèves comprennent.

4. Il faut qu'on parte _____ il neige.

5. David viendra dimanche _____ il ait beaucoup de travail.

6. Le dîner attendra _____ tous les invités soient là.

MASTERY EXERCISES

EXERCICE N

Complétez les phrases en donnant votre opinion.

1. J'aime mieux que mes parents _____ .

2. Je suis sûr(e) que mes amis _____ .

3. Il est important que je _____ .

4. Il faut que le président _____ .

5. Je suis content(e) que mon (ma) meilleur(e) ami(e) _____ .

6. Je préfère que mes amis et moi, nous _____ .

7. Il est évident que je _____ .

8. Il est impossible que les États-Unis _____ .

EXERCICE O

Complétez les paragraphes suivants avec la forme correcte des verbes entre parenthèses.

A. Emily va à une entrevue pour un poste de secrétaire. Il faut qu'elle

_____ le bus pour y aller. Il est important qu'elle _____ ses
1. (prendre)   2. (mettre)

lunettes dans son sac avant de partir. Le directeur veut qu'elle _____
                                                          3. (écrire)

une lettre sous la dictée. Il est nécessaire qu'Emily _____ confiance
                                                      4. (avoir)

en elle-même. Le directeur croit qu'elle _____ sérieuse. Il est sûr
                                          5. (être)

qu'elle _____ chaque occasion de bien travailler. Il voudrait, cependant,
        6. (saisir)

qu'elle _____ le français.
        7. (apprendre)

B. C'est une journée difficile pour Mme Peretti. Il faut qu'elle _____ à
1. (aller)

l'hôpital. Il est impératif qu'elle _____ une opération. Auparavant, il est
2. (avoir)

nécessaire que les infirmières _____ tous les renseignements
3. (prendre)

nécessaires. Elles demandent que Mme Peretti _____ la vérité et
4. (dire)

qu'elle _____ avec elles. Mme Peretti a un peu peur. L'infirmière
5. (coopérer)

lui dit qu'il est douteux qu'elle _____ très mal après l'opération.
6. (avoir)

Quand tout est prêt, le docteur exige que Mme Peretti _____ ces
7. (prendre)

cachets *(tablets)* parce qu'il souhaite qu'elle _____ calme.
8. (être)

C. Les jeunes gens espèrent que le soleil _____ de derrière les nuages parce
1. (sortir)

qu'ils veulent _____ dans la rivière et, pour cela, il faut qu'il y _____
2. (nager)   3. (avoir)

du soleil. Brian demande que ses parents lui _____ leur voiture pour
4. (prêter)

faire l'excursion. Son père ne pense pas que Brian _____ trop vite
5. (conduire)

et il veut que son fils _____ avec ses amis. Il exige seulement que
6. (s'amuser)

Brian _____ attention et qu'il ne _____ pas les limites de vitesse.
7. (faire)   8. (dépasser)

Son père est sûr que les agents de police _____ sur la route. Il demande
9. (être)

que Brian _____ la voiture avant sept heures parce qu'il faut
10. (ramener)

qu'il _____ en ville.
11. (aller)

EXERCICE P

Les personnes suivantes vont prendre leur retraite. Exprimez en français ce qu'elles disent.

1. I hope you'll all come to my party.
2. It's doubtful that my wife and I will become bored.
3. We're happy that the boss wants to make a speech *(discours)*.
4. I'm sure I'll have a good time.

5. I want you to come see me.

6. It's probable that we'll travel a lot.

7. We like to travel though we are not very rich.

8. I forbid you to buy me a gift.

9. We prefer to play tennis in our spare time.

10. I'm delighted that we'll be able to rest.

11. I'm sure that you wish me to be happy.

Chapter 14
Negation

[1] NEGATIVE FORMS

a. The most common negatives are:

ne... pas *not*	**ne... personne** *no one, nobody*
ne... jamais *never*	**ne... que** *only*
ne... ni... ni *neither . . . nor*	**ne... rien** *nothing*
ne... plus *no longer, no more*	

b. Position of negatives

In simple and compound tenses, *ne* comes before the conjugated verb and pronoun objects, if any. The second part of the negative generally follows the conjugated verb (or the subject pronoun in inverted questions).

Il n'est **pas** en retard.	*He isn't late.*
Nous n'avons **jamais** mangé ici.	*We have never eaten here.*
Vous **ne** vous disputez **plus**.	*You no longer quarrel.*
Elle n'y peut **rien**.	*She can't do anything about it.*
Je n'attendais **personne**.	*I wasn't waiting for anyone.*
Tu n'auras **plus** besoin de ce livre.	*You won't need this book any more.*
N'avez-vous **rien** vu?	*Didn't you see anything?*
Tu n'as **rien** vu?	*Didn't you see anything?*

NOTE:

1. *Personne* follows the infinitive and the past participle.

Il **ne** peut voir **personne**.	*He can't see anyone.*
Il n'a vu **personne**.	*He didn't see anyone.*

2. *Que* directly precedes the word or words stressed.

Je n'ai vu **qu'**un film.	*I saw only one film.*
Je **ne** vais le dire **qu'**une fois.	*I'm going to say it only once.*

3. Each part of the *ni... ni* construction precedes the word or words stressed.

Le film **n'**était **ni** bon **ni** mauvais.	*The film was neither good nor bad.*
Elle **n'**a **ni** rangé sa chambre **ni** fait son lit.	*She neither straightened her room nor made her bed.*
Il **n'**étudie **ni** le piano **ni** le violon.	*He studies neither the piano nor the violin.*

EXERCICE A

Exprimez ce que ces étudiants ont promis de ne pas faire.

EXEMPLE: Sergei / regarder la télé toute la nuit
Sergei **ne regarde pas** la télé toute la nuit.

1. je / interrompre mon frère

2. Nick et moi / désobéir

3. Serena / se maquiller trop

4. vous / faire l'idiot en classe

5. tu / rentrer après minuit

6. Luke et Adam / se disputer

EXERCICE B

Exprimez ce que ces personnes ne feraient jamais à une fête.

EXEMPLE: Albert / danser
Albert **ne danserait jamais.**

1. Marise / fumer

2. Lisa et Claire / manger trop

3. tu / s'ennuyer

4. Larry / boire d'alcool

5. je / se tenir mal

6. Jackie et Ed / chanter

7. vous / faire de farces

8. Thad et moi / crier

EXERCICE C

Exprimez ce que les personnes suivantes n'aiment pas.

EXEMPLE:

Je **n'aime ni le stylo ni le crayon.**

1. Je _____ .

2. Vous _____ .

3. Ils _____ .

4. Tu _____ .

5. Nous _____ .

6. Elle _____ .

EXERCICE D

Exprimez ce que ces personnes ne feraient plus si elles devenaient soudain très raisonnables.

EXEMPLE: dépenser tout son argent *(il)*
            Il ne dépenserait plus tout son argent.

1. agir sans réfléchir *(je)*

2. se moquer de leurs amis *(ils)*

3. perdre patience *(nous)*

4. téléphoner trop tard *(Lisa et Maria)*

5. s'inquiéter pour rien *(Kevin)*

6. se fâcher avec son frère *(Katrina)*

7. amener votre chien à l'école *(vous)*

8. s'endormir en classe *(je)*

EXERCICE E

M. Robert voulait rester seul hier. Exprimez ce qu'il n'a pas fait.

EXEMPLE: attendre
            Il n'a attendu personne.

1. écouter

2. interrompre

3. menacer

4. appeler

5. ennuyer

6. voir

EXERCICE F

Exprimez ce que ces personnes faisaient quand elles étaient plus jeunes.

boire du soda
écouter de la musique rock
jouer au base-ball
lire des bandes dessinées
manger des sandwichs

se baigner le matin
travailler le week-end
voir des films de science-fiction
voyager avec ses parents

EXEMPLE: Phil **ne jouait qu'au base-ball.**

1. Je _____ .

2. Alan et moi _____ .

3. Alexandra _____ .

4. Tu _____ .

5. Nicole et Alison _____ .

6. Vous _____ .

7. Les garçons _____ .

8. Paul _____ .

EXERCICE G

Quel ennui d'être malade! Toute la famille Mansard a la grippe.
Exprimez comment ces personnes se sentent.

EXEMPLE: Céline / pouvoir / faire
            Céline ne peut rien faire.

1. Cécile / pouvoir / apprendre

2. M. Mansard / vouloir / manger

3. les filles / aller / faire aujourd'hui

4. vous / souhaiter / écouter à la radio

5. nous / désirer / regarder à la télévision

6. tu / oser / leur dire

EXERCICE H

Exprimez ce que ces personnes ne feront pas.

EXEMPLE: Il sera intimidé. *(oser danser et chanter / ni… ni)*
Il n'osera ni danser ni chanter.

1. Il sera toujours content. *(pleurer / jamais)*
2. Je deviendrai végétarien. *(prendre le bifteck et le rosbif / ni… ni)*
3. Elles seront fatiguées. *(faire / rien)*
4. Nous voudrons maigrir. *(manger / pas)*
5. Tu seras aimable. *(menacer / personne)*
6. Vous prendrez votre retraite. *(travailler / plus)*
7. Elles n'auront pas faim. *(commander une salade / que)*
8. Elle aura peur. *(dormir / pas)*

c. *Rien* and *personne* may be used as subjects, preceding the verb. *Ne* remains before the conjugated verb.

Rien ne m'ennuie.   *Nothing bothers me.*

Personne ne parlait.   *Nobody was speaking.*

EXERCICE I

M. Joseph est très optimiste. Exprimez ses sentiments.

EXEMPLE: *(horrible)* **Rien n'est horrible.**

1. *(impossible)* _____ .
2. *(menaçant)* _____ .
3. *(laid)* _____ .
4. *(désespéré)* _____ .
5. *(ennuyeux)* _____ .
6. *(ridicule)* _____ .

EXERCICE J

Expliquez ce que personne n'a fait après la boum de Michel.

EXEMPLE: ranger les disques compacts
Personne n'a rangé les disques compacts.

1. vider les ordures
2. sortir la poubelle *(garbage can)*

3. ramasser les papiers   **5.** ranger le salon

4. nettoyer la cuisine   **6.** enlever les décorations

d. Both *ne... jamais* used with a verb and *jamais* used alone without a verb mean "never." *Jamais* with a verb and without *ne* means "ever."

As-tu **jamais** visité Montréal?	*Have you ever visited Montreal?*
Non, je **n'**ai **jamais** visité Montréal. **Jamais?**	*No, I've never visited Montreal. Never?*

e. *Ne* is always used with a verb. However, the second part of a negative may be used without a verb. (*Pas* and *plus* need a modifier).

Avec qui sors-tu samedi?	*With whom are you going out on Saturday?*
Personne.	*No one.*
Qu'est-ce que tu fais?	*What are you doing?*
Rien.	*Nothing.*
Es-tu déjà allé en France?	*Have you ever been to France?*
Jamais.	*Never.*
Tu joues du piano?	*Do you play the piano?*
Pas très bien.	*Not very well.*

EXERCICE K

Vous êtes curieux. Formulez les questions que vous posez à vos amis et exprimez leurs réponses.

EXEMPLE: grimper *(climb)* au sommet d'une montagne
            As-tu jamais grimpé au sommet d'une montagne?
            Non, jamais.
    OU: **Oui, une fois (parfois, souvent).**

1. sauter en parachute

2. visiter le Canada

3. jouer à un jeu vidéo

4. être témoin *(witness)* d'un crime

5. participer à une compétition sportive
6. travailler l'été

EXERCICE L

Utilisez un seul mot négatif pour répondre aux questions que votre mère vous pose.

EXEMPLE: Qui t'attend?
            Personne.

1. Qui t'a aidé à écrire cette composition?
2. Qu'est-ce que tu veux manger?
3. Quand rangeras-tu ta chambre?
4. Qu'est-ce que tu as envie de faire ce soir?
5. Quand deviendras-tu raisonnable?
6. Qui va t'accompagner en ville?

f. In the negative, the partitive and indefinite articles *du, de la, de l', un, une,* and *des* become *de* (see Chapter 16).

Elle a un oncle, mais elle n'a   *She has an uncle but she doesn't*
pas **de** tante.   *have an aunt.*

NOTE: **The article is kept after** *ne... que.*

Il ne mange que **des** légumes.   *He eats only vegetables.*

EXERCICE M

Exprimez ce que ces personnes ne font pas.

EXEMPLE: Elle fait des fautes. *(pas)*
            Elle ne fait pas de fautes.

1. Elle prend des risques. *(jamais)*
2. Nous avons de la chance. *(plus)*
3. Tu fais du kayak. *(pas)*
4. Vous empruntez de l'argent. *(plus)*
5. Ils boivent de l'eau minérale. *(jamais)*
6. Je fais une bouillabaisse. *(pas)*

g. *Si* or *mais si* (yes) is used to contradict a negative statement or question.

Elle n'est pas blonde.	*She isn't blond.*
Si, elle est blonde.	*Yes, she is blond.*
Ne danse-t-elle pas bien?	*Doesn't she dance well?*
Mais si!	*Why, yes!*

EXERCICE N

Daniel pose des questions à son grand-père sur sa jeunesse. Formulez ses réponses.

EXEMPLE: N'habitais-tu pas en France?
Mais si, j'habitais en France.

1. N'allais-tu jamais en vacances?
2. Ne jouais-tu pas au base-ball?
3. N'aimais-tu pas le jazz?
4. N'allais-tu pas au cinéma?
5. N'écoutais-tu pas la radio?

[2] NEGATIVE EXPRESSIONS

ça ne fait rien   *it doesn't matter*

Elle est en retard.	*She is late.*
Ça ne fait rien.	*It doesn't matter.*

de rien / il n'y a pas de quoi   *you're welcome*

Merci.	*Thank you.*
Il n'y a pas de quoi.	*You're welcome.*
Merci beaucoup.	*Thanks a lot.*
De rien.	*You're welcome.*

jamais de la vie!   *never! out of the question! not on your life!*

Veux-tu faire du saut en chute libre?	*Do you want to go skydiving?*
Jamais de la vie!	*Never!*

pas du tout   *not at all*

Vous vous ennuyez?	*Are you bored?*
Pas du tout.	*Not at all.*

pas encore   *not yet*
Est-il arrivé?   *Has he arrived?*
Pas encore.   *Not yet.*

pas maintenant   *not now*
Veux-tu manger?   *Do you want to eat?*
Pas maintenant.   *Not now.*

EXERCICE O

Répondez aux personnes suivantes avec une des expressions négatives de la liste ci-dessus.

1. Votre voisin vous remercie d'avoir réparé sa voiture.

   Vous répondez: _____ .

2. Votre mère vous demande si vous aimez sa robe. Vous la trouvez laide.

   Vous répondez: _____ .

3. Un ami vous demande si vous voulez traverser l'Atlantique à la nage.

   Vous répondez: _____ .

4. Votre amie dit qu'elle ne peut pas trouver son stylo.

   Vous répondez:_____ . Je te prêterai un de mes stylos.

5. Votre sœur vous demande si vous avez terminé votre conversation au téléphone.

   Vous répondez: _____ .

6. Votre ami vous demande si vous voulez aller en ville maintenant. Vous avez des devoirs à finir.

   Vous répondez: _____ .

MASTERY EXERCISES

EXERCICE P

Répondez négativement aux questions de votre camarade.

1. Aimes-tu les films de science-fiction ou les histoires d'amour?
2. Es-tu sorti(e) avec quelqu'un hier soir?

3. Travailles-tu après l'école?

4. As-tu promis quelque chose à tes amis?

5. Quelqu'un t'ennuie?

6. Es-tu jamais allé(e) en France?

7. Écoutes-tu des cassettes de musique classique?

8. Qu'est-ce que tu prêtes à ton amie?

9. Viendras-tu pour le déjeuner ou pour le dîner?

10. Y a-t-il quelqu'un qui te menace?

EXERCICE Q

Complétez l'histoire de Mme Martin avec un mot négatif dans chaque espace blanc.

Mme Martin travaille dans un grand bureau où _____ ne s'intéresse aux
                                                1.

autres. Naturellement, Mme Martin n'aime _____ beaucoup son poste,
                                            2.

_____ du tout. Ça n'est _____ grave, elle va chaque jour au bureau
   3.   4.

quand même. _____ ne lui dit bonjour. _____ ne l'aide à faire son
               5.   6.

travail. Sa collègue, Mme Duval, ne fait _____ parce qu'elle parle toujours
                                           7.

à ses amis au téléphone. Et M. Bonnet, un autre collègue, fait si peu qu'il ne

travaille _____ beaucoup. Il est trop occupé à lire son journal. De plus, le
            8.

patron est très mal élevé, il ne dit _____ «merci» ni «il n'y a _____ de
                                       9.   10.

quoi». Ça ne fait _____ , si Mme Martin n'aime _____ les autres
                    11.   12.

employés _____ son patron. Tout le monde pense qu'elle ne quittera
           13.

_____ ce bureau, _____ de la vie. Quelle erreur! Car après-demain,
   14.   15.

elle quittera son poste et elle ne travaillera _____ jamais. Pourquoi? Parce
                                                 16.

qu'elle vient de gagner à la loterie et elle n'a _____ besoin de travailler.
                                                   17.

EXERCICE R

Exprimez en français ce que Mme Duby dit au sujet de son anniversaire.

1. My birthday comes only once a year.
2. Nothing is more important than that day.
3. Will I tell you my age? Never! Out of the question!
4. Nobody knows my age. I don't tell my age to anyone.
5. I'll receive only two or three presents. It doesn't matter.
6. I'm going to neither clean the house nor cook that day.
7. I won't eat a lot of cake because I don't want to get fat.
8. I no longer have the desire to celebrate my birthday with a big party.
9. I don't want to receive any expensive gifts.
10. What do I ask for? I want only health, happiness, and peace.

Part two
Noun and Pronoun Structures; Prepositions

QUÉBEC

BELGIQUE

LUXEMBOURG

FRANCE ———— SUISSE

SAINT-PIERRE-
ET-MIQUELON

MONACO

CORSE

LOUISIANE

MAROC

ALGÉRIE

TUNISIE

MAURITANIE

MALI   NIGER   TCHAD

HAÏTI   GUADELOUPE   SÉNÉGAL
         MARTINIQUE

GUINÉE

BURKINA FASO

CÔTE-D'IVOIRE

RÉPUBLIQUE
CENTRAFRICAINE

GUYANE

TOGO   BÉNIN

CAMEROUN

ZAÏRE

GABON

CONGO

Chapter 15
Definite Article and Nouns

[1] FORMS OF THE DEFINITE ARTICLE

a. The definite article, "the" in English, has four forms in French, *le, la, l',* and *les.*

	MASCULINE	FEMININE
SINGULAR	*le* cousin	*la* cousine
	*l'*ami	*l'*amie
PLURAL	*les* cousins	*les* cousines
	les amis	*les* amies

NOTE:

1. The article *l'* is used before a singular noun of either gender beginning with a vowel or silent *h.*

   l'oiseau   *the bird*
   l'homme   *the man*

2. The article is expressed in French before each noun, even though it may be omitted in English.

   les garçons et **les** filles   *boys and girls*

b. The prepositions *à* and *de* contract with *le* and *les.*

   à + le père = **au** père   *to the father*
   à + les amis = **aux** amis   *to the friends*
   de + le père = **du** père   *of the father*
   de + les amies = **des** amies   *of the friends*

   NOTE: There is no contraction with *la* or *l'*.
   à la mère   *to the mother*   de la mère   *of the mother*
   à l'élève   *to the student*   de l'élève   *of the student*

   Il parle **aux** élèves.   *He speaks to the students.*
   C'est la mère **du** garçon.   *She is the mother of the boy.*

EXERCICE A

Exprimez ce que vous voyez dans le salon des Sarlande.

EXEMPLE: glace *(f.)* **Je vois la glace.**

1. télévision *(f.)*
2. étagère *(f.)*
3. peintures *(f.)*
4. tapis *(m.)*
5. lampe *(f.)*
6. radio *(f.)*
7. tables *(f.)*
8. magnétoscope *(m.) (VCR)*

9. fauteuil *(m.)*
10. armoire *(f.)*
11. livres *(m.)*
12. horloge *(f.)*
13. cousins *(m.)*
14. sofa *(m.)*
15. rideaux *(m.)*

[2] USES OF THE DEFINITE ARTICLE

The definite article is used in French to indicate a specific being or thing, as "the" is used in English ("the table," *la table*). In addition, in French the definite article is used:

a. with nouns used in a general or abstract sense.

L'or est un métal précieux.	*Gold is a precious metal.*
Il aime **le** football.	*He likes soccer.*

b. with names of languages and subjects, except immediately after *parler*, after *en*, and in an adjective phrase with *de*.

La psychologie explique tout.	*Psychology explains everything.*
Apprenez-vous **l'**italien?	*Are you learning Italian?*
Le chinois est difficile.	*Chinese is difficult.*
Il parle bien **l'**espagnol.	*He speaks Spanish well.*

BUT

Je **parle français.**	*I speak French.*
Le poème est écrit **en grec.**	*The poem is written in Greek.*
Voici mon livre **d'allemand.**	*Here is my German book.*

c. with parts of the body, instead of the possessive adjective, when the possessor is clearly indicated.

Ne tire pas **la** langue!	*Don't stick out your tongue!*
Il a mal à **la** tête.	*He has a headache.*

d. with titles of rank and profession followed by a name, except when addressing the person.

le président Washington	*President Washington*
le roi Louis XV	*King Louis XV*
le professeur Caron	*Professor Caron*

BUT

«Bonjour, docteur Brun.»	*"Hello, Doctor Brun."*

e. with days of the week in a plural sense.

Le samedi, je ne travaille pas.	*On Saturday(s) I don't work.*
La banque est fermée **le** dimanche.	*The bank is closed on Sunday(s).*

NOTE: **If the day mentioned is a specific day, the article is omitted.**

Je te verrai **lundi**.	*I'll see you (on) Monday.*
Il a été absent **jeudi**.	*He was absent (on) Thursday.*

f. with names of seasons and colors except after the preposition *en*.

Je n'aime pas **l'**hiver.	*I don't like winter.*
J'adore **le** rouge.	*I love red.*
Je peins ma chambre **en jaune**.	*I am painting my room (in) yellow.*

g. in certain common expressions of time or place.

à l'école *to (in) school*	le soir *in the evening*
à l'église *to (in) church*	le mois prochain *next month*
à la maison *at home, home*	la semaine dernière *last week*
le matin *in the morning*	l'année passée *last year*
l'après-midi *in the afternoon*	l'été prochain *next summer*

h. with dates.

C'est aujourd'hui **le 12 juin**.	*Today is June 12.*
On est **le 22 avril**.	*It's April 22.*

i. with names of most countries, states, mountains, and rivers except after the preposition *en.*

Les Alpes séparent la France et l'Italie.	*The Alps separate France and Italy.*
La Floride est belle.	*Florida is beautiful.*
J'irai **en Floride** cet hiver.	*I will go to Florida this winter.*

EXERCICE B

Complétez ce dialogue entre deux étudiantes avec la forme correcte de l'article défini, si besoin est.

MARIE: _____ politique me passionne.
       1.

JULIE: Moi aussi. Ce semestre _____ lundi et _____ mercredi, j'ai
                              2.   *3.*

un cours de science politique _____ matin à dix heures avec
                              4.

_____ professeur Junot.
5.

MARIE: C'est un professeur de _____ université de _____ Montréal. _____
                              6.   *7.*   *8.*

Canada est son pays natal. Il parle _____ français ou _____ anglais?
                                     9.   *10.*

JULIE: Il parle _____ français, mais il écrit ses notes en _____ anglais.
                11.   *12.*

C'est très bizarre.

MARIE: _____ automne me fait penser à _____ politique parce qu'il faut
       13.   *14.*

voter. _____ droit de vote est un droit très important. C'est
       15.

aujourd'hui _____ trente et un octobre. _____ élections de
            16.   *17.*

_____ semaine prochaine vont être très intéressantes.
18.

JULIE: M. Junot dit qu'il faut bien considérer _____ économie de notre
                                               19.

pays. Mais personnellement, ce qui m'intéresse encore plus, ce

sont _____ droits des femmes.
     20.

MARIE: _____ affaires internationales m'inquiètent.
       21.

JULIE: Vite. Tourne _____ tête. Voilà _____ professeur Junot qui approche.
                    22.   23.

JUNOT: Bonjour, Julie.

JULIE: Bonjour, _____ professeur Junot. Je vous verrai _____ lundi prochain.
                 24.   25.

JUNOT: À _____ semaine prochaine, Julie.
          26.

MARIE: Il est très gentil. Je vais peut-être aller à ta classe _____ lundi prochain.
                                                                27.

JULIE: Quelle bonne idée!

EXERCICE C

Répondez aux questions qu'un ami vous pose.

1. Quelle est la date de ton anniversaire?

2. En quelle saison t'amuses-tu le plus?

3. Comment s'appelle ton docteur?

4. Quand étudies-tu d'habitude?

5. Quelle langue parles-tu à la maison?

6. Quel sport préfères-tu?

7. Que fais-tu le samedi après-midi?

8. Quelle est ta couleur préférée?

[3] GENDER OF NOUNS

French nouns are either masculine or feminine. Although there are no rules by which the gender of all nouns can be determined, the gender of many nouns can be determined by their meaning or ending. The gender of other nouns must be learned individually.

a. Nouns that refer to males are masculine. Nouns that refer to females are feminine.

MASCULINE		FEMININE	
le garçon	*boy*	la fille	*girl*
l'oncle	*uncle*	la tante	*aunt*
le roi	*king*	la reine	*queen*
le vendeur	*salesman*	la vendeuse	*saleswoman*

b. The gender of some nouns may be determined by their ending.

MASCULINE		FEMININE	
–acle	réceptacle	-ade	citronnade
–age*	mariage	-ale	cathédrale
–al	hôpital	-ance	enfance
–eau*	gâteau	-ence	expérience
–et	bracelet	-ette	omelette
–ier	métier	-ie	bougie
–isme	classicisme	-ique	informatique
–ment	jugement	-oire	gloire
		-sion	évasion
		-tion	conversation
		-ure	confiture

c. Some feminine nouns are formed by adding *e* to the masculine.

MASCULINE	FEMININE	
l'ami	l'amie	*friend*
l'avocat	l'avocate	*lawyer*
le client	la cliente	*client, customer*
le cousin	la cousine	*cousin*
l'employé	l'employée	*employee*
l'étudiant	l'étudiante	*student*
le voisin	la voisine	*neighbor*

NOTE: **Nouns of nationality are capitalized.**

Cet **Américain** parle français.   *That American speaks French.*

d. Some feminine nouns are formed by changing the masculine ending to a feminine ending.

MASCULINE		FEMININE		
–an	paysan	-anne	paysanne	*peasant*
–ien	musicien	-ienne	musicienne	*musician*
–on	patron	-onne	patronne	*boss*
–er	boulanger	-ère	boulangère	*baker*

*Note these exceptions: *la page, la plage; l'eau* (f.), *la peau.*

-ier	épicier	-ière	épicière	*grocer*
-eur	programmeur	-euse	programmeuse	*programmer*
-teur	acteur	-trice	actrice	*actress*

e. Other masculine nouns and their feminine counterparts are:

MASCULINE		FEMININE	
le bœuf	*ox*	la vache	*cow*
le chat	*cat*	la chatte	*cat*
le chien	*dog*	la chienne	*dog*
le comte	*count*	la comtesse	*countess*
l'hôte	*host*	l'hôtesse	*hostess*
le maître	*master*	la maîtresse	*mistress*
le neveu	*nephew*	la nièce	*niece*
l'oncle	*uncle*	la tante	*aunt*
le roi	*king*	la reine	*queen*
le vieux	*old man*	la vieille	*old woman*

f. Some nouns have the same form in the masculine and the feminine.

l'artiste	*artist*	l'enfant	*child*
le (la) camarade	*friend*	la (la) malade	*patient*
le (la) collègue	*colleague*	le (la) secrétaire	*secretary*
le (la) concierge	*superintendent*	le (la) touriste	*tourist*
l'élève	*student*		

g. Some nouns are always masculine or feminine regardless of the gender of the person referred to.

ALWAYS MASCULINE			
l'agent de police	*police officer*	l'écrivain	*writer*
le bébé	*baby*	l'ingénieur	*engineer*
le chef	*chef, cook, chief, head*	le mannequin	*fashion model*
le dentiste	*dentist*	le médecin	*doctor*
le docteur	*doctor*	le professeur	*professor, teacher*

ALWAYS FEMININE			
la personne	*person*	la victime	*victim*

EXERCICE D

Exprimez qui est l'autre personne dans chacun des couples suivants.

EXEMPLE: la mère: **C'est le père.**

1. le comte: *6.* le neveu:

2. la cliente: *7.* la vache:

3. le roi: *8.* le professeur:

4. le paysan: *9.* le chien:

5. la touriste: *10.* le vieux:

EXERCICE E

Complétez les phrases suivantes avec le nom masculin ou féminin qui convient.

1. Si Brian est le frère de Catherine, Catherine est _____ de Brian.

2. Si Nicole est l'amie de Brian, Brian est _____ de Nicole.

3. Si Mme Ryan est l'employée de M. Forin, M. Forin est _____ de Mme Ryan.

4. Si Mme Gilberti est le professeur de Catherine, Catherine est _____ de Mme Gilberti.

5. Si Mlle Williams est l'avocate des Ryan, alors Nicole Ryan est _____ de Mlle Williams.

6. Si le docteur Blume est l'hôte, Mme Blume est l'_____ .

7. Si Delphine est la cousine de Catherine, le père de Delphine est _____ de Catherine.

8. Si le boulanger de Bellevue est marié, sa femme est _____ de Bellevue.

EXERCICE F

Claudine cherche les mots qui correspondent aux définitions suivantes. Exprimez ce qu'elle trouve avec l'article défini qui convient.

EXEMPLE: la femme du père: **la mère**

1. l'enfant de sexe masculin:

2. la femme de l'oncle:

3. la femme qui vend dans un magasin:

4. le bijou qui orne le bras:

5. la source de lumière quand il y a une panne d'électricité *(power failure)*:

6. la boisson *(drink)* au citron:

7. on l'achète chez le pâtissier:

8. on la fait avec des fruits et on la met sur du pain:

9. elle défend l'accusé:

10. elle fait de la musique:

11. elle travaille dans un salon de coiffure:

12. c'est la femelle du chien:

13. elle dirige la cuisine dans un restaurant:

[4] PLURAL OF NOUNS

a. The plural of most French nouns is formed by adding *s* to the singular.

SINGULAR	PLURAL
le lit *bed*	les lits *beds*
l'oncle *(m.)* *uncle*	les oncles *uncles*
la carte *card, map*	les cartes *cards, maps*

b. Nouns ending in *-s, -x, or -z* remain unchanged in the plural.

SINGULAR	PLURAL
le repas *meal*	les repas *meals*
le prix *price, prize*	les prix *prices, prizes*
le nez *nose*	les nez *noses*

Other nouns ending in *-s*:

l'ananas *(m.)* *pineapple*	le colis *package*	le jus *juice*
l'autobus *(m.)* *bus*	le corps *body*	le mois *month*
l'avis *(m.)* *opinion*	le dos *back*	le palais *palace*
le bas *stocking*	le fils *son*	le pardessus *overcoat*
le bois *wood*	la fois *time*	le pays *country*
le bras *arm*	le héros *hero*	le tapis *carpet*

Other nouns ending in *-x:*

la croix   *cross*   la voix   *voice*

c. Nouns ending in *-eau* and *-eu* add *x* in the plural.

SINGULAR	PLURAL
le bateau *boat*	les bateaux *boats*
le drapeau *flag*	les drapeaux *flags*
le neveu *nephew*	les neveux *nephews*

NOTE: **There is one exception:**

le pneu   *tire*   les pneus   *tires*

Other nouns ending in *-eau:*

le bureau *desk*	le couteau *knife*	le morceau *piece*
le cadeau *gift, present*	l'eau *(f.)* *water*	l'oiseau *(m.)* *bird*
le chapeau *hat*	le gâteau *cake*	le rideau *curtain*
le château *castle*	le manteau coat	le tableau *painting, board*

Other nouns ending in *-eu:*

le cheveu*   *hair*   le feu   *fire*   le jeu   *game*   le lieu   *place*

d. Nouns ending in *-al* change *-al* to *-aux* in the plural.

SINGULAR	PLURAL
l'animal *(m.)* *animal*	les animaux *animals*
le cheval *horse*	les chevaux *horses*
le général *general*	les généraux *generals*
le journal *newspaper*	les journaux *newspapers*
l'hôpital *hospital*	les hôpitaux *hospitals*
le mal *ache, harm*	les maux *aches, harms*

e. Seven nouns ending in *-ou* add *x* in the plural:

le bijou *jewel*	les bijoux
le caillou *pebble*	les cailloux
le chou *cabbage*	les choux

---

*Since *cheveu* refers to a single hair, the plural *les cheveux* is more common.

le genou *knee*	les genoux
le hibou *owl*	les hiboux
le joujou *toy*	les joujoux
le pou *louse*	les poux

NOTE: **All other nouns in** -*ou* **add** *s* **in the plural.**

le clou *nail*	les clous
le trou *hole*	les trous

f. **Some nouns have irregular plurals.**

SINGULAR	PLURAL
le ciel *sky*	les cieux
l'œil *(m.)* *eye*	les yeux
le travail *work*	les travaux
madame *Madam, Mrs.*	mesdames
mademoiselle *Miss*	mesdemoiselles
monsieur *gentleman, Mr.*	messieurs

g. **Plurals of common compound nouns.**

SINGULAR	PLURAL
l'après-midi *(m.)* *afternoon*	les après-midi
le chef-d'œuvre *masterpiece*	les chefs-d'œuvre
la grand-mère *grandmother*	les grands-mères
le grand-père *grandfather*	les grands-pères
le gratte-ciel *skyscraper*	les gratte-ciel
le hors-d'œuvre *appetizer*	les hors-d'œuvre
le rendez-vous *appointment*	les rendez-vous
le réveille-matin *alarm clock*	les réveille-matin

h. **A few nouns are used mainly in the plural.**

les ciseaux *(m.)* *scissors*	les mathématiques *(f.)* *mathematics*
les gens *(m. or f.)* *people*	les vacances *(f.)* *vacation*
les lunettes *(f.)* *eyeglasses*	

Family names are unchanged in the plural.

les Kennedy	les Dupont

EXERCICE G

Éric va chez l'opticien parce qu'il voit double de temps en temps. Exprimez ses réponses quand le docteur lui montre des images.

EXEMPLE:

Je vois deux tapis.

1. _____ .

2. _____ .

3. _____ .

4. _____ .

5. _____ .

6. _____ .

7. _____ .

8. _____ .

9. _____ .

10. _____ .

11. _____ .

12. _____ .

EXERCICE H

Vos parents vous envoient faire des courses. Exprimez ce qu'ils veulent.

EXEMPLE: Un clou?
             Non, achète deux clous.

1. Un gâteau?

2. Un ananas?

3. Un jeu de cartes?

4. Un chou?

5. Un journal?

6. Un morceau de fromage?

7. Un réveille-matin?

8. Un chapeau?

9. Un joujou pour le bébé?

M A S T E R Y   E X E R C I S E S

EXERCICE I

Complétez ce monologue en ajoutant l'article défini s'il est nécessaire.

Je m'appelle Claudine Morpeau. Je suis étudiante à l'école Marcel Proust.

C'est aujourd'hui lundi _____ vingt-sept mai, mais je ne suis pas à _____
....1. ....2.

école. Au contraire, je reste à _____ maison. En général, _____ lundi je
....3. ....4.

vais en classe. Mais aujourd'hui je me prépare à partir en voyage pour _____
....5.

Russie. _____ russe est mon sujet préféré. J'arrive à penser en _____
...............6. ....7.

russe et à parler _____ russe avec mon oncle qui est né dans _____ ville de
.................................8. ....9.

Moscou. J'ai écrit une composition de 500 mots intitulée:« _____ Russie
....10.

du vingtième siècle» pour un concours. Comme j'ai écrit _____ meilleure
....11.

composition, j'ai gagné _____ grand prix qui était ce voyage. _____ avion
....12. ....13.

part pour _____ Moscou demain à six heures. Il paraît que _____
.....................14. ....15.

printemps est _____ saison idéale pour aller en Russie. Tous mes amis m'ont
.........................16.

souhaité bon voyage. Comme _____ culture russe me passionne, je suis
....17.

impatiente d'aller découvrir _____ chefs-d'œuvre des musées de Moscou.
....18.

EXERCICE J

Exprimez ce que Mme Poiret demande à ses enfants de faire.

EXEMPLE: nettoyer / bureau
   Nettoyez les bureaux, s'il vous plaît.

1. fermer / rideau

2. nourrir / animal

3. préparer / hors-d'œuvre

4. ranger / joujou

5. ramasser / journal

6. ouvrir / œil

7. finir / jeu

8. cacher / bijou

9. regarder / ciel

10. faire / travail

EXERCICE K

Exprimez ce que ce garçon vous dit de ses vacances d'été.

1. In the summer I go to the camp in the mountains where my brother went.

2. The director is English. He lives in the United States with his wife and his children.

3. His wife does the cooking during the summer and teaches *(enseigner)* in the school during the winter.

4. In the morning and in the afternoon we always go swimming in the clear waters of Lake Wentworth.

5. On Tuesday afternoon we take the boats and we go fishing.

6. On Wednesday we feed the horses and then we go horseback riding.

7. On July 4 we celebrate the holiday.

8. Next week we are going to take the camp buses to go to Mount Washington.

9. I love life in the camp!

10. I prefer the summer to all the other seasons.

Chapter 16
Indefinite and Partitive Articles

The indefinite article refers to beings and things not specifically identified (*a* cake, *any* cake, not *the* chocolate cake on the table). The partitive article expresses an indefinite quantity or part of a whole (*some* cake, *a piece of* cake, *a few* cakes).

[1] FORMS

a. The indefinite singular article in French has two forms, *un* and *une,* both corresponding to English "a (an)."

ARTICLE	USED BEFORE	EXAMPLE	MEANING
un	masculine singular nouns	**un livre**	*a book*
une	feminine singular nouns	**une règle**	*a ruler*

Nicole a acheté **une** jolie robe et **un** sac rouge.

Nicole bought a pretty dress and a red bag.

EXERCICE A

Les Driscoll arrivent au nouveau centre commercial de leur ville. Exprimez ce qu'il y a à voir.

EXEMPLE: garage *(m.)*
           Il y a un garage.

1. parfumerie *(f.)*
2. grand magasin *(m.)*
3. fleuriste *(m.)*
4. bureau de poste *(m.)*
5. pharmacie *(f.)*
6. librairie *(f.)*
7. banque *(f.)*
8. boulangerie *(f.)*
9. cinéma *(m.)*
10. pâtisserie *(f.)*

11. bijouterie *(f.)*

12. café-restaurant *(m.)*

EXERCICE B

Exprimez avec l'article indéfini qui convient ce que M. Hernan met sur la table pour son petit déjeuner.

M. Hernan met sur la table _____ .

b. The partitive is expressed by *de* + definite article.

NOTE: *de + le = du*

ARTICLE	USED BEFORE	EXAMPLE	MEANING
du	masculine singular nouns beginning with a consonant	**du fromage**	*some cheese*
de la	feminine singular nouns beginning with a consonant	**de la glace**	*some ice cream*
de l'	any singular noun beginning with a vowel	**de l'argent** **de l'eau**	*some money* *some water*

Il achète **de la** viande.   *He is buying some meat.*

Prête-moi **de l'**argent.   *Lend me some money.*

Elle a **du** travail à faire.   *She has some work to do.*

NOTE: The partitive may not be omitted in French (as is *some* or *any* in English) and is repeated before each noun.

Veux-tu **du** rosbif et **de la** purée   *Do you want roast beef and* de pommes de terre?   *mashed potatoes?*

Non, je veux **du** bifteck et **de la** salade.   *No, I want some steak and salad.*

EXERCICE C

Robert a une faim de loup. Exprimez ce qu'il prend.

Robert prend _____ .

EXERCICE D

Mme Bonnard prépare son sac avant de partir. Exprimez ce qu'elle choisit de prendre.

EXEMPLE:

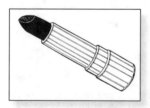

Elle choisit du rouge à lèvres.

1. _____ .   2. _____ .

3. _____ .

4. _____ .

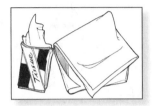

5. _____ .

6. _____ .

c. The plural form for both the indefinite and the partitive articles is *des. Des* expresses an unspecified amount or quantity, more than one item, and has no direct English equivalent.

ARTICLE	USED BEFORE	EXAMPLE	MEANING
des	all plural nouns, masculine or feminine	**des fruits** **des confitures** **des enfants** **des idées**	*(some) fruits* *(some) jams* *(some) children* *(some) ideas*

Les enfants ont **des** jouets.   *The children have toys.*

Donnez-moi **des** légumes.   *Give me some vegetables.*

Elle a écrit **des** poèmes.   *She wrote some poems.*

As-tu **des** projets?   *Do you have any plans?*

EXERCICE E

Exprimez ce que les personnes suivantes vont acheter.

EXEMPLE: Troy va décorer sa chambre.
             Il va acheter des rideaux et des coussins.

1. Delphine va étudier l'art.

2. Tu vas préparer le petit déjeuner.

3. Nous allons avoir besoin de matériel scolaire pour l'école.

4. Vous allez célébrer Halloween.

5. Les Ricardo vont aller en Europe.

6. Je vais aller à l'hôpital visiter mon ami.

NOTE: **When an adjective precedes a plural noun, *des* is replaced by *de*** (*de* becomes *d'* before a vowel or silent *h*).

Je cherche **de** vieux disques.	*I'm looking for old records.*
Tu portes **de** jolies bagues.	*You're wearing nice rings.*
Je voudrais **d'**agréables vacances.	*I would like a pleasant vacation.*

EXERCICE F

Exprimez ce qu'on vend dans ce centre commercial.

EXEMPLE: bons chocolats
On vend **de** bons chocolats.

1. jolis vêtements

2. excellentes chaussures

3. beaux articles de luxe

4. nouvelles cassettes

5. vieux livres

6. beaux verres en cristal

d. In a negative sentence, all forms of the indefinite article and of the partitive become *de* without the article.

Claude a **un** frère?	*Claude has a brother?*
Il n'a pas **de** frère.	*He doesn't have a brother.*
Tu as **des** cousins?	*Do you have any cousins?*
Non, je n'ai pas **de** cousins.	*No, I don't have any cousins.*
Je n'ai pas mangé **de** glace.	*I didn't eat any ice cream.*
Il n'a jamais **de** problèmes.	*He never has any problems.*
Il n'y avait plus **d'**eau.	*There was no water left.*

EXERCICE G

Exprimez ce qu'on vend et ce qu'on ne vend pas dans ces magasins.

EXEMPLE: à la parfumerie *(glaces / parfum)*
On ne vend pas de glaces, mais on vend du parfum.

1. à la charcuterie *(saucisson / romans)*
2. à la librairie *(coca / livres)*
3. à la boulangerie *(bœuf / pain)*
4. à la station-service *(essence / œufs)*
5. au grand magasin *(vêtements / essence)*
6. à la fruiterie *(bijoux / pommes)*
7. à la boucherie *(viande / croissants)*
8. à la pharmacie *(fleurs / aspirine)*
9. à la crémerie *(lait / jouets)*
10. cafétéria *(purée de pommes de terre / bijoux)*

EXERCICE H

Exprimez ce que ces personnes font dans les situations suivantes. Utilisez l'article indéfini ou le partitif approprié.

EXEMPLE:
Claire prend son petit déjeuner. *(manger: bol de céréales, toasts, bifteck)*
Elle mange un bol de céréales. Elle mange des toasts. Elle ne mange pas de bifteck.

1. Maria veut faire bonne impression à une interview pour un poste.
   (mettre: robe, jean, laque (hairspray)*)*
2. Nous allons à une soirée. *(donner: cassette, bonbons, matériel scolaire)*
3. Gérard fait du camping. *(emporter: sac de couchage, tente, piano)*
4. Vous allez dîner chez des amis. *(apporter: fleurs, stylos, vin)*
5. Tu as très soif. *(boire: verre d'orangeade, parfum, eau)*
6. Elles veulent être aventureuses. *(faire: parachutisme, planche à voile, golf)*

[2] OMISSION OF THE INDEFINITE ARTICLE

a. The indefinite article is omitted after *être* and *devenir* when they are followed by unmodified nouns of nationality, occupation, or profession.

Nous **sommes** espagnols.   *We are Spanish.*
Sa mère **est** dentiste.   *Her mother is a dentist.*

NOTE: The article is kept if the noun is modified or if the noun follows *c'est.*

Luc est **un bon** mécanicien.	*Luc is a good mechanic.*
C'est **un** programmeur.	*He is a computer programmer.*

b. The indefinite article is omitted after the exclamatory adjectives *quel, quelle, quels, quelles.*

Quels chocolats délicieux!	*What delicious chocolates!*

c. The indefinite article is omitted before the numbers *cent* and *mille.*

Ce livre a **cent** pages.	*This book has one hundred pages.*
J'ai couru **mille** mètres.	*I ran a thousand meters.*

EXERCICE I

Dites quel est le métier des personnes suivantes.

EXEMPLE:

Mme Carter est **docteur.**

1. M. Lanval est _____ .

2. Mme Chabert _____ .

3. M. Miller _____ .

4. Mlle Klein _____ .

5. Mme Prescott _____ .

6. Mme Rollins _____ .

EXERCICE J

Le professeur explique le vocabulaire à la classe. Donnez le mot français.

EXEMPLE:

C'est un bateau.

1. _____ .

2. _____ .

3. _____ .

4. _____ .

5. _____ .

6. _____ .

7. _____ .

8. _____ .

9. _____ .

10. _____ .

EXERCICE K

Vous voulez obtenir un passeport. Répondez aux questions que l'employé vous pose en employant les mots indiqués.

1. Quelle est votre nationalité? *(américain)*

2. Quelle est votre profession? *(étudiant)*

3. Combien d'argent gagnez-vous par semaine? *(cent dollars)*

4. Quelle est la profession de votre père? *(avocat très connu)*

5. Quelle est la profession de votre mère? *(actrice célèbre)*

[3] PARTITIVE AND THE DEFINITE ARTICLE

While the partitive is used to express some or part of something, the definite article is used with nouns in a general sense.

Le thé se fait dans une théière.	*Tea is made in a teapot.* (in general)
Donnez-moi **du** thé, s'il vous plaît.	*Give me some tea, please.*

EXERCICE L

Une amie de Montréal vous rend visite et vous allez au supermarché ensemble. Exprimez ce que votre amie déclare aimer et suggérez-lui d'en acheter.

EXAMPLE:

J'aime **le** poulet.
Achète **du** poulet, si tu veux.

1. _____ .   **2.** _____ .

3. _____ .

4. _____ .

5. _____ .

6. _____ .

7. _____ .

8. _____ .

EXERCICE M

Exprimez quelle sorte de nourriture vous préférez. Utilisez l'article défini ou le partitif.

1. Au restaurant, je choisis généralement _____ .

2. Je ne choisirais jamais _____ .

3. Le légume que je déteste est _____ .

4. Le fruit que je préfère est _____ .

5. Le dimanche, je prends _____ au petit déjeuner.

6. Un déjeuner typique comprend _____ .

7. Au dîner, ma mère sert _____ .

8. _____ est mon dessert préféré.

9. Quand je veux grossir, je prends _____ .

10. Je déteste manger _____ .

[4] ADVERBS AND NOUNS OF QUANTITY

Nouns and adverbs that express quantity or measure are followed by *de* without the article before another noun. Some common nouns of quantity are:

une boîte *a box, a can*	un morceau *a piece*
une bouteille *a bottle*	une paire *a pair*
une douzaine *a dozen*	un paquet *a package*
un gramme *a gram*	un sac *a bag*
un litre *a liter*	une tasse *a cup*
une livre *a pound*	une tranche *a slice*
un kilogramme *a kilogram*	un verre *a glass*

Some common adverbs of quantity are:

assez de *enough*	peu de *little, few*
autant de *as much, as many*	plus de *more*
beaucoup de *much, many*	tant de *so much, so many*
combien de *how much, how many*	trop de *too much, too many*
moins de *less, fewer*	

Il me faut **une douzaine** d'œufs.	*I need a dozen eggs.*
Elle boit **un verre** d'eau.	*She drinks a glass of water.*
J'achèterai **une bouteille de** soda.	*I'll buy a bottle of soda.*
Il a **beaucoup de** devoirs.	*He has a lot of homework.*

NOTE:

1. **Some expressions use *de* alone.**

avoir besoin de *to need*	avoir envie de *to desire*
plein de *full of*	libre de *free to*
J'ai besoin d'argent.	*I need money.*
Ce bas est **plein de** trous.	*This stocking is full of holes.*

2. *La plupart* (most), *bien* (a good many, a good deal), and related expressions of quantity, such as *la plus grande partie, la majorité* (most), are followed by *de* + article.

J'aime **la plupart** de ses chansons.   *I like most of his songs.*

Bien des gens arrivent.   *Many people are arriving.*

3. *Plusieurs* (several) and *quelques* (some) are adjectives and modify the noun directly.

J'ai **plusieurs** amis.   *I have several friends.*

Restez **quelques** minutes.   *Stay a few minutes.*

EXERCICE N

Exprimez ce dont vous avez besoin pour préparer votre dîner.

Il me faut _____ .

EXERCICE O

Aidez-vous des expressions données pour exprimer ce que chaque personne fait dans les situations suivantes.

assez	boîte
beaucoup	bouteille
moins	paquet
peu	sac
tant	tasse
trop	tranche

EXEMPLE: Elle a / argent, mais elle s'achète / bonbons
   Elle a peu d'argent, mais elle s'achète un sac de bonbons.

1. Mme Lawrence fait / fautes qu'elle utilise / gommes
2. Joe mange / légumes, alors il achète / vitamines
3. J'ai / argent, alors j'achète / biscuits de plus
4. Vous avez / travail, donc vous buvez / café
5. Ils ont mangé / gâteau, mais ils ont quand même pris / tarte

M A S T E R Y   E X E R C I S E S

EXERCICE P

Décrivez le dîner d'hier soir chez les Harris.

1. La plupart _____ invités ont apporté des cadeaux.
2. J'ai goûté une douzaine _____ plats différents.
3. M. Harris n'a pas préparé _____ poulet, mais il a servi _____ jambon.
4. Plusieurs _____ plats ont été servis froids.
5. On a servi quelques _____ tranches de tartes.
6. J'ai mangé beaucoup _____ spécialités excellentes.

EXERCICE Q

Vous travaillez dans un grand supermarché près de Paris. Combinez les éléments avec l'article qui convient pour exprimer ce que disent les employés.

EXEMPLE: nous avons beaucoup / clients
Nous avons **beaucoup de** clients.

1. Mme Rivera achète toujours / poulet
2. bien / clients choisissent / fromages variés
3. Alexandra Jonel a laissé tomber une douzaine / œufs
4. il y a tant / travail à faire
5. le pâtissier prépare / pain / croissants et / bons gâteaux
6. la spécialité du boucher est / bœuf
7. nous ne vendons que / légumes frais

8. M. Richard range / eau minérale sur les rayons

9. Michel préfère / fruits

10. la plupart / clients font les courses le samedi

EXERCICE R

La classe de français va faire un pique-nique. Racontez en français les préparatifs de cet événement.

1. Most of the students in my class are going to go on the picnic.
2. A good deal of the students will prepare specialties.
3. Many students will bring fresh fruits and vegetables.
4. Some students are going to bring drinks.
5. Anne's father knows how to prepare good lemonade.
6. Christopher doesn't eat meat because he's a vegetarian.
7. He eats a lot of vegetables, a little cheese and salad.
8. Claire is going to bring some big, delicious pies.
9. If you want to bring something, we all love chocolate cake.
10. I am sure that there will be enough food at this picnic.

Chapter 17
Subject Pronouns

A pronoun is a word used in place of a noun. A subject pronoun is used instead of a subject noun.

[1] FORMS

SINGULAR		PLURAL	
je (j')	*I*	**nous**	*we*
tu	*you (familiar)*	**vous**	*you* (plural / formal)
il	*he, it*	**ils**	*they* (masculine)
elle	*she, it*	**elles**	*they* (feminine)
on	*one, you, we, they, people*		

NOTE:

1. In questions with inversion, the subject pronoun follows the verb in simple tenses and the auxiliary (helping) verb in compound tenses.

Tu vas à l'école.	*You go to school.*
Vas-tu à l'école?	*Do you go to school?*
Est-il allé à l'école?	*Has he gone to school?*
N'as-tu rien dit?	*Didn't you say anything?*

When the question is formed with *Est-ce que,* there is no inversion of the verb and pronoun.

Est-ce que **tu vas** à l'école?	*Do you go to school?*
Est-ce qu'**elle est** allée dehors?	*Has she gone out?*

Inversion with *je* is rarely used and occurs only with a few verbs: *avoir, être, pouvoir,* and *savoir.*

Puis-je vous voir?	*May I see you?*

2. Subject pronouns are omitted in the imperative.

Regarde ce programme!	*Watch that program!*
Prenons le bus!	*Let's take the bus!*
Lisez cet article!	*Read this article!*

3. The familiar subject pronoun *tu* is used to address a friend, a relative, a child, and a pet, while the formal *vous* is used in the singular to show respect, to address older people and people one does not know well.

4. The third person pronoun *on* means "one" or "someone." It may also refer to an indefinite "you," "we," "they," or "people" in general.

On doit travailler.	*One has to (People have to / We have to) work.*
On dit qu'il va neiger.	*They say it's going to snow.*
On a trouvé mon livre.	*Someone found my book.*

In spoken French, *on* is often used in place of *nous*.

On va au cinéma ce soir.	*We're going to the movies tonight.*
Tu viens?	*Are you coming?*

EXERCICE A

Exprimez ce que ces personnes ont fait après avoir fini leurs études universitaires.

EXEMPLE: **Nous** avons travaillé dans une grande maison de commerce.

1. _____ s'est mariée avec Douglas Konsky.

2. _____ as voyagé en Europe.

3. _____ sont devenues avocates.

4. _____ sommes restés en Floride.

5. _____ ai cherché un poste de programmeuse.

6. _____ est allé en Californie.

7. _____ avez déménagé.

8. _____ se sont installés dans un joli atelier.

EXERCICE B

Complétez les phrases avec le pronom sujet approprié pour exprimer les activités de ces personnes pendant leurs vacances.

1. Julio et Raul sont frères. _____ voyagent toujours ensemble.

2. Nages-_____ bien? Moi, _____ suis maître-nageur.

3. Voulez-_____ faire de la planche à voile? _____ pouvons louer des planches là-bas.

4. Susan désire aller en ville. _____ veut acheter beaucoup de souvenirs.

5. Annie et Victoria cherchent de bons restaurants parce qu'_____ ont toujours faim.

6. Brian aime l'eau. _____ fait souvent du kayak.

7. Nous allons à la plage. _____ nageons tous les jours.

8. En général, _____ va tous camper ensemble.

9. On va danser à la disco. Venez- _____ avec nous?

10. _____ dit qu' _____ va pleuvoir. _____ rentrons.

EXERCICE C

Exprimez les règles de conduite de la famille Dupont.

EXEMPLES: ne pas frapper les autres
Ne frappez pas les autres.

écouter vos parents
Écoutez vos parents.

1. ne pas manger avec les doigts

2. parler toujours avec respect

3. ne rien exagérer

4. être consciencieux

5. ne jamais éviter les responsabilités

6. arriver toujours à l'heure

[2]   *CE + ÊTRE*

The pronoun *ce (c')* (it, this, they, these) is used most frequently with the verb *être*. *Ce* is used to introduce someone or something and can replace *il, elle, ils,* and *elles* in the following constructions:

a. Before a modified noun.

C'est un problème.	*It's a problem.*
C'est une idée géniale.	*That's a great idea.*
C'est un bon dentiste.	*He's a good dentist.*
Ce sont de bons amis.	*They're good friends.*

BUT (unmodified)

Il **est** dentiste.   *He's a dentist.*

EXERCICE D

Exprimez la philosophie de Mme Chase.

EXEMPLES: la démocratie *(institution nécessaire)*
            C'est une institution nécessaire.

            les journaux *(instruments éducatifs)*
            Ce sont des instruments éducatifs.

1. la vie *(cadeau précieux)*

2. la mort *(chose inévitable)*

3. l'amour *(émotion merveilleuse)*

4. les politiciens *(personnes actives)*

5. la tristesse et la joie *(sentiments naturels)*

6. le vote et la parole *(droits importants)*

b. Before a proper noun.

Qui parle?   *Who is speaking?*

C'est Paul.   *It's Paul.*

Quel fleuve traverse Paris?   *Which river crosses Paris?*

C'est la Seine.   *It's the Seine.*

EXERCICE E

Répondez aux questions que votre correspondant français vous pose en employant **c'est** *ou* **ce sont.**

1. Qui est ton (ta) meilleur(e) ami(e)?

2. Quelle est la capitale de ton état?

3. Qui est ton acteur préféré?

4. Quels sont deux monuments importants de ta ville?

5. Quels sont tes cours favoris?

6. Quel film as-tu préféré récemment?

c. Before a superlative.

C'est le plus intelligent . | He's the most intelligent
de la famille | of the family.

Ce sont les moins célèbres. | They are the least famous.

EXERCICE F

Exprimez ce que vous lisez dans le livre Guinness des records.

EXEMPLE: Il y a une girafe qui mesure 20 pieds de haut. *(l'animal / grand)*
C'est le plus grand animal.

1. Il y a une femme qui mesure 23 pouces. *(la personne / petite)*

2. Il y a un homme qui est mort à 120 ans. *(l'être humain / vieil)*

3. Il y a un éléphant qui pèse 26.328 livres. *(l'animal / lourd)*

4. Il y a des pins qui ont 4.900 ans. *(les arbres / vieux)*

5. Il y a une pizza qui mesure 80 pieds de diamètre. *(la pizza / grande)*

d. In dates.

C'est aujourd'hui mardi. | Today is Tuesday.
Demain **ce sera** le 10 août. | Tomorrow will be August 10.

NOTE: *Il est* **is used to express the hour of the day.**
Il est cinq heures. | It's five o'clock.

EXERCICE G

Exprimez ces dates importantes.

1. Quand est ton anniversaire?

2. Quand est le prochain jour de congé?

3. Quand est le dernier jour de classe?

4. Quand est la fête de Noël?

e. Before a pronoun. (See Chapter 19, Stress Pronouns.)
Je pense que **c'est** à vous. | I think it's yours.
C'est celui-ci? | Is it this one?

f. Before a masculine singular adjective to refer to an idea or action previously mentioned.

Elle est en retard. **C'est** étrange.	*She is late. That's strange.*
Il téléphone à midi. **C'est** normal.	*He calls at noon. That's normal.*

NOTE:

1. To refer to a preceding noun and not to an entire phrase, *il* and *elle* are used.

J'adore ce manteau. **Il** est si élégant.	*I love this coat. It's so elegant.*
Regardes-tu ce programme? **Il** est intéressant.	*Do you watch this program? It's interesting.*

2. *Ceci* and *cela (ça)* may replace *ce* for emphasis or contrast. They are also used with verbs other than *être*.

Ceci est important!	*This is important!*
Ceci est sérieux et **cela** ne l'est pas.	*This is serious and that isn't.*
Cela (Ça) ne se fait pas.	*That isn't done.*

EXERCICE H

Exprimez ce que M. Becker dit de ses enfants.

1. *(ce, cela)* Jennifer reçoit toujours de bonnes notes. _____ est formidable.

2. *(ce, ceci)* Paul a obtenu un bon poste. _____ me rend heureux.

3. *(ce, ça)* Candace a une bourse. _____ prouve qu'elle travaille dur.

4. *(ce, cela)* Qui est fier de ses enfants? _____ est moi.

5. *(ce, ceci)* Jennifer et Candace font tout ensemble. _____ sont de vraies amies.

6. *(ça, ce)* _____ va bien, mes enfants sont en bonne santé.

MASTERY EXERCISES

EXERCICE I

Vous êtes à une boum. Complétez les remarques faites par les invités avec **ce (c'), il(s)** *ou* **elle(s).**

1. Qui danse ensemble? _____ sont Mark et Emily. _____ sont amoureux.

2. Rosemary fête son prochain voyage. _____ va en France. Quelle est la date de son départ? _____ est le 7 juillet.

3. Qui vient de sonner à la porte? _____ est lui. _____ s'appelle Luke.

4. Regarde ce garçon qui joue de la guitare. _____ est un chanteur. _____ est mon frère Thad.

5. _____ est le meilleur gâteau. Goûte-le. M. Morris l'a préparé. _____ est pâtissier.

6. Regardez ces cassettes. _____ sont formidables. _____ est drôlement bien, à mon avis.

EXERCICE J

Complétez l'histoire suivante en utilisant **ce (c')** *ou le pronom sujet approprié.*

_____ est vendredi après-midi. _____ est quatre heures. Quelqu'un
   1.   2.

sonne à la porte. Qui est-_____? _____ est peut-être mon ami Paul.
                           3.   4.

_____ a promis de me rendre visite. _____ cours à la porte et _____
   5.   6.   7.

l'ouvre. _____ n'est pas Paul. _____ est M. Marco. _____ est le
         8.   9.   10.

facteur. _____ a un petit colis dans les mains. _____ dit que _____
        11.   12.   13.

dois signer son registre. _____ est obligatoire. Finalement _____
                    14.   15.

rentre dans la maison avec le paquet. De qui est-_____? _____ est
                            16.   17.

de Paul, peut-être. Non, _____ doute que _____ soit lui qui m'ait
               18.   19.

envoyé cette boîte. _____ l'ouvre. _____ est une boîte de chocolats
           20.   21.

suisses. _____ sont les meilleurs chocolats au monde. _____
        22.   23.

est un cadeau de mon ami Jack. _____ vient de rentrer d'Europe.
                          24.

_____ est vraiment gentil de sa part.
   25.

EXERCICE K

Un jeune garçon parle de ses vacances. Exprimez en français ce qu'il dit.

1. What's my favorite season? It's spring.
2. I always go camping in the mountains with my friends.
3. The animals? They aren't too dangerous.
4. Tom Graywolf is our guide. He's the best guide that I know.
5. Tom's brother Jake? He's our friend too.
6. We love to go in the woods; it's a great pleasure.
7. We look at the trees and we observe the birds. It's interesting.
8. In the evening, Tom and his brother prepare dinner. They're good cooks.
9. Then we play games together and they tell stories.
10. At night, we sleep under the tent. It's pleasant.

Chapter 18
Object Pronouns

[1] Direct and Indirect Object Pronouns

a. Forms

DIRECT OBJECT PRONOUNS		INDIRECT OBJECT PRONOUNS	
me (m')	*me*	**me (m')**	*(to) me*
te (t')	*you* (familiar)	**te (t')**	*(to) you (familiar)*
le (l')	*him, it* (masculine)	**lui**	*(to) him*
la (l')	*her, it* (feminine)	**lui**	*(to) her*
se (s')	*himself, herself, oneself*	**se (s')**	*(to) himself, (to) herself*
nous	*us, ourselves*	**nous**	*(to) us*
vous	*you* (formal, plural), *yourself*	**vous**	*(to) you (formal, plural)*
les	*them*	**leur**	*(to) them*
se (s')	*themselves*	**se (s')**	*(to) themselves*

NOTE: The forms *me, te, se, nous,* and *vous* are both direct and indirect object pronouns. They are also reflexive pronouns (see Chapter 11).

b. Uses of object pronouns
A direct object pronoun replaces a direct object noun and answers the questions *whom?* or *what?*

Je regarde Jean.	*I look at Jean.*
Je **le** regarde.	*I look at him.*
Nous préparons la soupe.	*We prepare the soup.*
Nous **la** préparons.	*We prepare it.*
Elle voit ses amis.	*She sees her friends.*
Elle **les** voit.	*She sees them.*

An indirect object pronoun replaces an indirect object noun and answers the question *to whom?*

Il parle à ses parents.	*He speaks to his parents.*
Il **leur** parle.	*He speaks to them.*
J'écris à Melissa.	*I write to Melissa.*
Je **lui** écris.	*I write to her.*

219

NOTE:

1. Some verbs, such as *attendre* (to wait for), *écouter* (to listen to), *chercher* (to look for), *payer* (to pay for), and *regarder* (to look at), take a direct object in French.

Je l'attends.	*I'm waiting for him (her, it).*
Il **les** cherche.	*He's looking for them.*

2. Some verbs, such as *obéir à* (to obey), *désobéir à* (to disobey), *répondre à* (to answer), *ressembler à* (to resemble), and *téléphoner à* (to telephone), take an indirect object in French.

Je **leur** obéis.	*I obey them.*
Elle **lui** téléphone.	*She calls him (her).*

c. Position of object pronouns

   (1) Object pronouns, direct or indirect, including reflexive pronouns, normally precede the verb.

Il **le** mange.	*He eats it.*
Lui obéissais-tu?	*Did you obey him?*
Les enfants **se** lèvent-ils?	*Are the children getting up?*
Nous **l'**avons fini.	*We finished it.*
Je ne **leur** écrirai pas.	*I won't write to them.*

   NOTE: In compound tenses, past participles agree in gender and number with a preceding direct object.

Ma chambre? Je **l'**ai déjà rangée.	*My room? I've already straightened it.*
Tes frères? Je ne **les** ai pas vus.	*Your brothers? I didn't see them.*
Ils **se** sont rasés.	*They shaved.*

   BUT

Anne? Il ne lui a pas parlé.	*Anne? He didn't speak to her.*
Sa mère? Elle ne lui a pas obéi.	*Her mother? She didn't obey her.*
Elle s'est brossé les dents.	*She brushed her teeth.*

   (2) When a direct or indirect object or reflexive pronoun is used with an infinitive construction, the pronoun precedes the verb of which it is the object, normally the infinitive.

Je voudrais **te** voir.	*I would like to see you.*

Vas-tu **leur** écrire?	*Are you going to write to them?*
Il ne pouvait pas **le** faire.	*He couldn't do it.*
Ne comptes-tu pas **lui** parler?	*Don't you intend to speak to him?*
Elle sait s'amuser.	*She knows how to have fun.*

(3) In an affirmative command only, the object pronoun follows the verb and is attached to it by a hyphen. The pronouns *me* and *te* change to *moi* and *toi* after the verb.

AFFIRMATIVE COMMAND	NEGATIVE COMMAND
Finis-**le**. *Finish it.*	Ne **le** finis pas. *Don't finish it.*
Parlez-**moi**. *Speak to me.*	Ne **me** parlez pas. *Don't speak to me.*
Habille-**toi**. *Get dressed.*	Ne t'habille pas. *Don't get dressed.*

(4) Object pronouns precede *voici* and *voilà*.

Les voici.	*Here they are.*
Te voilà.	*There you are.*

EXERCICE A

Vous discutez de vos habitudes avec une amie. Exprimez ses questions et vos réponses.

EXEMPLE: faire la vaisselle chaque soir
        L'AMIE: La fais-tu chaque soir?
        VOUS: Oui, je la fais chaque soir.
  OU: VOUS: Non, je ne la fais pas chaque soir.

1. finir les devoirs avant le dîner

   L'AMIE:

   VOUS:

2. tondre la pelouse le dimanche

   L'AMIE:

   VOUS:

3. promener le chien trois fois par jour

   L'AMIE:

   VOUS:

4. écouter les informations chaque jour

L'AMIE:

VOUS:

5. dire toujours la vérité

L'AMIE:

VOUS:

6. faire le lit chaque matin

L'AMIE:

VOUS:

EXERCICE B

Vous préparez un repas au barbecue avec un ami qui voudrait savoir ce que vous pouvez faire. Exprimez ses questions et vos réponses.

EXEMPLE: aller chercher le couteau *(oui) (non)*
            Peux-tu aller le chercher?
            Oui, je peux aller le chercher.
     OU: **Non, je ne peux pas aller le chercher.**

1. allumer le feu *(non)*

2. couper les légumes *(non)*

3. assaisonner *(season)* la viande *(oui)*

4. garnir les plats *(non)*

5. mettre la table *(oui)*

6. cuire la viande *(oui)*

EXERCICE C

Ces personnes sont très changeantes. Exprimez ce qu'elles font aujourd'hui et ne feront pas demain.

EXEMPLE: Brett parle à son oncle.
            Aujourd'hui, il **lui** parle.
            Demain, il ne **lui** parlera pas.

1. Stephanie obéit à sa mère.

2. Max téléphone à ses parents.

3. Joellen écrit à son grand-père.

4. Julio lit à sa sœur cadette.

5. Christopher répond à ses frères.

6. Julia désobéit à ses grands-parents.

7. Les parents parlent gentiment aux enfants.

EXERCICE D

Marina essaie de réconcilier ses amis avec Lucy. Exprimez ce que Marina dit à Lucy de faire et les réponses de Lucy.

EXEMPLE: écrire une note à Sharon
Tu peux **lui** écrire une note.
Je ne veux pas **lui** écrire de note.

1. demander pardon à Amy et à Susana

2. parler sincèrement à Brad

3. offrir un cadeau à ta copine

4. téléphoner à Lisa et à Diana

5. acheter une cassette à ton copain

6. expliquer à tes amies pourquoi tu étais en colère

EXERCICE E

Olivia et ses amies sont à une grande soirée. Elles voudraient tout goûter, mais elles ont peur de trop manger. Exprimez ce qu'elles disent.

EXEMPLE: Quels desserts délicieux! *(goûter)*
Goûtons-les.
Ne les goûtons pas.

1. Quelles tartes splendides! *(manger)*

2. Quel bon pain! *(savourer)*

3. Quelle bouillabaisse odorante! *(sentir)*

4. Quel poisson délicat! *(essayer)*

5. Quels fruits merveilleux! *(regarder)*

6. Quelle mousse fragile! *(goûter)*

EXERCICE F

Vous vous préparez à aller à une fête avec vos amis. Exprimez ce que vous dites.

EXEMPLE: prête cette robe / à Mariel
            Prête-lui cette robe.

1. montre la robe / à Lori et à moi
2. donne des bracelets / à Carly
3. prête ce pull / à moi
4. offre ces colliers / à Jackie et à Roxanne
5. emprunte cette veste / à Christos
6. achète ces maillots / à Scott et à Jim

EXERCICE G

Vous partez en colonie de vacances. Exprimez ce que votre mère vous dit.

EXEMPLE: se reposer un peu, pas tout le temps
            Repose-toi un peu, **ne te repose pas** tout le temps.

1. s'amuser à faire du sport, pas à faire des farces
2. se coucher de bonne heure, pas tard
3. se laver tous les jours, pas une fois par semaine
4. se lever rapidement, pas en retard
5. se bronzer un peu, pas trop

EXERCICE H

La chambre de votre frère est en désordre et vous l'aidez à la ranger. Répondez à ses questions.

EXEMPLE: VOTRE FRÈRE: Où est mon cahier?
            VOUS: Le voilà.

1. VOTRE FRÈRE: Où est mon portefeuille?
   VOUS: _____ .

2. VOTRE FRÈRE: Où sont mes nouvelles cassettes?
   VOUS: _____ .

3. VOTRE FRÈRE: Où est ma chaîne en or?

VOUS: _____ .

4. VOTRE FRÈRE: Où sont mes affiches?

VOUS: _____ .

5. VOTRE FRÈRE: Où est ma carte d'identité?

VOUS: _____ .

6. VOTRE FRÈRE: Où est mon baladeur?

VOUS: _____ .

EXERCICE I

*Un camarade de classe fait un sondage (**survey**) sur l'amitié. Exprimez ses questions et vos réponses.*

EXEMPLE: pardonner toujours
            Tes amis **te** pardonnent toujours?
            Oui, mes amis **me** pardonnent toujours.

1. donner des cadeaux

2. embrasser

3. prêter de l'argent

4. écouter avec patience

EXERCICE J

Une camarade de classe vous pose des questions pour un sondage sur les relations entre vos parents et leurs enfants. Exprimez ses questions et vos réponses.

EXEMPLE: parler sévèrement
            Vos parents **vous** parlent sévèrement?
            Non, nos parents ne **nous** parlent pas sévèrement.

1. critiquer fréquemment

2. dire des mensonges

3. gronder souvent

4. emprunter de l'argent

EXERCICE K

*Vous venez de passer une semaine chez un ami. Répondez aux questions que vos parents vous posent en utilisant **le, la, les, lui** ou **leur**. Faites attention à l'accord du participe passé, si nécessaire.*

EXEMPLES: As-tu fait la lessive?
             Oui, je **l'**ai fai**te**.

             As-tu parlé gentiment aux enfants?
             Oui, je **leur** ai parlé gentiment.

1. As-tu écrit une lettre à tes amis?

2. As-tu offert un cadeau à Mme Fisher?

3. As-tu remercié les membres de la famille?

4. As-tu envoyé les photos?

5. As-tu répondu sincèrement aux Fisher?

6. As-tu fait la vaisselle?

7. As-tu aidé les enfants?

8. As-tu téléphoné à Carl et à Aileen?

9. As-tu rangé tes affaires?

10. As-tu invité Carl chez nous?

[2] PRONOUN Y

The adverbial pronoun *y* always refers to previously mentioned things or places. It generally replaces *à (au, aux)* + noun but may also replace other prepositions of position or location such as *chez, dans, en, sous,* or *sur* + noun.

Je vais au parc.	*I'm going to the park.*
J'y vais.	*I'm going there.*
Tu réponds à la note.	*You answer the note.*
Tu y réponds.	*You answer it.*
Elle travaille dans le bureau.	*She works in the office.*
Elle y travaille.	*She works there.*

NOTE:

1. The pronoun *y* most commonly means "to it / them," "in it / them," "on it / them," or "there." Sometimes the meaning of *y* is not expressed in English.

Le papier est dans le livre?	*Is the paper in the book?*
Oui, il **y** est.	*Yes, it is.*
Tu vas chez Eric ce soir?	*Are you going to Eric's tonight?*
Oui, j'**y** vais.	*Yes, I am.*

2. The pronoun *y* follows the same rules of position in the sentence as direct and indirect object pronouns.

Je voulais **y** rester.	*I wanted to stay there.*
Je n'**y** reste pas.	*I am not staying there.*
(N')**y** restes-tu (pas)?	*Are(n't) you staying there?*
Est-ce que tu **y** restes?	*Are you staying there?*
Veux-tu **y** aller?	*Do you want to go there?*
Je ne compte pas **y** habiter.	*I don't intend to live there.*
Ne veut-il pas **y** répondre?	*Doesn't he want to answer it?*
Est-ce qu'il ne veut pas **y** répondre?	*Doesn't he want to answer it?*
N'**y** va pas.	*Don't go there.*

3. Affirmative familiar commands (*tu* form) of *-er* verbs retain the final *s* before *y*.

Vas-**y**!	*Go there!*
Restes-**y**.	*Stay there.*
BUT	
N'**y va** pas!	*Don't go there!*

EXERCICE L

Vous téléphonez d'Europe à votre ami et il vous demande ce que vous faites pendant votre séjour. Exprimez ses questions et vos réponses.

EXEMPLE: aller à Paris *(oui) (non)*
   Y vas-tu?
   Oui, j'**y** vais.
   OU: Non, je n'**y** vais pas.

1. dormir à la belle étoile *(non)*

2. entrer gratuitement au Louvre *(non)*

3. penser à acheter des livres *(oui)*

4. jouer au tennis *(oui)*

5. courir dans les cathédrales *(non)*

6. voyager en Grèce *(oui)*

7. dîner dans les grands restaurants *(non)*

8. aller à un carnaval *(oui)*

EXERCICE M

Votre ami voudrait savoir ce que vous ferez pendant les vacances d'hiver. Répondez à ses questions selon le modèle.

EXEMPLE: Feras-tu du ski en France? *(oui) (non)*
               Oui, j'**y** ferai du ski.
   OU: Non, je n'**y** ferai pas de ski.

1. Partiras-tu à la montagne? *(oui)*

2. Iras-tu dans les Alpes? *(oui)*

3. Loueras-tu un chalet à Chamonix? *(non)*

4. Passeras-tu toutes les vacances dans les Alpes? *(oui)*

5. Logeras-tu en ville? *(non)*

6. Resteras-tu chez des amis? *(oui)*

7. Feras-tu attention aux risques d'avalanche? *(oui)*

8. Assisteras-tu à la compétition? *(non)*

9. Loueras-tu un scooter des neiges à la station de ski? *(non)*

10. Rencontreras-tu des amis aux sports d'hiver? *(oui)*

EXERCICE N

Vous êtes indécis(e) et vos amis ne sont d'aucune aide. Exprimez ce qu'ils vous disent de faire.

EXEMPLE: Je voudrais faire un pique-nique au parc.
               Fais-y un pique-nique.
               N'y fais pas de pique-nique.

1. Je voudrais aller faire une randonnée dans la forêt.

2. Je voudrais jouer du violon sous le balcon de mon prof de français.

3. Je voudrais passer la journée à la campagne.

4. Je voudrais lire un livre sous un arbre.

5. Je voudrais prendre un bain de soleil sur la terrasse.

6. Je voudrais organiser un dîner à la plage.

[3] PRONOUN *EN*

The adverbial pronoun *en* refers to previously mentioned places or things. It generally replaces *de* + noun. It usually means "some" or "any (of it, of them)" when it replaces the partitive article, and "about it / them," "from it / them," or "from there" when it replaces the preposition *de* in an expression.

Il mange de la viande.	*He eats meat.*
Il **en** mange.	*He eats some.*
Je ne prends pas de fruits.	*I don't take any fruit.*
Je n'**en** prends pas.	*I don't take any.*
Tu parles de ton travail.	*You speak about your work.*
Tu **en** parles.	*You speak about it.*
Vous sortez du théâtre.	*You leave the theater.*
Vous **en** sortez.	*You leave it.*
Elle joue de la batterie.	*She plays the drums.*
Elle **en** joue.	*She plays them.*

NOTE:

1. *En* is used when the noun to which it refers is omitted after a number, an adverb or noun of quantity, or an expression requiring *de*.

Elles ont trois livres.	*They have three books.*
Elles **en** ont **trois**.	*They have three (of them).*
Avez-vous assez de pain?	*Do you have enough bread?*
Oui, j'**en** ai **assez**.	*Yes, I have enough.*
Venez-vous de Paris?	*Do you come from Paris?*
Oui, nous **en** venons.	*Yes, we do.*

2. *En* is always expressed in French even though it has no English equivalent.

Avez-vous du sel?	*Do you have any salt?*
Oui, j'**en** ai.	*Yes, I do (have some).*

3. *En* follows the same rules of position in the sentence as other object pronouns.

Je voulais **en** emprunter.	*I wanted to borrow some.*
Tu n'**en** veux pas.	*You don't want any.*

(N')en prend-il (pas)?	*Does(n't) he take some (any)?*
Est-ce que tu (n')en achètes (pas)?	*Are(n't) you buying some (any)?*
Peut-elle **en** voir?	*Can she see some?*
Nous n'allons pas **en** goûter.	*We aren't going to taste any.*
Ne savez-vous pas **en** jouer?	*Don't you know how to play any?*
Je compte **en** préparer.	*I intend to prepare some.*

En precedes *voici* and *voilà:*

En voici cinq.	*Here are five of them.*
En voilà.	*Here are some.*

4. **Affirmative familiar commands (*tu* form) of -*er* verbs retain the *s* before *en*.**

Prépares-en!	*Prepare some!*

BUT

N'en prépare pas!	*Don't prepare any!*

5. **There is no agreement of the past participle when the object of the verb is *en*.**

J'ai acheté des vêtements.	*I bought some clothes.*
J'**en** ai acheté.	*I bought some.*

EXERCICE O

Rebecca s'intéresse beaucoup à la cuisine. Exprimez les questions qu'elle pose à tous ses amis et leurs réponses.

EXEMPLE: manger des desserts au chocolat *(oui) (non)*
              En mangez-vous?
              Oui, j'**en** mange.
    OU: Non, je n'**en** mange pas.

1. rechercher des produits très frais *(oui)*
2. utiliser des boîtes de conserve *(non)*
3. échanger des recettes de cuisine *(oui)*
4. goûter des spécialités étrangères *(oui)*
5. préparer des sauces compliquées *(oui)*
6. acheter des épices exotiques *(oui)*

7. mettre du sel dans tout *(non)*

8. collectionner des livres de cuisine *(oui)*

9. pouvoir recommander un livre de cuisine *(oui)*

EXERCICE P

Exprimez ce qui est arrivé à Mme Sawyer au bureau hier.

EXEMPLE: Elle a écrit beaucoup de lettres.
            Elle **en** a écrit beaucoup.

1. Elle a envoyé une douzaine de cartes postales.

2. Elle a reçu cinq commandes.

3. Elle a influencé plusieurs décisions.

4. Elle a trouvé un problème.

5. Elle a eu tant de coups de téléphone!

6. Elle a fait peu de fautes.

EXERCICE Q

Vous êtes invité(e) à dîner chez les Drake. Répondez aux questions qu'on vous pose en utilisant **en.**

EXEMPLES: As-tu pris de la soupe? *(oui) (non)*
             Oui, j'**en** ai pris.
     OU: Non, je n'**en** ai pas pris.

             Veux-tu manger de la viande? *(oui) (non)*
             Oui, je veux **en** manger.
     OU: Non, je ne veux pas **en** manger.

1. A-t-on servi assez de salade? *(oui)*

2. Veux-tu goûter du pain aux raisins? *(oui)*

3. Aimerais-tu des légumes verts? *(non)*

4. As-tu essayé des hors-d'œuvre? *(oui)*

5. Prendras-tu un peu de purée? *(oui)*

6. Vas-tu mettre du poivre dans la soupe? *(non)*

7. As-tu choisi de l'agneau? *(non)*

8. Bois-tu du vin? *(non)*

9. Mangeras-tu une crêpe? *(oui)*

10. Aimes-tu beaucoup de desserts? *(oui)*

EXERCICE R

Il fait mauvais temps aujourd'hui. Que suggérez-vous à votre ami de faire pour moins s'ennuyer?

EXEMPLE: Écrire des histoires drôles? *(oui) (non)*
Écris-en.
   OU: **N'en écris pas.**

1. Acheter des vêtements? *(non)*

2. Jouer de la guitare? *(oui)*

3. Voir un film? *(oui)*

4. Faire du bowling? *(non)*

5. Discuter de politique? *(non)*

6. Préparer des gâteaux? *(oui)*

7. Regarder un bon film à la télévision? *(oui)*

[4] DOUBLE OBJECT PRONOUNS

a. Order of pronouns before the verb

me te se nous vous se	le (l') la (l') les	lui leur	y	en + verb

Tu **me l'**achètes?	*Are you buying it for me?*
Tu ne **me l'**achètes pas?	*Aren't you buying it for me?*
Il va **le lui** donner.	*He's going to give it to him (her).*
Est-ce qu'il va **le lui** donner?	*Is he going to give it to him (her)?*
Leur en as-tu emprunté un?	*Did you borrow one from them?*

Vous **les y** avez vus.	*You saw them there.*
Les y avez-vous vus?	*Did you see them there?*
Il **y en** a beaucoup.	*There are a lot (of them).*
Je ne **te** l'ai pas montré.	*I didn't show it to you.*

The following are the most frequent combinations:

me le, me la, me les

te le, te la, te les

nous le, nous la, nous les

vous le, vous la, vous les

BUT

le lui, la lui, les lui

le leur, la leur, les leur

EXERCICE S

Utilisez trois pronoms dans chaque phrase et faites les accords nécessaires pour exprimer comment les personnes suivantes rendent service.

EXEMPLES: Le cuisinier nous prépare les repas.
Il nous les prépare.

Le mécanicien va réparer la voiture dans le garage.
Il va **l'y** réparer.

1. Le joueur de base-ball s'est entraîné au stade.
2. Le programmeur veut montrer les ordinateurs à son ami.
3. Le boucher va nous couper de la viande.
4. Le pâtissier vous préparera deux gâteaux.
5. Le chef m'a fait du ragoût.
6. Le coiffeur a coupé les cheveux aux garçons.
7. Le commerçant dit le prix au client.
8. L'écrivain lira son poème à sa fille.
9. Le tailleur *(tailor)* répare les vêtements dans son magasin.
10. Le fermier veut vendre ses produits au public.
11. L'infirmière a donné des pilules au malade.
12. Le juge expliquera le cas aux avocats.

b. Order of pronouns after the verb

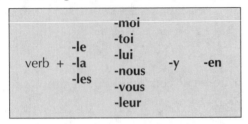

Prête-**la-moi.**   *Lend it to me.*

Rends-**le-nous.**   *Give it back to us.*

Envoyons-**les-lui.**   *Let's send them to him (her).*

NOTE: *Moi + en* and *toi + en* become *m'en* and *t'en.*

Donnez-**m'en** assez.   *Give me enough (of them).*

Va-**t'en.**   *Go away.*

EXERCICE T

Vous commencez vos cours à l'université et vous demandez des conseils à vos camarades. Exprimez comment ils répondent.

EXEMPLE: Je lis mon poème au prof d'anglais? *(oui) (non)*
            Oui, lis-**le-lui.**
    OU: Non, ne **le lui** lis pas.

1. Je montre mes dessins au prof d'art? *(oui)*

2. Je m'achète deux classeurs? *(oui)*

3. J'explique mes problèmes à mon conseiller? *(non)*

4. Je m'occupe de ces projets? *(non)*

5. Je parle de mes idées aux étudiants? *(non)*

MASTERY EXERCISES

EXERCICE U

Répondez aux questions qu'une amie vous pose en employant deux pronoms.

1. Te souviens-tu de la date de l'anniversaire de tes amis?

2. Vas-tu envoyer une carte à ton correspondant français?

3. T'amuses-tu aux concerts de rock?

4. T'es-tu acheté de nouveaux vêtements?

5. T'inquiètes-tu de tes notes?

6. Prêterais-tu de l'argent à tes amis?

7. Parles-tu de ton amie Jennifer à tes parents?

8. Vas-tu envoyer une carte de Noël à ton prof de français?

EXERCICE V

Pour chaque situation ci-dessous, exprimez une question et votre opinion en utilisant deux pronoms dans chaque phrase.

EXEMPLE: mettre son argent sous le matelas
Doit-on **l'y** mettre?
On ne doit pas **l'y** mettre.

1. offrir des cadeaux à ses professeurs

2. servir du vin aux étudiants

3. prêter ses vêtements à un ami

4. emprunter de l'argent à ses parents

5. rencontrer ses amis à une boum

EXERCICE W

Un ami vient d'acheter une nouvelle voiture. Exprimez en français ce que vous lui dites.

1. You bought a new car? Show it to me.

2. You're going downtown? Can you drive me there?

3. You need gas. Buy some at the service station.

4. The car? Don't leave it there. Someone could steal *(voler)* it.

5. It's a good car. I like it. I wish you good luck.

6. Your old car? Can I buy it?

7. Will you give it to me tomorrow?

8. The money? I can borrow some from my parents.

9. I promise to give it back to them soon.

10. The money that I owe you? Don't worry! I will give it to you tomorrow.

Chapter 19
Stress Pronouns

[1] FORMS

SINGULAR			PLURAL		
(je)	moi	I, me	(nous)	nous	we, us
(tu)	toi	you (familiar)	(vous)	vous	you (plural, formal)
(il)	lui	he, him	(ils)	eux	they, them
(elle)	elle	she, her	(elles)	elles	they, them
(on)	soi	oneself			

[2] USES OF STRESS PRONOUNS

A stress pronoun can be used to replace a noun used as subject or object of a verb, or as object of a preposition, or to emphasize a noun, a pronoun subject or object.

a. Stress pronouns are used in a compound subject or object.

Simon et **lui** parlent beaucoup.	*He and Simon speak a lot.*
Je vous aime bien, **toi** et **elle**.	*I do like you, you and her.*

NOTE: If one of the stress pronouns is *moi*, the pronoun *nous* is used to summarize the compound (the verb is put in the first person plural whether or not *nous* is expressed). If *toi* is one of the stress pronouns, *vous* summarizes the compound.

Anne et moi (, **nous**) sommes tristes.	*Anne and I are sad.*
Guy et toi (, **vous**) êtes à l'heure.	*Guy and you are on time.*

EXERCICE A

Exprimez ce que les élèves ont fait pour aider Mme Bernard à préparer la fête internationale à l'école.

acheter des boissons	envoyer les invitations
acheter les provisions	mettre le couvert
apprendre une danse folklorique	organiser le buffet
choisir les cassettes	préparer des spécialités françaises
décorer la salle	

EXEMPLES: Charlie et **vous,** vous avez acheté les provisions.
Jeanne et **lui** ont choisi les cassettes.

1. Josh et moi _____ .

2. Courtney et nous _____ .

3. Kevin et eux _____ .

4. Peter et elle _____ .

5. Dennis et toi _____ .

6. Elle et moi _____ .

7. Alison et lui _____ .

b. **Stress pronouns are used when a personal pronoun is not followed by a verb.**

Qui est là?	*Who's there?*
Nous.	*We (are.)*
Je pars.	*I'm leaving.*
Eux aussi.	*They are too.*
Il est plus malin que moi.	*He is more clever than I am.*
Elle n'aime que **lui.**	*She loves only him.*

EXERCICE B

On a choisi les nouveaux membres de l'équipe de football. Vos amis vous demandent qui a été choisi. Exprimez vos réponses.

EXEMPLE: Mon frère et moi?
Oui, **vous** aussi.

1. Eric?

2. Andrew et Gerry?

3. Toi?

4. Michael et moi?

5. Frank et toi?

6. Moi?

EXERCICE C

M. Blin, le professeur de français, regarde ses élèves pendant un contrôle. Exprimez ses pensées en ajoutant le pronom accentué qui convient.

1. Aaron parle beaucoup. Il est plus bavard que *(Paul)* _____ .

2. Celia et Andrea sont sœurs, mais Celia travaille mieux que / qu' *(Andrea)* _____ .

3. Michael est un garçon sérieux, plus sérieux que / qu' *(Gary et Robert)* _____ .

4. Son père est professeur. Comme *(M. Blin)* _____ .

5. Chers élèves! Vous êtes quelquefois difficiles, mais personne ne me donne autant de plaisir que *(les élèves)* _____ .

c. Stress pronouns are used for emphasis of a noun or another pronoun.

Moi, je vais faire une randonnée.	*I'm going to go on a hike.*
Le garçon, **lui,** est très malin.	*The boy is very clever.*
Je les aime bien, **eux.**	*I do like them.*

EXERCICE D

Exprimez ce que chaque personne aime faire le week-end.

EXEMPLE: tu / aller au cinéma
            Toi, tu aimes aller au cinéma.

1. il / regarder la télé

2. elles / faire des achats

3. nous / sortir avec des copains

4. je / jouer avec l'ordinateur

5. ils / jouer au rugby

6. vous / conduire votre voiture

7. tu / faire du patin en ligne *(in-line skating)*

d. Stress pronouns are used after *ce + être.*

Qui est-ce?	*Who is it?*
C'est **moi.**	*It's me.*
C'est **toi** qui as gagné.	*You won. (It is you who won.)*
Ce sont **eux** qui viennent.	*It is they who are coming.*

NOTE:

1. When *ce + être* is followed by *moi, toi, nous,* or *vous,* the third person singular is always used for the verb *être.*

Qui a mangé la tarte?	*Who ate the pie?*
C'est nous!	*It's us!*

2. Before the stress pronouns *eux* and *elles,* the verb *être* may be either in the singular *(c'est eux)* or in the plural *(ce sont elles),* although the singular is more commonly used.

EXERCICE E

Vous venez de déménager et vous êtes maintenant dans votre nouvelle maison. Vos parents demandent comment partager le travail. Exprimez qui va faire les choses suivantes.

EXEMPLE: Qui va nettoyer la cuisine? *(John)*
           C'est lui.

1. Qui va ouvrir les boîtes? *(tu)*

2. Qui va acheter des provisions en ville? *(Sam et vous)*

3. Qui va monter ces colis? *(Alan et papa)*

4. Qui va ranger le salon? *(Bruce)*

5. Qui va nettoyer les salles de bains? *(je)*

6. Qui va vider la voiture? *(Marissa)*

7. Qui va aider papa? *(les filles)*

8. Qui va préparer quelque chose à manger? *(Tonya et moi)*

e. **Stress pronouns are used after a preposition* when referring to people.**

Il part **sans moi.**   *He is leaving without me.*

Je suis allé **chez eux.**   *I went to their house.*

NOTE:

1. **In place of the preposition *à* + pronoun, the indirect object pronoun is usually used.**

donner quelque chose à quelqu'un   *to give something to someone*
Nicole **me** donne un livre.   *Nicole gives me a book.*

2. **Stress pronouns are used after reflexive verbs and some verbal expressions taking the preposition *à*, such as:**

se confier à *to confide in*	être à *to belong to*
se fier à *to trust*	penser à *to think about*
s'intéresser à *to be interested in*	songer à *to think of*

Ce disque **est à moi.**   *This record belongs to me.*

Elle **songe à lui.**   *She thinks about him.*

---

* For a list of common prepositions, see the Appendix, page 499.

EXERCICE F

Répondez aux questions que votre mère vous pose.

EXEMPLE: Vas-tu tondre la pelouse avec Matt? *(oui) (non)*
Oui, je vais tondre la pelouse **avec lui.**
OU: Non, je ne vais pas tondre la pelouse **avec lui.**

1. Vas-tu aller en ville avec papa et moi? *(oui)*
2. Est-ce que tu t'es fâché(e) avec Paul? *(oui)*
3. Vas-tu faire du baby-sitting samedi soir pour les Kashian? *(non)*
4. Peux-tu faire les courses sans moi? *(oui)*
5. Vas-tu aller chez Michelle et Lisa cet après-midi? *(non)*
6. Est-ce que tu te moques de tes parents? *(non)*
7. Est-ce que je peux aller à la pharmacie avec toi? *(oui)*
8. Vas-tu partir avant Jessica? *(oui)*

EXERCICE G

Répondez aux questions indiscrètes qu'un ami vous pose.

EXEMPLE: À qui penses-tu souvent? *(Megan)*
Je pense souvent **à elle.**

1. À qui est ton cœur? *(Toby)*
2. À qui penses-tu tout le temps? *(Jon et Larry)*
3. À qui songes-tu? *(tu)*
4. À qui t'intéresses-tu? *(Clay et toi)*
5. À qui te fies-tu? *(mes parents)*

MASTERY EXERCISES

EXERCICE H

Complétez cette histoire avec les pronoms qui conviennent.

Shaquille et Paul sont mes deux meilleurs amis. Je pense à _____ tout le
                                                          1.
temps. Shaquille n'est pas très sportif. Paul, _____ , aime faire du foot et du
                                               2.

basket. Nous sortons souvent tous les trois ensemble. Je vais avec _____

à tous les matchs de l'école. Après, Shaquille et _____ , nous félicitons Paul.

Parce que, _____ , il gagne tout le temps. Nous avons aussi des amies et,

naturellement, nous nous intéressons beaucoup à _____ . Amber est la fille

de mes rêves. Je songe à _____ tout le temps. Et _____ , est-ce que tu

as de bons amis aussi?

EXERCICE I

Répondez aux questions ci-dessous en employant un pronom accentué.

1. Habitez-vous loin de chez votre meilleur(e) ami(e)?
2. Vous entendez-vous bien avec vos parents?
3. Allez-vous en vacances avec vos ami(e)s?
4. Vous, est-ce que vous aimez aller au cinéma?
5. Vos amis et vous, est-ce que vous allez à des boums le samedi ou le dimanche?
6. Qui d'entre vous est un(e) très bon(ne) élève?

EXERCICE J

Cody raconte une excursion en forêt. Exprimez en français ce qu'il dit.

1. Peter, Catherine, and Makiko go to school with me.
2. We three, we sometimes go for a walk in the woods.
3. Justin, Catherine's brother, comes with us.
4. We're happy to go there with him.
5. Justin is older and taller than I.
6. But I'm a better cook than he.
7. So it's I who cook dinner when we camp.
8. My friends and I, we never go camping without him.
9. We confide in him a lot.
10. Who doesn't like to go with us? My brother Bruce. He thinks only about computers. He is interested only in them!

Chapter 20
Relative Pronouns

A relative pronoun introduces a clause that refers to someone or something mentioned in the main clause. The person or thing the pronoun refers to is called the antecedent. A relative pronoun may serve as subject, direct object, or object of a preposition. The most common relative pronouns are *qui* and *que*.

[1] QUI

Qui (who, which, that) serves as the subject of the verb in the relative clause that it introduces. It is used for both persons and things.

Où est le garçon qui joue si bien de la guitare?
[antecedent] [subject] [verb]

Where is the boy who plays the guitar so well?

Voilà un film vidéo qui n'est pas triste.
[antecedent] [subject] [verb]

Here is a video that isn't sad.

NOTE: The verb of a relative clause introduced by *qui* agrees with its antecedent.

C'est elle qui a fait la tarte.
[antecedent] [subject] [verb]

She is the one who made the pie.

C'est vous qui êtes arrivés tôt.
[antecedent] [subject] [verb]

You are the ones who arrived early.

EXERCICE A

Vous êtes à un pique-nique. Décrivez ce qui se passe.

EXEMPLE: J'observe des filles. Elles servent du poulet.
J'observe des filles **qui** servent du poulet.

1. Il y a deux garçons. Ils jouent au Frisbee.
2. Je vois un enfant. Il cherche ses parents.
3. Une femme ramasse des fourchettes. Elles sont tombées.
4. Regarde cette femme. Elle allume le barbecue.
5. Nous mangeons des hamburgers. Ils sont délicieux.

6. David parle à une fille. Elle est très intelligente.

7. Voilà un marchand. Il vend des glaces.

8. J'ai peur des abeilles *(bees)*. Elles veulent nous piquer.

EXERCICE B

Votre professeur a été absent et les élèves ne se sont pas bien conduits. Exprimez ce que chacun admet avoir fait. Employez c'est *et le pronom accentué qui convient.*

EXEMPLE: tu / lancer des avions en papier
C'est toi qui as lancé des avions en papier.

1. je / faire des dessins sur le tableau

2. il / faire l'école buissonnière *(to play hooky)*

3. elles / se maquiller en classe

4. nous / jeter des papiers partout

5. ils / crier si fort

6. elle / sortir sans permission

7. tu / s'endormir en classe

8. vous / désobéir au remplaçant

[2] *QUE*

Que (whom, which, that) serves as the direct object of the verb in a relative clause and is usually followed by a subject noun or pronoun. It is used for both persons and things.

C'est le disque que nous voulons.   *It's the record (that) we want.*
　[antecedent] [object] [subject] [verb]

Voici la robe qu'Anne va porter.   *Here is the dress Anne is going to wear.*
　[antecedent] [object] [subject] [verb]

NOTE:

1. The relative pronoun is always expressed in French although is it frequently omitted in English.

C'est la classe **que** je préfère.   *That's the class (that) I prefer.*

2. *Que* becomes *qu'* before a vowel.

Je veux essayer le plat   *I want to try the dish*
qu'il recommande.   *(that) he recommends.*

3. Since *que* functions as a direct object and precedes the verb, the past participle of a compound verb agrees with the antecedent of *que*.

Voici les chansons qu'elle a écrites.   *Here are the songs she wrote.*
    [direct object] [p. participle]

EXERCICE C

Exprimez vos opinions en combinant les éléments ci-dessous.

les enfants	acheter rarement
les étudiants	aimer sentir
les filles	attendre avec impatience
les touristes	choisir fréquemment
je	préférer
nous	prendre souvent
on	respecter
tu	trouver amusant
vous	trouver important
tout le monde	visiter

EXEMPLE: La médecine est une profession **que tout le monde respecte.**

1. Le football est un sport _____ .

2. Une Rolls Royce est une voiture _____ .

3. La France est un pays _____ .

4. La glace est un dessert _____ .

5. Les maths sont une matière _____ .

6. L'avion est un moyen de transport _____ .

7. L'été est la saison _____ .

8. La rose est une fleur _____ .

9. Noël est une fête _____ .

EXERCICE D

Tout le monde se vante de ses succès. Exprimez ce que chacun dit.

EXEMPLE: examens / je / passer
     Ce sont les examens que j'ai passés.

1. voiture / elle / réparer
2. plats / nous / préparer
3. cartes de base-ball / il / collectionner
4. cassettes / tu / enregistrer
5. le prix / ils / gagner
6. poèmes / je / écrire
7. boutique / vous / ouvrir
8. maison de poupées / elles / bâtir

EXERCICE E

*Vous travaillez à McDonald's à Paris. Complétez les phrases de vos collègues en utilisant **qui** ou **que**.*

1. Où sont les frites _____ tu as préparées?
2. Répondez au téléphone _____ sonne.
3. Où est le couteau _____ j'utilisais?
4. M. Norman est un patron _____ nous admirons.
5. Où est le client _____ m'appelait?
6. Regarde ce garçon _____ mange deux portions de frites.
7. Je vous donne une salade _____ est vraiment délicieuse.
8. Voici la fourchette _____ tu demandais.
9. Écoutez ce monsieur _____ vous parle.
10. Je vous donne les hamburgers _____ vous servirez à la table près de la fenêtre.

[3] *QUI* AND *LEQUEL* AS OBJECTS OF A PREPOSITION

a. *Qui* may also serve as the object of a preposition in a relative clause referring to persons.

Paul est le garçon **avec qui** je sors.	*Paul is the boy with whom I go out.*
La femme **chez qui** je travaille est très gentille.	*The woman at whose home I work is very nice.*

EXERCICE F

Vous assistez à la fête de fin d'année au bureau avec votre ami.
Vous lui donnez les renseignements suivants.

EXEMPLE: J'apporte le courrier à cet homme.
             Voici l'homme **à qui** j'apporte le courrier.

1. Je travaille pour ce vice-président.

2. Je déjeune avec ces filles.

3. Je peux compter sur cette secrétaire.

4. Je me fâche toujours contre cette dame.

5. Je parle quelquefois de cet homme.

6. Je vais souvent chez cette fille.

b. *Lequel* (which) and its forms may serve as objects of a preposition in
a relative clause referring primarily to things. *Lequel* agrees in gender and number with its antecedent.

	SINGULAR	PLURAL
MASCULINE	lequel	lesquels
FEMININE	laquelle	lesquelles

Voici le journal **dans lequel** j'écris   *Here is the journal in which I write*
mes pensées intimes.   *my personal thoughts.*

C'est la porte **par laquelle** nous   *That's the door through which*
sommes entrés.   *we entered.*

NOTE:

1. Although *qui* is generally preferred for people, *lequel* and its forms
    may also be used. With the prepositions *entre* (between) and *parmi*
    (among), a form of *lequel* is always used when referring to people.

    C'est la fille **de qui** je parlais.   ⎫   *That's the girl about whom*
    C'est la fille **de laquelle** je parlais. ⎭ *I was speaking.*

    Voici les filles **parmi lesquelles** elle   *Here are the girls among*
    se cachait.   *whom she was hiding.*

    Ce sont les enfants **entre lesquels**   *These are the children between*
    on partagera les bonbons.   *whom we will share the candy.*

2. After the prepositions *à* and *de, lequel* and its forms contract as follows.

SINGULAR		PLURAL	
MASCULINE	FEMININE	MASCULINE	FEMININE
auquel **duquel**	**à laquelle** **de laquelle**	**auxquels** **desquels**	**auxquelles** **desquelles**

EXERCICE G

Vous regardez des photos dans votre album avec une amie.
Décrivez ce que vous voyez.

EXEMPLE: J'ai fait du foot dans ce parc.
Voilà le parc **dans lequel** j'ai fait du foot.

1. Je suis allé(e) à ce lycée.

2. Je suis tombé(e) de ce mur.

3. J'ai travaillé dans cette boutique.

4. J'ai joué devant ce monument.

5. J'ai écrit des contes pour ces enfants.

6. J'ai manifesté contre cette usine.

7. J'ai campé dans ces bois.

[4] *CE QUI, CE QUE*

RELATIVE PRONOUN	MEANING	USE
ce qui	*what (= that which)*	subject of verb
ce que (ce qu')	*what (= that which)*	object of verb

Ce qui and *ce que* are used as relative pronouns when there is no specific noun or pronoun antecedent. They refer to things or ideas.

Je déteste **ce qui** est violent.   *I hate what's violent.*

J'adore **ce que** tu as lu.   *I love what you read.*

EXERCICE H

Dites quels sont vos goûts.

EXEMPLE: amusant
J'aime **ce qui** est amusant.
OU: Je n'aime pas **ce qui** est amusant.

1. difficile

2. facile

3. dangereux

4. excitant

5. traditionnel

6. élégant

EXERCICE I

Exprimez ce qui vous plaît, selon l'exemple.

EXEMPLE: lire
Ce que j'aime lire, c'est le journal.

1. manger

2. faire

3. regarder

4. acheter

5. écouter

MASTERY EXERCISES

EXERCICE J

*Exprimez vos opinions en combinant les phrases avec **qui** ou **que**.*

EXEMPLES: Le français est une langue. Je parle bien cette langue.
Le français est une langue **que** je parle bien.

Les lions sont des animaux. Ils sont féroces.
Les lions sont des animaux **qui** sont féroces.

1. La Vénus de Milo est une sculpture. Elle est très renommée.

2. L'histoire est une matière. Nous devons étudier l'histoire avec soin.

3. L'Afrique est un continent. Je voudrais voir ce continent.

4. Les présidents sont des hommes. Ils jouent un rôle important dans
   le monde.

5. Le parachutisme est un sport. Il est assez dangereux.

6. Le japonais est une langue. Il vaut la peine d'étudier cette langue.

7. La bouillabaisse et la quiche sont des spécialités françaises. Elles sont délicieuses.

8. Les savants sont des hommes. On doit respecter ces hommes.

9. La pollution est un problème. Il faut éliminer ce problème.

10. L'économie est une question. Elle préoccupe tout le monde.

EXERCICE K

Richard parle de son équipe de football. Combinez ses pensées en une seule phrase.

EXEMPLE:
M. Dupont est un entraîneur. Je parle avec cet entraîneur tous les jours.
M. Dupont est un entraîneur **avec qui** je parle tous les jours.

1. Voici le stade. Nous allons à ce stade tous les jours.

2. Je vous présente le héros. Nous pensons à ce héros tout le temps.

3. Regarde cette équipe. Nous jouons rarement contre cette équipe.

4. Je parle souvent de cet arbitre. J'ai beaucoup d'admiration pour lui.

5. Observe les résultats. Nous parlons toujours de ces résultats.

6. Voilà les parcs. Nous nous entraînons dans ces parcs.

7. Je garde ce ballon. Je joue uniquement avec ce ballon.

8. Viens sur le terrain. Nous courons à travers ce terrain.

9. Voici un excellent joueur. Je ne voudrais pas jouer contre lui.

10. Tu te rappelles le match fantastique. Je parle souvent de ce match.

EXERCICE L

Exprimez votre opinion sur les sujets suivants en formant une proposition relative.

1. Paris est une ville qui _____ .

2. C'est une ville que _____ .

3. L'hiver est une saison qui _____ .

4. C'est une saison que _____ .

5. La physique est un sujet qui _____ .

6. C'est un sujet que _____ .

EXERCICE M

Terri parle de son père. Exprimez ses pensées en français.

1. This is the house that my father built.
2. He's a man who loves his family.
3. I'm someone for whom he has made many sacrifices.
4. I often visit the office in which he works.
5. I attended the party at which he announced his promotion.
6. I saw the computer with which he works.
7. He's a man whom I always obey.
8. He talks about the president for whom he has worked.
9. He has many memories from his youth about which he talks a lot.
10. I love this man whom I resemble.

Chapter 21
Prepositions

Prepositions relate two elements of a sentence: noun to noun, verb to verb, or verb to noun or pronoun.

la couleur **du** ciel	*the color of the sky*
Il a décidé **de** venir **chez** moi.	*He decided to come to my house.*
Il va **au** parc.	*He is going to the park.*
Je travaille **avec** lui.	*I work with him.*

[1] PREPOSITIONAL MODIFIERS

A preposition + noun modifying another noun is equivalent to an adjective.

l'huile **d'olive**	*olive oil*	une montre **en or**	*a gold watch*
une voiture **de sport**	*a sports car*	une brosse **à dents**	*a toothbrush*

a. Nouns describing the source, nature, or content of an object are usually introduced by the preposition *de*. The preposition *en* is also used sometimes.

une chemise **de** soie *a silk shirt*	une bouteille **de** lait *a bottle of milk*
un manteau **de** fourrure *a fur coat*	un maillot **de** bain *a bathing suit*
du fromage **de** chèvre *goat cheese*	un marchand **de** fruits *a fruit vendor*
un bracelet **en** or *a gold bracelet*	une maison **de** bois *a wooden house*

NOTE: When referring to something made of gold, the French prefer to use the expression *en or* to the expression *d'or.*

b. Generally *à* + noun is used to express use, function, or a characteristic of an object or a person.

une boîte **aux** lettres *a mailbox*	un bateau **à** voiles *a sailboat*
une tasse **à** café *a teacup*	une cuillère **à** café *a teaspoon*
une robe **à** volants *a dress with ruffles*	la fille **aux** cheveux blonds *the girl with blond hair*

c. The preposition *à* + verb may be used to describe the purpose of an object.

une machine à écrire   une crème à bronzer
a typewriter   *a tanning cream*

d. The preposition *de* + noun is used to express possession or relationship.

C'est la voiture **de** Justin.   *It is Justin's car.*

Jacqueline est la sœur **de** Marlie.   *Jacqueline is Marlie's sister.*

NOTE:

1. The preposition *à* contracts with *le* and *les* to express "to the" or "at the." There is no contraction with *la* and *l'*.

J'aime le théâtre, alors je vais **au** théâtre.   *I love theater, so I go to the theater.*

Je vois les hommes. Je vais parler **aux** hommes.   *I see the men. I am going to speak to the men.*

Il adore la fille. Il donne des cadeaux **à la** fille.   *He loves the girl. He gives presents to the girl.*

2. The preposition *de* contracts with *le* and *les* to express "of" or "from." There is no contraction with *la* and *l'*.

Regarde le musée. Nous parlons **du** musée.   *Look at the museum. We're talking about the museum.*

C'est le jouet **de l'**enfant.   *It's the child's toy.*

Où sont les livres **des** étudiants?   *Where are the students' books?*

Voici le manteau **de la** fille.   *Here is the girl's coat.*

EXERCICE A

Exprimez ce que Louise rêve d'acheter.

EXEMPLE:

Une montre en or.

1. _____

2. _____

3. _____

4. _____

5. _____

6. _____

7. _____

8. _____

EXERCICE B

Exprimez à qui sont les objets suivants.

EXEMPLE: le cartable / garçon
C'est le cartable **du** garçon.

1. le stéthoscope / docteur   **3.** l'ordinateur / programmeuse
2. le dessin / artiste   **4.** la chanson / musiciens

5. le carnet / agent de police

6. le fauteuil / dentiste

7. le livre / professeur

8. le plateau / serveuse

[2] INDIRECT OBJECT OF A VERB

Verbs constructed with an indirect object require the use of a preposition before the object. The preposition cannot be omitted in French, though it often is in English.

aller à	*to go to*	donner à	*to give*
appartenir à	*to belong to*	parler de	*to speak of*
couvrir de	*to cover with*	penser à	*to think of*
demander à	*to ask*	répondre à	*to answer*

Réponds à ma question!   *Answer my question!*

Elle pense à son examen.   *She thinks of her exam.*

EXERCICE C

Exprimez où vont ces personnes.

EXEMPLE:

M. Caron **va à la bibliothèque.**   **1.** Elles _____ .

2. Il _____ .   **3.** Je _____ .

4. Nous _____ .

5. Tu _____ .

5. Tu _____ .

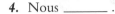

6. Vous _____ .

7. Ils _____ .

EXERCICE D

Exprimez de quoi parlent les personnes suivantes.

EXEMPLE: Simon / la mer
           Simon **parle de** la mer.

1. les enfants / le spectacle de marionnettes *(puppets)*

2. le président / le gouvernement

3. tu / la classe se de maths

4. nous / l'été

5. vous / les vacances

6. je / la compétition sportive

[3] PREPOSITIONS USED BEFORE AN INFINITIVE

In French, the infinitive is the verb form that normally follows a preposition.

J'ai commencé **à pleurer.**   *I began to cry.*

Tu rêves **de devenir** riche.   *You dream about becoming wealthy.*

a. Verbs requiring *à* before an infinitive:

aider à *to help to*	enseigner à *to teach to*
s'amuser à *to have fun*	s'habituer à *to get used to*
apprendre à *to learn (teach) to*	se mettre à *to begin to*
commencer à *to begin to*	penser à *to think about*
consentir à *to consent to*	persister à *to persist in*
consister à *to consist of*	se préparer à *to prepare to*
continuer à *to continue to*	renoncer à *to renounce, give up*
se décider à *to decide to*	réussir à *to succeed in*
demander à *to ask to*	servir à *to serve to*
encourager à *to encourage to*	songer à *to think about*

J'apprends **à jouer** du piano.	*I am learning to play the piano.*
Mon père m'encourage **à réussir**.	*My father encourages me to succeed.*

b. Verbs requiring *de* before an infinitive:

s'arrêter de *to stop*	persuader de *to persuade, convince to*
choisir de *to choose to*	promettre de *to promise to*
décider de *to decide to*	refuser de *to refuse to*
se dépêcher de *to hurry to*	regretter de *to regret to*
empêcher de *to prevent from*	rêver de *to dream about*
essayer de *to try to*	risquer de *to risk*
mériter de *to deserve to*	se souvenir de *to remember*
s'occuper de *to take care of*	se vanter de *to boast of*
oublier de *to forget to*	venir de *to have just*
parler de *to speak about*	

Il essaie de tout faire.	*He tries to do everything.*
Tu te dépêches de partir.	*You hurry to leave.*

c. Verbs requiring the pattern *à quelqu'un* + *de* before the infinitive:

commander (à quelqu'un) de   *to order (someone) to (do something)*
conseiller (à quelqu'un) de   *to advise (someone) to (do something)*
défendre (à quelqu'un) de   *to forbid (someone) to (do something)*
demander (à quelqu'un) de   *to ask (someone) to (do something)*

dire (à quelqu'un) de   *to tell (someone) to (do something)*
interdire (à quelqu'un) de   *to forbid (someone) to (do something)*
ordonner (à quelqu'un) de   *to order (someone) to (do something)*
permettre (à quelqu'un) de   *to allow (someone) to (do something)*
promettre (à quelqu'un) de   *to promise (someone) to (do something)*

EXERCICE E

Complétez avec les prépositions correctes l'histoire que le père de Laurent raconte.

J'ai décidé _____ enseigner la conduite _____ mon fils Laurent. Il veut
　　　　　　　1.　　　　　　　　　　　　　　2.

essayer _____ passer son permis de conduire très vite. Depuis longtemps,
　　　　　3.

il demandait _____ faire une promenade en voiture. Pendant la première
　　　　　　　4.

leçon, j'ai dit _____ Laurent _____ s'habituer _____ utiliser les
　　　　　　　5.　　　　　　　6.　　　　　　　7.

commandes *(controls)* et les pédales. Je lui ai appris _____ faire démarrer
　　　　　　　　　　　　　　　　　　　　　　　　　　　8.

(start) la voiture et je l'ai encouragé _____ être prudent. Naturellement, j'ai
　　　　　　　　　　　　　　　　　9.

défendu _____ mon fils _____ aller trop vite et j'ai ordonné _____ ce
　　　　　10.　　　　　　11.　　　　　　　　　　　　　　　12.

nouveau chauffeur _____ arrêter la voiture à tous les stops. J'ai essayé
　　　　　　　　　　13.

_____ l'aider _____ avoir confiance en lui-même. J'ai défendu _____
14.　　　　　15.　　　　　　　　　　　　　　　　　　　　　　16.

Laurent _____ écouter la radio pour ne pas risquer _____ avoir un
　　　　17.　　　　　　　　　　　　　　　　　　　18.

accident. Après une demi-heure, j'ai commencé _____ m'ennuyer et
　　　　　　　　　　　　　　　　　　　19.

je me suis décidé _____ demander _____ Laurent_____ retourner à la
　　　　　　　　20.　　　　　　21.　　　　　22.

maison. J'ai promis _____ l'aider _____ passer son examen. Il a
　　　　　　　23.　　　　　　24.

finalement consenti _____ garer la voiture dans le garage.
　　　　　　　　　　25.

EXERCICE F

Vous venez d'interviewer un célèbre artiste français afin d'écrire un article pour le journal de l'école. Exprimez ce qu'il vous a dit en utilisant les prépositions nécessaires.

EXEMPLE: il / décider / raconter des histoires personnelles
Il a décidé **de** raconter des histoires personnelles.

1. il / se mettre / peindre des tableaux très jeune

2. il / rêver / visiter tous les grands musées des États-Unis

3. il / s'amuser / faire des sculptures de bronze

4. il / renoncer / copier les thèmes populaires

5. il / promettre / envoyer un dessin pour le journal

6. il / essayer / capturer l'essence de son sujet

7. il / consentir / parler en public

8. il / se vanter / être très sérieux

9. il / refuser / vendre son premier tableau

10. il / encourager les jeunes / devenir artistes aussi

EXERCICE G

*Exprimez comment ces parents élèvent leurs enfants en complétant les phrases avec **à** ou **de** si nécessaire.*

EXEMPLE: M. Blake défend **à** sa fille **de** parler trois heures au téléphone.

1. Les Webster interdisent _____ leurs enfants _____ sortir le soir.

2. Mme Marecki consent _____ emmener _____ Barbara au restaurant une fois par semaine.

3. M. Martin persiste _____ gronder _____ son fils.

4. Les Clayburgh permettent _____ leurs filles _____ prendre la voiture.

5. M. Singh refuse _____ aider ses enfants _____ faire leurs devoirs.

6. Mme Harrison choisit _____ ne pas défendre _____ ses fils de sortir.

7. Les David commande _____ leur fille _____ ranger sa chambre.

8. Mme Rousseau regrette _____ punir _____ sa fille.

EXERCICE H

Exprimez vos sentiments en complétant les phrases avec un infinitif et les prépositions nécessaires.

EXEMPLES:
Je demande **à mon ami de m'aider à préparer mon projet de science.**
Je réussis **à préparer un repas entier.**

1. Je renonce _____ .

2. Je me dépêche _____ .

3. Je m'arrête _____ .

4. Je promets _____ .

5. Je songe _____ .

6. Je me vante _____ .

7. Je conseille _____ .

8. Je me prépare _____ .

d. Other prepositions commonly used before an infinitive:

afin de   *in order to*

au lieu de   *instead of*

avant de   *before*

pour   *to, in order to, for the purpose of*

sans   *without*

Tu te dépêches **afin d'**être à l'heure.

Ils jouent **au lieu de** faire leur travail.

Je me lave **avant de** m'habiller.

Il s'entraîne **pour** gagner le concours.

Vous agissez **sans** réfléchir.

You hurry in order to be on time.

They play instead of doing their work.

I wash myself before getting dressed.

He practices in order to win the contest.

You act without thinking.

EXERCICE I

Combinez les phrases avec la préposition entre parenthèses pour exprimer ce que ces personnes font.

EXEMPLE: Je me couche tard. Je regarde ce film à la télé. *(afin de)*
           Je me couche tard afin de regarder ce film à la télé.

1. M. Fernandez va à la gare. Il ne regarde pas l'horaire des trains. *(sans)*

2. Jeremy joue avec l'ordinateur. Il ne range pas sa chambre. *(au lieu de)*

3. Les petites filles regardent le feu *(traffic light)*. Elles traversent la rue. *(avant de)*

4. Kerri court vite. Elle gagne le prix. *(afin de)*

5. Claire et Lucie se maquillent. Elles sortent ce soir. *(pour)*

6. Les garçons mettent des vêtements élégants. Ils vont à la fête. *(avant de)*

7. Mme Perrin quitte la maison. Elle ne prend pas ses clefs. *(sans)*

8. Les Poussin vont en France. Ils rendent visite à leur famille. *(pour)*

9. Lisa regarde une sitcom. Elle ne passe pas l'aspirateur. *(au lieu)*

10. Stephen et Michael se lèvent de bonne heure. Ils aident leurs parents. *(afin de)*

EXERCICE J

Complétez les phrases selon votre choix.

1. Je réfléchis avant de _____ .

2. Je sors avec mes copains au lieu de _____ .

3. Je me couche sans _____ .

4. Je vais à la bibliothèque pour _____ .

5. Je m'entraîne afin de _____ .

e. **Verbs used without a preposition before an infinitive:**

aimer	*to like, love*	espérer	*to hope*
aimer mieux	*to prefer*	falloir	*to be necessary*
aller	*to go*	pouvoir	*to be able*
compter	*to intend*	préférer	*to prefer*
désirer	*to wish, want*	savoir	*to know how*
détester	*to hate*	venir	*to come*
devoir	*to have to*	vouloir	*to wish, want*

Je **déteste** faire le ménage.   *I hate to do housework.*

Il ne **peut** pas sortir.   *He can't go out.*

Préfères-tu partir tôt?   *Do you prefer to leave early?*

EXERCICE K

Employez une expression de chaque colonne pour exprimer les projets des personnes suivantes pour les vacances de fin d'année.

aimer mieux	aller aux sports d'hiver
compter	dîner au restaurant
désirer	faire un voyage
devoir	partir dans un pays chaud
espérer	préparer un grand dîner
pouvoir	rendre visite à des cousins
préférer	rester en famille
venir	sortir avec des amis
vouloir	travailler

EXEMPLE: Alexandra **doit travailler.**

1. David et Joseph _____ .

2. Il _____ .

3. Je _____ .

4. Maria et Petra _____ .

5. Matthew _____ .

6. Nous _____ .

7. Tu _____ .

8. Vous _____ .

EXERCICE L

Complétez les phrases avec votre opinion en employant un verbe à l'infinitif.

1. Je sais _____ .

2. Il faut _____ .

3. J'aime _____ .

4. Je dois _____ .

5. Je déteste _____ .

6. Je vais _____ .

[4] NOUNS AND ADJECTIVES FOLLOWED BY PREPOSITIONS

Most nouns and adjectives are followed by *de* before an infinitive.

C'est une bonne idée **de** partir.   *It's a good idea to leave.*

Elle est triste **de** déménager.   *She is sad about moving.*

Défense **de** fumer.   *No smoking.*

NOTE: The adjective *prêt* (ready) is followed by the preposition *à*.

Nous sommes **prêts à** commencer.   *We are ready to begin.*

EXERCICE M

Complétez les phrases selon votre choix.

1. Je suis fier (fière) _____ .

2. Je suis prêt(e) _____ .

3. Je suis curieux (curieuse) _____ .

4. J'ai peur _____ .

5. J'ai le temps _____ .

6. J'ai l'habitude _____ .

[5] PREPOSITIONS WITH GEOGRAPHICAL EXPRESSIONS

a. To express "to" or "in" with names of places:

en	• feminine countries continents provinces islands • masculine countries beginning with a vowel	**en France** *to (in) France* **en Amérique** *to (in) America* **en Bretagne** *to (in) Brittany* **en Corse** *to (in) Corsica* **en Israël** *to (in) Israel*
au	• masculine countries	**au Canada** *to (in) Canada* **au Honduras** *to (in) Honduras*
aux	• plural countries	**aux États-Unis** *to (in)* *the United States*
à	• cities	**à Paris** *to (in) Paris*

Elle va aller **en Italie** cet été.   *She is going to Italy this summer.*

Il a de la famille **au Japon.**	*He has relatives in Japan.*
Es-tu jamais allé **à Paris?**	*Have you ever gone to Paris?*

b. To express "from" with names of places:

de	• feminine countries continents provinces islands • masculine countries beginning with a vowel • cities	**de France**　*from France* **d'Amérique**　*from America* **de Bretagne**　*from Brittany* **de Corse**　*from Corsica* **d'Israël**　*from Israel* **de Paris**　*from Paris*
du	• masculine countries	**du Canada**　*from Canada* **du Honduras**　*from Honduras*
des	• plural countries	**des États-Unis**　*from the United States*

Dieter vient **d'Allemagne.**	*Dieter comes from Germany.*
Le bateau partira **du Portugal.**	*The ship will leave from Portugal.*
Le train est arrivé **de New York.**	*The train has arrived from New York.*

NOTES:

1. Generally, geographical names are feminine if they end in *-e*, with the exception of *le Mexique, le Cambodge* (Cambodia), and *le Zaïre.*

2. The definite article is not used with *Israël* and *Haïti.*

   d'Israël　　　　　　　　　d'Haïti

3. Before most modified geographical names in which the modifier is an integral part of the name, "in" or "to" is expressed by *en* without the article, and "from" is expressed by *de* without the article.

   en Afrique du Nord　　　　*in North Africa*
   d'Amérique du Sud　　　　*from South America*

   Feminine countries, continents, provinces:

   l'Allemagne　*Germany*　　　　l'Angleterre　*England*

l'Autriche   *Austria*

la Belgique   *Belgium*

la Chine   *China*

l'Écosse   *Scotland*

l'Égypte   *Egypt*

l'Espagne   *Spain*

la France   *France*

la Grèce   *Greece*

Haïti   *Haiti*

la Hongrie   *Hungary*

l'Irlande   *Ireland*

l'Italie   *Italy*

la Norvège   *Norway*

la Pologne   *Poland*

la Roumanie   *Rumania*

la Russie   *Russia*

la Suède   *Sweden*

la Suisse   *Switzerland*

l'Afrique   *Africa*

l'Amérique du Nord   *North America*

l'Amérique du Sud   *South America*

l'Asie   *Asia*

l'Australie   *Australia*

l'Europe   *Europe*

l'Alsace   *Alsace*

la Bourgogne   *Burgundy*

la Bretagne   *Brittany*

la Champagne   *Champagne*

la Flandre   *Flanders*

la Lorraine   *Lorraine*

la Normandie   *Normandy*

la Provence   *Provence*

Masculine countries:

le Brésil   *Brazil*

le Canada   *Canada*

le Cambodge   *Cambodia*

le Danemark   *Denmark*

les États-Unis   *the United States*

Israël   *Israel*

le Japon   *Japan*

le Maroc   *Morocco*

le Mexique   *Mexico*

le Népal   *Nepal*

les Pays-Bas   *the Netherlands*

le Portugal   *Portugal*

le Viêt-nam   *Vietnam*

le Zaïre   *Zaire*

Mountains and waterways:

les Alpes *(f.)*   *the Alps*

le Jura   *the Jura Mountains*

les Pyrénées *(f.)*   *the Pyrenees*

les Vosges *(f.)*   *the Vosges*

la Manche   *the English Channel*

la Méditerranée   *the Mediterranean*

la Loire   *the Loire*

le Rhin   *the Rhine*

la Seine   *the Seine*

le Rhône   *the Rhone*

la Garonne   *the Garonne*

EXERCICE N

Dites quel pays vous avez visité si vous avez vu les choses suivantes.

EXEMPLE:

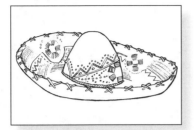

Je suis allé(e) **au** Mexique.

1. _____ .

2. _____ .

3. _____ .

4. _____ .

5. _____ .

6. _____ .

7. _____ .

8. _____ .

9. _____ .

10. _____ .

EXERCICE O

Exprimez de quels pays les membres du club international de votre école viennent.

EXEMPLE: Maria / Mexique
            Maria est **du** Mexique.

1. Victoria / Angleterre

2. Sven / Norvège

3. Tamar / Israël

4. Ahmed / Maroc

5. Katie / Hongrie

6. Nabuko / Japon

7. Helmut / Autriche

8. Maryann / Australie

9. Carla / Espagne

10. Brian / États-Unis

[6] COMMON PREPOSITIONS

à   *to, at*
Il va au restaurant.
Je le verrai à deux heures.

He is going to the restaurant.
I will see him at two.

après   *after*
Après les cours, j'irai chez moi.

After class, I'll go home.

autour de   *around*
Je marche autour du jardin.   *I walk around the garden.*

avant   *before*
Elle est arrivée avant nous.   *She arrived before we did.*

avant de (+ infinitive)   *before*
Réfléchissez avant de parler.   *Think before you speak.*

avec   *with*
Il sort avec moi.   *He is going out with me.*

chez (+ person)   *to (at) the house (place) of* (the person)
Restes-tu chez Marie?   *Are you staying at Marie's house?*
Nous allons chez le dentiste.   *We're going to the dentist.*

contre   *against*
Je me suis appuyé contre le mur.   *I leaned against the wall.*

dans   *in, within*
Ton livre est dans le salon.   *Your book is in the living room.*
Je serai prêt dans cinq minutes.   *I'll be ready in five minutes.*

derrière   *behind*
Cherche derrière le divan.   *Look behind the sofa.*

devant   *in front of*
Attends devant ta maison.   *Wait in front of your house.*

en   *in* (time)
Il a fini son travail en une heure.   *He finished his work in an hour.*

entre   *between, among*
Il y a un mur entre les salles.   *There is a wall between the rooms.*

loin de   *far from*
Le magasin est loin d'ici.   *The store is far from here.*

par   *by, through*
Sortez par cette porte.   *Leave through that door.*

près de   *near*
L'école est près de chez moi.   *The school is near my house.*

sans   *without*
Je suis parti sans mes clefs.   *I left without my keys.*
Elle est sans doute arrivée.   *No doubt she has arrived.*

sous   *under*
Regarde sous la table.   *Look under the table.*

sur   *on, upon*
Le document est sur votre bureau.   *The document in on your desk.*

vers   *towards*
Il marche vers la gare.   *He's walking toward the station.*

EXERCICE P

Complétez l'histoire de ce garçon avec les prépositions appropriées.

1. Je monte _____ ma voiture.

2. Je vais aller _____ mon ami Richard.

3. Il n'habite pas _____ _____ moi.

4. Je vais arriver _____ sa maison _____ difficulté.

5. Nous allons parler _____ nous.

6. Nous espérons finir notre travail _____ une heure.

7. Ensuite nous jouerons au foot dans la rue, _____ sa maison.

8. Nous jouerons _____ un groupe de jeunes gens.

9. _____ de repartir _____ moi, je le remercierai.

[7] EXPRESSIONS INTRODUCED BY À

The preposition *à* is used in the following expressions.

(1) **Before a mode of travel, to mean "on" or "by."** (Compare *en* with a means of transportation. See page 271.)

à bicyclette *on a bicycle, by bicycle*	à pied *on foot*
à cheval *on horseback*	

Il va à l'école à bicyclette.   *He goes to school by bicycle.*

(2) **Time expressions**

à bientôt *see you soon, so long*	à l'heure *on time*
à demain *see you tomorrow*	à tout à l'heure *see you later*
à samedi *good bye until Saturday*	au revoir *good-bye, see you again*
à ce soir *see you tonight*	

Je m'en vais. À ce soir.   *I'm leaving. See you tonight.*

(3) **Expressions of position and direction**

à côté de   *next to, beside*
Je travaille à côté de Luc.   *I work next to Luc.*

à droite de   *on (to) the right*
Le marché est à droite.   *The market is on the right.*

à gauche   *on (to) the left*
Va à gauche.   *Go to the left.*

à travers   *through, across*
Marchons à travers la forêt.   *Let's walk through the forest.*

au bas de   *at the bottom of*
Nous l'avons rencontrée au bas   *We met her at the bottom*
de l'escalier.   *of the stairs.*

au fond de   *in (at) the bottom (back) of*
Mon cahier est au fond   *My notebook is at the bottom*
de mon sac.   *of my bag.*

au milieu de   *in the middle of*
Il est tombé au milieu de la rue.   *He fell in the middle of the street.*

(4) Other expressions

à la campagne   *in (to) the country*
Hier je suis allée à la campagne.   *Yesterday I went to the country.*

à l'école   *in (to) school*
Elle n'est pas allée à l'école.   *She didn't go to school.*

à la maison   *at home, home*
Ne reste pas à la maison.   *Don't stay home.*

au contraire   *on the contrary*
Ne sais-tu pas danser?   *Don't you know how to dance?*
Au contraire, je danse très bien.   *On the contrary, I dance very well.*

à mon avis   *in my opinion*
À mon avis, le président a raison.   *In my opinion, the president is right.*

au moins   *at least*
Elle a au moins cent dollars à   *She has at least a hundred dollars*
la banque.   *in the bank.*

à peu près   *nearly, about, approximately*
Il a à peu près trois ans.   *He's about three years old.*

à haute voix, à voix haute   *aloud, out loud, in a loud voice*
Parle à haute voix.   *Speak out loud.*

à voix basse   *in a low voice*
Tu parles toujours à voix basse.   *You always speak in a low voice.*

EXERCICE Q

Complétez l'aventure bizarre qui est arrivée à Josh.

Hier après-midi, une jeune fille *(with)* _____ cheveux roux se promenait
1.

(across) _____ la ville *(on horseback)* _____ . Elle avait *(about)* _____
2.   3.   4.

quinze ans et elle était très jolie. J'étais *(at home)* _____ en train de faire
5.

mes devoirs quand je l'ai vue passer *(in the middle of)* _____ la rue.
6.

J'étais fort étonné et j'ai couru *(to the bottom)* _____ de l'escalier vers la
7.

porte de la maison. Je lui ai crié *(aloud)* _____ : *(see you later)* «_____».
8.   9.

Elle a répondu *(in a low voice)* _____ : *(good bye)* «_____». Puis elle a
10.   11.

disparu *(to the left)* _____ . Était-elle réelle ou, *(on the contrary)* _____ ,
12.   13.

était-elle un rêve? *(In my opinion)* _____ , c'était un fantôme.
14.

EXERCICE R

Complétez l'histoire de Timothy en utilisant l'expression qui convient.

à la maison	à travers
à l'heure	à voix basse
à mon avis	au contraire
à peu près	au fond
à pied	au moins

1. Samedi soir je ne suis pas resté _____ .

2. _____ , je suis sorti avec des amis.

3. Je suis arrivé à mon rendez-vous _____ , mais personne n'était là.

4. _____ dix minutes plus tard, tous mes amis sont arrivés.

5. Il y avait _____ dix personnes dans notre groupe.

6. Nous avons décidé d'aller au cinéma et nous sommes partis _____ .

7. Nous avons couru _____ le parc pour arriver plus vite.

8. Comme nous étions un peu en retard, nous n'avons trouvé des places
qu'_____ de la salle.

9. Nous avons commenté tout le film _____ .

10. _____ , le film était mauvais, mais nous nous sommes bien amusés quand même.

[8] EXPRESSIONS INTRODUCED BY *DE, EN,* AND *PAR*

d'abord *first, at first*
D'abord, efface ton erreur.   *First, erase your mistake.*

d'accord *agreed, OK*
On part. D'accord?   *We're leaving. OK?*

de bonne heure *early*
Elle se lève de bonne heure.   *She gets up early.*

de l'autre côté (de) *on the other side (of)*
J'habite de l'autre côté de la rue.   *I live on the other side of the street.*

de quelle couleur... ? *What color . . . ?*
De quelle couleur sont tes yeux?   *What color are your eyes?*

de rien, pas de quoi *you're welcome*
De rien.   *You're welcome.*
Il n'y a pas de quoi.   *Don't mention it.*

de temps en temps *from time to time*
Je me fâche de temps en temps.   *I get angry from time to time.*

en (when one is inside the means of transportation) *by*
en voiture (automobile, auto) *by car*
en avion *by plane*
en train *by train*
Vas-tu à Paris en avion?   *Are you going to Paris by plane?*

en (with the name of a language) *in*
Le poème est écrit en anglais.   *The poem is written in English.*

en bas *downstairs*
Je vais en bas.   *I'm going downstairs.*

en face de *opposite*
La banque est en face du café.   *The bank is opposite the cafe.*

en haut *at the top of, upstairs*
Écris ton nom en haut de la page.   *Write your name at the top of the page.*
Ma chambre est en haut.   *My room is upstairs.*

en retard   *late*
Je n'arrive jamais en retard.   *I never arrive late.*

en ville   *downtown, in (to, into) town*
Nous allons en ville ce matin.   *We are going downtown this morning.*

par exemple   *for example*
Je veux voir un bon film, une   *I want to see a good film, a comedy,*
comédie, par exemple.   *for example.*

par jour (semaine, mois, etc.)   *a (per) day (week, month, etc.)*
Il reçoit vingt dollars par jour.   *He receives twenty dollars a day.*

EXERCICE S

Exprimez ce que ces personnes font aujourd'hui en utilisant une expression appropriée.

d'abord	en français
de bonne heure	en haut
de temps en temps	en retard
en bus	en ville

1. M. Papand habite à la campagne, mais aujourd'hui il descend _____ pour aller visiter le nouveau musée.

2. Maman va _____ pour nettoyer les chambres.

3. Jacques se réveille _____ pour aller à son interview.

4. Suzanne va à l'école _____ parce qu'elle n'aime pas marcher.

5. Simon écrit un poème _____ .

6. Alan va _____ au café déjeuner, puis il va travailler.

7. Sarah arrive à son rendez-vous _____ . Elle doit s'excuser.

8. Mme Miller s'endort _____ pendant la journée.

MASTERY EXERCISES

EXERCICE T

Complétez les phrases selon votre choix.

1. Je refuse _____ .   3. Je me souviens _____ .

2. Je préfère _____ .   4. Je compte _____ .

5. Je ne veux pas _____ .

6. Je m'habitue _____ .

7. Je ne sais pas _____ .

8. Je mérite _____ .

EXERCICE U

Complétez cette histoire avec les prépositions nécessaires.

Tim a téléphoné _____ ses parents _____ bonne heure pour leur parler

1. 2.

_____ sa vie _____ l'université. Il a mentionné qu'il avait mal _____

3. 4. 5.

la gorge, ce qui l'empêchait _____ parler correctement. Ses parents ont

6.

dit qu'ils voulaient _____ le voir immédiatement. Ils étaient très inquiets

7.

et ils sont vite partis _____ voiture. Ils sont arrivés _____ la porte de

8. 9.

leur fils. Ils ont frappé et Tim les a invités _____ entrer. Il a persisté

10.

_____ dire que ce n'était rien et il a essayé en vain _____ changer le

11. 12.

sujet de conversation. Enfin papa a persuadé Tim _____ rentrer

13.

_____ la maison et _____ aller consulter un médecin. Tim s'est mis

14. 15.

_____ protester mais, _____ une longue discussion, le garçon a consenti

16. 17.

_____ partir. Il n'habitait pas _____ l'école et il savait qu'il pouvait

18. 19.

_____ revenir le jour même. Ses parents ont choisi _____ l'emmener

20. 21.

_____ un médecin _____ quartier. Ce médecin a dit _____ parents

22. 23. 24.

_____ Tim que c'était assez grave et que Tim devait rester _____ lit

25. 26.

pendant _____ moins une semaine. Il fallait aussi prendre des médicaments

27.

trois fois _____ jour. Le docteur a conseillé _____ Tim _____

28. 29. 30.

s'habituer _____ un régime strict. Ce pauvre garçon studieux regrettait

31.

_____ ne pas pouvoir retourner _____ classe tout de suite. Il espérait

32. 33.

qu'il allait vite se rétablir.

EXERCICE V

Exprimez en français les espoirs de cette fille.

1. I'd like to ask my mother to allow me to begin taking guitar lessons.
2. I know that I can succeed in persuading my father to give me the money for the lessons.
3. If I promise my parents to do the shopping, I'm sure they'll say yes.
4. If I persist in practicing at home every day, I'll succeed in becoming a good musician.
5. In my opinion, my mother wants to advise me to study the piano.
6. No doubt she thinks that the guitar will bother her.
7. On the contrary, I intend to rehearse when she's shopping downtown.
8. I want to practice a lot in order to become a member of a band.
9. I have to prepare myself to spend my own money for the guitar and the lessons, if it is necessary.
10. When I'm famous, I'll travel across Europe: in France, in Italy, and in England.

Part three
Adjective / Adverb and Related Structures

[1] AGREEMENT OF ADJECTIVES

a. Gender of adjectives
Adjectives agree in gender (masculine or feminine) with the nouns they modify.

(1) Most adjectives form the feminine by adding -*e* to the masculine.

MASCULINE	FEMININE	
allemand	allemande	*German*
américain	américaine	*American*
bleu	bleue	*blue*
brun	brune	*brown*
content	contente	*glad*
espagnol	espagnole	*Spanish*
français	française	*French*
lourd	lourde	*heavy*
noir	noire	*black*
vrai	vraie	*true*

NOTE: Adjectives ending in -*é* also form the feminine by adding -*e*.

MASCULINE	FEMININE	
âgé	âgée	*old*
fatigué	fatiguée	*tired*
passé	passée	*past*

(2) Adjectives ending in silent -*e* do not change in the feminine.

MASCULINE	FEMININE	
aimable	aimable	*kind, pleasant*
confortable	confortable	*comfortable*
drôle	drôle	*funny, strange*
facile	facile	*easy*
honnête	honnête	*honest*
jaune	jaune	*yellow*

277

magnifique	magnifique	*magnificent*
pauvre	pauvre	*poor*
rouge	rouge	*red*
triste	triste	*sad*

EXERCICE A

Exprimez comment sont les objets et les personnes illustrés.

EXEMPLE:

brun **La maison est brune.**

1. brillant

2. triste

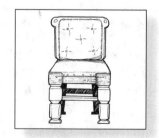

3. jaune

4. lourd

5. fermé

6. bleu

7. confortable

8. âgé

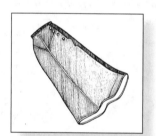

9. rouge

10. espagnol

11. noir

12. content

(3) Adjectives ending in *-x* form the feminine by changing *-x* to *-se*.

MASCULINE	FEMININE	
ambitieux	ambitieuse	*ambitious*
chanceux	chanceuse	*lucky*
consciencieux	consciencieuse	*conscientious*
courageux	courageuse	*courageous*
dangereux	dangereuse	*dangerous*
furieux	furieuse	*furious*
généreux	généreuse	*generous*
heureux	heureuse	*happy*
malheureux	malheureuse	*unhappy, sad*
paresseux	paresseuse	*lazy*
peureux	peureuse	*fearful*
sérieux	sérieuse	*serious*

EXERCICE B

Utilisez des adjectifs de la liste précédente pour décrire les personnes illustrées.

EXEMPLE:

Mme Parker **est courageuse.**

1. M. Wilson _____ .

2. Lucie et Catherine _____ .

3. Evan et Douglas _____ .

4. Deanna _____ .

5. Mme Dorland et
Mme Martinelli _____ .

6. Jacques Paul et Martin _____ .

7. Patricia et Rosa _____ .

8. Nadia _____ .

(4) Adjectives ending in _-f_ form the feminine by changing _-f_ to _-ve_.

MASCULINE	FEMININE	
actif	active	*active*
attentif	attentive	*attentive*
imaginatif	imaginative	*imaginative*
impulsif	impulsive	*impulsive*
naïf	naïve	*naive*

neuf	neuve	*new*
sportif	sportive	*athletic*
vif	vive	*lively*

EXERCICE C

Exprimez comment sont ces personnes en complétant chaque phrase avec un de ces adjectifs mis à la forme appropriée.

actif	imaginatif	intuitif	sportif
attentif	impulsif	naïf	vif

1. Marla fait attention aux moindres détails. Elle est _____ .

2. Brad croit tout ce qu'on lui dit. Il est _____ .

3. Tara et Nicole participent à toutes les compétitions d'athlétisme. Elles sont

   _____ .

4. Paul et Lewis agissent généralement sur le moment. Ils sont _____ .

5. Mme Russell sait à l'avance ce que les personnes feront et diront. Elle est

   _____ .

6. Eric a beaucoup de créativité. Il est _____ .

7. Clara participe à beaucoup d'activités. Elle est _____ .

8. Natasha et Clarisse sont très alertes. Elles sont _____ .

(5) **Adjectives ending in -*er* form the feminine by changing -*er* to -*ère*.**

MASCULINE	FEMININE	
cher	chère	*dear; expensive*
dernier	dernière	*last*
entier	entière	*entire, whole*
étranger	étrangère	*foreign*
fier	fière	*proud*
léger	légère	*light*
premier	première	*first*

(6) **Some adjectives form the feminine by doubling the final consonant before adding -*e*.**

MASCULINE	FEMININE	
ancien	ancienne	*old, ancient; former*

bas	basse	*low*
bon	bonne	*good*
cruel	cruelle	*cruel*
européen	européenne	*European*
gentil	gentille	*nice, kind*

(7) Some adjectives have irregular feminine forms.

MASCULINE	FEMININE	
blanc	blanche	*white*
complet	complète	*complete*
doux	douce	*sweet, mild, gentle*
faux	fausse	*false*
favori	favorite	*favorite*
frais	fraîche	*fresh, cool*
franc	franche	*frank*
inquiet	inquiète	*worried, uneasy*
long	longue	*long*
sec	sèche	*dry*
secret	secrète	*secret*
beau (bel)	belle	*beautiful*
nouveau (nouvel)	nouvelle	*new*
vieux (vieil)	vieille	*old*

NOTE: **The adjectives** *beau, nouveau,* and *vieux* **change to** *bel,* *nouvel,* **and** *vieil* **before a masculine singular noun beginning with a vowel or silent** *h.*

Cet hôtel est **beau.**	Regarde ce **bel** hôtel.
Cet hôpital est **nouveau.**	Regarde ce **nouvel** hôpital.
Cet édifice est **vieux.**	Regarde ce **vieil** édifice.

EXERCICE D

Votre ami et vous êtes rarement du même avis. Écrivez ce qu'il vous dit.

EXEMPLE: La physique est difficile.
    Pas du tout. La physique est facile.

1. Mme Deville est cruelle.

2. Cette idée est vieille.

3. La lumière du soleil est dure aujourd'hui.

4. La chemise est humide.

5. Son histoire est vraie.

6. Il parle à voix haute.

7. Cet édifice est neuf.

8. La chatte est noire.

9. On fait une courte promenade.

10. Cette table est bon marché.

EXERCICE E

Complétez les phrases avec la forme correcte de l'adjectif entre parenthèses.

1. *(nouveau)* J'ai un _____ appartement pour lequel j'ai acheté un

   _____ divan, une _____ table et une _____

   armoire. Cet appartement est _____ parce qu'on vient de le rénover.

2. *(beau)* J'ai fait la connaissance d'un _____ homme qui a une

   _____ apparence. Trouves-tu que cet homme soit _____ ?

3. *(vieux)* Ce _____ docteur travaille dans un _____ hôpital. Il a

   un _____ ordinateur et une _____ machine à écrire dans son

   bureau. Ce docteur est _____ parce qu'il a quatre-vingts ans.

b. Plural of adjectives

Adjectives agree in number (singular or plural) with the nouns they modify.

(1) The plural of adjectives is formed by adding *-s* to the masculine or feminine singular form.

SINGULAR	PLURAL	
âgé	âgés	*old*
blond	blonds	*blond*
gentille	gentilles	*kind*
sèche	sèches	*dry*
impulsive	impulsives	*impulsive*

(2) Adjectives ending in *-s* or *-x* do not change in the masculine plural.

SINGULAR	PLURAL	
gris	gris	*gray*
heureux	heureux	*happy*
malheureux	malheureux	*unhappy*
anglais	anglais	*English*
français	français	*French*
frais	frais	*fresh*
mauvais	mauvais	*bad*

(3) Most adjectives ending in *-al* change *-al* to *-aux* in the masculine plural.

SINGULAR	PLURAL	
égal	égaux	*equal*
général	généraux	*general*
loyal	loyaux	*loyal*
national	nationaux	*national*
principal	principaux	*principal*
social	sociaux	*social*
spécial	spéciaux	*special*

(4) The adjective *tout* is irregular in the masculine plural.

tout	tous	*all*

(5) Both masculine forms of *beau (bel)*, *nouveau (nouvel)*, and *vieux (vieil)* have the same plural forms.

un **bel** hôtel	de **beaux** hôtels
un **beau** jardin	de **beaux** jardins
un **nouvel** hôpital	de **nouveaux** hôpitaux
un **nouveau** docteur	de **nouveaux** docteurs
un **vieil** édifice	de **vieux** édifices
un **vieux** toit	de **vieux** toits

NOTE: An adjective modifying two or more nouns of different genders is always masculine plural.

L'homme et la femme sont **charmants**.	*The man and the woman are charming.*

EXERCICE F

Utilisez les adjectifs suggérés pour décrire ces personnes que vous connaissez.

actif	beau	fier	imaginatif	loyal
âgé	bon	généreux	intelligent	sérieux
aimable	drôle	gentil	intéressant	

1. Mes professeurs sont _____ , _____ , _____ , _____ , _____ ,

   _____ , _____ , _____ .

2. Mes amies sont _____ , _____ , _____ , _____ , _____ ,

   _____ , _____ , _____ .

3. Mes parents sont _____ , _____ , _____ , _____ , _____ ,

   _____ , _____ , _____ .

EXERCICE G

Vous rendez visite à une amie. Décrivez les choses que vous voyez dans sa chambre.

EXEMPLE: Ces lits sont bas. Ces tables *(f.)* sont basses.

1. Ces photos sont grises. Ces tableaux *(m.)* sont _____ .

2. Ces disquettes d'ordinateur sont spéciales. Ces jeux vidéo *(m.)* sont

   _____ .

3. Ces rideaux sont blancs. Ces fenêtres *(f.)* sont _____ .

4. Ces cassettes sont bonnes. Ces disques compacts *(m.)* sont _____ .

5. Ces tapis sont épais. Ces couvertures *(blankets) (f.)* sont _____ .

6. Ces produits sont dangereux. Ces installations *(f.)* électriques sont

   _____ .

7. Ces coussins sont neufs. Ces décorations *(f.)* sont _____ .

8. Ces dessins sont anciens. Ces images *(f.)* sont _____ .

9. Ces fleurs sont artificielles. Ces fruits *(m.)* sont _____ .

10. Ces affiches sont belles. Ces posters *(m.)* sont _____ .

[2] POSITION OF ADJECTIVES

a. Descriptive adjectives normally follow the noun they modify.

une maison blanche	*a white house*
un enfant actif	*an active child*

b. Some short descriptive adjectives usually precede the noun.

beau	gentil	joli
bon / mauvais	gros	nouveau
court / long	jeune / vieux	petit / grand

un **court** poème	*a short poem*
une **belle** voiture	*a beautiful car*

NOTE: *Des* becomes *de* when the adjective precedes the noun.

de petites filles   *young girls*

c. Following are some other common adjectives that precede the noun.

autre *other*		quelque *some*
chaque *each*		quelques *(pl.)* *a few*
dernier *last*		tel *such*
plusieurs *several*		tout *all, whole, every*
premier *first*		

une autre histoire	*another story*
plusieurs occasions	*several opportunities*

d. The adjective *tout* precedes both the noun and the definite article.

tous les gens	*all the people*
toutes les filles	*every girl*

e. When more than one adjective describes a noun, each adjective is placed in its normal position. Two adjectives in the same position are joined by *et*.

une jeune fille charmante	*a charming young girl*
un garçon sportif et intelligent	*an athletic, intelligent boy*
une grande et nouvelle maison	*a big new house*

EXERCICE H

M. Price visite son pays natal. Suivez l'exemple pour dire ce qu'il observe.

EXEMPLE: vignes
Il cherche de **vieilles** vignes.
Mais il trouve de **nouvelles** vignes.
Ce sont de **belles** vignes.

1. pont

2. église

3. villages

4. arbre

5. maisons

6. rue

7. statue

8. monuments

EXERCICE I

Exprimez comment sont les choses suivantes.

EXEMPLE: une bouteille *(petit)*
une petite bouteille

1. un bracelet *(joli)*

2. des jouets *(magnifique)*

3. une robe *(blanc)*

4. un ordinateur *(gros)*

5. des livres *(bon)*

6. un film *(français)*

7. des poèmes *(court)*

8. des disques compacts *(spécial)*

EXERCICE J

Vous êtes allé(e) sur une île tropicale. Exprimez ce que vous y avez vu.

EXEMPLE: des maisons *(joli / typique)*
J'ai vu **de jolies maisons typiques.**

1. une plage *(grand / blanc)*

2. des fleurs *(joli / exotique)*

3. des animaux *(petit / sauvage)*

4. un pont *(vieux / magnifique)*

5. des plantes *(gros / rouge)*

6. des femmes *(gentil / français)*

7. un oiseau *(beau / orange)*

EXERCICE K

Exprimez ce que ces personnes ont lu pendant leur temps libre en formant des phrases avec **tout.**

la revue	les bandes dessinées	les magazines
le poème	les cartes postales	les pièces de théâtre
le roman	les journaux	l'histoire

EXEMPLE: Jack **a lu toutes les cartes postales.**

1. Vous _____ .
2. Scott _____ .
3. Tu _____ .
4. Alicia _____ .

5. Mes cousins et moi _____ .
6. Fatima et André _____ .
7. Sébastien _____ .
8. Je _____ .

M A S T E R Y   E X E R C I S E S

EXERCICE L

Exprimez votre opinion en utilisant au moins trois adjectifs pour décrire les personnes et les choses suivantes.

1. Je suis _____ .
2. La musique rock est _____ .
3. Mon (Ma) meilleur(e) ami(e) est _____ .
4. Le français est _____ .
5. Ma chambre est _____ .
6. Mes opinions sont _____ .
7. Mes vêtements sont _____ .
8. Mes héros sont _____ .

EXERCICE M

Exprimez votre opinion en employant deux adjectifs à chaque fois.

EXEMPLE: la France *(un pays)*
            La France est un pays magnifique et célèbre.

1. le basket *(un sport)*

2. la Porsche *(une voiture)*

3. les cerises et les raisins *(des fruits)*

4. le français et l'anglais *(des langues)*

5. une montre *(un cadeau)*

6. la médecine et le droit *(des métiers)*

7. l'été *(une saison)*

EXERCICE N

Exprimez ce que Mme Stendhal dit de sa famille.

1. I have two handsome, smart sons, Eric and Michael.

2. Eric is tall and thin. He has long blond hair and blue eyes.

3. He attends a large old American university that has modern ideas.

4. He receives good grades because he is conscientious, serious, attentive, and imaginative.

5. His secret ambition is to become a rich and famous computer engineer *(ingénieur en informatique)*.

6. My other son, Michael, is short, with big black eyes and brown hair.

7. He's young and athletic and always very kind.

8. Like me, he loves foreign languages and the study of ancient civilizations.

9. He's always funny and he has a charming, likeable personality.

10. I am very proud of my two sons because they are ambitious and generous, and they are never selfish.

Chapter 23
Adverbs

An adverb is a word that modifies a verb, an adjective, or another adverb.

[1] FORMATION OF ADVERBS

Most French adverbs are formed by adding *-ment* to an adjective. This corresponds to adding *-ly* in English.

a. When a masculine singular adjective ends in a vowel, *-ment* is added to the masculine singular form.

ADJECTIVE		ADVERB	
facile	*easy*	facilement	*easily*
poli	*polite*	poliment	*politely*
possible	*possible*	possiblement	*possibly*
probable	*probable*	probablement	*probably*
rapide	*quick*	rapidement	*rapidly, quickly*
triste	*sad*	tristement	*sadly*
vrai	*true*	vraiment	*truly*

EXERCICE A

Combinez les phrases pour exprimer comment Alice agit.

EXEMPLE: Elle pleure. C'est stupide.
            Elle pleure **stupidement.**

1. Elle répond. C'est honnête.

2. Elle chante. C'est magnifique.

3. Elle s'exprime. C'est facile.

4. Elle soupire *(sighs).* C'est triste.

5. Elle s'habille. C'est joli.

6. Elle se présente. C'est poli.

b. When a masculine singular adjective ends in a consonant, -*ment* is added to the feminine singular.

ADJECTIVE		ADVERB	
MASCULINE	FEMININE		
actif	active	activement	*actively*
certain	certaine	certainement	*certainly*
correct	correcte	correctement	*correctly*
cruel	cruelle	cruellement	*cruelly*
doux	douce	doucement	*softly, gently*
fier	fière	fièrement	*proudly*
franc	franche	franchement	*frankly*
heureux	heureuse	heureusement	*happily, fortunately*
tel	telle	tellement	*so*
seul	seule	seulement	*only*
Exceptions:			
gentil		gentiment	*nicely*
bref		brièvement	*briefly*

EXERCICE B

Stephen apprend à jouer au golf. Remplacez les adjectifs par les adverbes correspondants pour exprimer comment sa leçon se passe.

EXEMPLE: Stephen écoute les instructions. Il est attentif.
Stephen écoute **attentivement** les instructions.

1. Stephen comprend. Il est rapide.
2. Stephen réfléchit. Il est consciencieux.
3. L'instructeur lui parle. Il est gentil.
4. Stephen agit. Il est impulsif.
5. Il s'applique. Il est sérieux.
6. Il réussit. Il est fier.
7. Il parle à l'instructeur. Il est poli.
8. Stephen joue. Il est énergique.
9. Le jeu s'arrête. Il est bref.
10. Son père l'encourage. Il est sincère.

c. A few adjectives change mute *-e* to *-é* before adding *-ment.*

ADJECTIVE	ADVERB	
aveugle	aveuglément	*blindly*
énorme	énormément	*enormously*
précis	précisément	*precisely*
profond	profondément	*profoundly*

d. Adjectives ending in *-ant* and *-ent* have adverbs ending in *-amment* and *-emment.*

ADJECTIVE	ADVERB	
constant	constamment	*constantly*
courant	couramment	*fluently*
différent	différemment	*differently*
évident	évidemment	*evidently*
récent	récemment	*recently*
Exception:		
lent	lentement	*slowly*

EXERCICE C

Votre correspondant français vient d'arriver chez vous. Exprimez ce qu'il fait en répondant aux questions avec des adverbes.

EXEMPLE: Quand parle-t-il français? *(constant)*
Il parle **constamment** français.

1. Quand est-il arrivé? *(récent)*

2. Est-ce qu'il parle français? *(évident)*

3. Comment trouve-t-il son chemin? *(aveugle)*

4. Comment s'explique-t-il? *(différent)*

5. Comment répond-il? *(précis)*

6. Comment parle-t-il anglais? *(courant)*

7. Comment pense-t-il? *(profond)*

8. Comment mange-t-il? *(énorme)*

e. Some adverbs have forms distinct from the adjective forms.

ADJECTIVE		ADVERB	
bon	*good*	**bien**	*well*
mauvais	*bad*	**mal**	*badly*
meilleur	*better*	**mieux**	*better*
petit	*little*	**peu**	*little*

Luke a de **bonnes** notes parce qu'il travaille **bien**.

Luke has good grades because he works well.

Anne chante **mieux** parce qu'elle a une **meilleure** voix.

Anne sings better because she has a better voice.

EXERCICE D

Exprimez comment sont les étudiants dans la classe de Louise en utilisant l'adverbe et la forme correcte de l'adjectif entre parenthèses.

1. *(petit, peu)* Carl est un _____ garçon qui écoute _____ le prof.

2. *(mauvais, mal)* Rachel apprend _____ parce qu'elle est _____ élève.

3. *(bon, bien)* Annie et Jane sont _____ mathématiciennes parce qu'elles comprennent _____ les leçons.

4. *(meilleur, mieux)* Lisa a de _____ notes que sa sœur parce qu'elle étudie _____ .

5. *(petit, peu)* Daniel écrit _____ avec son _____ stylo.

6. *(bon, bien)* Roger traite _____ les autres parce qu'il est un _____ ami.

7. *(mauvais, mal)* Frank et Nick sont de _____ garçons qui se comportent _____ .

8. *(meilleur, mieux)* Jonathan joue _____ du piano parce qu'il a un _____ professeur.

f. Other common adverbs and adverbial expressions:

alors	*then*	aussi	*also, too*
après	*afterward*	beaucoup	*much*
assez	*enough, quite*	bien	*well, very*
aujourd'hui	*today*	bientôt	*soon*

comme *as*	plus *more*
déjà *already*	près de *near*
demain *tomorrow*	presque *almost*
encore *still, yet, again*	puis *then*
enfin *at last*	quelquefois *sometimes*
ensemble *together*	si *so*
ensuite *then, afterwards*	souvent *often*
hier *yesterday*	surtout *especially*
ici *here*	tard *late*
là *there*	tôt *soon*
loin *far*	toujours *always, still*
longtemps *a long time*	tout *quite, entirely*
maintenant *now*	tout à coup *suddenly*
mal *badly*	tout à fait *entirely*
même *even*	tout de suite *immediately*
moins *less*	très *very*
parfois *sometimes*	trop *too much*
partout *everywhere*	vite *quickly*
peut-être *perhaps, maybe*	

EXERCICE E

Récrivez l'histoire de Mme Rivers en utilisant des adverbes qui ont le même sens que les mots en caractères gras.

1. Mme Rivers conduit **rapidement** parce qu'elle est en retard.
2. Elle est **tellement** nerveuse qu'elle ne fait pas attention.
3. Elle veut arriver **immédiatement.**
4. **Soudainement,** elle entend la sirène de la police.
5. Elle est **complètement** bouleversée *(upset)*.
6. **À présent,** elle arrête sa voiture.
7. L'agent lui donne une contravention *(ticket)*. Ils discutent **tous les deux** de la sécurité routière.
8. **Ensuite** l'agent lui ordonne de conduire moins vite.
9. **De temps en temps,** la vie est injuste.
10. **Ce jour-ci,** Mme Rivers n'a pas de chance.

g. Some adverbial expressions are formed by combining prepositions with other words.

(1) **Preposition + noun or noun phrase**

à droite (gauche)   *to the right (left)*

à la fin   *finally*

à la fois   *at the same time*

à l'heure   *on time*

à peine   *hardly, scarcely*

à présent   *now, at present*

d'avance   *in advance, beforehand*

de jour en jour   *from day to day*

de temps en temps (de temps à autre)   *from time to time*

d'habitude   *generally, usually*

du matin au soir   *from morning to night*

en retard   *late*

par hasard   *by chance*

par jour (semaine, mois, etc.)   *per / a day (week, month, etc.)*

sans doute   *without a doubt, undoubtedly*

L'église est **à gauche** et le café **à droite.**

The church is on the left and the cafe on the right.

Il est **à la fois** gentil et aimable.

He is nice and friendly at the same time.

Elle peut **à peine** parler.

She can hardly speak.

À présent, je ne travaille pas.

Presently I am not working.

Tu changes **de jour en jour.**

You change from day to day.

Il a plu **du matin au soir.**

It rained from morning to night.

(2) **Preposition + adjective**

d'ordinaire   *usually*

de nouveau   *again*

en général   *in general, generally*

par conséquent   *therefore, consequently*

D'ordinaire elle est là à l'heure.

Usually she is there on time.

En général je suis content.

I am generally happy.

(3) **Preposition + adverb**

à jamais   *forever*

du moins   *at least, in any case*

au moins   *at least*

Il m'aimera **à jamais.**

He will love me forever.

Je vois **au moins** deux erreurs.

I see at least two mistakes.

Du moins il est très heureux.

In any case he is very happy.

(4) Preposition + adjective + noun

à tout prix *at any cost*	de bon cœur *willingly, gladly*
de bon appétit *heartily, with*	de bonne heure *early*
a good appetite	en même temps *at the same time*

Je dois te voir **à tout prix.**	*I have to see you at any cost.*
Mange **de bon appétit.**	*Eat with a hearty appetite.*
Je t'aiderai **de bon cœur.**	*I'll help you gladly.*

h. The following are other common adverbial expressions formed with several words.

encore une fois *again*	tant mieux *so much the better*
peu à peu *little by little,*	tant pis *too bad,*
gradually	*so much the worse*
peut-être *perhaps*	tout à l'heure *presently*

Répétez **encore une fois,** s'il vous plaît.	*Please repeat it again.*
Il neige. **Tant mieux.**	*It's snowing. So much the better.*
Lise est sortie; elle reviendra **tout à l'heure.**	*Lise went out; she'll be back presently.*

EXERCICE F

Complétez l'histoire de cet homme avec l'expression française correcte qui correspond au mot donné entre parenthèses.

_____ , M. Drake mange dans notre restaurant trois fois _____ .
1. (In general)   2. (per week)

_____ il nous téléphone _____ parce que nous sommes ici tous
3. (Usually)   4. (in advance)

les jours _____ . _____ , quand il arrive
5. (from morning to evening)   6. (Consequently)

chez nous, son dîner est prêt. _____ , il vient _____ pour
7. (From time to time)   8. (early)

profiter _____ du silence et du calme. _____ il mange
9. (without a doubt)   10. (At present)

_____ . Il mange _____ ses légumes, mais il mange
11. (with a good appetite)   12. (hardly)

_____ la viande. _____ de chaque repas, _____ il
13. (at least)   14. (At the end)   15. (very quickly)

a envie de partir; il laisse _____ un pourboire généreux _____
16. (gladly)   17. (to the right)

de son assiette. Il aime _____ le service plus que la nourriture.
                      18. (perhaps)

_____ pour nous! Nous espérons le revoir _____
 19. (So much the better)   *20.* (again)

cette semaine.

[2] ADVERBS OF QUANTITY

Certain adverbs expressing quantity are followed by *de,* without an article, before a noun.

assez de *enough*	peu de *little, few*
beaucoup de *much, many*	plus de *more*
combien de *how much, how many*	tant de *so much, so many*
moins de *less, fewer*	trop de *too much, too many*

As-tu **beaucoup de** problèmes?   *Do you have a lot of problems?*

J'ai **moins de** travail que toi.   *I have less work than you.*

EXERCICE G

Exprimez ce que les jeunes gens apportent au pique-nique.

EXEMPLE:

assez **Ils apportent assez d'assiettes.**

1. beaucoup   *2.* assez

3. tant   **4.** trop

5. peu

[**3**]   POSITION OF ADVERBS

a. An adverb modifying a verb in a simple tense is usually placed directly after the verb.

Il **boit rarement** du jus de citron.	*He rarely drinks lemon juice.*
Vas-tu **travailler sérieusement?**	*Are you going to work seriously?*

b. In the *passé composé* the position of the adverb varies. Most adverbs generally follow the *past participle*. A few common ones, such as *bien, mal, souvent, toujours, déjà,* and *encore,* as well as adverbs of quantity, usually precede the past participle.

Hier, John est venu **tôt.**	*Yesterday, John came early.*
Il a **beaucoup** travaillé en classe.	*He worked a lot in class.*

EXERCICE H

Greg est allé voir une amie malade. Exprimez ce qu'il a fait en mettant l'adverbe à sa place.

1. Il lui a téléphoné. *(souvent)*

2. Il est allé chez elle. *(immédiatement)*

3. Il lui a parlé. *(doucement)*

4. Il lui a envoyé trois cartes. *(déjà)*

5. Il l'a écoutée. *(attentivement)*

6. Il a compris ses problèmes. *(mal)*

7. Il l'a aidée. *(sérieusement)*

8. Il est parti de sa maison. *(lentement)*

MASTERY EXERCISES

EXERCICE I

Répondez aux questions qu'un ami vous pose en utilisant des adverbes dans vos réponses.

1. Que fais-tu d'habitude le dimanche?

2. Comment travailles-tu?

3. Qui aimeras-tu à jamais?

4. Que manges-tu de bon appétit?

5. Qu'est-ce que tu apprends peu à peu?

6. Quand parles-tu franchement?

7. Comment agis-tu?

8. Quand parles-tu sévèrement?

EXERCICE J

Complétez les phrases avec un adverbe qui convient.

1. Claudette ne va pas toujours à la bibliothèque. Elle y va _____ .

2. Terri n'aime pas du tout cuisiner. Alors elle prépare _____ le dîner.

3. Mme Bonot ne savait pas quels numéros on allait choisir. Elle a gagné _____ à la loterie.

4. Je ne sais pas quel jour je viendrai, mais ne vous inquiétez pas, je vous téléphonerai _____ .

5. Mark voudrait aller à une bonne université. Pour cette raison il travaille _____ .

6. Si Dana recevait le trophée après le match de tennis, elle le montrerait

_____ à ses amis.

7. Sam a _____ de devoirs qu'il ne peut pas regarder la télé ce soir.

8. La première fois, Raymond n'a pas pu trouver la réponse correcte. Alors

il a dû essayer _____ .

9. Mme Gray marche _____ parce qu'elle a très mal à la jambe.

10. Christopher ne peut pas trouver ses clefs. Elles sont _____ dans sa

poche.

EXERCICE K

Exprimez en français ce que Pauline fait.

1. At present I work from morning to night in a pastry shop.

2. I always arrive on time and I work slowly but conscientiously.

3. I always speak politely to the customers.

4. Fortunately I like my job a lot because a friend and I work together.

5. We often eat some very delicious pastries which are always quite rich.

6. I especially like the chocolate eclairs which we sell from time to time.

7. I always eat with a hearty appetite, which explains why I'm gaining

weight so quickly.

8. Perhaps I'll go on a diet again.

9. Unfortunately there are still so many different pastries that I'd like to

taste.

10. Maybe tomorrow my friend and I will eat only one little pastry.

Chapter 24
Comparison

[1] COMPARISON OF INEQUALITY

a. Adjectives are compared as follows.

POSITIVE **intelligent (-e, -s, -es)**   *intelligent*
COMPARATIVE **plus intelligent (-e, -s, -es) que**   *more intelligent than* **moins intelligent (-e, -s, -es) que**   *less intelligent than*
SUPERLATIVE **le (la, les) plus intelligent (-e, -s, -es) de**   *the most intelligent in (of)* **le (la, les) moins intelligent (-e, -s, -es) de**   *the least intelligent in (of)*

Shari est **intelligente**.	*Shari is intelligent.*
Shari est **plus (moins)** intelligente que Beth.	*Shari is more (less) intelligent than Beth.*
Shari est la **plus (moins)** intelligente de la classe.	*Shari is the most (least) intelligent in the class.*

NOTE:

1. *Que* (than) introduces the second element in the comparative construction.

2. The second element of a comparison may be a noun, a stress pronoun, an adjective, an adverb, or a clause.

Je suis plus petite **que ma sœur**.	*I am shorter than my sister.*
Tu es plus sérieux **que moi**.	*You are more serious than I.*
Elle est plus gênée **que fâchée**.	*She is more annoyed than angry.*
Il a travaillé plus **qu'avant**.	*He worked more than before.*
C'est le plus grand édifice **que nous ayons jamais vu**.	*It's the tallest building (that) we ever saw.*

3. Comparative and superlative forms of adjectives agree in number and gender with the nouns they modify.

La souris est plus petite que le chat.	*The mouse is smaller than the cat.*

302

Ces garçons sont plus forts
que ces filles.

*Those boys are stronger
than those girls.*

4. The preposition *de* + article *(du, de l', de la)* may follow the superlative to express "in" or "of."

La France est-elle le plus beau pays
du monde?

*Is France the most beautiful
country in the world?*

Je cherche la plus grande chambre
de l'hôtel.

*I'm looking for the biggest room
in the hotel.*

5. In the superlative, the adjective generally retains its normal position.

C'est une belle voiture.

It's a beautiful car.

C'est **la plus belle** voiture.

It's the most beautiful car.

6. When a superlative adjective follows the noun, the article is repeated.

C'est l'homme **le** plus charmant.

He's the most charming man.

EXERCICE A

Vos amis ont des personnalités différentes. Exprimez ce que vous pouvez dire d'eux en utilisant les suggestions entre parenthèses.

EXEMPLES: Margarita est égoïste. (+ / *Paul*)
Margarita est **plus égoïste que** Paul.

Robert est paresseux. (− / *Gerry*)
Robert est **moins paresseux que** Gerry.

1. Gabrielle est polie. (− / *Della*)

2. Max est honnête. (− / *Christian*)

3. Anne est ambitieuse. (+ / *Maria*)

4. John est intuitif. (− / *Mark*)

5. Julia est gentille. (− / *Jeff*)

6. Brian est fier. (+ / *Danielle*)

7. Kavita est belle. (− / *Fran*)

8. Tasha est impulsive. (+ / *Roger*)

EXERCICE B

Exprimez votre opinion sur les articles suivants en comparant le premier élément avec le second.

EXEMPLE: un livre de contes / un dictionnaire
Un livre de contes est **moins (plus) utile qu'**un dictionnaire.

1. une radio / un lecteur de disques compacts

2. une télévision / une radio

3. une bicyclette / une voiture

4. une machine à écrire / un ordinateur

5. un four à micro-ondes / un barbecue électrique

6. un magnétoscope / un baladeur

7. un fax / un téléphone

8. un bateau / un avion

EXERCICE C

Faites la comparaison des personnes que vous connaissez en utilisant les adjectifs donnés.

actif	égoïste	honnête	sympathique
âgé	fort	intéressant	vieux
aimable	franc	populaire	
drôle	gentil	sérieux	

EXEMPLE: ma mère / mon père
   Ma mère est **plus gentille que** mon père.
   Mon père est **moins drôle que** ma mère.

1. mon docteur / mon dentiste

2. mon prof de science / mon prof de français

3. mon ami(e) / mon (ma) voisin(e)

4. mon cousin / ma cousine

5. mon oncle / ma tante

6. mes parents / mes grands-parents

EXERCICE D

Exprimez votre opinion la plus positive et la plus négative pour chaque catégorie.

EXEMPLE: la langue / facile
   La langue la plus facile est le français.
   La langue la moins facile est le russe.

1. l'acteur / comique

2. le film / effrayant

3. la chanson / populaire

4. les plats / délicieux

5. la voiture / rapide

6. les matières / intéressantes

7. le sport / dangereux

8. l'animal / beau

EXERCICE E

Exprimez quel est, à votre avis, l'ordre d'importance des éléments de chaque catégorie.

EXEMPLE: un sport populaire *(le tennis, le golf, le basket)*
             Le golf est un sport populaire.
             Le tennis est un sport plus populaire.
             Le basket est le sport le plus populaire.

1. un métier important *(être savant, être docteur, être président)*

2. une langue utile *(l'anglais, le français, l'espagnol)*

3. un trait indésirable *(être malhonnête, être égoïste, être paresseux)*

4. un rêve réalisable *(devenir astronaute, hériter beaucoup d'argent, aller à Paris)*

5. un espoir général *(éliminer la violence, éliminer la guerre, éliminer le racisme)*

b. A few adjectives have irregular comparatives and superlatives.

POSITIVE	COMPARATIVE	SUPERLATIVE
bon (-ne, -s, -nes) *good*	**meilleur (-e, -s, -es)** *better*	**le (la) meilleur(e)** *best* **les meilleur(e)s** *best*
mauvais (-e, -es) *bad*	**plus mauvais (-e, -es)** *worse* **pire(s)** *worse*	**le (la) plus mauvais(e)** *(the) worst* **les plus mauvais(es)** *(the) worst* **le (la) pire** *(the) worst* **les pires** *(the) worst*

Tu as **la meilleure** attitude.   *You have the best attitude.*

Ses problèmes sont **les pires**.   *His (Her) problems are the worst.*

EXERCICE F

Exprimez quel choix est, à votre avis, le meilleur et le pire de chaque catégorie.

EXEMPLE: acteur
Joe Pesci est le meilleur acteur.
Mon cousin Hector est le pire.

1. pays à visiter

2. spécialité française

3. restaurant

4. sport

5. divertissement

6. instrument de musique

7. langue à étudier

c. Adverbs are compared as follows.

POSITIVE	**rapidement**	*rapidly*
COMPARATIVE	**plus (moins) rapidement**	*more (less) rapidly*
SUPERLATIVE	**le plus (moins) rapidement**	*the most (least) rapidly*

Je conduis **moins lentement** que lui. — *I drive less slowly than he.*

Il travaille **plus sérieusement** que toi. — *He works more seriously than you.*

Luke joue **le plus consciencieusement**. — *Luke plays the most conscientiously.*

NOTE:

1. The preposition *de,* or any of its forms, may follow the superlative adverb to mean "in" or "of."

Il parle le plus couramment **du** groupe. — *He speaks the most fluently of the group.*

2. Since there is no agreement of adverbs, the article in the superlative is always *le.*

Mes cousines courent **le** plus vite. — *My cousins run the fastest.*

Marie agit **le** plus méthodiquement de toutes. — *Marie acts the most methodically of all.*

d. A few adverbs have irregular comparatives and superlatives.

POSITIVE	COMPARATIVE	SUPERLATIVE
bien *well*	**mieux** *better*	**le mieux** *(the) best*
mal *badly*	**plus mal** *worse*	**le plus mal** *(the) worst*
	pis *worse*	**le pis** *(the) worst*
beaucoup *much*	**plus** *more*	**le plus** *(the) most*
peu *little*	**moins** *less*	**le moins** *(the) least*

Je travaille **mieux** que toi.	*I work better than you.*
Ann chantait **le mieux** de sa classe.	*Ann sang the best in her class.*
Malheureusement, il se sentait **plus mal**.	*Unfortunately, he felt worse.*
Malheureusement, il se sentait **pis**.	*Unfortunately, he felt worse.*

NOTE: The expressions *plus mal* and *le plus mal* are generally preferred to *pis* and *le pis*.

EXERCICE G

Les membres de l'équipe de foot s'entraînent. Exprimez les observations de leur entraîneur.

EXEMPLE: Richard apprend d'une façon facile. (+ / *Robert*)
Richard apprend **plus facilement que** Robert.

1. Tony court d'une façon lente. (− / *Roger*)
2. Helga s'entraîne d'une façon consciencieuse. (+ / *Aisha*)
3. Manuel s'explique d'une façon précise. (+ / *Jorge*)
4. Kimberly joue d'une façon sérieuse. (− / *Mei*)
5. Daniel critique les autres d'une façon intelligente. (+ / *Paul*)
6. Stacy réfléchit d'une façon profonde. (− / *Kate*)
7. Amy s'exprime d'une façon franche. (+ / *Lori*)
8. Alvin parle d'une façon rapide. (− / *Alan*)

EXERCICE H

Des professeurs se souviennent de leurs anciens élèves. Exprimez ce qu'ils disent en utilisant les verbes entre parenthèses.

EXEMPLE: Joseph était plus lent que Jeffrey. *(écrire)*
Il écrivait plus lentement que Jeffrey.

1. Elizabeth était plus discrète que sa meilleure amie. *(parler)*
2. Mark était plus élégant que Gregory. *(s'exprimer)*
3. Annette était moins attentive que Vicki. *(écouter)*
4. George était moins soigneux que son frère. *(travailler)*
5. Charlene était plus gentille que Lisa. *(se comporter)*
6. Claudette était moins agressive que Patricia. *(se disputer)*

EXERCICE I

Exprimez en quoi les membres de l'orchestre se distinguent.

EXEMPLE: Lorena / se comporter / d'une façon respectueuse (+)
Lorena se comporte le plus respectueusement de l'orchestre.

1. Lili / s'exercer / d'une façon sérieuse (+)
2. Michelle / apprendre / d'une façon rapide (−)
3. Ron / jouer / d'une façon facile (−)
4. Claire / écouter / d'une façon attentive (+)
5. Arthur / travailler / d'une façon consciencieuse (+)
6. Alan / s'appliquer / d'une façon constante (−)

EXERCICE J

Exprimez ce que vous pensez des acteurs de votre école.

EXEMPLE: Qui joue bien? *(Georges / Paul / Raul)*
Georges joue bien.
Paul joue mieux.
Raul joue le mieux.

1. Qui répète peu? *(Al / Eric / Roy)*
2. Qui se dispute beaucoup? *(Susana / Jessica / Annette)*
3. Qui chante mal? *(Pierre / Louis / Frantz)*
4. Qui danse bien? *(Lisa / Kristin / Karen)*

e. Comparison of Nouns

COMPARATIVE	SUPERLATIVE
plus (moins) de *more (less)*	**le plus (moins) de** *the most (the least)*

Elle mange **plus de** légumes que de fruits.	*She eats more vegetables than fruits.*
Je lis **plus de** romans **que** de poèmes.	*I read more novels than poems.*
Tu fais **le plus de** travail **des** ouvriers.	*You do the most work of the workers.*

EXERCICE K

Joseph et Douglas sont deux amis qui comparent toujours ce qu'ils ont. Exprimez ce qu'ils disent.

EXEMPLE: je / − / problèmes / toi
J'ai moins de problèmes que toi.

1. je / + / vêtements / toi
2. tu / − / temps libre / moi
3. tu / + / mauvaises habitudes / moi
4. il / + / ennemis / moi

5. nous / − / disputes / nos amis
6. je / + / chance / toi
7. il / − / dettes / moi
8. nous / − / travail / elles

[2] COMPARISON OF EQUALITY

a. *Aussi* + adjective or adverb + *que* (as . . . as)

Il est **aussi** poli **que** toi.	*He is as polite as you.*
Elles sont **aussi** heureuses **que** moi.	*They are as happy as I.*
Tu joues **aussi** bien **qu'**elle.	*You play as well as she.*

NOTE: *Si* **usually replaces** *aussi* **in negative comparisons.**

Nous ne sommes pas **si** malheureux **qu'**eux.	*We aren't as unhappy as they.*

EXERCICE L

Vos amis ont des points communs entre eux et avec vous. Exprimez lesquels.

EXEMPLE: Lucy est sérieuse. Tu es sérieux aussi.
Lucy est **aussi sérieuse que** toi.

1. Marcel est gentil. Je suis gentil(le) aussi.
2. Danielle est intuitive. Il est intuitif aussi.
3. Kevin est poli. Tu es poli aussi.

4. Claire est ambitieuse. Les garçons sont ambitieux aussi.

5. Robert est franc. Nous sommes francs aussi.

6. Jessica est fière. Vous êtes fiers aussi.

b. *Autant de* + noun + *que* (as much / as many . . . as)

J'ai **autant de** chance **que** toi.   *I have as much luck as you.*

Elle a **autant de** cassettes **que** Luc.   *She has as many tapes as Luc.*

Autant que + pronoun or noun (as much / as many . . . as)

Il travaille **autant que** Marie et moi.   *He works as much as Marie and I.*

EXERCICE M

Tout le monde est égal. Exprimez que vous avez autant de choses que vos amis.

EXEMPLE: J'ai des problèmes. Jake a des problèmes.
             J'ai **autant de problèmes que** lui.

1. J'ai de l'argent. Emily a de l'argent.

2. J'ai des cassettes. Tu as des cassettes.

3. J'ai des amis. Andrew et Justin ont des amis.

4. J'ai de bonnes notes. Tyler a de bonnes notes.

5. J'ai de l'expérience. Les filles ont de l'expérience.

6. J'ai de la chance. Vous avez de la chance.

[3] COMPARATIVE AND SUPERLATIVE EXPRESSIONS

faire de son mieux   *to do one's best*
Je fais toujours de mon mieux.   *I always do my best.*

le plus (moins) possible   *as much (little) as possible*
Il travaille le plus possible.   *He works as much as possible.*

le plus (moins)... possible   *as ... as possible*
Je cours le plus vite possible.   *I run as quickly as possible.*

de plus en plus   *more and more*
Elle se repose de plus en plus.   *She rests more and more.*

de moins en moins   *less and less*
Nous mangeons de moins en moins.   *We eat less and less.*

de mieux en mieux   *better and better*
Vous parlez français de mieux   *You are speaking French better*
en mieux.   *and better.*

tant mieux (pis)   *so much the better (worse)*
Elle part tout de suite.   *She's leaving right now.*
Tant mieux.   *So much the better.*
Tu ne peux pas venir? Tant pis.   *You can't come? Too bad.*

EXERCICE N

Répondez aux questions qu'une amie vous pose.

1. Quel sport fais-tu de mieux en mieux?

2. Quel programme de télévision regardes-tu de moins en moins souvent?

3. Qu'est-ce que tu manges de plus en plus souvent?

4. En quelle classe fais-tu de ton mieux?

5. Que fais-tu le plus vite possible?

6. Quel genre de films regardes-tu le plus possible?

MASTERY EXERCISES

EXERCICE O

Exprimez votre opinion en comparant le premier élément avec le second.

EXEMPLES:

(important) **Un docteur est aussi important qu'un dentiste.**

(difficile) **Marcher est moins difficile que courir.**

1. *(grand)*

2. *(cher)*

3. *(intéressant)*

4. *(amusant)*

5. *(délicieux)*

6. *(ennuyeux)*

EXERCICE P

Vous travaillez dans une agence de voyages. Composez deux listes où vous décrivez les avantages et les inconvénients de chaque séjour en le comparant à l'autre. Utilisez autant de formes de comparaisons que vous pouvez.

EXEMPLE:

Aller sur une île tropicale est plus relaxant qu'aller en ville.

EXERCICE Q

Viviane vient d'être engagée comme vendeuse dans un grand magasin.
Exprimez en français ce que les autres vendeurs lui disent.

1. If you are the most ambitious salesgirl, you will earn almost as much money as I do.
2. If you work as conscientiously as possible you will succeed more and more.
3. When you do your best, the work will be less and less difficult.
4. You are as intelligent as all the other salespeople.
5. Talk as much as possible to the most serious customers.
6. You learn more quickly than the others. So much the better.
7. There are fewer customers here on Tuesdays than on Fridays.
8. In a very short time, if you are the most hardworking *(travailleuse)* in the department, you can be the best salesperson.
9. You are the youngest salesgirl in the store.
10. Remember to sell as much as possible.

Chapter 25
Numbers

[1] CARDINAL NUMBERS

0	zéro	51	cinquante et un
1	un(e)	57	cinquante-sept
2	deux	60	soixante
3	trois	61	soixante et un
4	quatre	70	soixante-dix
5	cinq	71	soixante et onze
6	six	75	soixante-quinze
7	sept	77	soixante-dix-sept
8	huit	80	quatre-vingts
9	neuf	81	quatre-vingt-un
10	dix	88	quatre-vingt-huit
11	onze	90	quatre-vingt-dix
12	douze	95	quatre-vingt-quinze
13	treize	100	cent
14	quatorze	101	cent un
15	quinze	200	deux cents
16	seize	316	trois cent seize
17	dix-sept	500	cinq cents
18	dix-huit	527	cinq cent vingt-sept
19	dix-neuf	580	cinq cent quatre-vingts
20	vingt	1.000	mille
21	vingt et un	1.001	mille un
22	vingt-deux	1.100	mille cent / onze cents
30	trente	1.200	mille deux cents / douze cents
31	trente et un	3.000	trois mille
33	trente-trois	3.210	trois mille deux cent dix
40	quarante	10.000	dix mille
45	quarante-cinq	100.000	cent mille
48	quarante-huit	1.000.000	un million
50	cinquante	*one billion*	un milliard

NOTE:

1. The conjunction *et* is used in 21, 31, 41, 51, 61, and 71. In all other compound numbers through 99, the hyphen is used. *Un* becomes *une* before a feminine noun.

   vingt et un garçons, **vingt et une** filles   *twenty-one boys, twenty-one girls*

2. *Quatre-vingts* and the plural of *cent* drop the *-s* before another number.

quatre-vingts francs	*eighty francs*
quatre-vingt-deux francs	*eighty-two francs*
quatre cents francs	*four hundred francs*
quatre **cent cinquante** francs	*four hundred fifty francs*

3. *Cent* and *mille* are not preceded by the indefinite article.

cent ans	*a (one) hundred years*
mille personnes	*a (one) thousand people*

4. *Mille* does not change in the plural.

   sept **mille** dollars   *seven thousand dollars*

5. *Mille* becomes *mil* in dates.

   Je suis né en **mil** neuf cent soixante-trois.   *I was born in 1963.*

6. *Million* is a noun. It adds an *-s* in the plural, and must be followed by *de* if another noun follows it.

un million **de** gens	*a (one) million people*
deux millions **de** fleurs	*two million flowers*

7. In numerals and decimals, where English uses periods, French uses commas and vice versa.

FRENCH	ENGLISH
10.000 dix mille	*10,000 ten thousand*
0,5 zéro virgule cinq	*0.5 (zero) point five*
2,80F deux francs quatre-vingts	*2.80F two francs and eighty centimes*

EXERCICE A

Exprimez combien coûtent (en francs) ces boissons au café.

Orangina	5F
Coca	4F
Eau minérale	1F
Café français	7F
Limonade	3F
Thé	2F
Café crème	6F

EXEMPLE: Un Orangina **coûte cinq francs.**

1. Un café français _____ .

2. Un coca _____ .

3. Un café crème _____ .

4. Un thé _____ .

5. Une eau minérale _____ .

6. Une limonade _____ .

EXERCICE B

Exprimez les notes que Régine a reçues dans chaque matière.

Physique	10
Mathématiques	15
Espagnol	17
Art	11
Histoire	16
Musique	19
Science	14
Français	12
Anglais	20
Latin	18
Éducation physique	13

EXEMPLE: **Elle a reçu dix en physique.**

EXERCICE C

Exprimez combien coûtent (en francs) ces spécialités du menu.

```
Chez Pauline

          Q

    Nos Viandes Garnies

T'Bon Steak Royal c c c c c c c c  95,00
Contrefilet à l'Os c c c c c c c c c  78,00
Entrecôte Grillée c c c c c c c c c  60,00
Brochette de Merguez c c c c c c  38,00
Filet au Poivre c c c c c c c c c  94,00
Escalope à la Crème c c c c c c c  82,00
Bavette à l'Échalotte c c c c c c  65,00
Escalope Milanaise c c c c c c c  52,00
Volaille Rôtie aux Herbes c c c  35,00
Steak Tartare c c c c c c c c c c  58,00
Hamburger Œuf à Cheval c c c  43,00

Frites c c c c c c c c c c c c c c c  17,00
Salade de Saison c c c c c c c c c  17,00
Fromage c c c c c c c c c c c c c  21,00
       Service 15% compris
```

EXEMPLE: volaille rôtie aux herbes
Ça coûte trente-cinq francs.

1. escalope milanaise *(veal scallop)*

2. filet au poivre *(beef tenderloin)*

3. fromage

4. brochette de merguez *(sausage)*

5. bavette à l'échalotte *(steak with shallots)*

6. hamburger œuf à cheval *(with a fried egg)*

7. frites

8. contrefilet à l'os *(sirloin)*

9. escalope à la crème

10. T'bon steak royal

EXERCICE D

Écrivez en français les numéros des autobus qui donnent accès aux bateaux-mouches et les numéros de téléphone qu'il faut appeler.

BATEAUX-MOUCHES
GRANDE TRAVERSÉE DE PARIS

Commentée en 5 Langues
Concerts
Déjeuners
Dîners
Parkings • Bars • Attente • Toilettes

Traversée 30F
Métro .... Alma-Marceau, Ligne 9
RER .... Ligne C, Versailles Rive Gauche
Autobus 42, 92, 63, 72, 80, 83, 28, 40
Tél. .... 42.25.96.10 - 43.59.30.30 - 42.25.22.55

Autobus:

Numéros de téléphone:

EXERCICE E

Exprimez pendant combien de minutes chaque employé a parlé au téléphone hier.

EXEMPLE: Mme Krenitsky / 32
            Mme Krenitsky a parlé pendant trente-deux minutes.

1. M. Nelson / 67
2. Mme Cousins / 93
3. Mlle Galetti / 84
4. M. Jackson / 72
5. Mme Rosen / 15
6. Mlle Chade / 41
7. M. Masters / 56
8. Mme Lane / 39
9. M. Berger / 28
10. Mlle Singer / 16

EXERCICE F

Exprimez pour quelle chambre d'hôtel vous avez la clef.

EXEMPLE: Pour la chambre **trois cent seize.**

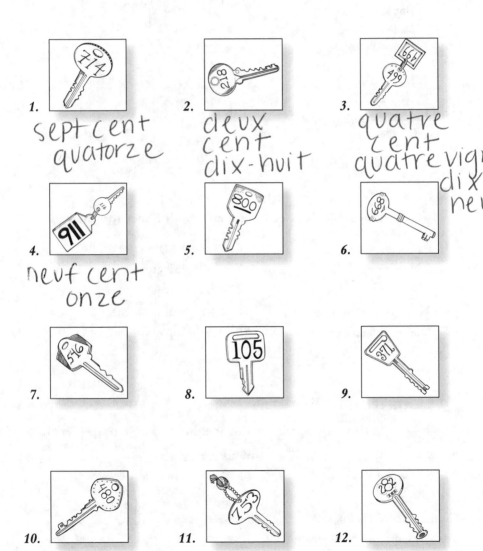

1. sept cent quatorze

2. deux cent dix-huit

3. quatre cent quatre vignt dix neuf

4. neuf cent onze

5.

6.

7.

8.

9.

10.

11.

12.

EXERCICE G

Exprimez le prix de ces valeurs (stocks) *à la Bourse* (stock market) *à Paris.*

~~Mut.Mains~~	
Mut.Unies Select	156,19
Natio Court Terme	2258,75
Natio-Epargne	14244,28
Natio Eparg.Trésor	6363,51
Natio-Inter	1200,83
Natio Monétaire	20439,40
Natio Obligations	547,33
Natio-Patrimoine	1514,47
Natio-Placements	66579,26
Natio Revenus	1021,23
Natio Sécurité	11365,80
Natio-Valeurs	884,04
. . . . . . Dévelop	1244,13
. . . . .	118,05

EXEMPLE: Natio Court Terme
            deux mille deux cent cinquante huit francs soixante-quinze

1. Natio-Épargne

2. Natio-Éparg. Trésor

3. Natio-Inter

4. Natio Monétaire

5. Natio Obligations

6. Natio-Patrimoine

7. Natio-Placements

8. Natio Revenus

9. Natio Sécurité

10. Natio-Valeurs

[2] ARITHMETIC

The following expressions are used in arithmetic problems in French.

et *plus*

fois *multiplied by, times*

font *equals*

moins *minus*

divisé par *divided by (in French :)*

Cinq et quatre font neuf. $5 + 4 = 9$

Trois fois cinq font quinze. $3 \times 5 = 15$

Six moins deux font quatre. $6 - 2 = 4$
Vingt divisé par deux font dix. $20 \div 2 = 10$

EXERCICE H

Vous travaillez dans un bureau de change en France. Exprimez les opérations que vous devez faire aujourd'hui.

1. $192 + 475 = 667$

2. $5.586 - 2.351 = 3.235$

3. $914 \times 5 = 4.570$

4. $4.400 \div 5 = 880$

5. $634 + 468 = 1.102$

6. $10.008 - 4.103 = 5.905$

7. $221 \times 13 = 2.873$

8. $25.000 \div 10 = 2.500$

[3] ORDINAL NUMBERS

1st	**premier (première)**	*7th*	**septième**	*17th*	**dix-septième**
2nd	**deuxième, second(e)**	*8th*	**huitième**	*20th*	**vingtième**
3rd	**troisième**	*9th*	**neuvième**	*21st*	**vingt et unième**
4th	**quatrième**	*10th*	**dixième**	*34th*	**trente-quatrième**
5th	**cinquième**	*11th*	**onzième**	*100th*	**centième**
6th	**sixième**	*16th*	**seizième**	*103rd*	**cent-troisième**

NOTE:

1. Ordinal numbers agree in gender and number with the noun they modify. *Premier* and *second* are the only ordinal numbers to have a feminine form different from the masculine form.

    Elle était la **première** à arriver et   *She was the first one to come*
    la **seconde** à partir.   *and the second one to leave.*

2. Except for *premier* and *second*, ordinal numbers are formed by adding *-ième* to the cardinal numbers. Silent *e* is dropped before *-ième*.

3. Note the *u* in *cinquième* and the *v* in *neuvième*.

4. *Second(e)* generally replaces *deuxième* in a series which does not go beyond two items.

C'est sa **seconde** voiture.   *It's his second car.*

5. The final *-a* or *-e* of the preceding word or article is not dropped before *huit, huitième, onze,* and *onzième.*

le huit juin   *the eighth of June*
la onzième année   *the eleventh year*

6. Ordinal numbers are abbreviated as follows in French.

premier 1er (première 1re)   cinquantième 50^e
deuxième 2e seizième 16^e
dixième 10e centième 100^e

7. Cardinal numbers precede ordinal numbers in French.

les **deux premiers** rangs   *the first two rows*

EXERCICE I

Exprimez quel anniversaire de mariage chaque couple célèbre.

EXEMPLE: Les Johnson / 8e
            Ils célèbrent leur **huitième** anniversaire de mariage.

1. Les Richards / 5e *6.* Les Castelli / 4^e
2. Les Whitworth / 21e *7.* Les Rukeyser / 36^e
3. Les Torres / 1er *8.* Les Lacombe / 9^e
4. Les O'Hara / 15e *9.* Les Danton / 16^e
5. Les Jordan / 50e *10.* Les Meisner / 47^e

EXERCICE J

Exprimez le rang de chaque élève de la classe.

EXEMPLE: Irene / 2^e
            Irene est la **deuxième** de la classe.

1. Bridget / 1re *3.* Maura / 35^e
2. Xavier / 11e *4.* Caroline / 13^e

5. Greg / 24ᵉ

6. Nathalie / 46ᵉ

7. Raymond / 17ᵉ

8. Marco / 12ᵉ

EXERCICE K

Exprimez à quel étage de la tour de la Défense à Paris se trouvent les bureaux que vous cherchez.

BUREAU DES AFFAIRES INTERNATIONALES	17
BUREAU D'AIDE SOCIALE	61
BUREAU DES CONCERTS	52
BUREAU DU TOURISME	91
BUREAU DE CHANGE	74
BUREAU D'AIDE FINANCIÈRE	96
BUREAU D'ÉTUDES TECHNIQUES	89
BUREAU D'EXPORTATION	101

EXEMPLE: Où est le bureau des affaires internationales?
Il est au **dix-septième** étage.

1. Où est le bureau du tourisme?

2. Où est le bureau d'exportation?

3. Où est le bureau de change?

4. Où est le bureau d'aide sociale?

5. Où est le bureau d'aide financière?

6. Où est le bureau des concerts?

7. Où est le bureau d'études techniques?

[4] MULTIPLES

French multiple numerals are used in the same manner as their English equivalents.

une fois *once*

deux fois *twice*

trois fois *three times*

Je l'ai répété **une fois.**   *I repeated it once (one time).*

Il a été en retard **deux fois.**   *He was late twice.*

EXERCICE L

Exprimez combien de fois vous avez fait les activités suivantes.

EXEMPLE: Combien de fois as-tu joué aux dames *(checkers)*? *(8)*
            Huit fois.

1. Combien de fois as-tu fait du ski? *(1)*
2. Combien de fois es-tu monté à cheval? *(9)*
3. Combien de fois as-tu patiné? *(100)*
4. Combien de fois as-tu joué au hockey? *(15)*
5. Combien de fois as-tu fait du camping? *(21)*
6. Combien de fois as-tu joué au basket? *(50)*

M A S T E R Y   E X E R C I S E S

EXERCICE M

Exprimez les nombres appropriés pour compléter chaque phrase.

1. Il y a _____ lettres dans l'alphabet.
2. Il y a _____ heures dans un jour.
3. Il y a _____ secondes dans une heure.
4. Il y a _____ mois dans une année.
5. Il y a _____ jours au mois d'août.
6. Il y a _____ états aux États-Unis.
7. Il y a _____ arrondissements à Paris.
8. Il y a _____ ans dans un siècle.
9. Il y a _____ élèves dans la classe de français.
10. Il y a _____ chapitres dans ce livre.

EXERCICE N

Vous achetez de nouveaux vêtements. Exprimez combien il faut payer les choses suivantes.

EXEMPLE:

Il faut payer **cinquante-huit dollars.**

1.

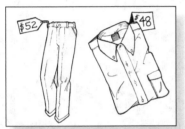

2.

3.

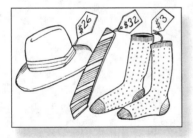

4.

5.

6.

EXERCICE O

Exprimez le titre français de chaque livre avec le nombre approprié.

1. *Les* _____ *et* _____ *nuits*

2. _____ *lieues sous les mers*

3. _____ *vie*

4. *Les* _____ *dalmatiens*

5. _____ : *l'Odyssée de l'espace*

EXERCICE P

Yvette va bientôt venir de France à un concert de rock à New York. Exprimez ce qu'elle dit de son voyage.

1. I'm going to my fifth rock concert on the third day of summer vacation with fourteen of my friends.
2. This is the first time that we will spend eight days in New York.
3. We'll leave on flight 976 from Paris.
4. My parents are going to give me 1,500 francs as pocket money.
5. We reserved three rooms in a big hotel: rooms 467, 469, and 471.
6. The tickets for the concert cost $75, so we paid 375 francs for each ticket.
7. The group will play for two hours, and we expect to hear seventeen songs.
8. The whole trip will cost me about 6,500 francs.
9. There will be twenty-five thousand young people at the concert.
10. Imagine! The musicians will earn $1 million.

Chapter 26
Time; Dates

[1] TIME

Quelle heure est-il?	*What time is it?*
Il est une heure.	*It is one o'clock.*
Il est trois heures cinq.	*It is 3:05.*
Il est six heures dix.	*It is 6:10.*
Il est sept heures et quart.	*It is 7:15.*
Il est onze heures vingt.	*It is 11:20.*
Il est une heure vingt-cinq.	*It is 1:25.*
Il est deux heures et demie.	*It is 2:30.*
Il est trois heures moins vingt-cinq.	*It is 2:35.*
Il est cinq heures moins vingt.	*It is 4:40.*
Il est deux heures moins le quart.	*It is 1:45.*
Il est deux heures moins dix.	*It is 1:50.*
Il est une heure moins cinq.	*It is 12:55.*
Il est midi.	*It is twelve o'clock (noon).*
Il est minuit.	*It is twelve o'clock (midnight).*
Il est midi (minuit) et demi.	*It is 12:30.*

NOTE:

1. To express time after the hour, the number of minutes is added. The conjunction *et* is used only with *quart* and *demi(e)*. To express time before the hour, *moins* is used.

2. *Midi* (noon) and *minuit* (midnight) are masculine.

[2] TIME EXPRESSIONS

à quelle heure?	*at what time?*
à deux heures	*at two o'clock*
quatre heures du matin	*four o'clock in the morning, 4:00 A.M.*
trois heures de l'après-midi	*three o'clock in the afternoon, 3:00 P.M.*
huit heures du soir	*eight o'clock in the evening, 8:00 P.M.*
vers dix heures	*about ten o'clock*
un quart d'heure	*a quarter of an hour*
une demi-heure	*a half hour*
(*pl.*: les demi-heures)	

NOTE:

1. The official twenty-four-hour system is commonly used in public announcements, such as timetables, with midnight as the zero hour. In this official system, all times are expressed in full numbers.

21h55	vingt et une heures cinquante-cinq	*9:55 P.M.*
0h20	zéro heure vingt	*12:20 A.M.*
16h	seize heures	*4:00 P.M.*
23h45	vingt-trois heures quarante-cinq	*11:45 P.M.*

2. There is no agreement for the word *demi* when it is placed before the noun and joined to it by a hyphen. When it is placed after the noun and joined to it by the conjuction *et, demi* agrees with the gender (masculine or feminine) of the noun but remains singular.

Il arrivera dans une **demi**-heure.	*He will arrive in half an hour.*
Elle appelle tous les jours à trois heures et **demie**.	*She calls every day at half past three.*
Il était minuit et **demi**.	*It was half past midnight.*

EXERCICE A

Exprimez les heures que marquent les horloges ci-dessous.

EXEMPLE:

Il est huit heures moins vingt.

1.

2.

3.

4.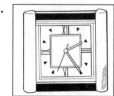

5.

6.

7.

8.

9.

10.

EXERCICE B

Exprimez en système officiel les heures indiquées sur ces montres digitales.

EXEMPLE:

Il est quatre heures trente–sept.

1.

2.

3.

4.

5.

6.

EXERCICE C

Exprimez à quelle heure vous faites les choses suivantes.

EXEMPLE:

Je vais à l'école à sept heures et demie.

1.

2.

3.

4.

5.

6.

7.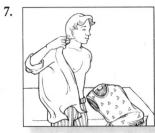

8.

9.

10.

EXERCICE D

Exprimez à quelles heures ces vols partiront de Fort-de-France vers les villes indiquées.

Compagnies	Départs	Destinations
AIR FRANCE	8h50	Pointe-à-Pitre / San Juan / Haïti
	11h10 / 17h30	Pointe-à-Pitre
	17h50	Paris-Orly
	19h10	Cayenne
	20h40	Bordeaux / Lyon
AMERICAN AIRLINES	7h25	S.-Thomas / Miami / New York
	10h30	Miami
	21h40	Sainte-Lucie
AIR MARTINIQUE	9h00	S.Lucie / Grenade / Trinité
	13h15	Dominique

EXEMPLE: vers Pointe-à-Pitre, San Juan et Haïti
   Ce vol partira à neuf heures moins dix.

1. vers Pointe-à-Pitre

2. vers Paris-Orly

3. vers Cayenne

4. vers Bordeaux et Lyon

5. vers Saint Thomas, Miami et New York

6. vers Miami

7. vers Sainte-Lucie

8. vers Sainte-Lucie, Grenade et Trinité

9. vers Dominique

EXERCICE E

Vous êtes en vacances et vous voulez nager dans la mer tous les jours.
Consultez l'horaire des marées (tides) *pour connaître les heures des hautes et*
des basses mers.

	Heures	Hauteurs en Mètres
Samedi 3	3h47	0,8
	11h34	0,4
	19h18	0,7
	23h00	0,6
Dimanche 4	4h36	0,7
	12h03	0,5
	19h36	0,7
Lundi 5	0h00	0,6
	5h25	0,7
	12h28	0,5
	19h52	0,7
Mardi 6	1h01	0,6
	6h16	0,7
	12h48	0,5
	20h10	0,7

EXEMPLE:
samedi 3
Haute mer:
à quatre heures moins treize du matin et à sept heures dix-huit du soir
Basse mer:
à midi moins vingt-six et à onze heures du soir

1. dimanche 4

2. lundi 5

3. mardi 6

EXERCICE F

Vos parents voudraient savoir où vous serez avec vos amis à certaines heures de la journée. Répondez à leurs questions.

1. À huit heures moins vingt-cinq vous irez à la station-service pour vérifier le moteur de la voiture. Vous comptez y rester quarante-cinq minutes. À quelle heure rentrerez-vous?

2. Vos amis et vous ferez du karaté à la M.J.C. à onze heures. Le cours durera une heure et demie. À quelle heure quitterez-vous la M.J.C.?

3. Vous irez chez le docteur à deux heures et quart. La visite durera une demi-heure. À quelle heure quitterez-vous le cabinet du docteur?

4. Le match que vous irez voir commencera à trois heures et quart. Il durera une heure quarante-cinq minutes. À quelle heure est-ce que le match finira?

5. La boum se terminera à dix heures. Il vous faudra trente minutes pour revenir à la maison. À quelle heure rentrerez-vous?

[3] DAYS, MONTHS, SEASONS

LES JOURS DE LA SEMAINE	LES MOIS DE L'ANNÉE	LES SAISONS DE L'ANNÉE
lundi Monday	**janvier** January	**le printemps** spring
mardi Tuesday	**février** February	**l'été** summer
mercredi Wednesday	**mars** March	**l'automne** autumn
jeudi Thursday	**avril** April	**l'hiver** winter
vendredi Friday	**mai** May	
samedi Saturday	**juin** June	
dimanche Sunday	**juillet** July	
	août August	
	septembre September	
	octobre October	
	novembre November	
	décembre December	

NOTE:

1. Days, months, and seasons are all masculine. They are not capitalized in French.

2. To express in which months and seasons something takes place, *en* is used, except with *printemps,* when *au* is used.

en juin *in June*   en été *in (the) summer*
en avril *in April*   en automne *in (the) autumn*
en septembre *in September*   en hiver *in (the) winter*
en mai *in May*   au printemps *in (the) spring*

3. For the use of the article with days of the week, see page 183, section e.

EXERCICE G

Vous aurez du temps libre pendant les vacances de fin d'année. Utilisez ce calendrier pour exprimer quand vous irez voir les personnes indiquées.

L	M	M	J	V	S	D
		1	2	3	4	5 Nathalie
6 Caroline	7	8	9	10 Martin	11	12
13	14	15	16 Richard	17	18	19
20	21 Martha	22	23	24	25 Aileen	26
27 Brenda	28	29 France	30	31		

EXEMPLE: Caroline
         J'irai voir Caroline le lundi 6.

1. Richard   *5.* Brenda
2. Nathalie   *6.* Martin
3. Aileen   *7.* Martha
4. France

EXERCICE H

Vous expliquez quelles sont les fêtes américaines à votre correspondant suisse. Exprimez quand chaque fête est célébrée en complétant les phrases avec le mois approprié.

1. On célèbre la fête des Pères en _____ .
2. On célèbre Noël en _____ .
3. On célèbre l'anniversaire de Washington en _____ .
4. On vote en _____ .
5. On commémore les soldats morts à la guerre en _____ .
6. On célèbre Pâques généralement en _____ .
7. On célèbre le Nouvel An en _____ .
8. On fête la Saint-Patrick en _____ .
9. On met des costumes pour fêter Halloween en _____ .
10. On célèbre l'indépendance des États-Unis en _____ .
11. On célèbre la fête du Travail en _____ .
12. On est en plein été en _____ quand il n'y a pas de fêtes.

EXERCICE I

Exprimez à votre amie française en quelle(s) saison(s) on pratique ces sports.

EXEMPLE:

On fait du volley-ball au printemps et en été.

1.

2.

3.

4.

5.

6.

7.

[4] DATES

Quelle est la date d'aujourd'hui?	*What is today's date?*
Quel jour (de la semaine) est-ce aujourd'hui? **Quel jour sommes-nous aujourd'hui?**	*What day of the week is today?*
C'est aujourd'hui jeudi. **Nous sommes jeudi.**	*Today is Thursday.*
C'est aujourd'hui le premier juin. **Aujourd'hui, nous sommes le premier juin.**	*Today is June 1 (the first of June).*
en dix-neuf cent quatre-vingt-seize **en mil neuf cent quatre-vingt-seize**	*en 1996*
le dix juin dix-neuf cent soixante **le 10 juin 1960**	*June 10, 1960*

NOTE:

1. In dates, *le premier* is used to express the first day of the month. For all other days, cardinal numbers are used.

2. Years are commonly expressed in hundreds, as in English. The word for "one thousand" in dates, if used, is generally written *mil*.

3. When written in numbers, the date follows the sequence day, month, year.

   12 / 1 / 45   =   January 12, 1945
   7 / 8 / 69   =   August 7, 1969

EXERCICE J

Exprimez sous quelle date de votre agenda vous noterez les commentaires suivants.

EXEMPLE: fête de la Saint-Patrick
           le dix-sept mars

1. Noël
2. Jour d'action de grâce *(Thanksgiving)*
3. Pâques
4. rentrée des classes
5. début des vacances d'été
6. élections gouvernementales
7. célébration de l'arrivée de Christophe Colomb au Nouveau Monde
8. fête des Mères
9. fête des Pères
10. Saint-Valentin

EXERCICE K

Votre famille de France compte venir vous rendre visite cette année. Exprimez quand chaque personne viendra.

EXEMPLE: Oncle Dominique — 7 / 5
           Oncle Dominique viendra le sept mai.

1. Cousine Brigitte — 31 / 8   2. Oncle Bruno — 16 / 1

3. Cousin Benjamin — 3 / 5
4. Tante Lise — 4 / 9
5. Grand-mère Rose — 11 / 12
6. Cousin Charles — 28 / 2
7. Grand-père Marcel — 8 / 6

8. Cousine Nadine — 15 / 10
9. Tante Nathalie — 24 / 11
10. Cousin Gilbert — 12 / 3
11. Oncle Fernand — 1 / 7
12. Cousine Bette — 5 / 4

EXERCICE L

Exprimez en français les dates de mariage des membres de la famille Juneau.

EXEMPLE: Pierre et Marie: 13 / 10 / 1945
le treize octobre mil neuf cent quarante-cinq

1. Albert et Sophie: 1 / 2 / 1986
2. Maurice et Sandra: 12 / 6 / 1974
3. Vincent et Christelle: 21 / 12 / 1980
4. Thierry et Claire: 20 / 4 / 1985
5. Nicolas et Aude: 30 / 9 / 1939
6. Jeffrey et Michèle: 31 / 3 / 1957

M A S T E R Y   E X E R C I S E S

EXERCICE M

Vous regardez votre album de photos. Donnez la date et l'heure à laquelle chaque photo a été prise.

EXEMPLE:

Halloween, Wed., Oct. 31, 1983 - 9:15

C'est le mercredi trente et un octobre mil neuf cent quatre-vingt-trois, à neuf heures et quart.

1.

2.

3.

4.

EXERCICE N

Exprimez en français quand ces personnages historiques sont nés.

EXEMPLE:

Washington est né le samedi vingt-deux février mil sept cent trente-deux.

1.

2.

3.

Thurs. Nov. 22, 1890

4.

Sat. May 29, 1917

5.

Mon. Jan. 15, 1929

EXERCICE O

Écrivez l'autobiographie de cet élève pour le journal de l'école.

1. My name is Michael Adam and I was born on Friday, April 22, 1979 at 9:20 A.M.

2. When I was five years old, I started school at 8:30 A.M. on Wednesday, September 5, 1983.

3. I went to school from 8:40 to 3:00, from Monday to Friday, every day for six years.

4. My first junior high school class was French, at 9:15 A.M. on Friday, September 11, 1990.

5. I studied for three years and finally received my diploma on Thursday, June 27, 1993 at 10:30 A.M.

6. My high school career began on Tuesday, September 3, 1993, and will end on Tuesday, June 27, 1997.

7. I now go to school from 7:30 A.M. to 3:15 P.M.

8. When I come home at 3:30, I watch television.

9. I eat dinner between 6:00 and 6:45 P.M.

10. I do my homework from 7:30 to 10:00 every night.

Chapter 27
Interrogatives and Exclamations

[1] INTERROGATIVE ADVERBS

combien?	*how much? how many?*	**d'où?**	*from where?*
comment?	*how?*	**pourquoi?**	*why?*
où?	*where (to)?*	**quand?**	*when?*

Interrogative adverbs are used with inversion as well as with *est-ce que* to form questions.

Quand partira-t-il?
Quand est-ce qu'il partira? } *When will he leave?*

Comment est-elle?
Comment est-ce qu'elle est? } *What is she like?*

NOTE:

1. With *combien, comment, où, d'où,* and *quand,* when the subject is a noun, and the verb has no object, a question may be formed by inverting the order of subject and verb.

Combien coûte ce livre?   *How much does this book cost?*

Comment s'appelle ce café?   *What's the name of this café?*

2. In colloquial spoken French, questions are often formed by placing an interrogative adverb after the verb.

Tu vas où?   *Where are you going?*

Ce livre coûte combien?   *How much does this book cost?*

EXERCICE A

Vous êtes fort curieux (curieuse). Posez des questions à votre ami qui vient d'acheter de nouveaux vêtements.

EXEMPLE: Je suis allé en ville en bus. *(comment)*
           Comment es-tu allé en ville?
           Comment est-ce que tu es allé en ville?

1. Je suis allé à la Samaritaine. *(où)*

2. J'ai choisi ces chaussettes parce que j'aime la couleur. *(pourquoi)*

3. Je suis allé en ville hier. *(quand)*

4. J'ai trouvé ce chapeau avec l'aide du vendeur. *(comment)*

5. J'ai payé cette cravate vingt dollars. *(combien)*

EXERCICE B

Exprimez autant de questions que vous pouvez en vous basant sur ces paragraphes.

EXEMPLE: Vendredi après-midi, Victor, un touriste qui est des États-Unis, s'arrête tout d'un coup devant une boutique parce qu'il a envie d'acheter de jolis souvenirs.
D'où est Victor?
Quand s'arrête-t-il devant la boutique?
Comment s'arrête-t-il?
Où s'arrête-t-il?
Pourquoi s'arrête-t-il?

1. Louis quitte rapidement sa dernière classe à trois heures et demie de l'après-midi parce qu'il sait que deux équipes de football vont entrer dans le stade pour jouer.

2. À sept heures du soir, dans sa chambre, Eva apprend consciencieusement cinq vieilles chansons populaires de France parce qu'elle va chanter en public samedi matin.

[2] INTERROGATIVE ADJECTIVES

The interrogative adjective *quel* (which? what?) agrees with the noun it modifies.

	MASCULINE	FEMININE
SINGULAR	**quel**	**quelle**
PLURAL	**quels**	**quelles**

Quelle chanson préfère-t-il?   *Which song does he prefer?*

NOTE:

1. The only verb that may follow *quel* directly is *être*.

   Quelle est ton adresse?   *What is your address?*

2. *Quel* may be preceded by a preposition.

   De quels livres parlez-vous?   *About which books are you speaking?*
   À quelle heure viendrais-tu?   *At what time would you come?*

EXERCICE C

Votre amie et vous allez faire des achats en ville. Demandez-lui ce qu'elle va acheter.

EXEMPLE:

Quel disque compact vas-tu acheter?

1.

2.

3.

4.

5.

6.

7.

EXERCICE D

Complétez les questions qu'un camarade de classe vous pose pour un sondage.

1. _____ est ton prénom?

2. _____ âge as-tu?

3. _____ sont tes passe-temps préférés?

4. _____ revues préfères-tu?

5. _____ cuisine aimes-tu le mieux?

6. _____ sports regardes-tu à la télé?

7. _____ cassettes as-tu envie d'acheter?

8. _____ matière préfères-tu?

[3] INTERROGATIVE PRONOUNS

	PEOPLE	THINGS
SUBJECT OF A VERB	**qui?** *who?* **qui est-ce qui?** *who?*	**qu'est-ce qui?** *what*
DIRECT OBJECT OF A VERB	**qui?** *whom?* **qui est-ce que?** *whom?*	**que?** *what?* **qu'est-ce que?** *what?*
OBJECT OF A PREPOSITION	**qui?** *who?* **qui est-ce que?** *who?*	**quoi?** *what?*

NOTE: The *e* of *que* is dropped before a word beginning with a vowel. The *i* of *qui* is never dropped.

Qu'a-t-il cherché?	*What did he look for?*
Qui a-t-il cherché?	*Whom did he look for?*

a. Interrogative pronouns as subjects

Qui and *qui est-ce qui* (who?) are used for people. *Qu'est-ce qui* (what?) is used for things. These forms are followed by the third person singular (*il* or *elle*) of the verb.

Qui arrivera avec toi?

Qui est-ce qui arrivera avec toi?   } *Who will arrive with you?*

Qu'est-ce qui arrive?   } *What is happening?*

EXERCICE E

Votre professeur a été absent pendant quelques semaines. Exprimez les questions qu'elle a posées à son retour.

EXEMPLE: Claire a effacé le tableau.
             Qui a effacé le tableau?

1. Diane et Claudia ont aidé le remplaçant.

2. Paul a vidé les ordures.

3. Nous avons écouté attentivement.

4. Tout le monde a coopéré.

5. J'ai ramassé les papiers tous les jours.

6. Cassandra et Claire ont organisé les groupes.

EXERCICE F

Mme Venable n'a pas pu travailler. Elle vous dit pourquoi, mais vous lui demandez de répéter.

EXEMPLE: Le tonnerre a retenti *(resounded)*
             Qu'est-ce qui a retenti?

1. Un coup de téléphone a interrompu le silence.

2. Le courrier est arrivé.

3. Des alarmes de voiture se sont mises à sonner.

4. Le vent a dispersé ses papiers.

5. Ses stylos ont disparu.

6. Un klaxon *(horn)* de voiture l'a empêchée de se concentrer.

EXERCICE G

Votre mère voudrait savoir ce qui est arrivé pendant son absence. Complétez ses questions avec qui est-ce qui *ou* qu'est-ce qui.

1. _____ est arrivé dans le courrier?

2. _____ a téléphoné?

3. _____ a fait le ménage?

4. _____ s'est passé dans ce quartier?

5. _____ a aidé ta grand-mère?

6. _____ a eu lieu devant la mairie?

7. _____ est tombé en panne *(broke down)*?

8. _____ a nettoyé la maison?

b. **Interrogative pronouns as direct objects**

Qui and *qui est-ce que* (whom?) are used for people. *Que* and *qu'est-ce que* (what?) are used for things.

Qui vois-tu?	
Qui est-ce que tu vois?	*Whom do you see?*
Que vois-tu?	
Qu'est-ce que tu vois?	*What do you see?*

NOTE:

1. After the short forms *qui* and *que,* the word order is inverted. After the long form, the word order is regular.

2. When the subject is a noun, the following constructions are possible:

Qui David **regarde-t-il?**	
Qui est-ce que David regarde?	*Whom is David looking at?*
Que regarde David?	
Qu'est-ce que David regarde?	*What is David looking at?*

EXERCICE H

Exprimez les questions que vous posez à votre nouvelle amie.

EXEMPLE: *(ennuyer)* **Qui est-ce que** tu ennuies?

1. *(déranger)*

2. *(embrasser)*

3. *(étonner)*

4. *(saluer)*

5. *(chercher)*

6. *(écouter)*

EXERCICE I

Votre ami voudrait améliorer son français. Demandez-lui comment il le fera.

EXEMPLE: J'écouterai des disques compacts français.
Qu'est-ce que tu écouteras?

1. Je lirai des magazines français.
2. Je répéterai les mots difficiles.
3. J'étudierai la grammaire.
4. Je verrai des films français.
5. J'achèterai des cassettes françaises.
6. J'apprendrai des expressions françaises.

EXERCICE J

Utilisez qui ou que (qu') pour poser ces questions à vos amis au sujet de la fête française à votre école.

1. _____ prépareras-tu?
2. _____ aideras-tu?
3. _____ attendras-tu?
4. _____ feras-tu pour aider le prof?
5. _____ apporteras-tu comme dessert?
6. _____ salueras-tu?
7. _____ goûteras-tu?
8. _____ inviteras-tu?

EXERCICE K

Vous faites des projets avec une amie. Exprimez vos questions en utilisant qu'est-ce qui ou qu'est-ce que.

1. _____ se passera au carnaval?
2. _____ tu voudrais faire ce week-end?
3. _____ te ferait le plus plaisir?
4. _____ serait amusant de faire?

5. _____ tu voudras manger ce soir?

6. _____ tu proposes d'autre?

c. Interrogative pronouns as objects of prepositions
A preposition + *qui* is used to refer to people.

À **qui** pense-t-elle?	*Whom is she thinking about?*
De **qui** as-tu besoin?	*Whom do you need?*

A preposition + *quoi* is used to refer to things.

À **quoi** pense-t-elle?	*What is she thinking about?*
De **quoi** as-tu besoin?	*What do you need?*

NOTE:

1. *Est-ce que* may be used in place of inversion.

À **qui** est-ce qu'elle pense?	De **qui** est-ce que tu as besoin?
À **quoi** est-ce qu'elle pense?	De **quoi** est-ce que tu as besoin?

2. *À qui* (whose?) is used to show possession. *De qui* (whose?) is used to show relationship.

À **qui** est ce livre?	*Whose book is this?*
De **qui** es-tu la petite amie?	*Whose girlfriend are you?*

EXERCICE L

Lucien et ses collègues travaillent pour améliorer la société. Exprimez les questions que vous lui posez en employant quoi.

EXEMPLE: Nous comptons sur les contributions de tous les habitants.
Sur quoi comptez-vous?

1. Nous luttons contre la pollution.

2. Nous avons besoin de votre aide.

3. Nous travaillons avec un ordinateur.

4. Nous manifestons souvent devant la mairie.

5. Nous pensons à l'avenir de la planète.

6. Nous laissons nos brochures dans les boîtes aux lettres.

EXERCICE M

Corinne travaille cet été. Posez-lui des questions sur son expérience en vous basant sur les expressions en caractères gras et en utilisant qui.

Au travail, je suis polie **envers les employés,** mais je me fâche souvent **contre Steven.** Je travaille **pour M. Clarence.** J'obéis toujours **à mon patron** car j'ai peur **de lui.** Le week-end, je m'amuse **avec mes amis** et je vais **chez mes grands-parents.** L'été va vite passer!

EXEMPLE: **Envers qui es-tu polie?**

EXERCICE N

Vous cherchez à mieux connaître le nouveau membre de votre équipe de foot. En utilisant une préposition suivie de qui *ou* quoi, *posez-lui les questions qui correspondent à ses réponses.*

EXEMPLE: J'ai peur de me blesser.
           De quoi as-tu peur?

1. Je me dispute avec l'arbitre.
2. J'obéis toujours aux règles.
3. Je rêve de devenir célèbre.
4. Je m'exerce avec des haltères *(dumbbells)* tous les jours.
5. Je me renseigne sur les projets de l'équipe.
6. J'ai de l'admiration pour toi.
7. Je me défends contre les attaquants de l'autre équipe.
8. Je m'indigne contre les décisions injustes de l'arbitre.
9. Je pense aux autres membres de l'équipe.
10. Je compte sur mes copains.
11. Je me méfie des stratégies trop complexes.
12. Je me plains du gardien de but *(goalkeeper).*

[4] VARIABLE INTERROGATIVE PRONOUNS

The interrogative pronoun *lequel* (which? which one[s]?) agrees in number and gender with the noun to which it refers.

	MASCULINE	FEMININE
SINGULAR	**lequel**	**laquelle**
PLURAL	**lesquels**	**lesquelles**

Lequel de ces livres as-tu lu?　　*Which (one) of these books did you read?*

Lesquels de ces livres as-tu lus?　*Which (ones) of these books did you read?*

Laquelle de ces cassettes　　　　*Which (one) of these cassettes*
préfères-tu?　　　　　　　　　　*do you prefer?*

Lesquelles de ces cassettes　　　*Which (ones) of these cassettes*
préfères-tu?　　　　　　　　　　*do you prefer?*

NOTE:　When *à* and *de* are used before forms of *lequel*, the usual contractions take place.

	MASCULINE	FEMININE
SINGULAR	**auquel**	**à laquelle**
	duquel	**de laquelle**
PLURAL	**auxquels**	**auxquelles**
	desquels	**desquelles**

Auquel de tes amis as-tu parlé?　*To which one of your friends did you speak?*

Desquelles de ces filles　　　　*Which ones of these girls*
se souvient-il?　　　　　　　　*does he remember?*

EXERCICE O

Une amie vous raconte ce qu'elle a fait en France. Posez-lui des questions.

EXEMPLE:　J'ai visité une tour.
　　　　　Laquelle?

1. J'ai acheté des cassettes.

2. J'ai lu des journaux français.

3. J'ai vu un film.

4. J'ai visité des monuments.

5. J'ai loué une voiture.

6. J'ai traversé un fleuve.

7. J'ai célébré une fête.

8. J'ai goûté des spécialités.

EXERCICE P

Vous cherchez à savoir quels goûts vous avez en commun avec vos amis. Demandez-leur des précisions sur ce qu'ils aiment et ce qu'ils font en utilisant les formes appropriées de lequel.

EXEMPLE: Nous allons à la pâtisserie tous les jours.
À laquelle allez-vous?

1. Nous jouons souvent aux jeux vidéos.
2. Kevin pense toujours à une copine.
3. Je m'intéresse aux nouvelles technologies.
4. Lucas et moi, nous participons de temps en temps à un débat politique.
5. Elles aiment participer à des conférences.
6. Mariel va au cinéma tous les samedis.

EXERCICE Q

Bertrand est assez vague quand il parle de lui-même. Demandez-lui des précisions en posant des questions avec les formes appropriées de lequel.

EXEMPLE: Je me souviens de mes vacances.
Desquelles te souviens-tu?

1. Je discute de mes problèmes avec mes parents.
2. Je joue d'un instrument de musique.
3. Je m'occupe de plusieurs organisations.
4. Je suis membre d'une troupe de théâtre.
5. Je me moque de mon copain.

[5] EXCLAMATIONS

The forms of *quel* are used in exclamations to express "what a . . . !" or "what . . . !"

Quel beau film!   *What a beautiful film!*
Quels bâtiments modernes!   *What modern buildings!*

NOTE: In an exclamation with *quel,* the adjective in the sentence stays in its usual position.

Quelle **belle femme!**   *What a beautiful woman!*

Quelles **fleurs superbes!**   *What marvelous flowers!*

EXERCICE R

Tout vous enthousiasme! Exprimez comment vous vous exclamez en voyant les choses suivantes.

EXEMPLE:

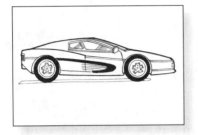

luxueux
Quelle voiture luxueuse!

1. passionnant

2. charmant

3. appétissant

4. ancien

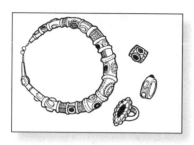

5. précieux

6. formidable

7. vieux

8. puissant

M A S T E R Y   E X E R C I S E S

EXERCICE S

Exprimez autant de questions possibles en vous basant sur les situations décrites.

1. Richard prend la voiture de son père. Il conduit David en ville. Ils décident d'aller à un match de foot parce que leur équipe, les Loups, participe au championnat. Ce match sera vraiment excellent. Les deux garçons rentreront après minuit.

2. Melissa reçoit un cadeau de son petit ami Paul. Quand elle déballe *(unwraps)* le paquet, une carte tombe par terre. Elle lit la carte et elle est très heureuse. Paul dit qu'il l'adore. Melissa est très curieuse. Elle ouvre son cadeau. Quelle surprise! Paul lui a acheté une jolie bague en or.

EXERCICE T

Mme Prescott est une dame de 85 ans qui est toujours très alerte. Complétez les questions que des amis se posent à son égard. Utilisez l'expression interrogative appropriée.

à qui	desquels	quelles
à quoi	laquelle	qu'est-ce qui
auxquels	que	qui
de quoi	quel	sur qui

1. _____ téléphone-t-elle quand elle a des problèmes? À ses voisins ou à ses enfants?

2. _____ compte-t-elle dans un cas d'urgence? Sur sa meilleure amie ou sur sa fille?

3. _____ s'occupe-t-elle pendant son temps libre? De sa maison ou de son club?

4. _____ de ses petits-enfants se vante-t-elle toujours? De ses petits-fils ou de ses petites-filles?

5. _____ l'intéresse le plus? L'art ou la musique?

6. _____ émissions de télévision préfère-t-elle? Les documentaires ou les comédies?

7. _____ de ses filles lui rend toujours visite? Annette ou Marie?

8. _____ des magasins du quartier va-t-elle tous les jours?

9. _____ fait-elle toute la soirée? Regarde-t-elle la télé ou écoute-t-elle la radio?

10. _____ s'occupe d'elle quand elle est malade? Sa sœur ou sa cousine?

11. _____ pense-t-elle souvent? Au passé ou au présent?

12. _____ est son passe-temps favori? Tricoter *(to knit)* ou lire?

EXERCICE U

Exprimez ce que disent les membres de la famille Poireau au restaurant.

1. To whom may we talk? We would like another table.

2. At which one of these tables can we sit?

3. Who is our waiter?

4. What are today's specialties?
5. What do you recommend? Why?
6. How much does it cost?
7. What do you need? One of these glasses? Which one?
8. What fell in my soup? Please bring me another soup.
9. Which is the most delicious pastry?
10. What a wonderful meal!

Chapter 28
Possession

[1] EXPRESSING POSSESSION

a. In French, possession and relationship are expressed by the preposition *de*.

la voiture **d'**Adam	*Adam's car*
les poupées **de** Michelle	*Michelle's dolls*
le cabinet **du** doctor	*the doctor's office*
le toit **de la** maison	*the roof of the house*
la maîtresse **des** élèves	*the pupils' teacher*

NOTE: *De* is repeated before each noun.

le père **de** Mark et **de** Jim	*Mark and Jim's father*

EXERCICE A

Vous êtes en vacances avec des amis. Expliquez à qui appartiennent les objets qui se trouvent dans votre chambre.

EXEMPLES:

le tee-shirt / Joseph
C'est le tee-shirt **de** Joseph.

les maillots de bain / garçons
Ce sont les maillots de bain **des** garçons.

1. le bikini / Caroline

2. les lunettes de soleil / Jacques

3. la lotion / filles

4. le baladeur / mon ami

5. les cassettes / garçons là-bas

6. la raquette / instructeur

7. la planche à voile / directeur des sports

8. la chemise / fille

b. The idiom *être à* (to belong to) is also used to express possession.

Ce livre **est à** Jeanne.	*This book belongs to Jeanne.*
Ces magazines **sont à** eux.	*These magazines belongs to them.*

NOTE:

1. *À* is repeated before each noun.

Ces cassettes sont à Cody
et à Matthew.

*These cassettes belong to Cody
and Matthew.*

2. In questions, forms of *être à* are used as follows.

À qui est ce chapeau?

*To whom does this hat belong?
(Whose hat is this?)*

À qui sont ces stylos?

*To whom do these pens belong?
(Whose pens are these?)*

EXERCICE B

*Vous travaillez au bureau des objets trouvés à l'aéroport. Exprimez à qui
appartiennent les choses oubliées par certains voyageurs.*

EXEMPLES:

M. Olivier
À qui est l'agenda?
Il est à M. Olivier.

filles
À qui sont les magazines?
Ils sont aux filles.

1. Paul

2. garçon là-bas

3. touristes français

4. cette dame

5. femmes assises à droite   **6.** la jeune Anglaise

EXERCICE C

Vous demandez à des amis à qui sont toutes les choses que vous avez trouvées dans votre garage. Exprimez leurs réponses.

EXEMPLE: Ces livres sont à Gérard?
            Oui, ils **sont à** lui.

1. Cette bicyclette est à toi, Rosalie?

2. Ces valises sont à Kristin et à Maria?

3. Cette serviette est à Lara?

4. Ces jouets sont à Amanda et à moi?

5. Ces affiches sont à Jason et à Tim?

6. Ces outils sont à vous, Paul et Justin?

7. Ce tableau est à M. Bell?

8. Ces boîtes sont à moi?

[2] POSSESSIVE ADJECTIVES

	SINGULAR	PLURAL	
MASCULINE	FEMININE		
mon	**ma**	**mes**	*my*
ton	**ta**	**tes**	*your* (familiar)
son	**sa**	**ses**	*his, her, its*
notre	**notre**	**nos**	*our*
votre	**votre**	**vos**	*your* (formal)
leur	**leur**	**leurs**	*their*

NOTE:

1. Possessive adjectives, like other adjectives, agree with the nouns they modify. They are repeated before each noun.

ma tante et **mon** oncle   *my aunt and uncle*

vos cahiers et **votre** manuel   *your notebooks and your textbook*

leurs disques compacts et **ta** stéréo *their records and your stereo*

2. The forms *mon, ton,* and *son* are used instead of *ma, ta,* and *sa* before a feminine singular noun beginning with a vowel or a silent *h.*

mon hôtesse   *my hostess*

ton amitié   *your friendship*

son étudiante   *his (her) student*

3. With parts of the body, the possessive adjective is frequently replaced by the definite article if the possessor is clear.

J'ai mal à **la** gorge.   *My throat is sore.*

Il porte son sac sur **le** dos.   *He carries his bag on his back.*

EXERCICE D

Vous êtes très en retard pour un rendez-vous en ville. Exprimez les questions que vous posez à votre mère et ses réponses.

EXEMPLE:

Où est **mon** jean?
Ton jean? Le voici.

1.

2.

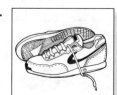

3.

4.

5.    **6.**

7.    **8.**

EXERCICE E

Vous rendez la voiture que vous avez louée. Le propriétaire vous demande si vous avez laissé des affaires dans la voiture. Exprimez ses questions et vos réponses.

EXEMPLE: portefeuilles
            Est-ce que ce sont **vos** portefeuilles?
            Non, ce ne sont pas **nos** portefeuilles.

1. cartes de crédit   *4.* chèques de voyage

2. plan de la ville   *5.* agenda

3. monnaie   *6.* journaux

EXERCICE F

Brigitte est très curieuse à propos des familles de ses amis. Exprimez les réponses à ses questions.

EXEMPLE: Le père de Nicole est riche?
            Oui, **son** père est riche.

1. La mère de Damien est française?

2. Les cousines de Diane sont ambitieuses?

3. L'oncle de Rachel est ingénieur?

4. Les grands-parents de Mario sont en bonne santé?

5. Le fils aîné de M. McKay est en Afrique?

6. La sœur de Catherine est blonde?

EXERCICE G

Ces personnes sont parties en voyage. Exprimez ce qu'elles ont emporté avec elles.

EXEMPLE: Laura et Tania / plans de la ville
            Elles ont emporté **leurs** plans de la ville.

1. Carly et Lisa / journal intime

2. les Carlsen / caméra

3. les grands-parents de Max / médicaments

4. Odile et Louis / réveille-matin

5. tous les voyageurs / valises

6. M. et Mme Brown / cartes de crédit

7. Benjamin et Stephen / dictionnaire bilingue

8. les Jefferson / guide gastronomique

EXERCICE H

Exprimez comment vous avez aidé votre copain à préparer sa surprise-partie en utilisant les pronoms possessifs corrects dans vos réponses.

EXEMPLES: Tu as dépensé l'argent de Suzanne?
             Oui, j'ai dépensé **son** argent.

             Tu as rangé le salon des Washington?
             Oui, j'ai rangé l**eur** salon.

1. Tu as invité les amis de Nancy?

2. Tu as emprunté la table de M. Lionet?

3. Tu as enregistré les cassettes de Holly et de Jon?

4. Tu as suivi les instructions de Paul?

5. Tu as trouvé le numéro de téléphone de Jeremy?

6. Tu as emballé les cadeaux de Tom et de Robert?

7. Tu as emprunté l'appareil-photo de Natasha et d'Arthur?

8. Tu as décoré la maison des Washington?

EXERCICE I

Exprimez de quoi ces personnes parlent lors d'une discussion personnelle.

EXEMPLE: Jeff parle de **ses** disputes.

1. Benjamin parle de _____ famille.
2. Vous parlez de _____ rêves.
3. Tu parles de _____ espoirs.
4. Mark et Larry parlent de _____ bonheur.
5. Je parle de _____ peur de l'altitude.
6. Joellen et Claire parlent de _____ idées.
7. Nous parlons de _____ problème.
8. Jeanne exprime _____ opinion personnelle.

EXERCICE J

Exprimez ce qui est arrivé à ces personnes maladroites. Complétez les phrases avec un article défini ou un pronom possessif selon le cas.

1. Hassan s'est coupé _____ doigt alors qu'il préparait une salade.
2. Les filles ont laissé tomber _____ livres quand elles couraient vers le bus.
3. Elena s'est blessée à _____ main pendant un match de volley-ball.
4. Christopher a perdu _____ clef quand il traversait le parc.
5. Les garçons ont oublié _____ ballon quand ils sont partis du stade.
6. Gregory a laissé tomber _____ lunettes au café.

MASTERY EXERCISES

EXERCICE K

Robert et Julie bavardent devant leurs maisons. Robert, qui n'arrive pas à entendre à cause du bruit, pose des questions à son amie. Complétez leur conversation.

EXEMPLE: JULIE: Jacqueline a un problème. Elle va le résoudre.
           ROBERT: Qu'est-ce qu'elle va résoudre?
           JULIE: **Son problème.**

1. JULIE: Martin a une nouvelle chemise. Il va la prêter à Pierre.
   ROBERT: Qu'est-ce qu'il va prêter à Pierre?
   JULIE: _____ .

2. JULIE: J'ai un nouveau disque compact. Je vais l'écouter dans un moment.

ROBERT: Qu'est-ce que tu vas écouter?

JULIE: _____ .

3. JULIE: Georges et Paul ont un chien. Ils le promènent chaque jour au parc.

ROBERT: Qu'est-ce qu'ils promènent au parc?

JULIE: _____ .

4. JULIE: Nous avons des compositions à écrire. Nous pouvons les écrire ensemble.

ROBERT: Qu'est-ce que nous pouvons écrire ensemble?

JULIE: _____ .

5. JULIE: Claire a de nouveaux vêtements. Elle va les mettre pour ma boum.

ROBERT: Qu'est-ce qu'elle va mettre pour ta boum?

JULIE: _____ .

6. JULIE: Louis et Didier ont deux vieilles voitures. Ils vont les réparer.

ROBERT: Qu'est-ce qu'ils vont réparer?

JULIE: _____ .

7. JULIE: Grégoire a reçu une écharpe d'Anne. Il l'a perdue.

ROBERT: Qu'est-ce qu'il a perdu?

JULIE: _____ .

8. JULIE: Tu as des parents sympathiques. Tu dois les écouter.

ROBERT: Qui est-ce que je dois écouter?

JULIE: _____ .

EXERCICE L

Aline aime bien parler de sa famille avec ses amis. Complétez sa conversation avec les adjectifs possessifs appropriés.

ALINE: Mes cousins et moi, nous passons tout _____ temps libre ensemble.
                                                    1.

DIANE: Vous avez les mêmes goûts?

ALINE: Oui. Tiens, maintenant je vais assister à la compétition de natation

de _____ cousin Robert. _____ équipe a gagné le championnat
      2.   3.

l'année passée. Demain je vais aller voir _____ cousine Danielle
                                            4.

jouer dans une pièce à l'école. _____ rôle est très important.
                                  5.

_____ profs disent qu'elle pourrait devenir actrice. Et ce week-end,
  6.

mes cousins viendront voir _____ match de tennis. _____
                            7.   8.

adversaire ne joue pas si bien que moi.

DIANE: Tes cousins habitent-ils loin de _____ maison?
                                        9.

ALINE: Non, _____ quartier n'est pas loin du tout. De plus, _____
            10.   11.

parents travaillent avec _____ père et _____ frères. Comme
                         12.   13.

tu vois, _____ famille est très proche.
         14.

EXERCICE M

Exprimez en français ce qu'Adam dit de ses voisins.

1. My neighbors are all very friendly.
2. Mr. Lindgren mows our lawn and fixes our cars.
3. Janine Dupont feeds my dog when my family goes on vacation.
4. Do you see Mrs. Michaels? Her son is our doctor.
5. That's Mr. Dupont's daughter.
6. She can help you with your French homework because her parents speak French.
7. Whose bicycle is it? It's Anne's. Anne is my friend.
8. We do our shopping together.
9. The Lincolns are happy because their son and their daughters are coming home from college soon.
10. Our neighborhood is perfect and our neighbors are the best.

Chapter 29

Demonstratives

[1] DEMONSTRATIVE ADJECTIVES

Demonstrative adjectives indicate or point out the person or thing referred to *(this, that, these, those)*.

ce	before a masculine singular noun beginning with a consonant	**ce lieu**	*this (that) place*
cet	before a masculine singular noun beginning with a vowel or a silent **h**	**cet océan** **cet hôtel**	*this (that) ocean* *this (that) hotel*
cette	before a feminine singular noun	**cette fille** **cette amie**	*this (that) girl* *this (that) girlfriend*
ces	before all plural nouns	**ces lieux** **ces océans** **ces hôtels** **ces filles** **ces amies**	*these (those) places* *these (those) oceans* *these (those) hotels* *these (those) girls* *these (those) girlfriends*

Cette robe est très élégante.	*This (That) dress is very elegant.*
Cet avion est moderne.	*This (That) plane is modern.*
J'aime **ce** style.	*I like this (that) style.*
As–tu vu **ces** films?	*Have you seen these (those) films?*

NOTE:

1. Demonstrative adjectives precede and agree with the nouns they modify.

2. The demonstrative adjective is repeated before each noun.

cet homme et **cette** femme	*that man and that woman*
ces poèmes et **ces** pièces	*these poems and plays*

3. If it is necessary to distinguish between "this" and "that" or

between "these" and "those," *ci* and *là* are added with hyphens to
the nouns that are being compared for clarity, emphasis, or contrast.
For "this" or "these," *-ci* is added; for "that" or "those,"*-là* is added.

Cette radio-ci ou cette radio-là?	*This radio or that radio?*
Ces légumes-ci et ces légumes-là.	*These vegetables and those vegetables.*

EXERCICE A

Vous voulez redécorer votre chambre. Demandez les prix de ces articles que
vous aimeriez acheter.

EXEMPLES:

Combien coûte **ce** lit?

Combien coûtent **ces** lampadaires?

1.

2.

3.

4.

5.

6.

7.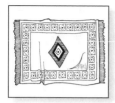

8.

9.

10.

EXERCICE B

Vous faites le tour de Paris avec des amis. Exprimez ce que vous vous exclamez durant votre promenade.

EXEMPLE: boulevard magnifique
            Regardez **ce** boulevard magnifique!

1. jolie tour

2. immeuble moderne

3. rues étroites

4. édifices incomparables

5. musée renommé

6. avenue grandiose

7. magasins élégants

8. arbres fleuris

EXERCICE C

Vous êtes dans une boutique française et vous voulez voir tous les vêtements à la mode cet été. Exprimez ce que vous dites au vendeur.

EXEMPLE:

ici
Montrez–moi ces baskets–ci.

1. ici

2. là

3. là

4. ici

5. là

6. là

7. là

8. ici

EXERCICE D

Exprimez votre opinion sur ces choses françaises en formant des phrases avec des adjectifs de votre choix.

EXEMPLE: tour Eiffel: monument
           Ce monument est grand.

1. le football: sport

2. Charles de Gaulle: aéroport

3. la quiche et la bouillabaisse: plats

4. Paris: ville

5. le Concorde: avion

6. le Sacré-Cœur et Notre Dame: églises

7. l'eau minérale Évian: boisson

8. le centre Pompidou: édifice

[2]   DEMONSTRATIVE PRONOUNS

Demonstrative pronouns also indicate or point out the person or thing referred to.

	MASCULINE	FEMININE	
SINGULAR	**celui**	**celle**	*this one, that one, the one*
PLURAL	**ceux**	**celles**	*these, those, the ones*

Je vais lire ce poème et **celui** de Jan.	*I am going to read this poem and Jan's.*
Il préfère ces plantes-ci à **celles**-là.	*He prefers these plants to those.*

a. Demonstrative pronouns agree with the nouns they refer to.

Donnez-moi ces pommes-ci et **celles**-là.	*Give me these apples and those.*
J'adore ce pantalon-ci et **celui**-là.	*I love this pair of pants and that one.*

b. *Celui* and its forms are not used alone. They are generally used with one of the following: *de, -ci, -là, qui, que.*

(1) celui de, celle de — *the one of, that of*

    ceux de, celles de — *the ones of, those of*

Je cherche mon livre et **celui** de Paul.	*I'm looking for my book and Paul's.*

(2) celui-ci, celle-ci — *this (one), the latter*

    ceux-ci, celles-ci — *these, the latter*

    celui-là, celle-là — *that (one), the former*

    ceux-là, celles-là — *those, the former*

Regarde ces robes. Préfères-tu **celles-ci** ou **celles-là?**	*Look at these dresses. Do you prefer these or those?*
Le prof parle de Rodin et de Degas. **Celui-ci** était peintre et **celui-là** était sculpteur.	*The teacher is talking about Rodin and Degas. The latter was a painter and the former was a sculptor.*

(3)	**celui qui, celle qui**	*the one that* (subject)
	ceux qui, celles qui	*the ones (those) that* (subject)
	celui que, celle que	*the one that* (object)
	ceux que, celles que	*the ones (those) that* (object)

Je préfère **celui qui** est sur la table.	*I prefer the one that is on the table.*
Ceui que j'aime est sur la table.	*The one I like is on the table.*

EXERCICE E

Vos parents voudraient déménager. Ils comparent des photos de deux maisons qu'ils ont vues. Exprimez ce que vous pensez de chaque maison.

EXEMPLE: Il y a une piscine. *(économique / jolie)*
Celle-ci est plus économique.
Celle-là est plus jolie.

1. Il y a un garage. *(haut / large)*

2. Il y a une cuisine. *(moderne / ancienne)*

3. Il y a des cheminées. *(utiles / décoratives)*

4. Il y a un jardin. *(classique / naturel)*

5. Il y a une entrée. *(petite / grande)*

6. Il y a des escaliers. *(étroits / dangereux)*

7. Il y a des salles de bains. *(anciennes / pratiques)*

8. Il y a des balcons. *(larges / ensoleillés)*

EXERCICE F

Nadia compare ses amis. Complétez ses phrases avec les formes correctes de celui-ci *ou de* celui-là.

1. Nicholas et Jason font de la musculation tandis que Bruce et Charles

dorment. _____ sont faibles et _____ sont plus forts.

2. Lisa prête toutes ses affaires à ses amies tandis que Lucy ne veut rien

partager. _____ est généreuse et _____ est égoïste.

3. Michael réfléchit toujours avant d'agir. Son frère, lui, prend ses décisions spontanément. _____ est impulsif et _____ est sérieux.

4. Maria et sa sœur sont polies tandis que Linda et sa sœur ne le sont pas. _____ sont mal élevées et _____ sont bien élevées.

5. Les Marchand viennent de France tandis que les Smith viennent des États–Unis. _____ sont américains et _____ sont européens.

EXERCICE G

Une camarade de classe discute avec vous. Exprimez ce qu'elle dit pour vous impressionner.

EXEMPLE: Le poste de ma mère est important.
Celui de ma mère est encore plus important.

1. La maison de mes grands-parents est splendide.

2. L'écran de ma télé est grand.

3. Les voitures de mes parents sont luxueuses.

4. Le jardin de ma maison est magnifique.

5. L'ordinateur de mon frère est sophistiqué.

6. Les musiciens de mon groupe de rock sont doués *(talented)*.

7. L'usine de mon père est renommée.

8. Les amies de ma sœur sont jolies.

EXERCICE H

Comparez la ville de Paris avec celle de New York en utilisant un pronom démonstratif.

EXEMPLES: La population de Paris est diverse.
Celle de New York est aussi diverse.

Le climat de Paris est doux.
Celui de New York est moins doux.

1. Le maire de Paris est consciencieux.

2. Les édifices de Paris sont modernes.

3. Les fêtes de Paris sont formidables.

EXERCICE H

Comparez la ville de Paris avec celle de New York en utilisant un pronom démonstratif.

EXEMPLES: La population de Paris est diverse.
Celle de New York est aussi diverse.

Le climat de Paris est doux.
Celui de New York est moins doux.

1. Le maire de Paris est consciencieux.
2. Les édifices de Paris sont modernes.
3. Les fêtes de Paris sont formidables.
4. La vie intellectuelle de Paris est impressionnante.
5. La circulation de Paris est intense.
6. Les restaurants de Paris sont chers.

EXERCICE I

Exprimez votre opinion en choisissant la forme correcte du pronom démonstratif.

EXEMPLES: (la femme) **Celle** qui chante bien est Pauline.
(le livre) Ce livre n'est pas **celui** que je veux.

1. (le dessert) C'est _____ que je choisis.
2. (l'ami) Jean est _____ qui aide les autres.
3. (le docteur) _____ qui guérit les malades est un bon docteur.
4. (la fille) C'est _____ qui sourit toujours.
5. (les films) Je préfère _____ qui sont amusants.
6. (les garçons) _____ que nous connaissons sont sympathiques.

[3] *CECI, CELA, ÇA*

The demonstrative pronouns *ceci* (this) and *cela* / *ça* (that) refer to things indicated or pointed to but not named. *Cela* refers to something already mentioned and *ceci* introduces something new.

Montrez-lui **ceci**.   *Show him this.*

EXERCICE J

Mme Maupin aime parler de tout à ses voisins. Complétez ses phrases en utilisant ceci *ou* cela.

1. _____ va te choquer. Toshiro quitte son poste.
2. Il va se passer _____ : on va fermer l'usine de la ville.
3. Claire a reçu son diplôme. _____ m'a surprise.
4. M. Fredericks fait les courses pour sa femme. _____ m'amuse.
5. Les Carter déménagent? _____ m'est égal.
6. Écoutez _____ : les Bernini vont aller aux Caraïbes!
7. Paul a réussi son bac. _____ me semble parfaitement naturel.
8. Vous ne voulez pas entendre _____ ? Quel dommage!

EXERCICE K

Exprimez les sentiments de Lorene en formant des phrases avec ça.

EXEMPLE: Tu veux monter en haut de la tour Eiffel? *(non / rendre nerveuse)*
Non, **ça** me rend nerveuse.

1. Tu veux aller au match de foot? *(oui / amuser)*
2. Tu veux une grosse tranche de gâteau au chocolat avec de la glace?
   (non / rendre malade)
3. Tu veux monter en haut de la statue de la Liberté? *(non / donner le vertige)*
4. Tu veux faire du parachutisme? *(non / faire peur)*
5. Tu veux aller à un concert de rock? *(oui / passionner)*
6. Tu veux aller voir une exposition? *(oui / intéresser)*

M A S T E R Y   E X E R C I S E S

EXERCICE L

Vous venez de recevoir vos cadeaux de Noël. Décrivez huit de ces cadeaux en utilisant des adjectifs démonstratifs.

affiche	chèque	montre
baladeur	disques compacts	programme d'ordinateur
chemises	livre	robe de chambre

EXEMPLE: **Ce** livre est intéressant.

EXERCICE M

Comparez ces personnes et ces situations.

EXEMPLE:

    Celui-ci est aimable. **Celui-là** est méchant.

1.

2.

3.

4.

5.

6.

7.

8.

EXERCICE N

Répondez aux questions selon votre opinion.

EXEMPLE:
Lequel de ces spectacles préféreriez-vous voir? Un film ou un concert?
Je préférerais voir **celui-là (celui-ci).**

1. Lequel de ces acteurs préféreriez-vous rencontrer? Patrick Swayze ou Mel Gibson?

2. Laquelle de ces voitures achèteriez-vous? Une Cadillac ou une Jaguar?

3. Lesquels de ces desserts choisiriez-vous? Des fruits ou des gâteaux?

4. Lesquels de ces cadeaux aimeriez-vous mieux recevoir? Des bijoux ou des vêtements?

5. Laquelle de ces choses voudriez-vous posséder? La santé ou la richesse?

6. Lequel de ces sports regarderiez-vous à la télé? Le tennis ou le base-ball?

EXERCICE O

Exprimez ce que Charlotte dit à sa surprise-partie.

1. This party was really a surprise. This is great.

2. Who did this? This makes me very happy.

3. What is that? A French dish? I love that.

4. Is that plate broken? This will fix it.

5. Which salad do you prefer? This one or that one?

6. I love this pastry and those over there too.

7. Where's my camera? My brother's is on the table.

8. Don't take that picture. That embarrasses me.

9. This Walkman is as practical as that one.

10. These gifts are beautiful. That's the truth.

Part four

Word Study

QUÉBEC

SAINT-PIERRE-
ET-MIQUELON

LOUISIANE

HAÏTI

GUADELOUPE
MARTINIQUE

GUYANE

BELGIQUE

LUXEMBOURG

FRANCE

SUISSE

MONACO

CORSE

MAROC

ALGÉRIE

TUNISIE

MAURITANIE

MALI

NIGER

TCHAD

SÉNÉGAL

GUINÉE

BURKINA FASO

CÔTE-D'IVOIRE

TOGO

BÉNIN

CAMEROUN

RÉPUBLIQUE
CENTRAFRICAINE

ZAÏRE

GABON

CONGO

Chapter 30

Antonyms and Synonyms

[1] *CONTRAIRES*/ANTONYMS (OPPOSITES)

a. Nouns

l'ami *(m.)* *friend*	
le copain (la copine) *friend*	l'ennemi *(m.)* *enemy*
l'automne *(m.)* *autumn*	le printemps *spring*
le bruit *noise*	le silence *silence*
le début *beginning*	
le commencement *beginning*	la fin *end*
l'été *(m.)* *summer*	l'hiver *(m.)* *winter*
la guerre *war*	la paix *peace*
la jeunesse *youth*	la vieillesse *old age*
le jour *day*	la nuit *night*
le lendemain *next day*	la veille *eve*
le matin *morning*	le soir *evening*
	l'après-midi *(m.)* *afternoon*
midi *noon*	minuit *midnight*
le nord *north*	le sud *south*
l'ouest *(m.)* *west*	l'est *(m.)* *east*
le plancher *floor*	le plafond *ceiling*
la question *question*	la réponse *answer*
le soleil *sun*	la lune *moon*
la terre *the earth, land*	la mer *the sea*
	le ciel *heaven, sky*
la vie *life*	la mort *death*
la ville *city*	la campagne *country*

b. Adjectives

absent *absent*	présent *present*
ancien(ne) *old*	nouveau (nouvelle) *new*
	récent *recent*
	moderne *modern*

bas(se) *low*   haut *high*
beau (belle) *beautiful*   laid *ugly*
blanc (-che) *white*   noir *black*
bon(ne) *good*   mauvais *bad*
chaud *hot*   froid *cold*
cher (chère) *expensive, dear*   bon marché *cheap*
court *short*   long(ue) *long*
droit *right*   gauche *left*
facile *easy*   difficile *difficult*
fort *strong*   faible *weak*
grand *big*   petit *little*
heureux (-se) *happy*   malheureux (-se) *unhappy*
large *wide*   étroit *narrow*
léger (-ère) *light*   lourd *heavy*
mort *dead*   vivant *alive*
paresseux (-se) *lazy*   travailleur (-euse) *hardworking*
pauvre *poor*   riche *rich*
plein *full*   vide *empty*
poli *polite*   impoli *impolite, rude*
possible *possible*   impossible *impossible*
premier (-ère) *first*   dernier (-ère) *last*
propre *clean*   sale *dirty*
utile *useful*   inutile *useless*

| | jeune *young* |
vieux (vieille) *old* | { | neuf (-ve) *new* |
| | nouveau (nouvelle) *new* |

vrai *true*   faux (fausse) *false, fake*

c. Verbs

accepter *to accept*   refuser *to refuse*
acheter *to buy*   vendre *to sell*
aimer *to love, to like*   détester *to hate*
s'amuser *to have fun*   s'ennuyer *to be bored*
apparaître *to appear*   disparaître *to disappear*
arriver *to arrive*   partir *to leave*

commencer *to begin* { finir *to finish* / terminer *to end*

donner *to give* — recevoir *to receive*

emprunter *to borrow* — prêter *to lend*

enlever *to remove, take off* — mettre *to put on*

entrer *to enter* — sortir *to go out*

fermer *to close* — ouvrir *to open*

jouer *to play* — travailler *to work*

monter *to go up* — descendre *to go down*

obéir *to obey* — désobéir *to disobey*

perdre *to lose* { trouver *to find* / gagner *to win*

pleurer *to cry* — rire *to laugh*

réussir *to succeed, pass* — rater *to fail*

vivre *to live* — mourir *to die*

d. Adverbs

aujourd'hui *today* { hier *yesterday* / demain *tomorrow*

beaucoup *a lot, much, many* — peu *little, few*

bien *well* — mal *badly*

enfin *finally* — d'abord *first, at first*

ici *here* — là *there*

oui *yes* — non *no*

plus *more* — moins *less*

souvent *often* — rarement *rarely*

vite *quickly* — lentement *slowly*

e. Prepositions

avant *before* — après *after*

avec *with* — sans *without*

devant *in front of* — derrière *behind, in back of*

près de *near* — loin de *far from*

sur *on (top of)* — sous *under*

voici *here is, are* — voilà *there is, are*

EXERCICE A

Vous faites du baby-sitting. Corrigez les phrases que les enfants vous disent en donnant le contraire du mot en caractères gras.

1. Les hiboux dorment **la nuit.**

2. La France est à **l'est** de la Suisse.

3. **Le ciel** est rond.

4. Quand les pays sont en désaccord, ils sont en état de **paix.**

5. Il fait chaud en **hiver.**

6. On met des tapis au **plafond.**

7. Halloween est **le lendemain** de la Toussaint.

8. Un homme de cent ans est en pleine **jeunesse.**

9. La nuit, à la campagne, il y a du **bruit.**

10. On mange le dessert **au début** du repas.

EXERCICE B

Vous aimez contredire votre frère pour l'ennuyer. Exprimez ce que vous lui dites.

EXEMPLE: Il fait chaud.
            Non, il fait **froid.**

1. Notre rue est large.

2. Emma est polie.

3. Cette chambre est propre.

4. Notre école est ancienne.

5. Claire écrit de la main gauche.

6. On joue le premier film de Godard.

7. Gordon est heureux.

8. La voiture de M. Auchincloss est noire.

9. La tour Eiffel est basse.

10. Marianne est petite.

EXERCICE C

Xavier et Emmanuel font souvent le contraire, mais ils s'entendent très bien. Exprimez ce que Xavier fait parallèlement à Emmanuel.

EXEMPLE: Emmanuel **monte** l'escalier.
Xavier descend l'escalier.

1. Emmanuel **pleure** quand le film est triste.
2. Emmanuel a**chète** de la glace.
3. Emmanuel **donne** de l'argent à ses parents.
4. Emmanuel **obéit** toujours.
5. Emmanuel **réussit** à ses examens.
6. Emmanuel **s'amuse** au lycée.
7. Emmanuel **aime** l'hiver canadien.
8. Emmanuel **met** sa casquette pour sortir.
9. Emmanuel **prête** tout.
10. Emmanuel **perd** ses affaires.

EXERCICE D

Récrivez l'histoire de M. Preston en remplaçant les mots en caractères gras par leur contraire.

1. Aime-t-il conduire sa voiture? **Non.**
2. Il conduit **lentement.**
3. Il habite **loin de** son bureau.
4. Ces derniers jours, il parle **plus** à ses collègues.
5. Il travaille **souvent** après cinq heures du soir.
6. Il sort déjeuner **après** midi.
7. Il parle **bien** de son patron.
8. Il gagne **beaucoup.**
9. Il quitte son bureau **sans** ses amis.
10. Il attend le bus **derrière** son bureau.

[2] SYNONYMES / SYNONYMS

a. Nouns

le bâtiment, l'édifice *(m.)   building*
le chemin, la route   *road*
l'endroit *(m.)*, le lieu   *place*

l'espèce *(f.)*, la sorte, le genre   *kind, type*

la façon, la manière   *way, fashion, manner*

la faute, l'erreur *(f.)*   *mistake*

la figure, le visage   *face*

le médecin, le docteur   *doctor*

le milieu, le centre   *middle*

le miroir, la glace   *mirror*

la nation, le pays   *country*

le palais, le château   *palace, castle*

les vêtements *(m.)*, les habits *(m.)*   *clothes*

b. **Adjectives**

célèbre, fameux (-se), renommé
  famous

certain, sûr   *certain, sure*

favori(te), préféré   *favorite*

grave, sérieux (-se)   *grave, serious*

heureux (-se), content
  happy, pleased

méchant, mauvais   *nasty, bad*

triste, malheureux (-se)   *sad, unhappy*

c. **Verbs**

employer, utiliser, se servir de   *to use*

finir, terminer, achever   *to finish*

habiter, demeurer   *to live, dwell*

préférer, aimer mieux   *to prefer*

rompre, casser   *to break*

vouloir, désirer   *to wish, want*

d. **Adverbs**

auparavant, autrefois   *previously, in the past*

immédiatement, tout de suite   *immediately*

puis, ensuite, après   *then, afterwards*

quelquefois, parfois   *sometimes*

seulement, ne... que   *only*

soudainement, tout à coup   *suddenly*

vite, rapidement   *quickly*

e. **Prepositions**

entre, parmi   *among*

excepté, sauf   *excepted*

pendant, durant   *during*

selon, d'après   *according to*

EXERCICE E

Décrivez cet athlète en donnant les synonymes des mots en caractères gras.

1. Claude est un joueur de foot assez **célèbre.**
2. Il **veut** participer à la Coupe du Monde avec **son pays.**
3. Chaque jour, il se lève **tout de suite** pour s'entraîner.
4. Le stade Pelé est **le lieu** où il s'entraîne.
5. **Pendant** les compétitions, il ne fait jamais de **fautes.**
6. Le foot est son sport **favori.**
7. Il court très **vite.**
8. Il reste calme dans les situations **graves.**
9. Il **demeure** en ville, mais il **préfère** la campagne.
10. Il va régulièrement chez le **docteur** pour être **sûr** de sa bonne condition physique.

MASTERY EXERCISES

EXERCICE F

Complétez chaque analogie avec le mot qui manque.

1. petit : grand :: étroit : _____
2. léger : lourd :: vide : _____
3. vie : mort :: début : _____
4. figure : visage :: miroir : _____
5. triste : malheureux :: content : _____
6. avec : sans :: avant : _____
7. sous : sur :: devant : _____
8. chemin : route :: bâtiment : _____
9. vouloir : désirer :: rompre : _____
10. milieu : centre :: lieu : _____
11. ouvrir : fermer :: entrer : _____
12. parfois : quelquefois :: immédiatement : _____

13. finir : terminer :: habiter : _____
14. nuit : jour :: lune : _____
15. pauvre : riche :: mort : _____
16. jouer : travailler :: apparaître : _____
17. grave : sérieux :: mauvais : _____
18. après : ensuite :: autrefois : _____
19. pendant : durant :: entre : _____
20. excepté : sauf :: selon : _____

EXERCICE G

Exprimez les synonymes ou les antonymes pour chaque paire.

EXEMPLES:

court, long

le château, le palais

1.

2.

3.

4.

5.

6.

7.

8.

9.

10.

11.

12.

13.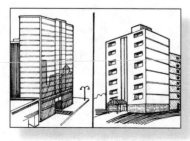

14.

15.

EXERCICE H

En utilisant autant de synonymes et d'antonymes que possible, exprimez ce que Mme Fernande dit de sa famille et d'elle-même.

1. My grandmother wanted to live in the city and my grandfather wanted to live in the country.
2. I'm certain that my son will want to become a famous doctor and I'm certain that my daughter will become a famous doctor too.
3. My rich uncle borrows my money and my poor aunt lends me money!
4. In the morning I work a lot and in the evening I play a little.
5. I prefer the silence of the country but my sister prefers the noise of the city.
6. I'm neither lazy nor poor nor weak. I'm hardworking, rich, and strong!
7. I use an old typewriter but my children use a new computer.
8. My cousin Nathalie thinks that her house is a castle. Myself, I think that my house is a castle.
9. This summer I'm going to the north of France and this winter my family is going to the south.
10. I'm happy at the beginning of spring and I'm sad at the end of autumn.

Chapter 31
Thematic Vocabulary

[1] PERSONAL IDENTIFICATION

a. Les informations biographiques / *Biographical information*

(1) Les nationalités / *Nationalities*

africain *African*	européen(ne) *European*
allemand *German*	français *French*
américain *American*	grec(que) *Greek*
anglais *English*	haïtien(ne) *Haitian*
asiatique *Asian*	indien(ne) *Indian*
canadien(ne) *Canadian*	italien(ne) *Italian*
chinois *Chinese*	japonais *Japanese*
espagnol *Spanish*	sud-américain *South American*

(2) La famille / *Family*

le cousin *cousin*	les grands-parents *grandparents*
la cousine *cousin*	le mari *husband*
l'enfant (*m.* or *f.*) *child*	la mère *mother*
la famille *family*	le neveu *nephew*
la femme *wife; woman*	la nièce *niece*
la fille *daughter; girl*	l'oncle *uncle*
le fils *son*	les parents *parents*
le frère *brother*	le père *father*
le garçon *boy*	la sœur *sister*
la grand-mère *grandmother*	la tante *aunt*
le grand-père *grandfather*	

b. Les caractéristiques physiques / *Physical characteristics*

âgé *old*	grand *tall*
aveugle *blind*	gros(se) *fat*
beau (belle) *beautiful*	handicapé *handicapped*
chauve *bald*	jeune *young*
faible *weak*	joli *pretty*
fort *strong*	laid *ugly*

maigre *skinny*   sourd *deaf*
mince *thin*   vieux (vieille) *old*
petit *short*

avoir... ans *to be . . . years old*
avoir les cheveux blonds *to have blond hair*
avoir les cheveux châtains *to have brown hair*
avoir les cheveux noirs *to have black hair*
avoir les cheveux roux *to have red hair*
avoir les cheveux bouclés *to have curly hair*
avoir les cheveux frisés *to have curly hair*
avoir les cheveux raides *to have straight hair*
avoir les yeux bleus *to have blue eyes*
avoir les yeux marron *to have brown eyes*
avoir les yeux noirs *to have black eyes*
avoir les yeux noisette *to have hazel eyes*
avoir les yeux verts *to have green eyes*

c. Les caractéristiques psychologiques /
Psychological characteristics

actif (-ve) *active*   généreux (-se) *generous*
aimable *friendly*   gentil(le) *kind*
ambitieux (-se) *ambitious*   heureux (-se) *happy*
amusant *fun*   honnête *honest*
antipathique *nasty*   imaginatif (-ve) *imaginative*
attentif (-ve) *attentive*   impulsif (-ve) *impulsive*
bon(ne) *good*   intelligent *intelligent*
consciencieux (-se) *conscientious*   intéressant *interesting*
content *happy*   intuitif (-ve) *intuitive*
courageux (-se) *courageous*   malheureux (-se) *unhappy*
cruel(le) *cruel*   méchant *mean*
curieux (-se) *curious*   naïf (-ve) *naive*
drôle *funny*   paresseux (-se) *lazy*
égoïste *selfish*   poli *polite*
fier (-ère) *proud*   sérieux (-se) *serious*
franc(he) *frank*   sociable *sociable*
furieux (-se) *furious*   sportif (-ve) *athletic*

superstitieux (-se) *superstitious*

sympathique *nice, congenial*

triste *sad*

d. Les émotions et les sentiments / *Emotions and feelings*

l'amour *(m.)* *love*

le bonheur *happiness*

la haine *hate*

la honte *shame*

la joie *joy*

la peur *fear*

le plaisir *pleasure*

la tristesse *sadness*

EXERCICE A

Vous écrivez une note à votre nouvelle correspondante française où vous exprimez quelles sont vos caractéristiques physiques et psychologiques ainsi que vos émotions.

[2] HOUSE AND HOME

a. Le logement et les pièces / *Lodging and rooms*

l'appartement *(m.)* *apartment*

l'ascenseur *(m.)* *elevator*

le bail *lease*

le balcon *balcony*

la cave *cellar*

la chambre (à coucher) *bedroom*

la cheminée *fireplace, chimney*

le couloir *corridor, hallway*

la cour *courtyard*

la cuisine *kitchen*

l'escalier *(m.)* *stairs*

l'étage *(m.)* *floor, story*

la fenêtre *window*

le garage *garage*

le grenier *attic*

l'immeuble *(m.)* *apartment house*

le jardin *garden*

le / la locataire *tenant*

le loyer *rent*

la maison *house*

le mur *wall*

la pelouse *lawn*

la penderie *clothes closet*

la pièce *room*

le placard *closet, cabinet*

le plafond *ceiling*

le plancher *floor*

la porte *door*

le / la propriétaire *owner*

le rez-de chaussée *ground floor*

la salle à manger *dining room*

la salle de bains *bathroom*

la salle de séjour *living room*

le salon *living room*

le sous-sol *basement*

la terrasse *terrace*

les toilettes *(f.)* *toilet*

le toit *roof*

b. Les meubles et les appareils ménagers / *Furniture and appliances*

l'armoire *(f.)* *wardrobe*
l'aspirateur *(m.)* *vacuum cleaner*
le canapé *sofa*
la chaîne stéréo *stereo*
la chaise *chair*
la commode *dresser*
le congélateur *freezer*
la cuisinière *stove*
  à gaz *gas*
  électrique *electric*
l'étagère *(f.)* *bookcase*
le fauteuil *armchair*
le four *oven*
  à micro-ondes *microwave oven*
la glace *mirror*
l'horloge *(f.)* *clock*
le lampadaire *floor lamp*
la lampe *lamp*

le lave-vaisselle *dishwasher*
le lit *bed*
la machine à laver *washing machine*
le magnétoscope *V.C.R.*
le meuble *(m.)* *piece of furniture*
le miroir *mirror*
l'ordinateur *(m.)* *computer*
la pendule *clock*
le piano *piano*
le réfrigérateur *refrigerator*
le réveil (-matin) *alarm clock*
le rideau *curtain*
le sèche-linge *clothes dryer*
la table *table*
la table de nuit *night table*
le tableau *painting, picture*
le tapis *rug*
la télévision *television*

EXERCICE B

Exprimez ce que vous voyez dans chaque pièce.

Je vois _____ .

Je vois _____ .

EXERCICE C

Complétez chaque phrase avec le mot approprié.

1. On se lave dans _____ .
2. Aux USA, _____ , en dessous du rez-de-chaussée, est souvent une salle de récréation.
3. Quand on entre dans la maison, on range son manteau dans _____ .
4. On prépare les repas dans _____ .
5. Quand il y a une grande fête, on mange le repas dans _____ .
6. Le week-end on tond _____ .
7. On gare la voiture au _____ .
8. On met les malles et les vieux meubles au _____ .
9. On plante des fleurs dans _____ .
10. On met un piano dans _____ .
11. On prend _____ pour monter aux étages d'un grand immeuble.
12. L'été, quand il fait beau, on mange sur _____ dehors.
13. Quand on loue un appartement, on signe _____ .
14. Aux États-Unis, le premier étage correspond au _____ en France.

[3] HOUSEWORK

cuisiner   *to cook*
débarrasser la table   *to clear the table*
faire les courses   *to go shopping*
faire le ménage   *to do the housework*
faire la vaisselle   *to do the dishes*
garder les enfants   *to watch the children*
mettre le couvert   *to set the table*
nettoyer la maison   *to clean the house*
passer l'aspirateur   *to vacuum*
repasser les vêtements   *to iron the clothes*
tondre la pelouse   *to mow the lawn*
vider les ordures   *to throw out the garbage*

EXERCICE D

Exprimez ce que chacun fait à la maison.

EXEMPLE:

Maman **nettoie la maison.**

1. Je _____ .

2. Beth et Diana _____ .

3. Les garçons _____ .

4. Papa _____ .

5. Maman _____ .

6. Nous _____ .

7. Vous _____ .

8. Tu _____ .

[4] COMMUNITY; NEIGHBORHOOD; PHYSICAL ENVIRONMENT

a. La ville / *City*

l'aéroport *(m.)* *airport*

l'avenue *(f.)* *avenue*

la banlieue *suburb*

la banque *bank*

le bâtiment *building*

la bibliothèque *library*

la bijouterie *jewelry store*

la boucherie *butcher shop*

la boulangerie *bakery*

le boulevard *boulevard*

la boutique *shop*

le bureau de poste *post office*

le café *cafe*	la maison des jeunes *youth center*
le carrefour *intersection, crossroads*	le marché *market*
la cathédrale *cathedral*	le monument *monument*
le centre commercial *mall*	le musée *museum*
le cinéma *movies*	le Palais de justice *courthouse*
le citadin *city dweller*	le parc *park*
l'école (f.) *school*	la parfumerie *perfume shop*
l'édifice (m.) *building*	la pâtisserie *pastry shop*
l'église (f.) *church*	la pharmacie *drugstore*
l'épicerie (f.) *grocery store*	la piscine *swimming pool*
le / la fleuriste *florist*	la place *square*
la fruiterie *fruit store*	le pont *bridge*
la gare *station*	le quartier *neighborhood*
le gratte-ciel *skyscraper*	le restaurant *restaurant*
l'hôpital (m.) *hospital*	la rue *street*
l'hôtel (m.) *hotel*	le stade *stadium*
l'hypermarché (m.)	la station-service *gas station*
large supermarket	le supermarché *supermarket*
le jardin public *public garden*	le théâtre *theater*
la librairie *bookstore*	le trottoir *sidewalk*
le lycée *high school*	l'usine (f.) *factory*
le magasin *store*	le village *village*
la mairie *town hall*	

b. Les matériaux de construction / *Building materials*

l'acier (m.) *steel*	le fer *iron*
le bois *wood*	la pierre *stone*
la brique *brick*	

EXERCICE E

Exprimez ce qu'on achète aux endroits illustrés ci-dessous.

EXEMPLE:

Dans une boutique, on achète des vêtements.

1.

2.

3.

4.

5.

6.

7.

8.

9.    **10.**

c. La nature / *Nature*

l'arbre *(m.)* *tree*

le bétail *livestock*

les bois *(m.)* *woods*

la campagne *country*

le champ *field*

le ciel *sky*

la colline *hill*

la côte *coast*

le désert *desert*

l'étoile *(f.)* *star*

la feuille *leaf*

la fleur *flower*

le fleuve *river*

la forêt *forest*

l'herbe *(f.)* *grass*

l'île *(f.)* *island*

le lac *lake*

la lune *moon*

la mer *sea*

le monde *world*

la montagne *mountain*

la neige *snow*

l'océan *(m.)* *ocean*

le paysage *landscape*

la plage *beach*

la plante *plant*

la pluie *rain*

la rive *bank, shore*

le ruisseau *stream*

la rivière *stream*

le sable *sand*

le soleil *sun*

la terre *earth*

le vent *wind*

d. Les animaux / *Animals*

l'âne *(m.)* *donkey*

la baleine *whale*

le bœuf *ox*

le chat *cat*

le cheval *horse*

la chèvre *goat*

le chien *dog*

le cochon *pig*

le coq *rooster*

le crocodile *crocodile*

le cygne *swan*

l'éléphant *(m.)* *elephant*

la girafe *giraffe*

le kangourou *kangaroo*

le lapin *rabbit*

le léopard *leopard*

le lion *lion*

le loup *wolf*

le mouton *sheep*

l'oiseau *(m.)* *bird*

l'ours *(m.)* *bear*

la panthère *panther*

la poule *hen*

le renard *fox*

le serpent *snake*

le singe *monkey*

le tigre *tiger*

la tortue *turtle*

la vache *cow*

le zèbre *zebra*

EXERCICE F

Citez au moins six animaux que vous trouveriez dans chaque endroit mentionné.

À la ferme _____ .

Au zoo _____ .

Dans la jungle _____ .

EXERCICE G

Vous faites un voyage en avion et vous êtes assis(e) à côté de la fenêtre. Faites une liste de tout ce que vous pouvez voir pendant que l'avion survole (flies over) *une île tropicale.*

EXEMPLE: **du bétail**
des fleurs, etc.

[5] MEALS; FOOD; DRINK

a. Les repas / *Meals*

l'addition *(f.)* *bill*

l'appétit *(m.)* *appetite*

l'assiette *(f.)* *plate*

la bouteille *bottle*

la carte *menu*

le couteau *knife*

la cuiller *spoon*

le déjeuner *lunch*

le dîner *dinner*

la fourchette *fork*

le menu   *menu*

la nappe   *tablecloth*

le petit déjeuner   *breakfast*

le pourboire   *tip*

le repas   *meal*

la serviette   *napkin*

la tasse   *cup*

le verre   *glass*

b. La nourriture / *Food*

l'abricot *(m.)*   *apricot*

l'agneau *(m.)*   *lamb*

l'artichaut *(m.)*   *artichoke*

la banane   *banana*

le beurre   *butter*

le bifteck   *steak*

le bœuf   *beef*

les bonbons *(m.)*   *candies*

la brioche   *sweet roll*

le café   *coffee*

la carotte   *carrot*

les céréales *(f.)*   *cereal*

la cerise   *cherry*

le chocolat   *chocolate*

le citron   *lemon*

la citronnade   *lemonade*

la confiture   *jam*

le croissant   *crescent roll*

l'eau minérale *(f.)*   *mineral water*

les épinards *(m.)*   *spinach*

la fraise   *strawberry*

les frites *(f.)*   *french fries*

le fromage   *cheese*

le fruit   *fruit*

les fruits de mer   *seafood*

le gâteau   *cake*

la glace   *ice cream*

le hamburger   *hamburger*

les haricots verts *(m.)*   *green beans*

le hors-d'œuvre   *appetizer*

le jambon   *ham*

le jus   *juice*

le ketchup   *ketchup*

le lait   *milk*

les légumes *(m.)*   *vegetables*

la limonade   *lemon soda*

l'œuf *(m.)*   *egg*

l'orangeade *(f.)*   *orange soda*

la mayonnaise   *mayonnaise*

la moutarde   *mustard*

le pain   *bread*

le pain grillé   *toast*

la pêche   *peach*

les petits pois *(m.)*   *peas*

la pizza   *pizza*

la poire   *pear*

le poisson   *fish*

le poivre   *pepper*

la pomme   *apple*

la pomme de terre   *potato*

le poulet   *chicken*

le raisin   *grape*

le riz   *rice*

la salade   *salad*

le sandwich   *sandwich*

la saucisse   *sausage*

le sel   *salt*

la soupe   *soup*

le sucre   *sugar*

le thé   *tea*

la tomate *tomato*   la viande *meat*
le veau *veal*   le vin *wine*

EXERCICE H

Vous dînez dans un restaurant élégant. Exprimez ce que vous voyez sur la table.

EXERCICE I

Faites une liste de ce que vous adorez manger et de ce que vous détestez manger.

J'adore: Je déteste:

[6] HEALTH AND WELFARE

a. Les parties du corps / *Parts of the body*

la barbe *beard*   le cou *neck*
la bouche *mouth*   le coude *elbow*
le bras *arm*   la dent *tooth*
les cheveux *(m.)* *hair*   le doigt *finger*
le cœur *heart*   le dos *back*
le corps *body*   l'épaule *(f.)* *shoulder*

l'estomac *(m.)* *stomach*

la figure *face*

le front *forehead*

le genou *knee*

la gorge *throat*

la jambe *leg*

la joue *cheek*

la langue *tongue*

la lèvre *lip*

la main *hand*

le menton *chin*

la moustache *mustache*

le nez *nose*

l'œil *(m.)* *eye*

l'oreille *(f.)* *ear*

l'orteil *(m.)* *toe*

la peau *skin*

le pied *foot*

la poitrine *chest*

le sang *blood*

la tête *head*

le ventre *stomach*

le visage *face*

b. Les maladies / *Illnesses*

avoir mal à l'estomac *to have a stomach ache*

avoir mal au ventre *to have a bellyache*

avoir mal à la gorge *to have a sore throat*

avoir mal au pied *to hurt in the foot*

avoir mal à la tête *to have a headache*

l'accident *(m.)* *accident*

l'ambulance *(f.)* *ambulance*

l'angine *(f.)* *tonsillitis*

l'appendicite *(f.)* *appendicitis*

l'aspirine *(f.)* *aspirin*

l'asthme *(m.)* *asthma*

la brûlure *burn*

le coup de soleil *(m.)* *sunburn*

la douleur *pain*

l'énergie *(f.)* *energy*

la fièvre *fever*

la force *strength*

la fracture *fracture*

la grippe *flu*

la guérison *recovery, cure*

le malade *patient*

le médicament *medicine*

les oreillons *(m.)* *mumps*

la piqûre *injection*

la pneumonie *pneumonia*

le repos *rest*

le rhume *cold (illness)*

la rougeole *measles*

la santé *health*

le soin *care*

la sueur *sweat*

la température *temperature*

la toux *cough*

le traitement *treatment*

l'urgence *(f.)* *emergency*

le vaccin *vaccine*

la varicelle *chicken pox*

EXERCICE J

La petite Charline, âgée de cinq ans, voudrait devenir docteur. Aidez-la à iden-tifier les différentes parties du corps.

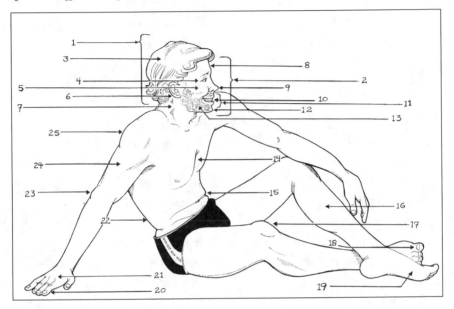

EXERCICE K

Vous devez remplir un formulaire médical. Faites la liste des maladies que vous avez eues.

J'ai eu _____ .

[7] EDUCATION

a. L'école / *School*

le banc *seat, bench*	la carte *map*
le bureau *desk*	les ciseaux *(m.) scissors*
le cahier *notebook*	la classe *class*
la calculette *calculator*	le classeur *ring binder*
le calendrier *calendar*	la cloche *bell*
le cartable *satchel*	conseiller (-ère) *counselor*

la cour   *courtyard*
la craie   *chalk*
le crayon   *pencil*
les devoirs *(m.)*   *homework*
la dictée   *dictation*
le dictionnaire   *dictionary*
directeur (-trice)   *principal*
l'école *(f.)*   *school*
l'élève *(m. or f.)*   *pupil*
l'emploi du temps *(m.)*
   class schedule
l'erreur *(f.)*   *error*
l'étude *(f.)*   *study*
l'étudiant(e)   *student*
l'examen *(m.)*   *test*
l'exercice *(m.)*   *exercise*
l'explication *(f.)*   *explanation*
la faute   *mistake*
la gomme   *eraser*
la grammaire   *grammar*
l'instituteur (-trice)
   elementary school teacher
la leçon   *lesson*
la lecture   *reading*
la ligne   *line*

le livre   *book*
le lycée   *high school*
le manuel (scolaire)   *textbook*
le matériel scolaire   *school supplies*
le mot   *word*
la note   *grade*
la page   *page*
le papier   *paper*
la phrase   *sentence*
la poésie   *poetry*
le professeur   *teacher*
la question   *question*
la règle   *ruler*
la réponse   *answer*
le résumé   *summary*
le sac à dos   *backpack*
la salle de classe   *classroom*
le Scotch   *Scotch tape*
le stylo   *pen*
le sujet   *subject, topic*
le tableau   *blackboard*
le travail   *work*
la trousse   *pencil case*
le vocabulaire   *vocabulary*

b. Les matières scolaires / *School subjects*

l'anglais *(m.)*   *English*
la biologie   *biology*
la chimie   *chemistry*
le dessin   *drawing*
l'éducation physique *(f.)*   *gym*
l'espagnol *(m.)*   *Spanish*
le français   *French*
la géographie   *geography*
l'histoire *(f.)*   *history*

l'informatique *(f.)*   *computer science*
le latin   *latin*
les mathématiques *(f.)*   *math*
la physique   *physics*
la science   *science*
la technologie   *technology*
les travaux manuels *(m.)*
   shop, arts & crafts

c. Les activités scolaires / *School activities*

le cercle   *club*
le cercle dramatique   *drama club*
le cercle français   *French club*
le cercle international   *international club*
le cercle de maths   *math club*
l'équipe de base-ball   *baseball team*
l'équipe de football   *soccer team*
la fanfare   *band*
l'orchestre *(m.)*   *orchestra*
le tableau d'honneur   *honor roll*

EXERCICE L

Faites la liste du matériel scolaire dont vous avez besoin pour tous vos cours.

EXERCICE M

Identifiez les matières et les activités offertes au lycée Marcel Pagnol.

EXEMPLE:

Il y a des cours de français.

1.

2.

3.

4.

5.

6.

7.

8.

9.

10.

[8] EARNING A LIVING

acteur (-trice) *actor*

l'agent *(m.)* de police *policeman*

l'artiste *(m.* or *f.)* *artist*

l'avocat(e) *lawyer*

boucher (-ère) *butcher*

boulanger (-ère) *baker*

le chef   *chef*
chercheur (-euse)   *researcher*
coiffeur (-euse)   *hair stylist*
le commerçant   *merchant*
cuisinier (-ière)   *cook*
le / la dentiste   *dentist*
directeur (-trice)
   manager (of a company)
l'écrivain *(m.)*   *writer*
l'épicier (-ière)   *grocer*
facteur (factrice)   *mail carrier*
fermier (-ière)   *farmer*
le garçon   *waiter*
gérant(e)   *manager (of shop,*
   restaurant)
l'infirmier (-ière)   *nurse*

l'ingénieur *(m.)*   *engineer*
le juge   *judge*
le médecin   *doctor*
le métier   *trade, profession*
musicien(ne)   *musician*
l'ouvrier (-ière)   *factory worker*
le peintre   *painter*
le pilote   *pilot*
poète (poétesse)   *poet*
le président   *president*
le professeur   te*acher*
programmeur (-euse)   *programmer*
le savant   *scientist, scholar*
le / la secrétaire   *secretary*
serveur (-se)   *waiter, waitress*
vendeur (-euse)   *salesperson*

EXERCICE N

Identifiez les professions illustrées.

EXEMPLE:

C'est un docteur.

1.

2.

3.

4.

5.

6.

7.

8.

9.

10.

[9] LEISURE

a. Les loisirs / *Leisure activities*

le bal *ball*	le carnaval *carnival*
le ballet *ballet*	les cartes (f.) *cards*
la campagne *country*	le centre commercial *mall*

le cinéma   *movies*

le concert   *concert*

la discothèque   *discotheque*

l'exposition *(f.)*   *exhibit, show*

la fête   *holiday, celebration*

la foire   *fair*

l'île tropicale *(f.)*   *tropical island*

le jour de congé   *day off*

le jour férié   *legal holiday*

le match   *match*

la M.J.C. (maison des jeunes et de la culture)   *youth center*

la montagne   *mountain*

le musée   *museum*

l'opéra *(m.)*   *opera*

le parc national   *national park*

le parc zoologique, le zoo   *zoo*

la plage   *beach*

la promenade   *walk*

le sport   *sport*

le stade   *stadium*

la télévision   *television*

le théâtre   *theater*

les vacances *(f.)*   *vacation*

b. Les sports / *Sports*

l'alpinisme *(m.)*   *mountain climbing*

l'athlétisme *(m.)*   *track and field*

le base-ball   *baseball*

le bateau à voiles   *sailboat*

le bowling   *bowling*

le football   *soccer*

le football américain   *football*

le golf   *golf*

le hockey   *hockey*

la natation   *swimming*

la pêche   *fishing*

le rugby   *rugby*

le ski   *skiing*

le ski nautique   *waterskiing*

le tennis   *tennis*

le volley-ball   *volleyball*

EXERCICE O

Faites la liste des sports que vous faites et de ceux que vous ne faites pas.

EXEMPLE: **Je fais du ski. Je ne fais pas de golf.**

Je fais: Je ne fais pas:

EXERCICE P

Exprimez où il faut aller pour faire ou voir les choses mentionnées.

EXEMPLE: pour faire du sport après l'école
           Il faut aller au parc.

1. pour voir un match de foot

2. pour voir une pièce

3. pour nager dans l'océan

4. pour voir un film

5. pour voir jouer vos musiciens préférés

6. pour faire de l'alpinisme

7. pour visiter une ferme

8. pour voir des animaux sauvages

9. pour voir des danseuses classiques

10. pour voir des tableaux de maître

[*10*] PUBLIC AND PRIVATE SERVICES

a. Le téléphone / *Telephone*

l'annuaire *(m.)* *phone book*

l'appel *(m.)* *call*

le bottin *phone book*

la cabine téléphonique *phone booth*

décrocher *to pick up (the phone)*

l'opérateur (-trice) *operator*

raccrocher *to hang up*

le récepteur *receiver*

le répondeur *answering machine*

la télécarte *calling card*

b. La poste / *Post office*

l'adresse *(f.)* *address*

la boîte aux lettres *mailbox*

la carte postale *postcard*

le code postal *zip code*

le colis *parcel, package*

la correspondance *letters*

le courrier *mail*

l'enveloppe *(f.)* *envelope*

le facteur, la factrice *mail carrier*

le guichet *window (for service)*

la lettre *letter*

le paquet *package*

par avion *air mail*

la poste restante *post office box*

le télégramme *telegram*

le timbre *stamp*

c. La banque / *Bank*

l'argent *(m.)* *money*

l'argent liquide *cash*

le billet *bill*

la caisse *cash register*

le carnet de chèques *checkbook*

le chèque (de voyage) *(traveler's)*
  check

le chéquier *checkbook*

le coffre-fort *safe*

le compte-chèques
  checking account

le compte épargne
  savings account

la devise *currency*

l'emprunt *(m.)* *loan*
les fonds *(m.)* *funds*
le guichet *window*
la monnaie *change*
le retrait *withdrawal*

la signature *signature*
le taux d'intérêt *interest rate*
le versement *deposit*
le virement *transfer*

changer *to change*
endosser *to endorse*
faire un versement *to make a deposit*
payer en espèces *to pay in cash*

payer en liquide *to pay in cash*
signer *to sign*
toucher un chèque
  to cash a check

d. Autres services publics / *Other public services*

l'agence *(f.)* de voyages *travel agency*
la douane *customs*

le douanier *customs official*
la sécurité sociale *social security*

EXERCICE Q

Exprimez ce que vous avez fait hier.

1. Hier, je suis allé(e) à *(the bank)* _____ . Je me suis dirigé(e) vers
   (a window) _____ avec mon *(money)* _____ et mon *(checkbook)* _____ .
   J'ai aussi demandé à déposer des bijoux dans *(the safe)* _____ .

2. Je suis allé(e) à *(the phone booth)* _____ où il n'y avait pas d'*(phone book)*
   _____ . Alors j'ai décroché *(the receiver)* _____ du *(phone)* _____ et
   j'ai demandé le numéro que je cherchais à *(the operator)* _____ .

3. Ensuite, je suis allé(e) au *(service window)* _____ de *(the post office)*_____
   avec des *(letters)* _____ , des *(postcards)*_____ et *(a package)* _____ .
   J'ai pris mon *(mail)* _____ , j'ai cherché *(the zip code)* _____ de
   mon ami et j'ai acheté des *(stamps)* _____ . J'ai mis une lettre dans
   (the mailbox) _____ .

[*11*] SHOPPING FOR CLOTHING

a. Les vêtements / *Clothing*

les baskets *(f.)* *sneakers*
la blouse *blouse*

les bottes *(f.)* *boots*
la casquette *cap*

le chapeau *hat*

les chaussettes *(f.)* *socks*

les chaussures *(f.)* *shoes*

la chemise *shirt*

le chemisier *blouse*

les collants *(m.)* *pantyhose*

le complet *suit* (man's)

le costume *suit*

la cravate *tie*

l'écharpe *(f.)* *scarf*

les gants *(m.)* *gloves*

les habits *(m.)* *clothing*

l'imperméable *(m.)* *raincoat*

le jean *jeans*

la jupe *skirt*

le maillot de bain *bathing suit*

le manteau *coat*

le pantalon *pants*

le pardessus *overcoat*

la poche *pocket*

le pull *sweater*

la robe *dress*

les sandales *(f.)* *sandals*

le short *shorts*

les souliers *(m.)* *shoes*

le tailleur *suit* (woman's)

le tee-shirt *T-shirt*

les tennis *(f.)* *tennis sneakers*

le veston *jacket*

les vêtements *(m.)* *clothing*

b. Les couleurs / *Colors*

blanc(he) *white*   jaune *yellow*   rouge *red*

bleu *blue*   noir *black*   vert *green*

brun *brown*   orange *orange*   violet(te) *purple*

gris *gray*   rose *pink*

c. Les tissus et les matériaux / *Fabrics and materials*

le coton *cotton*   la flanelle *flannel*   le satin *satin*

le cuir *leather*   la fourrure *fur*   la soie *silk*

le daim *suede*   la laine *wool*   le velours *velvet*

la dentelle *lace*   le lin *linen*

le feutre *felt*   le nylon *nylon*

d. Les bijoux / *Jewelry*

l'alliance *(f.)* *wedding ring*   la broche *brooch, pin*

l'anneau *(m.)* *ring* (without stone)   la chaîne *chain*

la bague *ring* (with stone)   le collier *necklace*

les boucles d'oreilles *(f.)* *earrings*   la montre *watch*

le bracelet *bracelet*

e. Pierres précieuses et métaux / *Gems and metals*

le diamant *diamond*	le rubis *ruby*
l'émeraude *(f.)* *emerald*	le saphir *sapphire*
l'opale *(f.)* *opal*	la topaze *topaz*
la perle *pearl*	

l'argent *(m.)* *silver*   l'or *(m.)* *gold*   le platine *platinum*

EXERCICE R

Vous allez passer une année à l'étranger pour étudier le français. Faites la liste des vêtements que vous emporterez avec vous. Mentionnez également la couleur et le tissu de chaque article.

EXEMPLE: **un tee-shirt jaune en coton**

[12] TRAVEL AND TRANSPORTATION

l'aéroport *(m.)* *airport*	le chemin de fer *railroad*
l'arrêt *(m.)* *stop*	le compartiment *compartment*
l'arrivée *(f.)* *arrival*	la couchette *berth*
l'atterrissage *(m.)* *landing*	le décollage *takeoff*
l'auberge *(f.)* *inn*	le départ *departure*
l'autobus *(m.)* *bus*	la gare *train station*
l'automobile *(f.)* *car*	la gare routière *bus station*
l'autoroute *(f.)* *highway*	le guichet *ticket window*
l'avion *(m.)* *airplane*	le guide *guide*
les bagages *(m.)* *luggage*	l'horaire *(m.)* *schedule*
le bateau *boat*	l'itinéraire *(m.)* *itinerary*
la bicyclette *bicycle*	le logement *lodging*
le billet *ticket*	la malle *trunk*
la boussole *compass*	le métro *subway*
le camion *truck*	la mobylette *moped*
la camionnette *van*	la moto *motorcycle*
la carte routière *road map*	le moyen de transport
le chemin *road*	*means of transportation*

le / la pensionnaire
   boarder, guest
la place   *seat*
la porte   *gate*
la promenade   *walk*
le quai   *pier*
la route   *route, road*
le scooter   *scooter*
le séjour   *stay*
la station   *station, resort*
la station balnéaire   *seaside resort*
la station de ski   *ski resort*
le tarif   *rate, price*

le taxi   *taxi*
le ticket   *ticket*
le train   *train*
le tramway   *streetcar*
la valise   *suitcase*
le vélo   *bicycle*
la vitesse   *speed*
la voie   *track*
la voiture   *car*
le vol   *flight*
le voyage   *trip*
le voyageur   *traveler*
le wagon   *wagon, coach, car*

EXERCICE S

Exprimez comment vous pouvez vous rendre à chaque endroit mentionné en faisant la liste des moyens de transport à votre disposition.

EXEMPLE: Au centre commercial
            J'y vais **en scooter, en vélo, en voiture.**

1. Au lycée
2. À Walt Disney World
3. En Europe

[13] CURRENT EVENTS

a. La politique / *Politics*

l'aide militaire *(f.)*   *military aid*
l'ambassade *(f.)*   *embassy*
l'ambassadeur *(m.)*   *ambassador*
l'armée *(f.)*   *army*
l'assemblée *(f.)*   *assembly*
le candidat   *candidate*
le chef d'État   *head of state*

la conférence   *conference*
le congrès   *congress*
la démocratie   *democracy*
le député   *representative*
la dictature   *dictatorship*
les droits   *rights*
l'économie *(f.)*   *economy*

la frontière   *border*

le gouvernement   *government*

le gouverneur   *governor*

la guerre   *war*

l'inflation *(f.)*   *inflation*

les informations *(f.)*   *news*

l'interview *(f.)*   *interview*

le journal   *newspaper*

le / la journaliste   *journalist*

le magazine   *magazine*

le maire   *mayor*

la mairie   *town hall*

le ministre   *minister*

la monarchie   *monarchy*

les nouvelles *(f.)*   *news*

le parlement   *parliament*

le parti   *party*

le pouvoir exécutif   *executive power*

le président   *president*

le programme   *program, platform*

la rébellion   *rebellion*

la reine   *queen*

le reportage   *news report*

le reporter   *reporter*

la république   *republic*

la révolte   *revolt*

la révolution   *revolution*

le roi   *king*

le sénat   *senate*

le sénateur   *senator*

les (gros) titres *(m.)*   *headlines*

le traité   *treaty*

l'urne *(f.)*   *ballot box*

le vice-président   *vice president*

b. La vie culturelle / *Cultural life*

l'auditorium *(m.)*   *auditorium*

l'acte *(m.)*   *act*

l'artiste *(m. or f.)*   *artist*

les arts *(m.)*   *arts*

l'auteur dramatique *(m.)*
   playwright

le ballet   *ballet*

la comédie   *comedy*

le compositeur   *composer*

le concert   *concert*

la culture   *culture*

l'exposition *(f.)*   *exhibit*

musicien(ne)   *musician*

la musique   *music*

l'opéra *(m.)*   *opera*

l'orchestre *(m.)*   *orchestra*

l'ouvreur (-euse)   *usher*

le peintre   *painter*

la peinture   *painting*

le personnage   *character*

la pièce de théâtre   *play*

la poésie   *poetry*

poète (poétesse)   *poet*

la représentation
   performance (show)

la scène   *scene, stage*

le sculpteur   *sculptor*

la sculpture   *sculpture*

le spectacle   *show*

le théâtre   *theater*

la vedette   *star*

le vers   *line, verse*

EXERCICE T

Répondez aux questions suivantes.

1. Quels sont les membres principaux du gouvernement américain?
2. Qui dirige la ville et qui dirige l'état?
3. Quels sont les différents genres de gouvernement?

EXERCICE U

Pour chaque catégorie, donnez le plus de noms possibles de Français célèbres.

1. Auteurs dramatiques
2. Sculpteurs
3. Peintres
4. Poètes
5. Compositeurs

MASTERY EXERCISES

EXERCICE V

Complétez chaque phrase avec un mot approprié.

1. On entend avec _____ .
2. Pour donner un coup de téléphone, décrochez _____ .
3. _____ nous donne des œufs.
4. Vous ouvrez un compte épargne à _____ .
5. Pour chercher la définition d'un mot, on regarde dans _____ .
6. Mon père est _____ de ma mère.
7. Une personne mariée porte _____ au doigt.
8. L'omelette est faite avec _____ .
9. _____ d'une école honore les étudiants qui ont les meilleures notes.
10. Dans une boulangerie, on vend du _____ .

11. Pour conserver la glace, on la met au _____ .

12. _____ dirige les affaires d'une grande compagnie.

13. L'Empire State Building est un _____ très connu.

14. _____ est un jour où il n'y a ni classes ni travail.

15. _____ écrit des pièces.

16. Après le dîner, on _____ la table.

17. L'homme qui apporte le courrier est _____ .

18. Si un homme ne se rase pas, il aura _____ .

19. Pour savoir utiliser un ordinateur, il faut étudier _____ .

20. À l'aéroport, _____ vous demande d'ouvrir vos bagages.

21. La Martinique est _____ tropicale.

22. Si vous voulez attraper des poissons, allez à _____ .

23. Pour savoir à quelle heure part votre train, il faut consulter _____ .

24. À la fin d'un repas, on laisse _____ de 15% au serveur.

25. Quand il pleut, je mets mon _____ .

EXERCICE W

Identifiez les illustrations.

EXEMPLE:

C'est un homme.

1.

2.
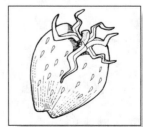

3.

4.

5.

6.

7.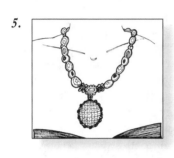

8.

9.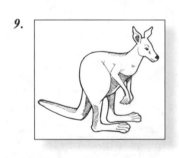

10.

11.

12.

13.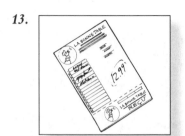

14.

15.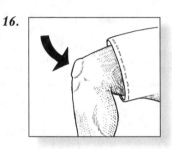

16.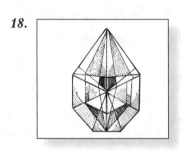

17.

18.

19.

20.

EXERCICE X

Exprimez en français ce qui est arrivé à ce garçon.

1. I was watching the news when a reporter said that the president and his family were coming to my city.

2. This man is fifty years old. He has brown hair and blue eyes.

3. He seems conscientious, serious, intuitive, and honest.

4. His wife, his children, and he will take a plane to our airport in the country, then they'll travel to the city by car.

5. He'll visit our neighborhood in the suburbs and he'll see the parks, the museums, the hospitals, and the schools.

6. He'll come to my school and speak of his program during our history class.

7. I want to make a good impression when I meet him, so I'll wear a suit, a tie, a shirt, and my new shoes.

8. In the country, he'll speak to the farmers and in the city, he'll speak to the doctors, lawyers, teachers, salespeople, and factory workers.

9. He'll discuss the economy, inflation, and commerce with the mayor of the city and the governor of our state.

10. My parents won't go to work, won't go shopping, and won't do the housework because they'll spend the day watching him on television. They'll probably vote for him.

Part five

French Civilization

QUÉBEC

SAINT-PIERRE-
ET-MIQUELON

LOUISIANE

HAÏTI

GUADELOUPE
MARTINIQUE

GUYANE

BELGIQUE

LUXEMBOURG

FRANCE

SUISSE

MONACO

CORSE

MAROC

ALGÉRIE

TUNISIE

MAURITANIE

MALI

NIGER

TCHAD

SÉNÉGAL

GUINÉE

BURKINA FASO

CÔTE-D'IVOIRE

TOGO

BÉNIN

CAMEROUN

RÉPUBLIQUE
CENTRAFRICAINE

ZAÏRE

GABON

CONGO

Chapter 32
La Langue française

Le français, comme l'italien, l'espagnol, le portugais et le roumain (Romanian) est une langue romane (Romance language) dérivée surtout du latin populaire parlé par les Romains. Il y a plus de 2.000 ans, les Romains, avec leur chef Jules César, ont fait la conquête de la Gaule, appelée aujourd'hui la France. Les Gaulois, qui étaient un peuple celtique, ont adopté la langue des Romains victorieux.

Pendant longtemps, on a parlé des dialectes différents dans les régions de France. C'est le dialecte de l'Île-de-France, où se trouvait la cour des rois, qui est devenu la langue officielle du pays. On trouve encore aujourd'hui des traces de ces anciens dialectes. Le breton, par exemple, est une langue celtique. Le français a aussi emprunté beaucoup de termes modernes à l'anglais, comme les mots **club, détective, match, steak, jazz, parking, tunnel, interview** et **week-end.**

La langue française est connue pour sa clarté de pensée et d'expression. Pour conserver et perfectionner cette langue, le cardinal de Richelieu a fondé l'**Académie française** en 1635. Les membres de l'Académie sont appelés «les quarante immortels» et ils publient le dictionnaire officiel et la grammaire de la langue française.

En Europe, on parle français non seulement en France, mais aussi en Belgique, en Suisse et au Luxembourg. Le français est devenu une des deux langues officielles du Canada où il est parlé principalement dans la province de Québec. Aux États-Unis, on parle encore français en Louisiane. Le français est aussi une des langues officielles de l'O.N.U. (Organisation des Nations Unies).

Le français est la langue officielle de plusieurs pays d'Afrique comme le Gabon, la République centrafricaine et la Côte-d'Ivoire. Dans d'autres pays africains, comme le Maroc, la Tunisie et l'Algérie, c'est la langue d'enseignement (teaching) dans les écoles.

Le français a exercé une influence profonde sur la langue anglaise. Cette influence est la conséquence de l'invasion de l'Angleterre en 1066 par Guillaume le Conquérant, duc de Normandie. Après cette conquête, le français est devenu la langue officielle de la cour royale, des nobles et de la justice en Angleterre. Beaucoup de mots français ont été adoptés par la langue anglaise. Ainsi, certains mots anglais ressemblent à des mots français. En général, le mot anglais et le mot français sont de la même origine. Voici quelques exemples de mots alliés (cognates):

FRANÇAIS	ANGLAIS
année	*annual*
campagne	*campaign*
chien	*canine*
dormir	*dormitory*
faible	*feeble*
fleur	*florist*
hiver	*hibernate*
livre	*library*
main	*manual*

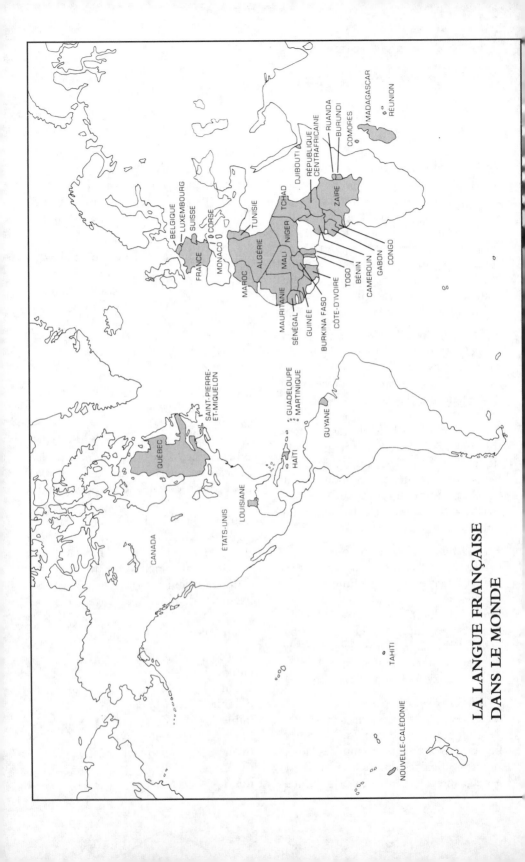

LA LANGUE FRANÇAISE
DANS LE MONDE

FRANÇAIS	ANGLAIS
moins	*minus*
nez	*nasal*
penser	*pensive*
seul	*solitude*
vie	*vital*

L'anglais a également emprunté beaucoup d'expressions au français, comme:

à la carte *term used in dining when items are ordered individually from the menu*

bon voyage *"Have a good trip."*

coup d'état *violent overthrow of a government*

déjà vu *sense of already having seen or heard something*

demitasse *small cup of black coffee*

de rigueur *prescribed by custom; proper*

encore *repeat performance*

esprit de corps *enthusiastic group spirit*

faux pas *social blunder*

gourmet *person who knows and appreciates fine food*

nom de plume *pen name assumed by an author*

rendezvous *meeting place, appointment*

R.S.V.P. *(répondez, s'il vous plaît) "Please reply."*

sabotage *malicious destruction of property*

tête-à-tête *private conversation between two people*

EXERCICE A

Identifiez la lettre désignant le mot qui correspond à chaque définition de la colonne de gauche.

1. langue des anciens Romains
2. ancien nom de la France
3. chef des Romains
4. qualité de la langue française
5. duc de Normandie
6. pays où le français est la langue officielle
7. membres de l'Académie française
8. langue celtique
9. pays conquis (*conquered*) par les Normands
10. langue romane

a. l'Angleterre

b. la Côte-d'Ivoire

c. la clarté

d. le latin

e. l'italien

f. les quarante immortels

g. la Gaule

h. Guillaume le Conquérant

i. Jules César

j. le breton

EXERCICE B

Pour chaque mot français, trouvez le mot anglais de la même origine.

EXEMPLE: penser **pensive**

1. main
2. vie
3. année
4. seul

5. moins
6. hiver
7. campagne
8. nez

EXERCICE C

Complétez chaque phrase avec le mot français approprié.

1. La langue de la province d'_____ est devenue la langue officielle de la France.
2. Aux États-Unis, on parle français en _____ .
3. En 1635, le cardinal de Richelieu a fondé _____ .
4. D'autres langues romanes sont _____ , l'italien, le roumain et le portugais.
5. Dans la province canadienne de _____ , des millions de personnes parlent français.
6. _____ et _____ sont deux mots français d'origine anglaise.
7. En Europe, on parle français en France, au Luxembourg, en _____ et en
_____ .
8. R.S.V.P. sont les initiales de _____ .

EXERCICE D

Complétez chaque phrase avec l'expression française qui correspond à l'expression anglaise entre parenthèses.

1. With a fine *(group spirit)* _____ , you can accomplish a lot.
2. During World War II, there were many acts of *(malicious destruction)* _____ .
3. Louis Napoleon, like his uncle Napoleon Bonaparte before him, seized control of the country by a *(sudden overthrow of the government)* _____ .

4. Marcel Dubois is a real *(person who enjoys good food)* _____ .

5. My father and I sometimes have a *(private conversation)* _____ to discuss the problems of being a teenager today.

6. If I wrote a novel, I would not choose to use a *(assumed name)* _____ .

7. When he went to the White House, he interrupted the President. That was a *(social blunder)* _____ .

Chapter 33
La Géographie de la France

SUPERFICIE, POPULATION, FRONTIÈRES ET CLIMAT

La France est un pays remarquable par la variété de son climat, de son paysage, de ses industries et de ses produits. Avec une superficie *(area)* de 213.000 milles carrés *(square miles)*, la France est plus petite que le Texas. Elle a une population d'un peu plus de 57,5 millions d'habitants.

La France a la forme d'un hexagone, une figure géométrique à six côtés. Trois de ces côtés sont des frontières maritimes: **la mer du Nord** et **la Manche** au nord-ouest, **l'océan Atlantique** à l'ouest et **la mer Méditerranée** au sud. La France a donc des côtes maritimes étendues et de nombreux ports.

La France a aussi des frontières avec **la Belgique** et **le Luxembourg** au nord, **l'Allemagne, la Suisse** et **l'Italie** à l'est, et **l'Espagne** au sud.

Le pays est en zone tempérée, presque à égale distance entre le pôle nord et l'équateur. Cette position, ainsi que l'influence des mers et du Gulf Stream, permet à une grande partie de la France de bénéficier d'un climat généralement doux et de pluies suffisantes.

Il ne faut pas oublier que **la Corse,** une île de la Méditerranée au sud-est du pays, fait partie de la France. C'est en Corse que Napoléon Ier est né.

MONTAGNES

1. **Les Alpes** servent de frontière entre la France et l'Italie. Ces montagnes sont les plus élevées du pays. **Le mont Blanc,** le sommet le plus élevé d'Europe (15.780 pieds ou 4.807 mètres), est situé dans les Alpes françaises.
2. **Les Pyrénées** sont moins hautes que les Alpes. Elles séparent la France de l'Espagne.
3. **Le Jura** est la frontière principale entre la France et la Suisse.
4. **Les Vosges** se trouvent en Alsace, près de l'Allemagne.
5. **Le Massif central** est la chaîne de montagnes la plus ancienne du pays. On y trouve de nombreux volcans éteints *(extinct)*, appelés «puys». **Les Cévennes** font partie du Massif central.

FLEUVES

1. **La Seine** est le fleuve le plus navigable et le plus important au point de vue commercial. La Seine naît *(originates)* dans le centre-est de la France. Elle traverse Paris, puis la Normandie et se jette dans la Manche, près du Havre.
2. **La Loire** est le plus long fleuve français. Elle naît dans le Massif central et se jette dans l'Atlantique. Il y a beaucoup de châteaux célèbres le long de la vallée de la Loire.
3. **La Garonne** vient d'Espagne. Elle se jette dans l'Atlantique près de la ville de **Bordeaux,** où elle forme un bras de mer appelé **la Gironde.**
4. **Le Rhône** est le fleuve le plus rapide et le plus turbulent. Il prend sa source dans les Alpes suisses. À

429

Lyon, le Rhône s'unit à un autre fleuve, **la Saône,** puis continue pour aller se jeter dans la Méditerranée près de Marseille. La région du delta formé par le Rhône s'appelle **la Camargue.** Il y a plusieurs barrages *(dams)* le long du Rhône qui fournissent de l'énergie hydroélectrique.

5. Le Rhin sépare la France de l'Allemagne.

La France possède beaucoup de canaux qui unissent les fleuves et les rivières. L'ancien **canal du Midi** est l'un des mieux connus. Il relie *(connects)* la Méditerranée à la Garonne et, par conséquent, à l'Atlantique.

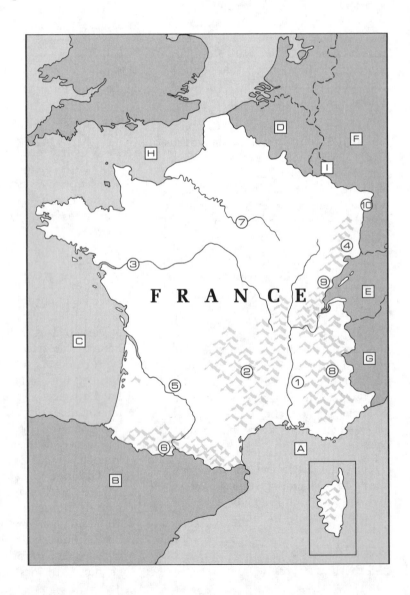

EXERCICE A

Identifiez les montagnes et les fleuves de la France, en écrivant en face de chaque nom donné le numéro qui correspond à son emplacement sur la carte suivante.

1. la Loire

2. la Garonne

3. le Massif central

4. le Jura

5. la Seine

6. les Alpes

7. le Rhône

8. le Rhin

9. les Vosges

10. les Pyrénées

EXERCICE B

Utilisez la carte de l'exercice A pour reporter les lettres qui correspondent aux locations des frontières françaises suivantes.

1. l'océan Atlantique

2. l'Allemagne

3. la mer Méditerranée

4. la Manche

5. la Suisse

6. l'Espagne

7. la Belgique

8. l'Italie

9. le Luxembourg

EXERCICE C

Identifiez la lettre désignant le mot qui correspond à chaque définition de la colonne de gauche.

1. montagnes les plus hautes de France

2. île française de la Méditerranée

3. fleuve français le plus navigable

4. plus haut sommet des Alpes

5. plus long fleuve français

6. montagnes d'Alsace

7. fleuve qui vient d'Espagne

8. frontière entre la France et la Suisse

9. région du delta du Rhône

10. plus anciennes montagnes

a. le Jura

b. la Loire

c. le mont Blanc

d. les Vosges

e. la Camargue

f. le Massif central

g. la Corse

h. la Seine

i. les Alpes

j. la Garonne

EXERCICE D

Complétez les phrases avec les noms appropriés.

1. Les montagnes qui séparent la France de l'Italie sont _____ .

2. Le fleuve qui traverse Paris s'appelle _____ .

3. _____ sépare la France de l'Allemagne.

4. _____ est une chaîne de montagnes où on trouve de vieux volcans.

5. Il y a de beaux châteaux le long de _____ .

6. La Seine se jette dans _____ , près du Havre.

7. Les Pyrénées séparent la France de _____ .

LES PROVINCES

Avant la Révolution de 1789, la France était divisée en 32 **provinces**. Chaque province avait ses traditions et ses coutumes particulières. Aujourd'hui, les provinces n'existent plus. Le pays est divisé en **régions** et en **départements**. Pourtant, les Français emploient encore le nom des anciennes provinces pour désigner certaines régions.

Chaque ancienne province avait un costume spécifique, que l'on porte parfois aujourd'hui à l'occasion d'une fête régionale. On peut encore voir la coiffe (chapeau traditionnel pour les femmes) et les sabots (chaussures de bois).

Voici quelques-unes des anciennes provinces:

1. **La Bretagne** *(Brittany)* est la péninsule au nord-ouest du pays qui s'avance dans l'Atlantique. C'est une province pittoresque où on trouve beaucoup de pêcheurs et de marins *(sailors)*. C'est aussi une région agricole.

   La tradition et le folklore jouent un rôle important dans la vie des Bretons. Beaucoup parlent encore l'ancien dialecte celtique. On appelle **pardons** les fêtes religieuses que les Bretons célèbrent chaque année. Parmi les curiosités de cette province, il faut noter les assemblages mystérieux de grosses pierres préhistoriques, souvent groupées en ligne, les **menhirs.**

2. **La Normandie,** au nord-ouest de la France, est située sur la Manche. Le long des côtes normandes on trouve des ports de commerce et des plages renommées. La Seine traverse cette région de champs *(fields)* fertiles et de pâturages *(pastures)*. La Normandie est connue pour ses produits laitiers comme **le beurre** et **le fromage.** On y trouve aussi de grands centres industriels.

   Deux événements historiques rappellent cette province: la conquête de l'Angleterre en 1066 par le duc de Normandie, **Guillaume le Conquérant,** et **le débarquement** *(landing)* des forces alliées pour libérer l'Europe pendant la Seconde Guerre mondiale.

3. **L'Île-de-France,** province des rois de France, est le centre administratif

du pays. **Paris,** la capitale de la France, est situé en Île-de-France.

4. **L'Alsace** et **la Lorraine,** au nord-est du pays, sont deux provinces qui ont été disputées pendant des siècles par la France et l'Allemagne. L'Alsace est importante au point de vue agricole. La Lorraine, région industrielle, possède de très riches mines de fer.

5. **La Provence,** au sud-est de la France, se trouve entre la Méditerranée, les Alpes et le Rhône. Cette province fleurie au doux climat possède beaucoup de monuments romains. Un grand nombre d'habitants parlent **provençal,** l'ancien dialecte de la province. La célèbre **Côte d'Azur (la Riviera)** est située le long de la Méditerranée entre Marseille et la frontière italienne.

6. **La Touraine,** dans la vallée de la Loire, est surnommée *(nicknamed)* «le jardin de la France» à cause des quantités de fruits et de légumes qui y sont produits. La vallée de la Loire

PROVINCES

est célèbre pour ses châteaux splendides, comme **Blois, Chambord** et **Chenonceaux**.

7. **La Bourgogne** *(Burgundy)* et **la Champagne** sont deux régions fertiles, connues pour leurs vins.

8. **L'Auvergne**, dans le Massif central, est une région montagneuse d'origine volcanique.

9. **La Savoie**, à l'est du pays, est la principale province des Alpes françaises. Le mont Blanc y est situé.

10. **La Flandre**, qui forme la frontière avec la Belgique, est une région industrielle très importante.

EXERCICE E

Donnez le nom de chaque province qui correspond à la définition.

1. _____ est l'ancienne province où se trouve Paris.

2. _____ est dans la vallée de la Loire, le pays des châteaux.

3. _____, près de l'Allemagne, est riche en mines de fer.

4. _____ est une péninsule au nord-ouest de la France où la pêche est une industrie importante.

5. _____, au centre de la France, est une région volcanique.

6. _____ est la province où il y a beaucoup de monuments romains.

7. _____, à l'est de la France, est connue pour la beauté de ses montagnes, les Alpes.

8. _____, sur la Manche, est une région agricole très riche.

9. _____ et la _____ produisent des vins renommés.

10. _____, près de la Belgique, est une région industrielle.

EXERCICE F

Complétez chaque phrase avec le mot français approprié.

1. Avant la révolution de 1789, la France était divisée en 32 _____ .

2. Depuis cette révolution, elle est divisée en _____ et en _____ .

3. La libération de l'Europe en 1944 a commencé quand les forces alliées ont débarqué sur les plages de _____ .

4. Il y a des _____ magnifiques à Chenonceaux et à Blois.

5. Le dialecte du Sud de la France est _____ .

6. _____ et _____ sont deux provinces que la France et l'Allemagne se sont longtemps disputées.

7. L'Île-de-France était très importante parce que les _____ y habitaient.

8. Deux produits laitiers de la Normandie sont _____ et _____.

9. La Côte d'Azur commence à l'est de Marseille puis continue jusqu'à la frontière avec _____.

10. En _____, on entend encore parler un dialecte celtique.

11. En 1066, _____, duc de Normandie, a conquis l'Angleterre.

12. Le _____ est une fête religieuse célébrée en Bretagne.

PARIS

Paris est la **capitale** politique, économique et intellectuelle de la France. C'est le premier centre commercial et industriel du pays, le centre de la mode et le premier port français de navigation intérieure. La ville même a une population de moins de 3 millions d'habitants, mais avec la banlieue *(suburbs)* elle forme une concentration de presque 10 millions d'habitants.

La Seine divise la ville en deux parties: **la rive droite,** au nord, et **la rive gauche,** au sud. La rive droite est plus grande et plus animée. C'est le centre des affaires: maisons de commerce, grands magasins, théâtres, hôtels, restaurants et grands boulevards. Le quartier pittoresque de **Montmartre** est situé sur la rive droite. Sur la rive gauche se trouve le **Quartier latin,** centre de l'enseignement et des activités culturelles. La plupart des grandes écoles, comme **la Sorbonne, le Collège de France** et **l'École de Médecine** sont dans le Quartier latin.

Le Pont-Neuf est le plus ancien pont de Paris. Il traverse la Seine à l'île de la Cité.

Pour son administration, Paris est divisé en vingt **arrondissements.** Paris, qu'on appelle «**la Ville Lumière**», est une des plus belles villes du monde, connue pour son architecture, ses monuments, ses musées, ses places et ses jardins.

MUSÉES

1. Le musée du **Louvre** est le musée le plus important de France. Cet ancien palais des rois de France est l'un des plus grands musées d'art du monde. On y trouve des chefs-d'œuvre *(masterpieces)* comme **la Joconde** (le portrait de Mona Lisa) de Léonard de Vinci, **la Vénus de Milo** et **la Victoire de Samothrace.** Une pyramide de verre sert d'entrée au musée.

2. **L'hôtel des Invalides** contient la tombe en marbre rouge de Napoléon Ier et un musée militaire.

3. Le **Panthéon,** au Quartier latin, a été construit pour être une église en l'honneur de sainte Geneviève, la patronne *(patron saint)* de Paris. Dans ce monument se trouvent aujourd'hui les tombeaux de nombreux Français et Françaises illustres, comme Voltaire, Jean-Jacques Rousseau, Victor Hugo, Émile Zola, Sophie Berthelot et Marie Curie.

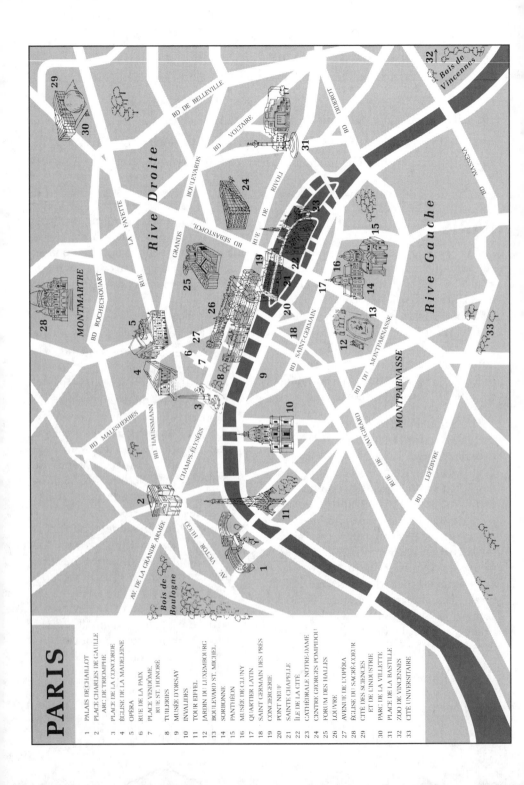

PARIS

4. Le musée de **Cluny,** au Quartier latin, contient une collection d'objets d'art du Moyen Âge et de la Renaissance.

5. Le **Centre national d'art et de culture Georges-Pompidou** est une structure métallique d'une architecture très moderne. Le **centre Pompidou,** qu'on appelle aussi le **centre Beaubourg** à cause du quartier où il se trouve, est un complexe d'activités diverses: un musée d'art moderne, une grande bibliothèque, un centre de création industrielle et un institut pour l'expérimentation musicale.

6. Le **musée d'Orsay,** installé dans l'ancienne gare d'Orsay, contient des collections qui illustrent la création artistique de la seconde moitié du XIXe siècle et des premières années du XXe siècle.

7. La **Cité des sciences et de l'industrie** est un musée très moderne. On y présente des expositions relatives aux sciences et aux technologies d'aujourd'hui. Dans son théâtre spectaculaire, la **Géode,** on joue des films en relief *(3-D).*

ÉGLISES

1. La cathédrale **Notre-Dame,** commencée dans l'île de la Cité au XIIe siècle, est un chef-d'œuvre d'architecture gothique.

2. La **Madeleine** est une église élégante qui ressemble à un temple grec.

3. La **basilique du Sacré-Cœur,** qui date du XIXe siècle, a la forme d'une mosquée. Située sur la butte *(small hill)* Montmartre, cette église blanche domine la ville entière.

4. La **Sainte-Chapelle,** construite pour saint Louis (le roi Louis IX), est célèbre pour ses beaux vitraux *(stained-glass windows).* Ce «bijou de l'architecture gothique» se trouve sur l'île de la Cité.

5. L'église romane de **Saint-Germain-des-Prés,** au Quartier latin, est une des plus anciennes de Paris.

JARDINS ET BOIS

1. Le **jardin des Tuileries** se trouve près de la Seine, entre le Louvre et la place de la Concorde. C'était l'un des jardins favoris des rois de France.

2. Le **bois de Boulogne** était une forêt. C'est maintenant le plus grand parc de Paris. Il est situé à l'ouest de la ville.

3. Le **jardin du Luxembourg,** sur la rive gauche, est le rendez-vous préféré des étudiants du Quartier latin.

4. Le **bois de Vincennes,** avec son célèbre zoo, est un parc au sud-est de Paris.

PLACES

1. La **place de la Concorde** est la plus vaste et la plus belle place de Paris. Après la Révolution de 1789, on y a guillotiné beaucoup de Français. Au centre de la place s'élèvent un obélisque égyptien et deux fontaines magnifiques. La place est entourée de statues colossales qui représentent des grandes villes de France.

2. La **place Charles-de-Gaulle** s'appelait place de l'Étoile jusqu'en 1970 parce que douze avenues y convergent vers **l'Arc de Triomphe** qui est au centre de la place. L'arc

commémore les victoires de Napoléon Ier. Sous l'arc il y a le tombeau du Soldat inconnu et une flamme éternelle.

3. **La place de l'Opéra,** toujours pleine d'activité, est dominée par l'opéra. Cet édifice de la seconde moitié du XIXe siècle est connu pour ses façades sculptées, son grand escalier de marbre et son foyer splendide. À côté de la place se trouve le célèbre **Café de la Paix.**

4. **La place Vendôme** a beaucoup de magasins élégants. Au centre de la place se trouve la fameuse **colonne Vendôme,** faite avec le bronze des canons pris à l'ennemi par Napoléon Ier. La statue de l'empereur est au sommet de la colonne.

5. C'est sur **la place de la Bastille** que se trouvait autrefois la prison que les Parisiens ont prise et détruite en 1789. Aujourd'hui, **la colonne de Juillet** est au centre de la place. Elle a été élevée à la mémoire des Parisiens tués *(killed)* durant la Révolution de juillet 1830. Le nouvel opéra de la Bastille se trouve tout près.

AUTRES MONUMENTS

1. **La tour Eiffel,** construite en acier par l'ingénieur **Gustave Eiffel,** date de l'exposition de 1889. La tour mesure 1.109 pieds (336 mètres) de haut et sert de poste émetteur de radio et de télévision.

2. **La Sorbonne,** fondée en 1257 par **Robert de Sorbon,** le chapelain du roi Louis IX, est la partie la plus ancienne de l'université de Paris.

3. **Le palais de Chaillot,** en face de la tour Eiffel, contient plusieurs musées et un théâtre.

4. **La cité universitaire,** composée de nombreux édifices, sert de résidence aux étudiants français et étrangers.

5. **La Conciergerie** est l'ancienne prison dans l'île de la Cité. Pendant la Révolution, un grand nombre de personnes y ont passé leurs derniers jours.

6. **Le Forum des Halles** est un centre commercial et de loisirs, construit à l'emplacement des Halles, l'ancien marché central de Paris.

7. Parmi les grands magasins de Paris on remarque **les Galeries Lafayette, le Bon Marché** et le **Printemps.**

8. Deux palais célèbres se trouvent près de la capitale: **Versailles,** le palais magnifique construit sur l'ordre de Louis XIV et **Fontainebleau,** le château préféré de Napoléon Ier.

RUES

1. **L'avenue des Champs-Élysées** va de la place de la Concorde à la place Charles-de-Gaulle. Quand on se promène le long de cette large avenue bordée d'arbres, on peut voir des hôtels, des théâtres, des cafés, des cinémas et de beaux magasins.

2. **L'avenue de l'Opéra** et **la rue de la Paix** sont connues pour leurs magasins de luxe.

3. **La rue de Rivoli,** avec ses arcades, longe *(goes alongside)* les Tuileries. On y trouve des boutiques élégantes.

4. **Les Grands Boulevards** sont de belles et larges avenues. **Le boulevard Saint-Michel** est la rue principale du Quartier latin.

5. **Les quais** sont les rues qui bordent les deux rives de la Seine. Le long

des quais se trouvent **les bouquinistes,** des marchands qui vendent de vieux livres.

TRANSPORTS

La situation commerciale de Paris est excellente. C'est le premier port fluvial *(river)* de France et le centre du réseau *(network)* routier. La ville a deux aéroports: **Charles-de-Gaulle,** qui est un vaste aéroport international, et **Orly.** Toutes les grandes lignes de chemin de fer passent par Paris. Le T.G.V., **Train à Grande Vitesse,** relie *(connects)* Paris à cinquante villes dont *(of which)* cinq en Suisse. Quelques-unes des villes reliées sont Lille, Calais, Lyon, Marseille, Genève et Le Mans.

Pour se déplacer dans Paris, il y a **les transports en commun** *(public transportation):*

1. **Le métro** est le chemin de fer souterrain. Ce vaste réseau relie tous les points de la ville.
2. **Le R.E.R.** (Réseau Express Régional) est un ensemble de lignes qui relient Paris et la banlieue. Ce «super-métro» a un système de contrôle unique automatisé.
3. Un réseau **d'autobus** sert la ville entière et les banlieues.
4. On peut faire une belle excursion sur **les bateaux-mouches** qui descendent et remontent la Seine. Ils permettent d'admirer plusieurs monuments historiques de la ville.
5. Et maintenant, Paris est directement relié à Londres, en Angleterre, grâce à **l'Eurotunnel.** Inauguré en 1994, ce tunnel permet de passer en train sous la Manche. Avec le T.G.V. et l'Eurotunnel, Paris est maintenant à trois heures de Londres.

EXERCICE G

Identifiez la lettre désignant le mot qui correspond à chaque définition de la colonne de gauche.

1. église en forme de temple grec
2. nom du tunnel sous la Manche
3. complexe moderne d'art et de culture
4. boulevard principal du Quartier latin
5. poste émetteur de télévision
6. partie de l'université de Paris
7. chemin de fer souterrain
8. grand magasin
9. musée d'art médiéval dans le Quartier latin
10. résidence pour étudiants

a. centre Pompidou
b. Galeries Lafayette
c. cité universitaire
d. Eurotunnel
e. tour Eiffel
f. Cluny
g. la Madeleine
h. métro
i. Saint-Michel
j. la Sorbonne

EXERCICE H

Complétez chaque phrase avec le mot français approprié.

1. Le Quartier latin se trouve sur la rive _____ .

2. Après la Révolution, on a guillotiné des centaines de personnes sur la place de _____ .

3. Paris est divisé en vingt _____ .

4. On a construit la _____ pour l'exposition de 1889.

5. Douze avenues rayonnent *(radiate)* de la place _____ .

6. Au centre de cette place, on voit l'_____ , sous lequel se trouvent le tombeau du _____ et une flamme éternelle.

7. Le Bon Marché et le Printemps sont deux grands _____ de Paris.

8. Louis XIV a fait bâtir le palais de _____ , près de Paris.

9. Les statues de la place de la Concorde représentent les grandes _____ de France.

10. On peut marcher de la place de l'Étoile à la place de la Concorde en prenant l'avenue des _____ .

11. Le musée _____ est un musée d'art installé dans une ancienne gare.

12. T.G.V. sont les initiales de _____ .

EXERCICE I

Complétez l'histoire avec les mots français appropriés.

Hier, j'ai fait une promenade dans _____ , la «Ville Lumière». D'abord, j'ai
                                       1.

visité la cathédrale _____ et la _____ , qui est célèbre pour ses vitraux colorés.
                        2.   3.

En marchant sur les _____ qui longent la Seine, je suis arrivé(e) au magnifique
                        4.

palais du _____ . C'est maintenant un des plus riches musées d'art du monde.
              5.

J'y ai admiré la _____ , le fameux portrait peint par Léonard de Vinci. J'ai aussi
                    6.

vu la Vénus de _____ et la _____ de Samothrace. Après ma visite du musée,
                   7.   8.

je me suis promené(e) dans le jardin des _____ qui était le jardin préféré
                                              9.

des _____ de France.
        10.

AUTRES VILLES FRANÇAISES

Lyon, Marseille, Lille, Toulouse, Bordeaux et Nice sont parmi les autres villes françaises les plus peuplées.

PORTS

1. **Marseille,** sur la Méditerranée près de l'embouchure *(mouth)* du Rhône, est le plus grand port de mer français. C'est aussi une ville industrielle et le centre d'un grand commerce avec l'Afrique du Nord et l'Orient.
2. **Le Havre,** à l'embouchure de la Seine, est le plus grand port sur la Manche. **Cherbourg, Boulogne** et **Calais** sont d'autres ports sur la Manche.
3. **Dunkerque** est un port important sur la mer du Nord.
4. **Bordeaux,** à l'embouchure de la Garonne, est le port d'où l'on exporte les vins célèbres de la région.
5. **Nantes,** à l'embouchure de la Loire, est un centre de construction navale.

VILLES INDUSTRIELLES

1. **Lyon** se trouve au confluent *(junction)* du Rhône et de la Saône. C'est une ville commerciale et le centre traditionnel des industries de la soie et de la rayonne.
2. **Lille,** au nord-est, est le centre de l'industrie textile. On y fabrique aussi des machines.
3. **Strasbourg,** capitale de l'Alsace, est un port sur le Rhin. Dans sa cathédrale gothique se trouve une célèbre horloge astronomique.
4. **Rouen** est un port sur la Seine en Normandie. C'est dans cette ville que Jeanne d'Arc a été exécutée.

5. **Grenoble,** au cœur des routes qui mènent aux Alpes, est un centre intellectuel, économique et touristique. C'est aussi un centre scientifique avec de nombreux laboratoires de recherche.
6. **Toulouse,** sur la Garonne, est un marché important de la région. On y fabrique les avions de l'Airbus Industrie.
7. **Reims** est le centre de la production du vin de champagne. La ville est également connue pour sa cathédrale gothique où l'on couronnait les rois de France.
8. **Nancy** et **Metz,** en Lorraine, sont des centres de constructions mécaniques comme les automobiles.
9. **Clermont-Ferrand,** dans le centre du pays, est la métropole française du caoutchouc. On y fabrique des pneus *(tires).*

STATIONS D'ÉTÉ ET D'HIVER

1. **Nice** est la plus grande ville de la Côte d'Azur. Nice et la ville de **Cannes** sont deux stations balnéaires *(seaside resorts)* qui attirent beaucoup de touristes. Chaque année, à Cannes, il y a le fameux festival international du cinéma.
2. **Deauville** et **Trouville** sont des plages populaires de Normandie, sur la Manche.
3. **Chamonix,** au pied du mont Blanc, est une belle station de ski *(ski resort).* On y fait aussi de l'alpinisme.
4. **Vichy,** dans le Massif central, est la station thermale *(spa)* la plus célèbre du pays. Ses eaux minérales se boivent partout dans le monde.
5. **Biarritz** est une station balnéaire sur l'Atlantique, près de l'Espagne.

VILLES HISTORIQUES

1. **Carcassonne,** dans le Midi de la France, est une ville fortifiée datant du Moyen Âge et parfaitement conservée.
2. Le **Mont-Saint-Michel** est situé sur une petite île de la Manche, entre les côtes de Bretagne et de Normandie. Cette ville fortifiée est dominée par une abbaye qui date du Moyen Âge. C'est une des merveilles du monde.
3. **Lourdes,** dans les Pyrénées, est un grand centre religieux. Des milliers de catholiques y viennent chaque année en pèlerinage *(pilgrimage)*.
4. **Avignon,** sur le Rhône en Provence, est célèbre pour son **palais des Papes** *(popes)*. Les papes ont habité cette ville au XIVe siècle.
5. À **Nîmes** et à **Arles,** deux villes provençales, on trouve quelques-uns des monuments romains les mieux conservés. La **Maison carrée,** à Nîmes, est un ancien temple romain. À Arles, **les arènes** et le **théâtre antique** sont des merveilles d'architecture romaine. Près de Nîmes se trouve le célèbre aqueduc romain appelé le pont du Gard.

EXERCICE J

Identifiez la lettre désignant le mot qui correspond à chaque définition de la colonne de gauche.

1. port sur la Manche	*a.* Cannes
2. ville connue pour son champagne	*b.* Nîmes
3. station d'été sur la Côte d'Azur	*c.* Chamonix
4. grande ville sur la Méditerranée, près de l'embouchure du Rhône	*d.* Biarritz
5. centre de sports d'hiver	*e.* Bordeaux
6. port sur la Garonne	*f.* Marseille
7. centre de l'industrie textile	*g.* Cherbourg
8. ville où se trouve la Maison carrée	*h.* Grenoble
9. station d'été sur l'Atlantique, près de l'Espagne	*i.* Reims
10. centre de recherche scientifique et de tourisme alpin	*j.* Lille

EXERCICE K

Complétez chaque phrase avec le mot français approprié.

1. On peut voir une horloge astronomique dans la cathédrale de _____ .
2. Boulogne, Cherbourg et _____ sont des ports sur la Manche.

3. _____ , en Normandie sur la Seine, est une ville industrielle et commerciale.

4. On va faire du ski dans les Alpes à _____ , au pied du mont Blanc.

5. La plus célèbre des stations thermales est _____ , dans le Massif central.

6. On couronnait les rois de France dans la cathédrale de _____ .

7. _____ , avec ses fortifications, est le meilleur exemple d'une ville médiévale.

8. Le _____ est situé sur une île entre la Bretagne et la Normandie.

9. Des catholiques viennent du monde entier en pèlerinage à _____ .

10. Deux villes provençales où on peut voir des monuments romains bien préservés sont Nîmes et _____ .

11. _____ , sur la Loire, est un centre de construction navale.

12. On fabrique des pneus à _____ .

EXERCICE L

Pour chaque phrase, choisissez la lettre qui correspond à la réponse correcte.

1. Ville où Jeanne d'Arc est morte.
   a. Biarritz   *b.* Rouen   *c.* Metz

2. Centre de l'industrie de la soie.
   a. Lyon   *b.* Lille   *c.* Mont-Saint-Michel

3. Ville industrielle et port sur le Rhin en Alsace.
   a. Strasbourg   *b.* Arles   *c.* Clermont-Ferrand

4. Grande ville de la Côte d'Azur.
   a. Chamonix   *b.* Nîmes   *c.* Nice

5. Port à l'embouchure de la Loire.
   a. Lourdes   *b.* Nantes   *c.* Cannes

6. Station d'été sur la Manche.
   a. Biarritz   *b.* Deauville   *c.* Reims

7. Ville de Provence où se trouve le palais des Papes.
   a. Avignon   *b.* Le Havre   *c.* Lille

8. Port transatlantique à l'embouchure de la Seine.

    a. Avignon   *b.* Le Havre   *c.* Metz

9. Ville célèbre pour son eau minérale.

    a. Carcassonne   *b.* Marseille   *c.* Vichy

10. Grand port du sud-ouest qui exporte les vins de la région.

    a. Bordeaux   *b.* Grenoble   *c.* Amiens

LA PRÉHISTOIRE

La France a un passé préhistorique très riche. On découvre encore de nombreux objets datant de cette époque. Les grottes de **Lascaux** sont célèbres dans le monde entier pour leurs magnifiques dessins *(drawings)* préhistoriques. En 1994, on a découvert une autre grotte dans la région du Rhône. Appelée grotte de **Chauvet,** elle présente des exemples uniques de l'art préhistorique. En **Bretagne,** on trouve d'immenses blocs de pierre alignés datant de plus de trois mille ans. On ignore toujours qui a dressé *(erected)* ces pierres et pourquoi.

LA GAULE

Au premier siècle avant Jésus-Christ, la France s'appelait la **Gaule. Les Gaulois** étaient essentiellement un peuple d'agriculteurs *(farmers)* qui pratiquaient aussi le commerce. Il y avait de nombreuses tribus qui se faisaient parfois la guerre. Leurs prêtres, appelés **druides,** occupaient une place importante dans leur société. Les druides étaient les chefs religieux. Ils étaient aussi chargés de l'éducation des jeunes et de l'application de la justice. Ils adoraient la nature et croyaient qu'à la mort, l'âme *(soul)* partait dans un nouveau corps.

LES ROMAINS

Le général romain **Jules César** a commencé à conquérir la Gaule en 58 av. J.-C. *(B.C.).* **Vercingétorix,** un brave et intelligent chef gaulois, a réussi à unir son peuple contre les légions romaines. Mais après sa défaite à Alésia en 52 av. J.-C., Vercingétorix a été emmené à Rome où les Romains l'ont emprisonné puis exécuté. Vercingétorix est considéré comme le premier héros national français. Il est mort en 46 av. J.-C.

Le gouvernement romain a duré près de 400 ans. Il a apporté la prospérité et la paix à la Gaule. Durant cette occupation, les Gaulois ont adopté la culture plus développée des Romains. Ils ont adopté leurs coutumes, leur religion, leur code de justice et leur langue, le latin. Les Romains ont développé l'agriculture et le commerce et ils ont construit des routes, des aqueducs, des amphithéâtres et beaucoup d'autres monuments remarquables.

LES FRANCS

C'est l'invasion de la Gaule par des tribus barbares, Wisigoths, Vandales, Burgondes, Huns, qui a terminé l'occupation romaine. Au Ve siècle, **les Francs,** une tribu germanique, se sont installés en Gaule. Ils ont donné leur nom au pays: **la France.** Clovis (465–511), roi des Francs, a chassé *(ousted)* les Romains et il a étendu *(spread)* son autorité à tout le territoire de la Gaule. Il a fondé ensuite une dynastie puis a introduit le christianisme qui est devenu la religion officielle du pays.

Au Ve siècle, **les Huns,** une tribu barbare, a menacé d'attaquer Paris, alors appelée **Lutèce.** Une jeune fille, Geneviève, a dit aux habitants de ne pas avoir peur. Elle les a rassurés et leur a donné courage. Elle avait raison car les Huns n'ont pas attaqué la ville. C'est pourquoi **sainte Geneviève** est, aujourd'hui encore, la patronne *(patron saint)* de la ville de **Paris**.

LE MOYEN ÂGE

Charles Ier le Grand, appelé **Charlemagne,** a été le plus puissant *(powerful)* empereur du Moyen Âge. Couronné *(crowned)* empereur d'Occident à Rome le jour de Noël de l'an 800, il a régné sur un immense empire. Il a fondé de nombreuses écoles car il encourageait l'éducation. Il a essayé d'améliorer les conditions de vie de ses sujets. Ses exploits militaires sont racontés dans une histoire du Moyen Âge appelée *La Chanson de Roland.* Cette histoire est considérée comme le premier chef-d'œuvre de la littérature française. Malheureusement, l'empire de Charlemagne a été divisé quelques années après sa mort.

À la fin du IXe siècle, **les Normands** ont envahi *(invaded)* la France. Ces hommes du nord, arrivés par la mer, ont remonté les fleuves en pillant *(looting)* tout sur leur passage. Certains sont restés dans la région qu'on appelle aujourd'hui **la Normandie.**

En 1066, **Guillaume le Conquérant,** duc de Normandie, est devenu roi d'Angleterre après avoir fait la conquête de ce pays.

Louis IX, aussi appelé **saint Louis,** est connu pour son amour de la justice et de la paix. Il était l'ami des pauvres. Très religieux, il a participé activement aux **croisades** *(Crusades)* du XIIIe siècle. Durant son règne, Louis IX a consolidé l'autorité royale.

LA GUERRE DE CENT ANS

La France a connu ensuite une longue période de guerre. Les Anglais ont revendiqué *(claimed)* le trône de France, ce qui a mené à **la guerre de Cent Ans,** de 1337 à 1453. Les armées anglaises ont envahi le pays qui a été sauvé grâce à **Jeanne d'Arc,** une jeune paysanne française. Jeanne d'Arc est née en 1412 à **Domrémy,** en Lorraine. Persuadée qu'elle avait pour mission divine d'aider le roi de France, elle a commandé les troupes qui ont délivré *(liberated)* la ville d'**Orléans.** Ses victoires militaires ont permis au roi de se faire couronner à Reims. Mais le 23 mai 1430, Jeanne a été faite prisonnière des Anglais. Accusée de sorcellerie *(witchcraft),* elle a été brûlée vive *(alive)* le 28 mars 1431 à **Rouen.** Après sa mort, les Français, inspirés par son courage, ont chassé les Anglais de France.

DU XVIe AU XVIIIe SIÈCLE

Au XVIe siècle, l'économie française s'est considérablement développée. Le roi **François Ier** a agrandi *(increased)* le territoire et centralisé l'administration. C'est l'époque de **la Renaissance.** Grand admirateur des arts, François Ier a reçu à sa cour des poètes, des écrivains, des savants et de grands artistes italiens dont **Léonard de Vinci.** C'est François Ier qui a acheté le portrait de Mona Lisa au peintre.

François Ier aimait aussi l'architecture. Il a fait construire de magnifiques châteaux le long de la Loire et a modernisé le palais du Louvre. Il a également encouragé l'exploration du Nouveau Monde. En 1534, **Jacques Cartier** a pris possession du **Canada** au nom de François Ier.

Henri IV a été appelé **le bon roi Henri** parce qu'il aimait son peuple et gouvernait avec humanité. Il était protestant, mais il s'est converti au catholicisme pour mettre fin aux guerres de religion. Son célèbre **édit de Nantes** de 1598, a donné aux protestants le droit de pratiquer leur religion en toute liberté. Henri IV a développé l'industrie, le commerce et l'agriculture. **Samuel de Champlain,** un de ses capitaines, a fondé la ville de **Québec** en 1608.

Le cardinal de Richelieu était le Premier ministre de Louis XIII. Homme d'État intelligent, il a augmenté la puissance *(power)* et le prestige de la France. Il a développé et imposé l'autorité royale. Excellent administrateur, grand stratège *(strategist)* militaire et ami des arts, il a transformé la France en une des plus grandes nations de l'époque. Il a fondé **l'Académie française** en 1635.

Louis XIV, appelé **le Roi-Soleil,** a régné en maître absolu sur la France pendant 72 ans. C'était un roi très puissant. Il a dirigé le royaume fermement et seul. Il a dit: «L'État, c'est moi». Son splendide **palais de Versailles** était le centre politique, culturel et social de la France. Il a encouragé les arts et développé le commerce et l'industrie. Mais ce roi égoïste, ambitieux et agressif a mené des guerres aux conséquences désastreuses pour le pays. Le luxe de Versailles et ces guerres ont fini par ruiner l'économie du pays. De plus, en 1685, Louis XIV a révoqué *(revoked)* l'édit de Nantes, ce qui a mené à la persécution des protestants.

Son successeur, **Louis XV,** préférait s'occuper de ses propres plaisirs que des affaires d'État. C'est à cette époque que la France a perdu le Canada. Les dépenses et la vie luxueuse du roi ont augmenté la colère du peuple, ce qui a contribué à provoquer **la Révolution française.**

LA RÉVOLUTION DE 1789

Louis XVI est monté sur le trône quand le pays était en pleine crise économique. Cet homme doux et honnête était aussi faible et ne savait pas gouverner. Sa femme, la frivole **Marie-Antoinette,** n'était pas aimée du peuple à cause de ses dépenses extravagantes.

Louis XVI n'a pas pu résoudre la crise financière, politique et sociale qui troublait le pays. **Le 14 juillet 1789,** le peuple de Paris, fatigué de souffrir de la pauvreté et de la faim, a attaqué **la prison de la Bastille.** L'assaut et la prise de cette prison, symbole des abus du pouvoir, a marqué le début de **la Révolution française** et la fin de la monarchie.

La Déclaration des droits de l'homme et du citoyen, écrite en 1789, a proclamé les droits fondamentaux de chaque individu. **La Iʳᵉ République française** est établie le 21 septembre 1792 et en 1793 le roi et la reine, qui étaient prisonniers, sont condamnés à mort puis guillotinés. La nouvelle société est basée sur l'égalité de tous les citoyens. Mais les premières années de la république ont été une période de crises, de violence et de guerres. Beaucoup ont été guillotinés sous le nouveau régime appelé **la Terreur** et mené par **Robespierre.**

NAPOLÉON BONAPARTE

Napoléon Bonaparte est né en 1769, à Ajaccio en Corse. Il s'est distingué comme général dans l'armée française sous la Révolution. Il a pris le pouvoir après un coup d'État et, en 1804, il s'est fait couronner empereur sous le nom de **Napoléon Ier**.

Génie militaire et ambitieux, Napoléon a conquis la plus grande partie de l'Europe occidentale. Il a finalement perdu face aux Anglais à **Waterloo** en 1815. Exilé par les Anglais, il est mort sur l'île de **Sainte-Hélène** en 1821. Ses cendres *(ashes)* sont à l'hôtel des Invalides à Paris.

Les guerres napoléoniennes ont coûté cher au peuple français. Beaucoup sont morts. Mais Napoléon Ier a mis au point des réformes encore utilisées de nos jours. Les lois françaises sont toujours basées sur **le Code Napoléon** qui a reformé le système de justice. Il a également réorganisé l'instruction publique en créant **les lycées** et en réorganisant l'université de Paris. Il a aussi créé **la Banque de France** et **la Légion d'honneur,** la plus haute distinction française. Il a vendu la **Louisiane** aux États-Unis en 1803.

LE XIXe SIÈCLE

Après un bref retour de la monarchie, **la IIe République** est proclamée en 1848. **Louis Napoléon,** le neveu de Napoléon Bonaparte, est élu président. Comme son oncle, il s'est fait couronner empereur en 1852 après un coup d'État. Il a pris le nom de **Napoléon III** et a fondé le **Second Empire**. Il a donné à Paris son aspect d'aujourd'hui en modernisant la ville.

Après la défaite de la France face à l'Allemagne en 1871, Napoléon III est obligé d'abdiquer et la IIIe République est établie.

LES DEUX GUERRES MONDIALES

La Grande Guerre entre la France et l'Allemagne a commencé en 1914. Cela a marqué le début de **la Première Guerre mondiale** *(World War I)*. Le maréchal **Ferdinand Foch** a commandé toutes les troupes alliées, y compris les troupes américaines. En 1918, après quatre ans de guerre, les armées alliées ont obligé l'Allemagne à se rendre. Elle a signé l'armistice le 11 novembre 1918.

La Seconde Guerre mondiale a commencé en 1939. En 1940, les troupes d'Hitler ont envahi la France. L'occupation du pays par les Allemands marque la fin de la IIIe République.

Le maréchal Pétain est nommé chef du gouvernement. Installé à **Vichy,** le gouvernement collabore avec l'Allemagne. **Le général Charles de Gaulle,** qui a réussi à se réfugier en Angleterre, a pris la tête d'un mouvement de résistance contre l'Allemagne. Le 18 juin 1940, il a encouragé le peuple français à résister en lançant un appel à la radio de Londres: «La France a perdu une bataille! Mais la France n'a pas perdu la guerre!»

C'est **le débarquement** *(landing)* des forces alliées en **Normandie** le 6 juin 1944 qui a permis la libération de la France puis de l'Europe entière. **La IVe République** française est établie en 1947.

LA Ve RÉPUBLIQUE

Le général de Gaulle, héros de la Seconde Guerre mondiale, est élu président de **la Ve République** en 1958. Les Français ont aussi approuvé une nouvelle constitution. Le général a quitté la présidence en 1969.

Depuis 1969, il y a eu quatre présidents en France: **Georges Pompidou** (1969–1974), **Valéry Giscard d'Estaing** (1974–1981), **François Mitterrand** (1981–1995) et **Jacques Chirac** (1995–).

LA FRANCE ET L'AMÉRIQUE DU NORD

Les explorateurs français ont joué un rôle important dans l'histoire de l'Amérique du Nord.

Jacques Cartier a pris possession du **Canada** au nom du roi François Ier en 1534. Puis, il a remonté le fleuve Saint-Laurent jusqu'à une montagne qu'il a appelée mont Royal, connue aujourd'hui sous le nom de Montréal. Jacques Cartier a été surnommé «le découvreur du Canada».

Samuel de Champlain a fondé la ville de **Québec** en 1608 et a découvert le lac auquel il a donné son nom.

Jacques Marquette est un missionnaire qui a descendu le cours du **Mississippi** avec **Louis Joliet** en 1673.

René Robert Cavelier de La Salle a descendu le Mississippi du Canada jusqu'au golfe du Mexique. En 1681, il a pris possession du territoire qu'il a appelé **la Louisiane** en l'honneur du roi Louis XIV.

Trois nobles français ont activement aidé les colonies américaines pendant **la guerre de l'Indépendance.** Ils ont contribué à la défaite des Anglais à la bataille de **Yorktown** en 1781.

1. **Le marquis de La Fayette** était un ami personnel de **George Washington.** Après la guerre de l'Indépendance, il est retourné en France où il a défendu les causes libérales pendant la Révolution française. Il a donné la clef de la prison de la Bastille à George Washington. On peut voir cette clef dans la maison de Washington à Mount Vernon en Virginie.
2. **Le comte de Rochambeau** a dirigé le bataillon français envoyé pour aider les Américains.
3. **Le comte François de Grasse** était un amiral qui a commandé les navires français.

EXERCICE A

Mettez dans l'ordre chronologique.

cardinal de Richelieu	Jacques Chirac
Clovis	Jeanne d'Arc
Ferdinand Foch	Louis XVI
François Ier	Napoléon III
Guillaume le Conquérant	saint Louis

EXERCICE B

Identifiez la lettre désignant le mot qui correspond à chaque définition de la colonne de gauche.

1. village de Lorraine où Jeanne d'Arc est née   *a.* les Huns
2. Roi-Soleil   *b.* Pétain
3. chef des Romains   *c.* druide
4. tribu barbare   *d.* Orléans
5. ami personnel de George Washington   *e.* Bonaparte
6. oncle de Louis Napoléon   *f.* La Fayette
7. prêtre gaulois   *g.* Domrémy
8. lieu d'une grande victoire de Jeanne d'Arc   *h.* Jules César
9. chef du gouvernement français installé à Vichy *i.* Louis XIV
10. ancien nom de la France   *j.* Gaule

EXERCICE C

Complétez chaque phrase avec le nom approprié.

1. Henri IV a donné aux protestants le droit de pratiquer leur religion grâce à l'édit de _____ .
2. _____ a vendu la Louisiane aux États-Unis.
3. En l'an 800, _____ a été couronné empereur d'Occident.
4. _____ a fondé l'Académie française en 1635.
5. Jeanne d'Arc a été exécutée dans la ville de _____ .
6. La défaite de 1871 face à l'Allemagne a terminé le règne de _____ .
7. *La Chanson de* _____ , qui raconte les exploits de Charlemagne, est le premier chef-d'œuvre de la littérature française.
8. Napoléon Ier a perdu la bataille de _____ face aux Anglais en 1815.
9. Le général _____ a encouragé les Français à résister pendant l'occupation allemande en 1940.
10. Le gouvernement actuel de la France s'appelle la _____ République.

EXERCICE D

Identifiez chaque personnage historique d'après les définitions données.

1. Sainte patronne de Paris:

2. Premier ministre de Louis XIII:

3. Roi de France qui a été guillotiné:

4. Empereur des Français qui est né en Corse:

5. Roi de la tribu des Francs:

6. Chef gaulois qui a résisté à Jules César:

7. Femme de Louis XVI:

EXERCICE E

Choisissez la réponse correcte.

1. Samuel de Champlain a fondé cette ville.

   a. Québec   *b.* Chicago   *c.* Montréal

2. Explorateur qui a pris possession de la Louisiane.

   a. Champlain   *b.* Lafayette   *c.* La Salle

3. Il a accompagné Jacques Marquette.

   a. Cartier   *b.* Joliet   *c.* La Salle

4. Le comte de Rochambeau a aidé les Américains durant cette guerre.

   a. la guerre de l'Indépendance

   b. la Première Guerre mondiale

   c. la Seconde Guerre mondiale

5. Il est surnommé «le découvreur du Canada».

   a. Champlain   *b.* La Salle   *c.* Cartier

6. Il était l'ami personnel de George Washington.

   a. La Fayette   *b.* de Grasse   *c.* Marquette

ANGLETERRE BELGIQUE ALLEMAGNE

LUXEMBOURG

AUTRICHE

FRANCE SUISSE

Brest Paris Strasbourg

Nantes

Chapter 35
Le Gouvernement français

1. La France est **une république démocratique et sociale.** Elle garantit l'égalité devant la loi de tous ses citoyens. Le suffrage *(vote)* est universel, égal et secret. Tous les citoyens français âgés de plus de dix-huit ans ont le droit de voter.

2. **Le pouvoir exécutif** appartient au Président de la République et aux ministres qui sont dirigés par le Premier ministre.

   Le Président de la République est le véritable chef du gouvernement. Il représente l'État. Il est élu pour sept ans par vote direct. Il est le chef des armées et il assure le fonctionnement de l'État. Il nomme **le Premier ministre** et les différents **ministres** du gouvernement. Il supervise les nouvelles lois et il a le droit de dissoudre *(dissolve)* le Parlement et de demander de nouvelles élections ou un référendum (vote direct du peuple pour ou contre une loi spécifique). La résidence du Président est **le palais de l'Élysée** à Paris.

   Le Premier ministre et **le Conseil des ministres** composent le gouvernement. Le Premier ministre recommande au Président le choix des nouveaux ministres. Les ministres assurent l'exécution des lois et conduisent la politique de la nation. Le gouvernement est responsable devant **l'Assemblée nationale** qui peut décider par vote de révoquer *(impeach)* les ministres. Mais ce procédé *(process)* est difficile, ce qui

assure la stabilité du gouvernement. Les ministres n'étant pas élus au Parlement, ils sont libres des pressions *(pressures)* des campagnes électorales.

3. **Le pouvoir législatif** est exercé par **le Parlement** qui comprend **l'Assemblée nationale** et **le Sénat.** L'Assemblée nationale est la plus importante. **Les députés** de l'Assemblée nationale sont élus au suffrage direct pour cinq ans. **Les sénateurs,** eux, sont élus pour neuf ans au suffrage indirect. Ils représentent les départements français et les Français à l'étranger. Le Parlement vote les lois et autorise la déclaration de guerre.

   Le Conseil constitutionnel assure le respect de la Constitution et la régularité des élections et des référendums.

4. **Le pouvoir judiciaire** est détenu *(held)* par **les tribunaux.** Son indépendance est garantie par la Constitution. **La Cour de cassation,** qui siège à Paris, est le tribunal suprême.

5. La France est divisée en 96 **départements** plus quatre départements d'outre-mer (la Guadeloupe, la Martinique, la Réunion et la Guyane française), deux collectivités territoriales (Mayotte et Saint-Pierre-et-Miquelon) et quatre territoires d'outre-mer qui ont un statut *(status)* spécial (les îles Wallis-et-Futuna, la

Nouvelle-Calédonie, la Polynésie française et les Terres australes et antarctiques françaises).

Chaque département est dirigé par un **préfet,** qui est nommé par le gouvernement. Les départements sont regroupés en 22 **régions,** formées plus ou moins d'après les anciennes provinces. Ceci a permis de décentraliser le gouvernement. À la tête des régions sont les **conseils régionaux,** créés en 1972, présidés par des **préfets de région.**

6. L'emblème national est **le drapeau tricolore:** bleu, blanc et rouge. La devise *(motto)* nationale est «**Liberté, Égalité, Fraternité**» qui était la devise de la Révolution de 1789. L'hymne national est **la Marseillaise,** une marche militaire composée en 1792 par **Rouget de Lisle.** La fête nationale est **le 14 juillet.** Cette date commémore le jour de la prise de **la Bastille** par le peuple de Paris en 1789. La Bastille était la prison royale et le symbole de la tyrannie. On célèbre ce jour en dansant dans les rues. Il y a aussi des défilés *(parades)* militaires et des feux d'artifice *(fireworks)* dans toute la France.

EXERCICE A

Vrai ou Faux? Si la phrase est fausse, corrigez-la.

1. La France est une monarchie.

2. Le Premier ministre est choisi par le Président.

3. Les citoyens français de moins de dix-huit ans peuvent voter.

4. Le Président est le chef des armées.

5. Les départements sont divisés en régions.

6. La Guadeloupe est un département français.

7. L'Assemblée nationale peut révoquer les ministres.

8. Rouget de Lisle a composé la Marseillaise en 1792.

9. Le Sénat est plus important que l'Assemblée nationale.

10. La Bastille était une prison.

EXERCICE B

Choisissez la réponse qui complète chaque phrase correctement.

1. Le Parlement est composé du Sénat et...

    a. de l'Assemblée   *b.* du tribunal   *c.* de l'armée

2. Le Président français est élu pour...

   a. quatre ans   *b.* dix ans   *c.* sept ans

3. Le chef des armées est...

   a. le Premier ministre   *b.* le Président   *c.* le préfet

4. Georges Pompidou était un...

   a. roi   *b.* président   *c.* ministre

5. La devise de la France est: Liberté, Égalité...

   a. Fraternité   *b.* Amitié   *c.* Diversité

6. La fête nationale commémore la prise...

   a. du Louvre   *b.* de Paris   *c.* de la Bastille

7. Les départements sont regroupés en...

   a. provinces   *b.* territoires   *c.* régions

8. Le préfet est à la tête...

   a. du département   *b.* de la France   *c.* de la ville

9. La Cour de cassation est...

   a. un ministère   *b.* un tribunal   *c.* une préfecture

10. La France est une république...

   a. démocratique   *b.* fédérale   *c.* socialiste

ANGLETERRE PAYS-BAS ALLEMAGNE
BELGIQUE
LUXEMBOURG
AUTRICHE
• Brest • Paris Strasbourg •
• Nantes FRANCE SUISSE

Chapter 36
L'Économie française

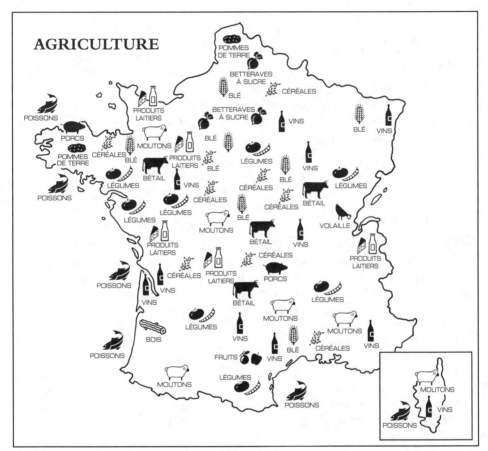

bétail *livestock;* **betteraves à sucre** *sugar beets;* **volaille** *poultry*

L'AGRICULTURE

1. Il y a en France un bon équilibre entre la vie agricole et la vie industrielle. L'adoption des techniques modernes d'agriculture et un sol *(soil)* fertile permettent à la France d'être presque indépendante au point de vue agricole.

2. Le blé *(wheat)* est le principal produit agricole. C'est avec le blé qu'on fait le pain, un des aliments de base des Français. La France est le troisième exportateur mondial de blé. On cultive aussi une variété abondante de fruits et de légumes.

   Les vastes forêts sont la source d'une grande quantité de bois.

3. La France est le premier pays du monde pour la production des vins. Quelques vins connus dans le monde entier sont le **champagne,** le **bordeaux** et le **bourgogne.** On produit aussi du **cidre** en Normandie et des **eaux minérales** dont Vichy, Évian et Perrier sont les sources principales.

4. La **Côte d'Azur** fournit une abondance de fleurs. À **Grasse,** près de Nice, on extrait *(extracts)* les essences des fleurs pour la parfumerie. La fabrication des parfums est achevée *(completed)* à Paris, centre de l'industrie cosmétique. Parmi les parfumeurs célèbres on trouve **Chanel, Guerlain** et **Lancôme.**

5. Une des ressources principales de la France est l'**élevage** des animaux *(livestock farming).* Le pays est renommé pour l'excellence de son bétail *(livestock):* vaches, moutons, chèvres, porcs et chevaux. La Normandie, en particulier, est une région de production laitière très riche. Les Français fabriquent des **fromages** de toutes sortes comme **le brie, le camembert, le roquefort** *(blue cheese)* et **le Port-Salut.**

6. Les produits de la mer sont également appréciés des Français. **La pêche** est une industrie importante, principalement en **Bretagne.**

L'INDUSTRIE

1. L'industrie française est diverse. Elle varie de la grande usine moderne à l'atelier du petit artisan.

2. Deux industries très importantes dans l'économie française sont la **métallurgie** et le **textile.** L'industrie lourde comprend la production de machines, de locomotives et d'armes. On produit aussi des appareils électriques et électroniques. La France est le sixième pays producteur d'acier *(steel)* au monde.

3. Les principaux centres de l'**industrie textile** se trouvent au nord-est, près de **Lille.** La France fabrique des textiles de coton, de laine et de lin *(linen)* ainsi que des textiles synthétiques. La région de **Lyon** produit la plus grande partie de la soie française, naturelle et artificielle.

4. L'**industrie automobile** exporte des voitures presque partout dans le monde. Les marques principales sont **Peugeot-Citroën** et **Renault.**

5. **Les sources d'énergie** sont limitées en France, mais elle a des gisements *(deposits)* de gaz naturel et elle produit de l'énergie hydroélectrique, solaire et marémotrice *(tidal).* Aussi, la France a développé une importante production d'énergie nucléaire. C'est le premier pays producteur d'uranium en Europe occidentale. La France doit importer la majeure partie de son pétrole.

6. L'**industrie chimique** est très développée et la France exporte beaucoup de produits chimiques et pharmaceutiques.

7. L'**industrie aéronautique et aérospatiale** produit des avions, des missiles et des engins *(machines)* spatiaux. En coopération avec l'Angleterre, la France a développé et construit **le Concorde,** un avion supersonique. Les avions **d'Airbus**

Industrie sont fabriqués en coopération avec plusieurs autres pays européens. **Air France** est la compagnie aérienne *(airline)* du pays, financée par le gouvernement. Ses avions parcourent *(cover)* le monde entier.

8. La France fabrique, spécialement à Paris, une grande quantité d'articles de luxe: gants, maroquinerie *(leather goods),* bijoux, instruments de précision, argenterie *(silverware)* et produits photographiques.

9. La France est membre de **la Communauté économique européenne** *(EEC).* Sa situation économique contribue beaucoup à la prospérité de l'Europe.

LE COMMERCE

1. Les activités économiques sont liées *(linked)* aux moyens de transport intérieurs et extérieurs. Les fleuves et les nombreux canaux permettent le transport bon marché des marchandises lourdes.

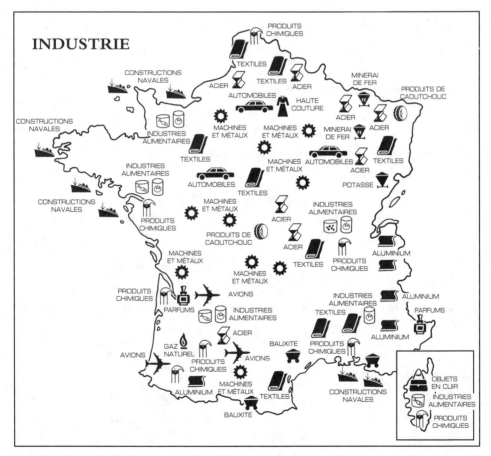

industries alimentaires *food processing;* minerai de fer *iron ore;* potasse *potash;*
produits de caoutchouc *rubber goods*

2. Le réseau des routes est bien développé, avec beaucoup d'auto-routes. Le réseau de chemin de fer est excellent et relie la France au reste de l'Europe. Le **T.G.V.** (Train à Grande Vitesse) a établi le record mondial de vitesse.

3. Le tourisme contribue beaucoup à l'économie française. En 1994, on a ouvert un passage direct pour les trains et les automobiles entre la Grande-Bretagne et la France quand on a terminé le célèbre tunnel sous la Manche. Appelé **l'Eurotunnel,** il permet de traverser la Manche en une heure seulement.

EXERCICE A

Vrai *ou* Faux? *Si la phrase est fausse corrigez-la.*

1. La France doit importer du blé pour nourrir son peuple.
2. La France ne produit pas d'énergie.
3. Le sol français est très fertile.
4. Les Français cultivent une variété de fruits et de légumes.
5. On produit beaucoup d'eau minérale en France.
6. La France importe des avions.
7. Guerlain et Chanel sont des marques de parfums bien connues.
8. La France a refusé de développer l'énergie nucléaire.
9. L'industrie chimique n'est pas importante en France.
10. La France préfère ne pas être membre de la Communauté économique européenne.

EXERCICE B

Identifiez la lettre désignant le mot qui correspond à chaque définition de la colonne de gauche.

1. vin
2. mer sous laquelle l'Eurotunnel passe
3. fromage
4. train très rapide
5. constructeur d'automobiles
6. eau minérale
7. elle produit de l'électricité

a. camembert
b. Peugeot
c. bourgogne
d. Air France
e. Perrier
f. énergie nucléaire
g. Airbus

8. compagnie aérienne nationale française   *h.* blé

9. céréale que la France exporte   *i.* T.G.V.

10. compagnie qui construit des avions   *j.* Manche

EXERCICE C

Complétez chaque phrase avec le mot français approprié.

1. À Paris, on fabrique surtout des articles de _____ .

2. Le brie et le roquefort sont des _____ français.

3. Deux des industries les plus importantes dans l'économie de la France sont les industries métallurgiques et les industries _____ .

4. Les marchandises lourdes sont transportées sur les fleuves et les _____ .

5. Renault et Citroën sont les noms de deux constructeurs d'_____ .

6. Le _____ est une des nourritures fondamentales des Français.

7. La France a construit l'avion supersonique, le _____ , en collaboration avec l'Angleterre.

8. La _____ est une région connue pour sa production de lait et de fromages.

9. On produit de la soie dans la ville de _____ .

10. On envoie les fleurs de la Côte d'Azur à _____ , près de Nice, pour en faire du parfum.

11. Avec l'Eurotunnel, traverser la Manche est rapide: il faut seulement _____ .

12. L'industrie de la _____ est située sur les côtes, principalement en Bretagne.

13. L'économie de la France contribue beaucoup à l'économie de la Communauté économique _____ .

14. La France produit de l'énergie hydroélectrique, nucléaire, marémotrice et _____ .

Chapter 37
La Vie quotidienne

RELIGION

La plupart des Français sont catholiques. Toutes les religions sont respectées et autorisées en France.

ENSEIGNEMENT

La scolarité *(schooling)* est obligatoire en France pour les enfants de six à seize ans. L'enseignement *(education)* public est gratuit *(free)*. Il existe un grand nombre d'écoles privées, dont la plupart sont catholiques. **Le ministère de l'Éducation nationale** contrôle l'enseignement public et privé.

L'enseignement **primaire** dure cinq ans. Le premier cycle de l'enseignement **secondaire,** donné dans **les collèges,** est obligatoire et dure quatre ans. Le second cycle a lieu au **lycée.** Après trois années de lycée, les étudiants passent **le baccalauréat.** C'est un examen très difficile qui dure plusieurs jours. Il est indispensable pour entrer à l'université. Il y a de nombreuses universités et écoles spécialisées en France.

RÉCRÉATION

1. **Le café** joue un rôle important dans la vie sociale et intellectuelle des Français. Ils y rencontrent leurs amis, lisent leur journal, écrivent, jouent aux cartes et regardent passer les gens. Beaucoup de cafés ont une terrasse extérieure où les clients s'installent quand il fait beau.

2. On peut pratiquer tous les sports en France. Les sports préférés sont le football, le cyclisme, l'alpinisme, le ski, le tennis, la natation et la planche à voile. Le camping et les sports sous-marins *(underwater)* sont très populaires. Parmi les sports régionaux, il y a la **pétanque** *(lawn bowling),* qui se joue surtout dans le sud et **la pelote basque** *(jai alai),* populaire dans les Pyrénées. **Le Tour de France** est la course cycliste la plus populaire. C'est aussi un événement international.

3. Les Français aiment le théâtre, le cinéma, l'opéra, le ballet et les concerts. Le gouvernement subventionne *(sponsors)* plusieurs théâtres nationaux, comme **la Comédie-Française, l'Opéra** et **le Théâtre national populaire.** Dans les théâtres et les cinémas français, on donne un pourboire à l'ouvreuse *(usher)* qui guide le spectateur jusqu'à sa place.

4. La lecture et les visites des musées sont d'autres activités culturelles que les Français aiment. Dans les rues, **les kiosques** *(newsstands)* vendent tous les journaux et magazines. Un grand nombre de Français jouent au loto, à la Loterie nationale. Le gouvernement autorise aussi des jeux à gains *(winnings)* instantanés comme le bingo, le Millionnaire et le Taco Tac.

CUISINE

La restauration rapide *(fast-food)* est devenue très populaire en France. On y trouve de nombreux McDonald's, appelés MacDo, ainsi que des **pizzerias** et des chaînes de restaurants françaises comme Hippo et Quick. Toutefois *(however)*, la cuisine reste un art très apprécié. Chaque région a développé des spécialités, appréciées dans toute la France. En voici quelques-unes:

la soupe à l'oignon *(onion soup)*
la bouillabaisse (une soupe faite avec
    différents poissons)
le pot-au-feu (viande de bœuf bouillie
    [boiled] avec des légumes)
les escargots *(snails)*
la quiche lorraine *(ham and cheese pie)*
le pâté de foie gras *(goose liver paste)*
la choucroute garnie (choucroute
    [sauerkraut] servie avec des saucisses
    de toutes sortes)
les croissants *(flaky sweet rolls)*
les crêpes *(thin pancakes)*

Généralement, le petit déjeuner consiste en un bol de café ou de chocolat et du pain beurré ou des croissants que l'on mange avec de la confiture. Les céréales, comme les flocons de maïs *(cornflakes)* et le muesli, sont populaires auprès des jeunes.

Dans les restaurants français, on peut commander **à la carte** (chaque plat a un prix différent) ou **à prix fixe** (un repas entier dont le prix est déterminé d'avance). Les prix et le menu sont affichés *(posted)* à l'entrée *(entrance)* du restaurant. Les **bistros** sont des cafés populaires où on vend des boissons et des sandwichs.

UNITÉS DE MESURE

1. **Le système métrique,** avec ses multiples de dix et ses subdivisions décimales, est d'origine française. Les scientifiques de toutes les nations et presque tous les pays d'Europe et d'Amérique du Sud emploient ce système.

   Le mètre, l'unité de longueur, est un peu plus long que le *yard* américain.

   1 mètre = 100 centimètres = 39.37 pouces *(inches)*

   1 kilomètre = 1.000 mètres = 5/8 mille

   Le gramme est l'unité de poids *(weight).*

   1 kilogramme = 1.000 grammes = 2.2 livres *(pounds)*

   Le litre est l'unité de mesure des liquides. Un litre vaut un peu plus qu'un *quart* américain.

2. On emploie en France le thermomètre en **degrés Celsius,** qui comprend 100 divisions.

3. L'unité monétaire française est **le franc.**

   1 franc = 100 centimes

EXERCICE A

Vrai *ou* Faux? *Si la phrase est fausse, corrigez-la.*

1. Il n'y a pas d'écoles privées en France.

2. L'enseignement français est sous la direction du gouvernement.

3. L'enseignement public en France coûte cher.

4. La plupart des Français sont catholiques.

5. Le café joue un rôle important dans la vie sociale des Français.

6. Les sports sont rares en France.

7. En France, on donne un pourboire à l'ouvreuse de cinéma.

8. On emploie le système métrique presque partout en Europe.

9. La loterie n'existe pas en France.

10. Le mètre est plus court que le *yard* américain.

11. On peut lire les journaux dans un café en France.

12. Il n'y a pas de restauration rapide en France.

13. En France, il y a des théâtres subventionnés par le gouvernement.

14. Il y a plus de liquide dans un litre que dans un quart américain.

15. Pour le petit déjeuner, le Français préfère des œufs et du jus de fruit.

EXERCICE B

Identifiez la lettre désignant le mot qui correspond à chaque définition de la colonne de gauche.

1. école avant le lycée

2. jeu pratiqué dans le Midi de la France

3. type de pâté

4. jeu de hasard *(chance)*

5. théâtre subventionné par le gouvernement français

6. soupe de poissons

7. où on vend des journaux

8. pâtisserie pour le petit déjeuner

9. examen à la fin des années de lycée

10. un des sports favoris des Français

a. Comédie-Française

b. bouillabaisse

c. tennis

d. croissant

e. loterie

f. pétanque

g. baccalauréat

h. foie gras

i. kiosque

j. collège

EXERCICE C

Complétez chaque phrase avec le mot français approprié.

1. Après l'école primaire, les élèves vont au collège puis au _____ .

2. L'école est obligatoire jusqu'à l'âge de _____ .

3. Le _____ est un événement sportif international.

4. L'unité monétaire française est le _____ .

5. Il y a _____ grammes dans un kilogramme.

6. En France, on utilise le système de degrés _____ .

7. Trois théâtres nationaux sont l'Opéra, la Comédie-Française et le _____ .

8. Beaucoup de cafés ont une _____ où on peut s'asseoir dehors.

LE MOYEN ÂGE

Les premières œuvres *(works)* littéraires, appelées **chansons de geste,** datent du Moyen Âge. Ces longs poèmes célèbrent les exploits légendaires des chevaliers *(knights)* de l'époque. La plus célèbre de ces chansons est *La Chanson de Roland.* Composée au XIIᵉ siècle, elle raconte les aventures de Charlemagne et de son neveu Roland pendant la guerre contre les Sarrasins d'Espagne. Cette chanson est considérée comme le premier chef-d'œuvre de la littérature française.

François Villon (1431–1463) est le premier des grands poètes français. Il a écrit le vers si souvent cité: «Mais où sont les neiges d'antan?» *(But where are the snows of yesteryear?)*

LE XVIᵉ SIÈCLE

C'est l'époque de **la Renaissance.** Les artistes redécouvrent l'Antiquité. S'inspirant des anciens Grecs et Romains, les auteurs s'adressent à une élite cultivée.

François Rabelais est l'auteur de romans amusants et satiriques où il décrit les problèmes de la société. Ses personnages les plus célèbres sont les deux géants **Gargantua** et **Pantagruel.**

Pierre de Ronsard est le plus grand poète du XVIᵉ siècle. Il a trouvé son inspiration auprès des poètes de l'Antiquité.

Michel de Montaigne est un philosophe et un moraliste. Il recommande la tolérance et la modération dans la vie de tous les jours.

LE XVIIᵉ SIÈCLE

Le XVIIᵉ siècle est **l'âge d'or** de la littérature française, particulièrement sous le règne de Louis XIV, de 1643 à 1715. C'est l'époque du **classicisme,** un mouvement où l'on recherche l'ordre et la discipline. Les auteurs visent *(aim)* à la perfection de forme, d'expression et de style.

Pierre Corneille et **Jean Racine** sont les plus grands auteurs dramatiques du siècle. Leurs tragédies sont des classiques du théâtre français.

Molière, souvent appelé «le Shakespeare de France», est le plus célèbre auteur de comédies classiques. Dans ses pièces, comme *L'Avare (The Miser)* ou *Tartuffe,* il dénonce les vices de ses contemporains.

Jean de La Fontaine est un fabuliste. Dans ses fables, il met en scène *(stages)* des animaux pour se moquer de la société où il vit.

L'œuvre de **René Descartes,** philosophe et savant, influence encore la pensée française aujourd'hui. Il est l'auteur de la fameuse phrase: «Je pense, donc je suis» *(I think, therefore I am).*

LE XVIIIᵉ SIÈCLE

La littérature du XVIIIᵉ siècle oppose l'individualisme à la tradition et à l'autorité. L'esprit critique et scientifique règne. C'est l'époque des grands philosophes. **Voltaire, Rousseau,**

Montesquieu et **Diderot** ont une grande influence sur les idées politiques du siècle. Ils dénoncent l'injustice sociale et démontrent le besoin de réformes. Leurs œuvres ouvrent la voie *(way)* à la Révolution française de 1789.

Voltaire a dominé le XVIIIe siècle. Il a attaqué l'injustice et est devenu le défenseur de la liberté sous toutes ses formes. Son esprit satirique s'est exprimé dans des œuvres de genres variés, comme le conte, *Candide ou l'Optimisme,* la tragédie et l'essai historique.

Jean-Jacques Rousseau est le théoricien de la démocratie. Il a attaqué l'ordre social et recommandé un retour à la nature. Ses idées, exposées dans son livre *Émile,* ont beaucoup influencé l'éducation moderne.

Charles de Montesquieu a proposé la séparation des pouvoirs *(powers)* du gouvernement qui étaient alors tous tenus par le roi. Dans *De l'esprit des lois,* il propose de nouvelles idées qui influenceront la rédaction *(writing)* de la Constitution américaine. Il est aussi l'un des fondateurs de la sociologie moderne.

Denis Diderot a publié *l'Encyclopédie,* un grand dictionnaire écrit par les plus grands savants et auteurs de l'époque dont Voltaire et Rousseau. Diderot a également écrit plusieurs romans qui sont devenus des classiques de la littérature française.

LE XIXe SIÈCLE

Pendant la première moitié du XIXe siècle, une réaction contre la tradition classique se produit. **Le romantisme** apparaît, un mouvement qui donne une liberté d'expression totale aux auteurs.

Ainsi, chaque auteur est libre d'exprimer ses émotions, ses rêves ou son amour de la nature.

Victor Hugo a été le chef et le plus grand poète de l'école romantique. Il est renommé pour ses pièces de théâtre et ses romans dont *Notre-Dame de Paris* et *Les Misérables.*

Les autres poètes romantiques de cette époque sont **Alphonse de Lamartine, Alfred de Musset** et **Alfred de Vigny.**

Honoré de Balzac est l'auteur de *La Comédie humaine,* une série de vingt-quatre romans où il décrit la société de son temps. Ses descriptions précises et détaillées de la société feront évoluer la littérature vers **le réalisme.**

Alexandre Dumas père a écrit de nombreux romans historiques, toujours populaires aujourd'hui, dont *Les Trois Mousquetaires* et *Le Comte de Monte-Cristo.*

De nouveaux mouvements en opposition au romantisme émergent vers le milieu du XIXe siècle. **Le réalisme** emprunte les méthodes scientifiques pour étudier et décrire la réalité. Il évoluera vers **le naturalisme** qui considère que l'art doit être la reproduction de la nature et non pas son interprétation par l'artiste.

Gustave Flaubert est l'auteur de *Madame Bovary.* Ses romans se caractérisent par un travail de documentation méticuleux.

Alphonse Daudet décrit la nature humaine avec fantaisie et humour dans ses livres comme *Lettres de mon moulin* ou *Tartarin de Tarascon.*

Émile Zola, chef de l'école naturaliste, observe et analyse scientifiquement les personnages de ses romans. Sa série des *Rougon-Macquart* retrace l'histoire de deux familles en vingt romans.

Guy de Maupassant est célèbre pour ses romans et ses contes dont *La Parure.*

Jules Verne est le précurseur de la science-fiction moderne avec ses romans fantastiques comme *Voyage au centre de la Terre* ou *Le Tour du monde en quatre-vingts jours.*

Les poètes de l'époque les plus célèbres sont **Charles Baudelaire, Arthur Rimbaud** et **Paul Verlaine.**

LE XXᵉ SIÈCLE

C'est un second âge d'or pour la littérature française. De nombreux écrivains exercent par leurs œuvres variées une profonde influence sur leurs lecteurs. Plusieurs ont reçu le prix Nobel de littérature.

ROMANCIERS *(novelists)*

Anatole France est un satiriste et un philosophe érudit. Il a reçu le prix Nobel.

Marcel Proust a écrit les douze volumes qui constituent *À la recherche du temps perdu.* Dans cet immense roman, il utilise des faits biographiques pour évoquer la réalité des émotions et des impressions attachées à des souvenirs dans la mémoire.

André Gide a reçu le prix Nobel pour son œuvre variée et abondante. Il était avant tout un humaniste.

André Maurois est l'auteur de romans, d'essais, d'études historiques et de biographies littéraires.

François Mauriac, qui a reçu le prix Nobel, est un romancier, un auteur dramatique et un essayiste très influencé par sa religion catholique.

André Malraux célèbre dans ses œuvres la fraternité entre les êtres humains et l'héroïsme. Sous le gouvernement de Charles de Gaulle il sera ministre de l'Information puis ministre des Affaires culturelles.

Antoine de Saint-Exupéry est célèbre pour son roman *Le Petit Prince.* Ce pilote s'est inspiré de ses expériences dans l'aviation militaire et civile pour décrire un monde où le danger et l'aventure sont toujours présents.

Claude Simon a obtenu le prix Nobel de littérature. Il a essayé de redéfinir le roman moderne en changeant le style d'écriture et en diminuant l'importance de l'histoire racontée.

Marguerite Duras a écrit des romans, des films et des pièces de théâtre.

Marguerite Yourcenar évoque en détail ses voyages à travers le monde. Elle est la première femme à avoir été admise à l'Académie française. Elle a passé de nombreuses années aux États-Unis car elle avait la double nationalité française et américaine.

AUTEURS DRAMATIQUES

Edmond Rostand est l'auteur du célèbre *Cyrano de Bergerac* qui a inspiré plusieurs films.

Eugène Ionesco est le maître du théâtre de l'absurde. Dans ses pièces, *Rhinocéros* et *La Leçon,* il montre la confusion des individus face à l'absurdité du quotidien.

PHILOSOPHES

Jean-Paul Sartre est le père de **l'existentialisme,** un mouvement qui affirme que les êtres humains doivent construire leur destinée eux-mêmes. En 1964, il a refusé le prix Nobel qui lui était offert.

Simone de Beauvoir est connue pour ses œuvres sur la condition des femmes.

Albert Camus est un des représentants de la «philosophie de l'absurde» qu'il a illustrée dans ses romans comme *L'Étranger* ou *La Peste.*

POÈTES

Paul Valéry combine le goût de la littérature et l'étude des mathématiques. Il s'est intéressé aux problèmes modernes ainsi qu'aux mécanismes et aux pouvoirs de l'intellect.

Saint-John Perse est un diplomate et un poète qui a médité sur le destin de l'homme. Il a reçu le prix Nobel.

Louis Aragon est un des fondateurs du **surréalisme.**

Jacques Prévert, également brillant scénariste de films, est l'auteur de poèmes où la fantaisie se mélange à l'expression populaire. Beaucoup de ses textes pleins de tendresse sont devenus des chansons.

EXERCICE A

Pour chaque phrase, choisissez la lettre qui correspond à la réponse correcte.

1. Les chansons de gestes datent de cette époque.
   a. XVIIIe siècle   *b.* Moyen Âge   *c.* XVIe siècle

2. Il est souvent appelé «le Shakespeare français».
   a. Alphonse Daudet   *b.* Émile Zola   *c.* Molière

3. Ce philosophe a influencé l'éducation moderne.
   a. Rousseau   *b.* Proust   *c.* Rabelais

4. Le XVIe siècle correspond à cette époque.
   a. l'âge d'or   *b.* la Renaissance   *c.* le naturalisme

5. Cet auteur du XVIIe siècle était un fabuliste.
   a. La Fontaine   *b.* Ronsard   *c.* Voltaire

6. Ce mouvement littéraire laisse à l'auteur une grande liberté d'expression.
   a. le réalisme   *b.* le naturalisme   *c.* le romantisme

7. Antoine de Saint-Exupéry a exercé ce métier.

    a. ministre   *b.* pilote   *c.* diplomate

8. *La Chanson de Roland* raconte les exploits de ce roi.

    a. Louis XIV   *b.* François Ier *c.* Charlemagne

9. Certains poèmes de cet auteur sont devenus des chansons.

    a. Prévert   *b.* Aragon   *c.* Valéry

10. C'est le titre de la série de romans écrits par Émile Zola.

    a. La Condition humaine

    b. Les Rougon-Macquart

    c. À la recherche du temps perdu

EXERCICE B

Pour chaque description identifiez l'œuvre ou l'écrivain.

1. La plus belle chanson de geste:

2. Deux géants créés par Rabelais:

3. Il a dirigé la publication de l'*Encyclopédie:*

4. Le premier grand poète français:

5. Elle a écrit des romans, des films et des pièces:

6. Précurseur de la science-fiction:

7. Chef de l'école romantique:

8. Célèbre roman de Saint-Exupéry:

9. Auteur qui a refusé le prix Nobel en 1964:

10. Première femme à l'Académie française:

EXERCICE C

Complétez chaque phrase avec les mots ou les noms qui conviennent.

1. Voltaire et Rousseau sont les précurseurs de la _____ française.

2. Alexandre _____ père est l'auteur des *Trois Mousquetaires.*

3. Anatole France a reçu le prix _____ .

4. À la Renaissance, les auteurs s'inspirent de _____ .

5. Le philosophe René Descartes a dit: "Je _____, donc je suis."

6. *À la recherche du temps perdu* est un roman en douze volumes de _____ .

7. Jean-Paul Sartre est le père d'un mouvement appelé _____ .

8. Le XVIIe siècle est considéré comme _____ de la littérature française.

9. _____ est le chef de l'école naturaliste.

10. _____ a écrit des livres sur la condition des femmes.

L'histoire des beaux-arts en France commence à la préhistoire. Dans les grottes de **Lascaux** ou de **Chauvet,** on a trouvé d'admirables dessins d'animaux faits il y a plus de 20.000 ans. À travers les siècles, de nombreux artistes français ont gagné une renommée internationale.

PEINTRES

Antoine Watteau est le plus grand peintre classique du XVIIIe siècle. Ses tableaux reflètent les fêtes et les plaisirs de la haute société de son époque. Il a créé des scènes pastorales pleines de charme.

Jacques-Louis David, peintre de la Révolution française, est le chef de l'école néoclassique qui s'inspire des anciens Grecs et Romains. Il sera aussi le peintre officiel de l'empereur Napoléon Ier.

Au XIXe siècle, Paris devient le centre mondial de l'art et les peintres s'y regroupent en différents mouvements.

Le romantisme désire se libérer des règles strictes du **classicisme.** Ses peintres, comme **Eugène Delacroix,** s'intéressent aux couleurs, au mouvement et aux émotions.

Le réalisme est une réaction contre le romantisme et le classicisme. Les artistes désirent représenter la réalité de la vie quotidienne et de la nature. **Honoré Daumier** est un de ces peintres réalistes de grand talent. Il est célèbre pour ses caricatures politiques et sociales.

L'école de Barbizon doit son nom au petit village de Barbizon, près de Paris, où un groupe d'artistes aimaient se retrouver. **Jean-François Millet** était le chef de cette école. Dans ses tableaux comme *L'Angélus* ou *Les Glaneuses,* il a représenté la vie des habitants de la campagne. **Jean-Baptiste Corot** est célèbre pour ses paysages. Ce sont des peintres réalistes.

Dans la seconde moitié du XIXe siècle, le réalisme évolue vers l'**impressionnisme.** Les peintres impressionnistes essayent de traduire leurs perceptions visuelles dans leurs tableaux. La lumière devient l'élément essentiel des tableaux qui représentent des scènes modernes, surtout des paysages.

Édouard Manet est l'un des pères de l'école impressionniste. Les critiques se sont moqués du choix de ses sujets et de ses innovations techniques. Il est aujourd'hui considéré comme un grand maître, surtout pour son utilisation des couleurs.

Claude Monet est l'un des paysagistes les plus importants de l'histoire de l'art. Il travaillait toujours en plein air. Il a représenté le même sujet à différentes heures ou saisons, en observant les changements de lumière ainsi provoqués. Il n'utilisait jamais la couleur noire ni la couleur grise.

Auguste Renoir est un grand maître impressionniste, connu principalement pour ses portraits de femmes et de jeunes filles.

Edgar Degas a combiné la discipline du classicisme au caractère immédiat de l'impressionnisme. Ses sujets favoris étaient les danseuses de ballet qu'il a représentées dans des compositions innovatrices.

Georges Seurat a développé **le pointillisme,** une technique qui consiste à juxtaposer de minuscules points de couleurs pures pour créer un effet de profondeur *(depth)* et de lumière.

Rosa Bonheur a peint les travaux de la ferme et la vie des champs. Elle fait partie de ces artistes qui ont préféré **le traditionalisme.**

Le postimpressionnisme apparaît à la fin du XIXᵉ siècle en réaction aux excès de l'impressionnisme et du réalisme. Les peintres **modernistes** développent leur style individuel et n'hésitent pas à déformer l'apparence de la nature et du corps humain.

Paul Cézanne est considéré comme le père de l'art moderne. Il a utilisé la couleur pour créer des perspectives et un effet tridimensionnel. Ses œuvres inspireront tous les peintres modernes.

Paul Gauguin a rejeté l'impressionnisme et a utilisé la nature comme point de départ pour représenter des figures abstraites et symboliques. **Symboliste,** il a voulu donner à ses œuvres une dimension spirituelle, comme l'illustre son tableau *D'où venons-nous? Que sommes-nous?* Il a vécu *(lived)* à Tahiti où il a créé ses tableaux les plus célèbres.

Suzanne Valadon a peint des paysages et des natures mortes *(still lifes)* très expressives.

Vincent Van Gogh, d'origine hollandaise, s'est établi en France, à Paris puis à Arles. Ses tableaux sont animés par des couleurs vives et vibrantes. Ses œuvres dont *Les Tournesols (Sunflowers)* ou *Portrait de l'artiste à l'oreille coupée* sont mondialement célèbres.

Henri de Toulouse-Lautrec, influencé par Degas, a réalisé de nombreuses affiches et a peint principalement des scènes de music-hall, de cabaret et de cirque.

Au début du XXᵉ siècle, certains artistes décident de se libérer de l'analyse impressionniste et de peindre comme ils le veulent. C'est la naissance du **fauvisme.** Les artistes **fauves** *(wild animals)* simplifient les formes et utilisent des couleurs pures et vives.

Henri Matisse est considéré comme le plus grand peintre français. Sa décoration intérieure de la chapelle de Vence dans le Sud de la France est un chef-d'œuvre.

Georges Braque est l'un des fondateurs du **cubisme.** Sa technique consiste à décomposer les objets et à les représenter sous plusieurs angles à la fois.

Pablo Picasso est l'un des plus célèbres peintres modernes. Né en Espagne, il est venu habiter en France. Il a influencé l'évolution de l'art moderne et essayé une variété de techniques. Son tableau le plus célèbre est *Guernica,* une œuvre où il dénonce les horreurs de la guerre et du fascisme.

Vers 1920, **le surréalisme** rejette toutes les conventions. Influencés par les travaux de Freud, **les surréalistes** essayent de représenter l'imaginaire et le rêve. Les artistes les plus connus sont: **Yves Tanguy, Max Ernst** et **André Masson.**

D'autres artistes importants du XXᵉ siècle sont **Maurice Utrillo, Marc Chagall, Fernand Léger** et **Bernard Buffet.**

SCULPTEURS

Jean-Antoine Houdon, sculpteur réaliste du XVIIIᵉ siècle, a réalisé les bustes de personnages célèbres dont Voltaire, Washington, Franklin et Jefferson.

François Rude fait partie de l'école romantique du XIXᵉ siècle. Il a créé *La Marseillaise,* le célèbre bas-relief de l'Arc de Triomphe à Paris.

Frédéric-Auguste Bartholdi est l'auteur de *La Liberté éclairant le monde,* la célèbre statue de la Liberté du port de New York.

Auguste Rodin est le plus grand sculpteur des temps modernes. Il est connu pour ses œuvres dont *Le Penseur (The Thinker), Le Baiser* et *Les Bourgeois de Calais.* Ses sculptures sont à la fois réalistes, puissantes et poétiques.

Aristide Maillol est un sculpteur du XXᵉ siècle connu pour ses statues de femmes. Influencé par le classicisme, il allie la grâce et la simplicité à des formes solides.

Jacques Lipchitz, associé au mouvement cubiste, puis au surréalisme, a réalisé des sculptures puissantes et dramatiques.

MUSICIENS

Jean-Baptiste Lully, italien de naissance, a composé de la musique de chambre et a été chef d'orchestre *(conductor)* pour Louis XIV. Il est le créateur de l'opéra français pour lequel il a défini les règles. Il a également composé des ballets et de la musique pour accompagner plusieurs comédies de Molière comme *Le Bourgeois gentilhomme.*

Jean-Philippe Rameau a rénové l'opéra français au XVIIIᵉ siècle. Il a écrit un *Traité de l'harmonie* et de nombreuses pièces pour clavecin *(harpsichord).* Ce compositeur privilégiait l'harmonie par rapport à la mélodie.

Au XIXᵉ siècle, la musique française a atteint une renommée internationale avec de grands compositeurs.

Hector Berlioz est le plus grand compositeur de l'époque **romantique.** Ses œuvres sont d'une grande force dramatique comme le prouvent ses chefs-d'œuvre *La Damnation de Faust* et *La Symphonie fantastique.*

César Franck est d'origine belge. Installé à Paris, il a formé et influencé toute une génération de compositeurs. Sa musique s'inspire de la technique de Bach.

Camille Saint-Saëns a composé des poèmes symphoniques dont *La Danse macabre* et *Le Carnaval des animaux.* Il était un virtuose du piano et de l'orgue.

Claude Debussy a été influencé par les peintres impressionnistes. Sa musique est légère, délicate et extrêmement originale. Il a composé *Prélude à l'après-midi d'un faune.*

Maurice Ravel a composé des œuvres pour piano et orchestre dont *Boléro* et *Valses nobles.* Sa musique est fluide et originale, tout en respectant les normes classiques.

Autres compositeurs d'opéras:
Georges Bizet: *Carmen, Les Pêcheurs de perles*
Charles Gounod: *Faust, Roméo et Juliette*
Jules Massenet: *Manon, Thaïs*
Jacques Offenbach: *Les Contes d'Hoffmann*

La musique classique française du XXᵉ siècle continue à évoluer avec de nouveaux artistes talentueux dont **Pierre Boulez, Maurice Jarre, Olivier Messiaen** et **Jacques Charpentier.**

ARCHITECTES

À l'époque gallo-romaine (du Iᵉʳ au IVᵉ siècle), on a construit des édifices remarquables comme des temples, des arènes, des aqueducs et des amphithéâtres. Beaucoup de ces édifices existent encore, principalement en Provence, dans le Sud de la France. Il y a, par exemple, les arènes de la ville d'Arles et la Maison carrée à Nîmes.

Au Moyen Âge, les arts sont associés à la religion. Les églises **de style roman** sont lourdes et sombres. Mais vers la moitié du XIIᵉ siècle, un nouveau style d'architecture apparaît: **l'architecture gothique.** Ce style et cette méthode permettent de construire des édifices

de vastes dimensions et très hauts, comme les cathédrales. Ces édifices sont ornés de vitraux *(stained-glass windows),* de gargouilles *(gargoyles)* et de nombreuses sculptures. Les plus beaux exemples sont les cathédrales d'Amiens, de Chartres, de Reims et de Paris.

Au XVIᵉ siècle, **la Renaissance** s'inspire de l'architecture italienne. Entre le XVIᵉ et le XVIIᵉ siècle, les rois et les nobles font bâtir de magnifiques châteaux, principalement dans la vallée de la Loire et autour de Paris.

Jules Hardouin-Mansart était l'architecte de Louis XIV au XVIIᵉ siècle. Il a participé à la création du **palais de Versailles** en construisant la galerie des Glaces, le Grand Trianon, la chapelle et l'orangerie. Il a aussi réalisé la place des Victoires et la place Vendôme à Paris.

Eugène Viollet-le-Duc a encouragé le regain *(revival)* d'intérêt pour l'art gothique en France au XIXᵉ siècle. Il est célèbre pour ses travaux de restauration de chefs-d'œuvre du Moyen Âge comme la cathédrale Notre-Dame et la Sainte-Chapelle à Paris. Il a également restauré la ville de Carcassonne et les cathédrales de Chartres, d'Amiens et de Reims.

Le Corbusier est le chef de l'école moderne d'architecture du XXᵉ siècle. Ses œuvres et ses écrits ont révolutionné le développement de l'architecture dans le monde. Il a eu l'idée de «la ville verticale» qu'il a partiellement réalisée à Marseille.

De nombreux grands projets d'architecture ont été réalisés en France, à Paris surtout, au cours des dernières années.

EXERCICE A

Répondez par **Vrai** *ou* **Faux** *aux affirmations suivantes. Si la phrase est fausse, corrigez-la.*

1. En France, l'art n'existe pas avant le Moyen Âge.

2. Au XIXe siècle, Paris est le centre mondial de l'art.

3. Picasso est d'origine espagnole.

4. Van Gogh est un peintre classique.

5. David est le peintre officiel de Napoléon Ier.

6. Toulouse-Lautrec fait partie de l'école de Barbizon.

7. Pour les impressionnistes, la lumière n'est pas importante.

8. Gauguin a habité Tahiti.

9. Matisse a décoré une chapelle dans le Sud de la France.

10. Cézanne est un peintre pointilliste.

EXERCICE B

Identifiez chaque artiste en écrivant s'il s'agit d'un peintre, d'un sculpteur, d'un architecte ou d'un musicien.

1. Jules Massenet

2. Le Corbusier

3. Vincent Van Gogh

4. Aristide Maillol

5. Hector Berlioz

6. Auguste Rodin

7. Eugène Viollet-le-Duc

8. Jean-Baptiste Lully

9. Jules Hardouin-Mansart

10. Rosa Bonheur

EXERCICE C

Pour chaque œuvre de la première colonne, identifiez la lettre désignant le nom de son créateur.

1. *Guernica*
2. *Le Penseur*
3. La galerie des Glaces du palais de Versailles
4. *La Danse macabre*
5. *Carmen*
6. *Les Glaneuses*
7. La statue de la Liberté de New York
8. *Les Tournesols*
9. Le buste de Jefferson
10. La musique de certaines pièces de Molière

a. Auguste Rodin
b. Camille Saint-Saëns
c. Jean-François Millet
d. Georges Bizet
e. Frédéric-Auguste Bartholdi
f. Jean-Antoine Houdon
g. Pablo Picasso
h. Jean-Baptiste Lully
i. Jules Hardouin-Mansart
j. Vincent Van Gogh

EXERCICE D

Complétez chaque phrase avec le mot ou le nom approprié.

1. Les _____ étaient les sujets favoris d'Edgar Degas.
2. _____ est appelé le père de l'art moderne.
3. Georges Seurat a inventé le _____ .
4. Au Moyen Âge, les églises de style _____ sont sombres.
5. Le chef de l'école moderne d'architecture s'appelle _____ .
6. Camille Saint-Saëns a composé des _____ symphoniques.
7. Les impressionnistes veulent représenter leur _____ visuelle.
8. Jacques Lipchitz est un sculpteur du mouvement _____ .
9. Le style _____ a permis de créer des édifices comme les cathédrales.
10. Jean-Baptiste Lully est le créateur de _____ français.

Les Français ont beaucoup contribué au développement de la science. Les scientifiques suivants ont fait des contributions notables.

MATHÉMATICIENS

René Descartes (1596–1650), créateur de **la géométrie analytique,** a simplifié l'écriture mathématique. Ses travaux en physique ont fondé la science moderne. Il a développé une méthode de pensée méthodique et rationnelle. C'est la pensée **cartésienne.** Il est aussi considéré comme le père de la philosophie moderne.

Blaise Pascal (1623–1662) était aussi physicien et philosophe. Il a créé **le calcul des probabilités** et inventé la presse hydraulique. À dix-huit ans, il a inventé la première machine à calculer.

Pierre Simon de Laplace (1749–1827) était également un astronome. Dans son livre, *Traité de mécanique céleste,* il a exposé ses théories sur les mouvements des comètes et des planètes et a confirmé les théories de Newton. Il a aussi développé l'hypothèse de la naissance du système solaire.

Henri Poincaré (1854–1912) a contribué par ses travaux à la découverte de la théorie de la relativité. Il est aussi l'un des fondateurs de **la topologie,** une branche de la géométrie.

PHYSICIENS

Charles de Coulomb (1736–1806) a étudié l'électricité et le magnétisme. Il a donné son nom au **coulomb,** une unité de charge électrique.

André Ampère (1775–1836) a publié son premier traité de mathématiques à treize ans. Il est surtout connu pour ses travaux sur l'électricité et pour avoir créé **l'électrodynamique.** Aujourd'hui, **un ampère** est l'unité d'intensité du courant électrique.

Henri Becquerel (1852–1908) a découvert la radioactivité de l'uranium. Il a reçu le prix Nobel en 1903. Son père, **Antoine Becquerel,** était un pionnier de l'électricité et de l'électrochimie.

CHIMISTES

Antoine Laurent de Lavoisier (1743–1794) est un des fondateurs de la chimie moderne. Il a découvert la nature et le rôle de l'oxygène. Il a été guillotiné sous la Révolution. On cite encore souvent sa phrase célèbre: «Rien ne se perd, rien ne se crée, tout se transforme.»

Marie Curie (1867–1934) a découvert le radium en collaboration avec son mari, **Pierre Curie** (1859–1906). Première femme à occuper une chaire *(professorship)* de l'enseignement supérieur, elle a reçu deux prix Nobel. Pierre et Marie Curie ont fait des recherches sur la radioactivité et ont aussi découvert le polonium. Leur fille **Irène Joliot-Curie** et son mari **Frédéric Joliot-Curie** ont aussi reçu le prix Nobel de chimie en 1935.

NATURALISTES

Jean-Baptiste de Lamarck (1744–1829) a fait la classification des invertébrés et a développé des théories sur l'évolution des êtres vivants.

Georges Cuvier (1769–1832) est le créateur de l'anatomie comparée des vertébrés et de **la paléontologie,** la science qui traite des fossiles.

BIOLOGISTES ET MÉDECINS

Claude Bernard (1813–1878) est le fondateur de **la physiologie** moderne. Il a défini les règles de la méthode expérimentale et les principes de toute recherche scientifique.

Louis Pasteur (1822–1895) est le créateur de **la microbiologie,** la science qui s'intéresse aux organismes microscopiques. Il a découvert que des microbes pouvaient être la cause des maladies infectieuses. Il a inventé des méthodes **d'aseptisation** *(sterilization)* et la technique de la **vaccination.** Le procédé de **la pasteurisation,** pour conserver le lait, par exemple, doit son nom à Pasteur.

L'Institut Pasteur est un institut de recherches biologiques et médicales situé à Paris. Il a été fondé par souscription internationale et dirigé par Pasteur en 1888. Aujourd'hui, l'institut continue dans le monde entier les travaux de Pasteur. C'est aussi l'un des grands centres de production de vaccins et de sérum.

Émile Roux (1853–1933) a été l'élève et le collaborateur de Louis Pasteur. Directeur de l'Institut Pasteur, il a découvert le traitement de la diphtérie et a réalisé des recherches sur les toxines et les virus.

AUTRES SAVANTS

Jean-François Champollion (1790–1832) est un archéologue qui, sous Napoléon Iᵉʳ, a réussi à comprendre et à traduire les **hiéroglyphes égyptiens.**

Nicéphore Niepce (1765–1833) est considéré comme l'inventeur du procédé de **la photographie.**

Jacques Daguerre (1789–1851) a perfectionné le procédé photographique inventé par Niepce. Il a inventé un appareil photographique appelé **le daguerréotype.**

Louis Lumière (1864–1948) et **Auguste Lumière** (1862–1954) sont deux frères qui ont inventé **le Cinématographe,** le premier système pour photographier et projeter des films. Ils sont considérés comme les pères du cinéma.

Louis Braille (1809–1852) a inventé **le braille,** un alphabet en relief, pour permettre aux aveugles *(blind people)* de lire avec les doigts. Louis Braille était lui-même aveugle.

De nombreux scientifiques français ont reçu le prix Nobel depuis sa création en 1901. **Pierre-Gilles de Gennes** a reçu le prix Nobel de physique en 1991 et **Georges Charpak** l'a reçu en 1992.

Le **CNRS** (Centre national de la recherche scientifique) a été créé en 1939. Financé par le gouvernement, c'est le premier centre de recherche européen qui couvre tous les domaines de la science. Le CNRS est composé de plus de 1.300 laboratoires et emploie plus de 26.000 chercheurs.

EXERCICE A

Complétez les phrases avec le mot ou le nom approprié.

1. _____ a inventé un système de lecture *(reading)* pour les aveugles.

2. L'Institut _____ continue les travaux du grand chercheur du même nom.

3. _____ est une femme qui a gagné deux prix Nobel.

4. Blaise Pascal a inventé la première _____ .

5. Jean-François Champollion a déchiffré *(deciphered)* _____ .

6. Les frères _____ ont inventé le Cinématographe.

7. Le grand centre de recherches en France s'appelle _____ .

8. La paléontologie est la science des _____ .

9. _____ a créé la géométrie analytique.

10. L'unité d'intensité du courant électrique est _____ .

EXERCICE B

Pour chaque phrase choisissez la réponse correcte.

1. Daguerre a développé cette invention.
   a. le cinéma   *b.* la machine à calculer   *c.* la photographie

2. Aujourd'hui le lait est pasteurisé grâce à *(thanks to)* ses travaux.
   a. Pasteur   *b.* Laplace   *c.* Roux

3. Il a été guillotiné en 1794.
   a. Lamarck   *b.* Descartes   *c.* Lavoisier

4. La microbiologie les étudie.
   a. les microbes   *b.* les fossiles   *c.* les hiéroglyphes

5. Descartes l'a fondée.
   a. la chimie   *b.* la science moderne   *c.* la photographie

6. Poincaré a créé cette branche de la géométrie.
   a. le magnétisme   *b.* les probabilités   *c.* la topologie

EXERCICE C

Identifiez ces scientifiques d'après leurs inventions et découvertes.

1. L'unité de charge électrique porte son nom:
2. Il a développé des théories sur l'évolution:
3. Inventeur de la vaccination:
4. Il a découvert le rôle de l'oxygène:
5. Fondateur de la physiologie moderne:
6. Il a trouvé un remède à la diphtérie:
7. Créateur de l'électrodynamique:
8. Il a travaillé sur la mécanique céleste:
9. Il a fondé la paléontologie des invertébrés:
10. Il a découvert la radioactivité de l'uranium:

A. Soulignez la réponse convenable.

1. Frontière entre la France et l'Espagne:
   - *a.* les Alpes
   - *b.* les Pyrénées
   - *c.* les Vosges
   - *d.* le Jura

2. Le plus long fleuve français:
   - *a.* la Seine
   - *b.* la Garonne
   - *c.* le Rhône
   - *d.* la Loire

3. Ancienne province au climat doux qui possède beaucoup de monuments romains:
   - *a.* la Lorraine
   - *b.* la Provence
   - *c.* la Touraine
   - *d.* la Savoie

4. Les "Quarante immortels":
   - *a.* le Parlement
   - *b.* l'Académie française
   - *c.* le Sénat
   - *d.* la Comédie-Française

5. Péninsule qui s'avance dans l'Atlantique:
   - *a.* la Bretagne
   - *b.* l'Alsace
   - *c.* l'Auvergne
   - *d.* la Flandre

6. Chambord et Chenonceaux:
   - *a.* ports maritimes
   - *b.* châteaux splendides
   - *c.* montagnes volcaniques
   - *d.* grands boulevards

7. Produits de Normandie:
   - *a.* textiles
   - *b.* mines de fer
   - *c.* vins célèbres
   - *d.* beurre et fromage

8. Premier port de navigation intérieure:
   - *a.* Deauville
   - *b.* Paris
   - *c.* Clermont-Ferrand
   - *d.* Rouen

9. Centre de l'enseignement parisien:

   a. la rive droite   *b.* le Quartier latin

   c. le centre Pompidou   *d.* le Massif central

10. Musée le plus célèbre de France:

   a. la Madeleine   *b.* les Tuileries

   c. le Louvre   *d.* la Sainte-Chapelle

11. Un chef-d'oeuvre d'architecture gothique:

   a. Notre-Dame   *b.* le Sacré-Cœur

   c. la Conciergerie   *d.* l'Opéra

12. Les Galeries Lafayette et le Printemps:

   a. musées   *b.* grands magasins

   c. palais   *d.* églises

13. Ville qui n'est pas un port:

   a. Marseille   *b.* le Havre

   c. Grenoble   *d.* Bordeaux

14. Centre de la production du champagne:

   a. Strasbourg   *b.* Reims

   c. Rouen   *d.* Chamonix

15. Grand centre religieux:

   a. Nîmes   *b.* Biarritz

   c. Lourdes   *d.* Trouville

16. Premier héros national français:

   a. Clovis   *b.* Eiffel

   c. Vercingétorix   *d.* Lascaux

17. Le plus puissant empereur du Moyen Âge:

   a. François Ier   *b.* Charlemagne

   c. Louis IX   *d.* Jules César

482   Part Five: Civilization

18. Fondateur da la ville de Québec:
    - *a.* Champlain
    - *b.* Marquette
    - *c.* LaSalle
    - *d.* LaFayette

19. Le Roi Soleil:
    - *a.* Napoléon Ier
    - *b.* Louis XIV
    - *c.* Henri IV
    - *d.* Louis XV

20. Création de Napoléon:
    - *a.* le drapeau
    - *b.* le T.G.V.
    - *c.* la Légion d'honneur
    - *d.* le café

21. Fromage français:
    - *a.* blé
    - *b.* camembert
    - *c.* Renault
    - *d.* pelote

22. Soupe faite avec différents poissons:
    - *a.* pot-au-feu
    - *b.* quiche lorraine
    - *c.* bouillabaisse
    - *d.* soupe à l'oignon

23. "Le Shakespeare de France," auteur de comédies classiques:
    - *a.* Molière
    - *b.* Descartes
    - *c.* Rousseau
    - *d.* Maupassant

24. Compositeur d'opéras:
    - *a.* César Franck
    - *b.* Ferdinand Foch
    - *c.* Claude Monet
    - *d.* Georges Bizet

25. Chef de l'école moderne d'architecture du XXe siècle:
    - *a.* Mansart
    - *b.* Ravel
    - *c.* Viollet-le-Duc
    - *d.* Le Corbusier

B. Complétez la phrase.

1. Deux autres pays européens où l'on parle français sont _____ et _____ .

2. Aux États-Unis, on parle encore français en _____ .

3. En 1066, Guillaume le Conquérant, duc de _____ , a envahi l'Angleterre.

4. Deux termes modernes que le français a empruntés à l'anglais sont _____ et _____ .

5. Le cardinal Richelieu a fondé _____ française pour conserver et perfectionner le français.

6. Le français est une des deux langues officielles du Canada où il est parlé principalement dans la province de _____ .

7. Le mot anglais *"canine"* est de la même origine que le mot français _____ .

8. R.S.V.P. sont les initiales de l'expression _____ .

9. Deux expressions que l'anglais a empruntées au français sont _____ et _____ .

10. Trois pays qui forment des frontières avec la France sont _____ , _____ et _____ .

11. La _____ est une île française dans la Méditerranée où Napoléon est né.

12. Le Rhin sépare la France de _____ .

13. Le plus haut sommet des Alpes est le mont _____ .

14. La Côte d'Azur est située le long de la _____ .

15. La _____ divise Paris en deux parties: la rive droite et la rive gauche.

16. On appelle Paris "la Ville _____ ."

17. Douze avenues convergent vers l'Arc de _____ .

18. La prison que les Parisiens ont prise en 1789 se trouvait sur la place de la _____ .

19. L'avenue des _____ va de la place de la Concorde à la place Charles-de-Gaulle.

20. On va à _____ , au pied du mont Blanc, pour faire du ski.

21. Le régime politique actuel de la France est la _____ République.

22. La devise nationale de la France est " _____ , Egalité, _____ ."

23. _____ est la compagnie aérienne *(airline)* nationale.

24. L'Institut _____ fait des recherches biologiques et médicales; c'est un centre de production de vaccins.

25. Les frères _____ sont considérés comme les pères du cinéma.

C. Choisissez l'expression qui complète le sens de la phrase.

1. La dialecte de _____ est devenu la langue officielle du pays.
   a. la Bretagne   *b.* la Normandie   *c.* l'Île-de France.

2. La France a la forme d'un _____ .
   a. hexagone   *b.* triangle   *c.* pentagone

3. La langue qui n'est pas une langue romane est _____ .
   a. l'espagnol   *b.* l'allemand   *c.* l'italien

4. La frontière maritime au sud de la France est _____ .
   a. la Manche   *b.* la Méditerranée   *c.* l'Atlantique

5. Le français est dérivé _____ .
   a. du latin   *b.* du celtique   *c.* du breton

6. La Camargue est la région du delta formé par le fleuve le plus rapide, _____ .
   a. le Rhône   *b.* la Seine   *c.* la Garonne

7. Les pardons sont _____ .
   a. des chaussures de bois
   b. de grosses pierres historiques
   c. des fêtes religieuses

8. La Bourgogne et la Champagne sont connues pour leurs _____ .

   a. poissons   *b.* vins   *c.* plages

9. On peut voir la Vénus de Milo au _____ .

   a. Louvre   *b.* Panthéon   *c.* musée d'Orsay

10. L'hôtel des Invalides à Paris contient la tombe de _____ .

   a. Marie Curie   *b.* sainte Geneviève   *c.* Napoléon

11. La plus vaste et la plus belle place de Paris est la place _____ .

   a. de l'Opéra   *b.* de la Concorde   *c.* Charles-de Gaulle

12. La plus grande ville de la Côte d'Azur est _____ .

   a. Vichy   *b.* Cannes   *c.* Nice

13. Le véritable chef du gouvernement est _____ .

   a. le Premier ministre

   b. l'Assemblée nationale

   c. le Président de la République

14. Jean de la Fontaine est célèbre pour ses _____ .

   a. romans   *b.* fables   *c.* proverbes

15. Le grand satiriste qui a dominé le XVIIIᵉ siècle en attaquant l'injustice et en défendant la liberté est _____ .

   a. Voltaire   *b.* Marcel Proust   *c.* Alphonse Daudet

16. Le chef et le plus grand poète de l'école romantique, auteur de *Les Misérables,* est _____ .

   a. Honoré de Balzac   *b.* Victor Hugo   *c.* André Gide

17. Le précurseur de la science-fiction est _____ .

   a. Guy de Maupassant   *b.* Jules Verne   *c.* Anatole France

18. L'école de Barbizon était composée de _____ .

   a. poètes   *b.* peintres   *c.* musiciens

19. Le chef de l'art moderne français est _____ .

  a. Paul Cézanne

  b. Vincent Van Gogh

  c. Henri de Toulouse-Lautrec

20. Le sculpteur de *La Liberté éclairant le monde* dans le port de New York est

  _____ .

  a. Bartholdi   *b.* Rodin   *c.* Maillol

21. _____ a fondé la science moderne.

  a. Blaise Pascal   *b.* René Descartes   *c.* Henri Poincaré

22. Pierre Simon de Laplace a _____ .

  a. donné son nom à l'unité de charge électrique

  b. développé l'hypothèse de la naissance du système solaire

  c. créé la phrase "Rien ne se perd, rien ne se crée, tout se transforme."

23. Marie et Pierre Curie ont découvert _____ .

  a. des fossiles extraordinaires

  b. le traitement de la diphtérie

  c. le radium

24. Louis Braille a _____ .

  a. inventé un alphabet en relief pour les aveugles

  b. fondé la physiologie moderne

  c. réussi à traduire les hiéroglyphes égyptiens

25. L'édit de Nantes était un document en faveur _____ .

  a. de la liberté de religion

  b. des catholiques

  c. des druides

Part six

Comprehensive Testing:
Speaking, Listening, Reading, Writing

1. SPEAKING: ORAL COMMUNICATION TASKS [20 points]

Your teacher will administer two communication tasks. Each task prescribes a simulated conversation in which you play yourself and the teacher assumes the role indicated in the task.

Each task requires five utterances on your part. An utterance is any spoken statement that is comprehensible and appropriate and leads to accomplishing the stated task. Assume that in each situation you are speaking with a person who speaks French.

2. LISTENING COMPREHENSION

2a Multiple Choice (English) [18 points]

Part 2a consists of nine questions. For each question, you will hear some background information in English. Then you will hear a passage in French twice, followed by a question in English. Listen carefully. After you have heard the question, read the question and the four suggested answers in your book. Choose the best suggested answer.

1. What is she complaining about?
1. The school uniform she must wear.
2. The lack of sports available.
3. Outdated teaching methods.
4. Articles of clothing she is not allowed to wear.

2. What is your uncle inviting you to do?
1. Listen to French tapes.
2. Go to a party at his house.
3. Attend a street fair.
4. Try a new restaurant

3. What is the club leader announcing?
1. A checkers tournament.
2. A sporting competition.
3. A new club that is being formed.
4. A chess championship.

4. What is he explaining to you?
1. Why you should visit England.
2. A new way to cross the English Channel.

3. How to get to England by car.

4. Job opportunities in France and England.

5.   Which suggestion would you make to a friend?

1. Let's go to the beach.

2. You'd better take an umbrella.

3. Perhaps we should wear our winter coats.

4. We could have a snowball fight.

6.   Why should you go to this hotel?

1. It has the best prices.

2. You can get your money back if you aren't satisfied.

3. The staff is friendly and helpful.

4. It offers you services you can't get anywhere else.

7.   What is the salesperson suggesting you buy?

1. A watch.

2. A game that teaches time.

3. A toy car.

4. An electronic calendar.

8.   What question might you ask the tour guide?

1. What were some of his paintings?

2. Does the gift shop sell his cassettes?

3. Can we get his autograph today?

4. What instrument does he play?

9.   What is she telling you about?

1. Unusually devoted animals.

2. Some rich animals.

3. Very costly pets.

4. Extremely large animals.

2b   Multiple Choice (French) [12 points]

Part 2b consists of six questions. For each question, you will hear some background information in English. Then you will hear a passage in French twice, followed by a question in French. Listen carefully. After you have heard the question, read the question and the four suggested answers in your book. Choose the best suggested answer.

1. Que dites-vous à votre ami?

1. Essayons de gagner.
2. Où peut-on acheter des billets?
3. Je n'aime pas aller à l'opéra.
4. Cette excursion m'intéresse beaucoup.

2. Qu'est-ce que cette annonce vous propose?

1. Des vacances.   3. Des souliers.
2. Des aliments.   4. Des jeux.

3. Que faut-il faire pour avoir ce poste?

1. Parler deux langues.
2. Voyager à l'étranger.
3. Travailler sur ordinateur.
4. Avoir un diplôme universitaire.

4. Qui aura besoin de ce service?

1. Un guide.   3. Un interprète.
2. Un touriste.   4. Un petit enfant.

5. Que suggère cette annonce?

1. Que les enfants apprennent en quoi consiste la cuisine française.
2. Que les parents amènent leurs enfants chez le docteur.
3. Que les enfants français ne connaissent pas leur culture.
4. Que les parents enseignent leurs enfants à cuisiner.

6. Qu'est-ce que cette personne essaie de vous vendre?

1. Un film vidéo.
2. Des livres.
3. Des billets de théâtre.
4. Un magazine.

3. READING COMPREHENSION

3a Long Connected Passage [10 points]

Part 3a consists of a passage followed by five questions or incomplete statements in French. For each, choose the expression that best answers the question or completes the statement according to the meaning of the passage.

Les rues désertes étaient déjà recouvertes d'un épais manteau blanc et la neige tombait toujours. Il faisait si froid que tout gelait. Il était difficile de marcher et de conduire une auto. Mais c'était jeudi, le 27 janvier, le jour où Michel avait rendez-vous pour passer son examen du permis de conduire. Rien à faire. Il fallait essayer, sinon il devrait encore attendre deux mois pour un nouveau rendez-vous avec l'inspecteur.

Arrivés au lieu du rendez-vous, sa mère est sortie de la voiture pour laisser la place à Michel et à l'inspectrice. Michel s'est installé au volant. Il avait l'air calme et confiant tandis que l'inspectrice était très sérieuse et ne souriait pas. Puis ils sont partis. Qui était le plus nerveux, Michel ou sa mère? Sa mère, probablement.

Elle est restée dehors, enveloppée par le froid, pendant ce qui lui a semblé être une éternité. Elle ne savait trop quoi penser, elle ne pouvait qu'espérer que son fils réussisse.

Enfin elle a vu son auto approcher. Michel avait l'air trop sérieux. Il lui semblait qu'il allait pleurer. «Tant pis», a-t-elle pensé. Il lui faudra repasser le test plus tard. Mais une fois la voiture arrêtée, elle a regardé à l'intérieur. L'inspectrice écrivait encore. Dans la section des commentaires, elle a noté: «Bon». Sa mère ne pouvait pas en croire ses yeux. Michel avait réussi! C'était de joie qu'il avait envie de pleurer. Il allait falloir fêter cela ce soir. Comme elle avait eu tort de douter de lui!

1.   Quelle saison était-ce?

1. L'été.   3. L'automne.

2. Le printemps.   4. L'hiver.

2.   Qu'est-ce que Michel devait faire ce jour-là?

1. S'inscrire à un examen.

2. Conduire une voiture.

3. Essayer de marcher.

4. Attendre un nouveau test.

3.   Pourquoi Michel est-il allé au rendez-vous malgré le mauvais temps?

1. Il n'avait pas envie d'avoir à fixer un nouveau rendez-vous.

2. Il voulait être l'unique participant.

3. Sa mère était très nerveuse.

4. L'inspectrice l'avait demandé.

4.   Qu'est-ce que sa mère a pensé en voyant le visage de Michel?

1. Qu'il avait réussi l'examen.

2. Qu'il était trop calme.

3. Qu'il avait raté l'examen.

4. Qu'il avait fâché l'inspectrice.

5. Ce soir Michel et sa famille vont
  1. célébrer.
  2. prier.
  3. pleurer.
  4. travailler.

3b   Short Readings (Multiple Choice, English) [10 points]

Part 3b consists of five short readings. For each selection, there is a question or incomplete statement in English. For each, choose the expression that best answers the question or completes the statement. Base your choice on the content of the reading selection.

1. At what time can you see a game show?
  1. At 11:50
  2. At 13:40
  3. At 18:20
  4. At 20:00

TF1

11.50 : LA ROUE DE LA FORTUNE

13.00 : JOURNAL – Suivi de la météo et de **Tout compte fait**

13.40 : HIGHLANDER – Série
– *«Meurtre à l'Opéra»*
– Avec Adrian Paul (Duncan MacLeod), Alexandra Vandernoot (Tessa Nœl).
– À la suite d'une mort mystérieuse à l'Opéra de Paris, Duncan MacLeod retrouve Ursa, un des immortels les plus étranges qu'il ait rencontrés au cours de ses voyages à travers les siècles.

14.35 : CLUB DOROTHÉE – Animé par Dorothée, Ariane, Jacky, Corbier et Patrick.
– **Huit ça suffit** – **Punky Brewster** – **Ici bébé** – **Salut les Musclés** – **Trois filles à la maison**

17.50 : LE MIEL ET LES ABEILLES – Série française
– *«Déprimé»* – Johnny ne semble pas dans son assiette. Lola est inquiète. Elle essaye d'interroger ses amis pour découvrir les raisons de cet abattement, en vain.

18.20 : HÉLÈNE ET LES GARÇONS – Série
– *«Clair et net»* Hélène ne peut plus supporter de voir Thérèse aussi crédule vis-à-vis de Christian.

18.50 : COUCOU C'EST NOUS! – Animé par Christophe Dechavanne avec Patrice Carmouze.
– Invité : Darry Cowl, pour sa pièce *«Une aspirine pour deux»*.

20.00 : JOURNAL – Suivi du Sourire du jour, Météo.

2. Why should you take this bus?

   1. The fare is free from December 11 to December 24.

   2. The driver helps you with your packages for free.

   3. You will get a free gift.

   4. You can check your packages for free while you shop.

Du 11 au 24 décembre

2 Bus Consigne gratuits, pour vous faciliter la vie!

Vous déposez vos emplettes de fin d'année dans l'un des deux Bus Consigne et vous gardez les mains libres pour vos autres achats.

Nos bus sont stationnés Pl. de la Mairie et Pl. de la République.

De 11h à 19h30.

3. What job does this woman want?

   1. Secretary.   2. Nurse.

   3. Baby-sitter.   4. Housekeeper.

JF 31 ans cherche emploi pour
faire quelques heures de ménage
chez un médecin, particulier, ou
emploi à domicile.Tél. 48.55.55.55

4. What can you buy in this store?

1. A V.C.R.
2. A necklace.
3. A computer.
4. A razor.

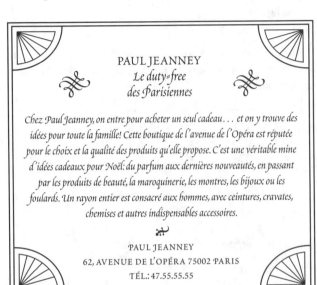

5. What is not being offered in this ad?

1. A welcome gift.
2. A free night at a hotel.
3. Low-cost travel fares.
4. A wide variety of activities.

3c   Slot Completion [10 points]

In the following passage there are five blank spaces numbered 1 to 5. Each blank represents a missing word or expression. For each blank space, four possible completions are provided. Only one of them makes sense in the context of the passage.

First, read the passage in its entirety to determine its general meaning. Then read it a second time. For each blank space, choose the completion that makes the best sense.

CONSEILS DU SERVICE INFORMATION-
SÉCURITÉ AUX TOURISTES

POUR UN BON SÉJOUR DANS NOTRE CAPITALE,

1. Ne laissez jamais de bagages, valeurs ou documents dans votre __(1)__

2. __(2)__ des photocopies de vos documents importants.

3. N'oubliez pas votre adresse! Prenez-en note et gardez __(3)__ la carte de votre hôtel.

4. Informez-vous de l'adresse et du numéro de téléphone de votre Ambassade ou Consulat.

5. N'hésitez pas à appeler __(4)__ en cas d'urgence. Il y a un commissariat central dans chaque arrondissement parisien.

6. __(5)__ vos modes de paiement (devises étrangères, francs français, cartes de crédit, chèques de voyages, etc.).

---

(1) 1. portefeuille
     2. véhicule
     3. valise
     4. serviette

(2) 1. Distribuez
     2. Jetez
     3. Conservez
     4. Vendez

(3) 1. précieusement
     2. lentement
     3. rarement
     4. heureusement

(4) 1. les pompiers
     2. la douane
     3. le standardiste
     4. la police

(5) 1. Préférez
     2. Donnez
     3. Diversifiez
     4. Rendez

4.   WRITING

4a   Informal Note [6 points]

Choose one of the topics below and write a well-organized note in French as directed. Your note must consist of at least six clauses. A clause must contain a verb, a stated or implied subject, and additional words necessary to convey meaning. The six clauses may be contained in fewer than six sentences if some of the sentences have more than one clause.

Examples:

One clause: Hier j'ai fait des courses.

Two clauses: Hier j'ai fait des courses et j'ai rencontré Jean dans la rue.

Three clauses: Hier j'ai fait des courses et j'ai rencontré Jean qui m'a invité(e) à une boum chez lui.

Note that the salutation and closing will not count as part of the six clauses.

> ***1.*** Your parents left some money on the kitchen table. Write a note in which you tell them why you needed the money.
>
> *Use the following:*
>
> Salutation: Maman et papa
>
> Closing: [your name]

> ***2.*** Your neighbors are going away on vacation. Write them a short note in which you ask what you can do to help them.
>
> *Use the following:*
>
> Salutation: Chers [your neighbors' names]
>
> Closing: [your name]

4b Narrative or Letter [10 points]

Write a well-organized composition as directed below. Choose either the narrative or the formal letter. Follow the specific instructions for the topic you select. Each composition must consist of at least ten clauses. A clause must contain a verb, a stated or implied subject, and additional words necessary to convey meaning. The ten clauses may be contained in fewer than ten sentences if some of the sentences have more than one clause.

A. Narrative

Write a story in French about the situation shown in the picture. It must be a story about the situation in the picture, not a description of the picture.

Key words: la tempête de neige   *snowstorm*
                   la chute de neige   *snowfall*
                   le chasse-neige   *snowplow*
                   déblayer   *to clear (the ground)*
                   enlever   *to remove*

B.   Formal Letter

Write a letter in French. Follow the specific instructions. Note that the date-line, salutation, and closing will not count as part of the required ten clauses.

Your parents are celebrating a special occasion and you would like to make party arrangements for them at a French restaurant. Write a letter to the management in which you request information about the dinner. Suggested subtopics are: date and time of the party, reason for the party, the number of guests, the available menu, the cost per person. You may use ideas suggested by any or all of these subtopics, or you may use your own ideas. Either way, you must accomplish the purpose of the letter, which is to inquire about the dinner and to make arrangements for it.

Use the following:

Dateline: le _____ _____ 19____

Salutation: Monsieur/Madame,

Closing: Veuillez agréer, Monsieur/Madame, l'expression de mes
                    sentiments les meilleurs.

                    [your name]

[1] VERBS WITH REGULAR FORMS

INFINITIVE			
parl**er**	fin**ir**	vend**re**	s'amuser

PAST PARTICIPLE			
parl**é**	fin**i**	vend**u**	amusé

PRESENT			
parl**e**	fin**is**	vend**s**	**m'** amuse
parl**es**	fin**is**	vend**s**	**t'** amuses
parl**e**	fin**it**	vend	**s'** amuse
parl**ons**	fin**issons**	vend**ons**	**nous** amusons
parl**ez**	fin**issez**	vend**ez**	**vous** amusez
parl**ent**	fin**issent**	vend**ent**	**s'** amusent

IMPERATIVE			
parl**e**	fin**is**	vend**s**	amuse-**toi**
parl**ons**	fin**issons**	vend**ons**	amusons-**nous**
parl**ez**	fin**issez**	vend**ez**	amusez-**vous**

IMPERFECT			
parl**ais**	fin**issais**	vend**ais**	**m'** amusais
parl**ais**	fin**issais**	vend**ais**	**t'** amusais
parl**ait**	fin**issait**	vend**ait**	**s'** amusait
parl**ions**	fin**issions**	vend**ions**	**nous** amusions
parl**iez**	fin**issiez**	vend**iez**	**vous** amusiez
parl**aient**	fin**issaient**	vend**aient**	**s'** amusaient

FUTURE			
parler**ai**	finir**ai**	vendr**ai**	**m'** amuserai
parler**as**	finir**as**	vendr**as**	**t'** amuseras
parler**a**	finir**a**	vendr**a**	**s'** amusera
parler**ons**	finir**ons**	vendr**ons**	**nous** amuserons
parler**ez**	finir**ez**	vendr**ez**	**vous** amuserez
parler**ont**	finir**ont**	vendr**ont**	**s'** amuseront

CONDITIONAL

parler**ais**	finir**ais**	vendr**ais**	**m'** amuserais
parler**ais**	finir**ais**	vendr**ais**	**t'** amuserais
parler**ait**	finir**ait**	vendr**ait**	**s'** amuserait
parler**ions**	finir**ions**	vendr**ions**	**nous** amuserions
parler**iez**	finir**iez**	vendr**iez**	**vous** amuseriez
parler**aient**	finir**aient**	vendr**aient**	**s'** amuseraient

PRESENT SUBJUNCTIVE

parl**e**	finiss**e**	vend**e**	**m'** amuse
parl**es**	finiss**es**	vend**es**	**t'** amuses
parl**e**	finiss**e**	vend**e**	**s'** amuse
parl**ions**	finiss**ions**	vend**ions**	**nous** amusions
parl**iez**	finiss**iez**	vend**iez**	**vous** amusiez
parl**ent**	finiss**ent**	vend**ent**	**s'** amusent

PASSÉ COMPOSÉ

ai parlé	ai fini	ai vendu	me suis amusé(e)
as parlé	as fini	as vendu	t'es amusé(e)
a parlé	a fini	a vendu	s'est amusé(e)
avons parlé	avons fini	avons vendu	nous sommes amusé(e)s
avez parlé	avez fini	avez vendu	vous êtes amusé(e)(s)
ont parlé	ont fini	ont vendu	se sont amusé(e)s

[2] *-ER* VERBS WITH SPELLING CHANGES

	-cer VERBS	*-ger* VERBS	*-yer* VERBS*	*-eler / -eter* VERBS		e + CONSONANT + *er* VERBS	é + CONSONANT(S) + *er* VERBS
INFINITIVE	pla**cer**	man**ger**	emplo**yer**	app**eler**	**jeter**	m**ener**	esp**érer**
PRESENT	place	mange	**emploie**	**appelle**	**jette**	**mène**	**espère**
	places	manges	**emploies**	**appelles**	**jettes**	**mènes**	**espères**
	place	mange	**emploie**	**appelle**	**jette**	**mène**	**espère**
	plaçons	**mangeons**	employons	appelons	jetons	menons	espérons
	placez	mangez	employez	appelez	jetez	menez	espérez
	placent	mangent	**emploient**	**appellent**	**jettent**	**mènent**	**espèrent**

	-cer VERBS	*-ger* VERBS	*-yer* VERBS*	*-eler* / *-eter* VERBS		*e +* CONSONANT + *er* VERBS	*é +* CONSONANT(S) + *er* VERBS
IMPERFECT	plaçais plaçais plaçait placions placiez plaçaient	mangeais mangeais mangeait mangions mangiez mangeaient					
FUTURE			emploierai emploieras emploiera emploierons emploierez emploieront	appellerai appelleras appellera appellerons appellerez appelleront	jetterai jetteras jettera jetterons jetterez jetteront	mènerai mèneras mènera mènerons mènerez mèneront	
CONDITIONAL			emploierais emploierais emploierait emploierions emploieriez emploieraient	appellerais appellerais appellerait appellerions appelleriez appelleraient	jetterais jetterais jetterait jetterions jetteriez jetteraient	mènerais mènerais mènerait mènerions mèneriez mèneraient	
PRESENT SUBJUNCTIVE			emploie emploies emploie employions employiez emploient	appelle appelles appelle appelions appeliez appellent	jette jettes jette jetions jetiez jettent	mène mènes mène menions meniez mènent	espère espères espère espérions espériez espèrent
IMPERATIVE	place plaçons placez	mange mangeons mangez	emploie employons employez	appelle appelons appelez	jette jetons jetez	mène menons menez	espère espérons espérez

*Verbs ending in **–ayer**, like **payer** and **balayer**, may be conjugated like **employer** or retain the y in all conjugations: **je paye** or **je paie**.

[3] VERBS WITH IRREGULAR FORMS

NOTE:

1. Irregular forms are printed in bold type.
2. Verbs conjugated with **être** in compound tenses are indicated with an asterisk (*)

INFINITIVE, PARTICIPLE	PRESENT	IMPERATIVE	IMPERFECT	FUTURE	CONDITIONAL	SUBJUNCTIVE	PASSÉ COMPOSÉ
aller* *to go*	**vais** **vas** **va** allons allez **vont**	va allons allez	allais allais allait allions alliez allaient	**irai** **iras** **ira** **irons** **irez** **iront**	irais irais irait irions iriez iraient	**aille** **ailles** **aille** **allions** **alliez** **aillent**	suis allé(e) es allé(e) est allé(e) sommes allé(e)s êtes allé(e)(s) sont allé(e)s
allé							

apparaître *to appear* (like **connaître**)

apprendre *to learn* (like **prendre**)

avoir *to have*	**ai** **as** **a** **avons** **avez** **ont**	**aie** **ayons** **ayez**	avais avais avait avions aviez avaient	**aurai** **auras** **aura** **aurons** **aurez** **auront**	aurais aurais aurait aurions auriez auraient	**aie** **aies** **ait** **ayons** **ayez** **aient**	ai **eu** as **eu** a **eu** avons **eu** avez **eu** ont **eu**
eu							

INFINITIVE, PARTICIPLE	PRESENT	IMPERATIVE	IMPERFECT	FUTURE	CONDITIONAL	SUBJUNCTIVE	PASSÉ COMPOSÉ
boire *to drink* **bu**	bois bois **boit** **buvons** **buvez** **boivent**	bois buvons buvez	buvais buvais buvait buvions buviez buvaient	boirai boiras boira boirons boirez boiront	boirais boirais boirait boirions boiriez boiraient	boive boives boive **buvions** **buviez** boivent	j'ai **bu**

comprendre *to understand* (like **prendre**)

INFINITIVE, PARTICIPLE	PRESENT	IMPERATIVE	IMPERFECT	FUTURE	CONDITIONAL	SUBJUNCTIVE	PASSÉ COMPOSÉ
conduire *to drive* **conduit**	conduis conduis **conduit** **conduisons** **conduisez** **conduisent**	conduis conduisons conduisez	conduisais conduisais conduisait conduisions conduisiez conduisaient	conduirai conduiras conduira conduirons conduirez conduiront	conduirais conduirais conduirait conduirions conduiriez conduiraient	conduise conduises conduise conduisions conduisiez conduisent	j'ai **conduit**
connaître *to know* **connu**	**connais** **connais** connaît **connaissons** **connaissez** **connaissent**	connais connaissons connaissez	connaissais connaissais connaissait connaissions connaissiez connaissaient	connaîtrai connaîtras connaîtra connaîtrons connaîtrez connaîtront	connaîtrais connaîtrais connaîtrait connaîtrions connaîtriez connaîtraient	connaisse connaisses connaisse connaissions connaissiez connaissent	j'ai **connu**

construire *to build* (like **conduire**)

INFINITIVE, PARTICIPLE	PRESENT	IMPERATIVE	IMPERFECT	FUTURE	CONDITIONAL	SUBJUNCTIVE	PASSÉ COMPOSÉ
courir *to run*	**cours**	cours	courais	**courrai**	courrais	coure	j'ai **couru**
	cours	courons	courais	**courras**	courrais	coures	
	court	courez	courait	**courra**	courrait	coure	
couru	**courons**		courions	**courrons**	courrions	courions	
	courez		couriez	**courrez**	courriez	couriez	
	courent		couraient	**courront**	courraient	courent	
croire *to believe*	crois	crois	croyais	croirai	croirais	croie	j'ai **cru**
	crois	croyons	croyais	croiras	croirais	croies	
	croit	croyez	croyait	coira	croirait	croie	
cru	**croyons**		croyions	croirons	croirions	**croyions**	
	croyez		croyiez	croirez	croiriez	**croyiez**	
	croient		croyaient	croiront	croiraient	croient	
découvrir *to discover* (like **ouvrir**)							
décrire *to describe* (like **écrire**)							
devenir* *to become* (like **tenir**)							
devoir *to have to; to owe*	dois	dois	devais	**devrai**	devrais	doive	j'ai **dû**
	dois	devons	devais	**devras**	devrais	doives	
	doit	devez	devait	**devra**	devrait	doive	
dû, due, dus, dues	**devons**		devions	**devrons**	devrions	**devions**	
	devez		deviez	**devrez**	deviez	**deviez**	
	doivent		devaient	**devront**	devraient	doivent	

INFINITIVE, PARTICIPLE	PRESENT	IMPERATIVE	IMPERFECT	FUTURE	CONDITIONAL	SUBJUNCTIVE	PASSÉ COMPOSÉ
dire *to say, tell*	dis	dis	disais	dirai	dirais	dise	j'ai **dit**
	dis	disons	disais	diras	dirais	dises	
dit	**dit**	dites	disait	dira	dirait	dise	
	disons		disions	dirons	dirions	disions	
	dites		disiez	direz	diriez	disiez	
	disent		disaient	diront	diraient	disent	
dormir *to sleep*	**dors**	dors	dormais	dormirai	dormirais	dorme	j'ai dormi
	dors	dormons	dormais	dormiras	dormirais	dormes	
dormi	**dort**	dormez	dormait	dormira	dormirait	dorme	
	dormons		dormions	dormirons	dormirions	dormions	
	dormez		dormiez	dormirez	dormiriez	dormiez	
	dorment		dormaient	dormiront	dormiraient	dorment	
écrire *to write*	écris	écris	écrivais	écrirai	écrirais	écrive	j'ai **écrit**
	écris	écrivons	écrivais	écriras	écrirais	écrives	
écrit	**écrit**	écrivez	écrivait	écrira	écrirait	écrive	
	écrivons		écrivions	écrirons	écririons	écrivions	
	écrivez		écriviez	écrirez	écririez	écriviez	
	écrivent		écrivaient	écriront	écriraient	écrivent	
envoyer *to send*	**envoie**	envoie	envoyais	**enverrai**	enverrais	envoie	j'ai envoyé
	envoies	envoyons	envoyais	**enverras**	enverrais	envoies	
envoyé	**envoie**	envoyez	envoyait	**enverra**	enverrait	envoie	
	envoyons		envoyions	**enverrons**	enverrions	**envoyions**	
	envoyez		envoyiez	**enverrez**	enverriez	**envoyiez**	
	envoient		envoyaient	**enverront**	enverraient	envoient	

INFINITIVE, PARTICIPLE	PRESENT	IMPERATIVE	IMPERFECT	FUTURE	CONDITIONAL	SUBJUNCTIVE	PASSÉ COMPOSÉ
être *to be* **été**	suis es est sommes êtes sont	sois soyons soyez	étais étais était étions étiez étaient	serai seras sera serons serez seront	serais serais serait serions seriez seraient	sois sois soit soyons soyez soient	j'ai été
faire *to do, make* **fait**	fais fais fait faisons faites font	fais faisons faites	faisais faisais faisait faisions faisiez faisaient	ferai feras fera ferons ferez feront	ferais ferais ferait ferions feriez feraient	fasse fasses fasse fassions fassiez fassent	j'ai fait
falloir *to be necessary* **fallu**	il faut		il fallait	il faudra	il faudrait	il faille	il a fallu
lire *to read* **lu**	lis lis lit lisons lisez lisent	lis lisons lisez	lisais lisais lisait lisions lisiez lisaient	lirai liras lira lirons lirez liront	lirais lirais lirait lirions liriez liraient	lise lises lise lisions lisiez lisent	j'ai lu

INFINITIVE, PARTICIPLE	PRESENT	IMPERATIVE	IMPERFECT	FUTURE	CONDITIONAL	SUBJUNCTIVE	PASSÉ COMPOSÉ
mettre *to put*	**mets**	mets	mettais	mettrai	mettrais	mette	j'ai **mis**
	mets	mettons	mettais	mettras	mettrais	mettes	
	met	mettez	mettait	mettra	mettrait	mette	
mis	mettons		mettions	mettrons	mettrions	mettions	
	mettez		mettiez	mettrez	mettriez	mettiez	
	mettent		mettaient	mettront	mettraient	mettent	
mourir* *to die*	**meurs**	meurs	mourais	**mourrai**	mourrais	meure	je suis **mort(e)**
	meurs	mourons	mourais	**mourras**	mourrais	meures	
	meurt	mourez	mourait	**mourra**	mourrait	meure	
mort	**mourons**		mourions	**mourrons**	mourrions	**mourions**	
	mourez		mouriez	**mourrez**	mourriez	**mouriez**	
	meurent		mouraient	**mourront**	mourraient	meurent	
naître* *to be born*	**nais**	nais	naissais	naîtrai	naîtrais	naisse	je suis **né(e)**
	nais	naissons	naissais	naîtras	naîtrais	naisses	
	naît	naissez	naissait	naîtra	naîtrait	naisse	
né	**naissons**		naissions	naîtrons	naîtrions	naissions	
	naissez		naissiez	naîtrez	naîtriez	naissiez	
	naissent		naissaient	naîtront	naîtraient	naissent	

obtenir *to obtain* (like **tenir**)

offrir *to offer* (like **ouvrir**)

INFINITIVE, PARTICIPLE	PRESENT	IMPERATIVE	IMPERFECT	FUTURE	CONDITIONAL	SUBJUNCTIVE	PASSÉ COMPOSÉ
ouvrir *to open* **ouvert**	**ouvre** **ouvres** **ouvre** **ouvrons** **ouvrez** **ouvrent**	**ouvre** ouvrons ouvrez	ouvrais ouvrais ouvrait ouvrions ouvriez ouvraient	ouvrirai ouvriras ouvrira ouvrirons ouvrirez ouvriront	ouvrirais ouvrirais ouvrirait ouvririons ouvririez ouvriraient	ouvre ouvres ouvre ouvrions ouvriez ouvrent	j'ai **ouvert**

paraître *to seem, appear* (like **connaître**)

partir* *to leave* (like **sortir**)

INFINITIVE, PARTICIPLE	PRESENT	IMPERATIVE	IMPERFECT	FUTURE	CONDITIONAL	SUBJUNCTIVE	PASSÉ COMPOSÉ
pleuvoir *to rain* **plu**	il pleut		il pleuvait	il pleuvra	il pleuvrait	**il pleuve**	il a plu

permettre *to allow* (like **mettre**)

INFINITIVE, PARTICIPLE	PRESENT	IMPERATIVE	IMPERFECT	FUTURE	CONDITIONAL	SUBJUNCTIVE	PASSÉ COMPOSÉ
pouvoir *to be able* **pu**	**peux (puis)** peux peut pouvons pouvez peuvent		pouvais pouvais pouvait pouvions pouviez pouvaient	**pourrai** **pourras** **pourra** **pourrons** **pourrez** **pourront**	pourrais pourrais pourrait pourrions pourriez pourraient	**puisse** **puisses** **puisse** **puissions** **puissiez** **puissent**	j'ai **pu**

INFINITIVE, PARTICIPLE	PRESENT	IMPERATIVE	IMPERFECT	FUTURE	CONDITIONAL	SUBJUNCTIVE	PASSÉ COMPOSÉ
prendre *to take*	prends	prends	prenais	prendrai	prendrais	prenne	j'ai **pris**
	prends	prenons	prenais	prendras	prendrais	prennes	
	prend	prenez	prenait	prendra	prendrait	prenne	
pris	**prenons**		prenions	prendrons	prendrions	**prenions**	
	prenez		preniez	prendrez	prendriez	**preniez**	
	prennent		prenaient	prendront	prendraient	prennent	

promettre *to promise* (like **mettre**)

INFINITIVE, PARTICIPLE	PRESENT	IMPERATIVE	IMPERFECT	FUTURE	CONDITIONAL	SUBJUNCTIVE	PASSÉ COMPOSÉ
recevoir *to receive*	**reçois**	reçois	recevais	**recevrai**	recevrais	reçoive	j'ai **reçu**
	reçois	recevons	recevais	**recevras**	recevrais	reçoives	
	reçoit	recevez	recevait	**recevra**	recevrait	reçoive	
reçu	**recevons**		recevions	**recevrons**	recevrions	**recevions**	
	recevez		receviez	**recevez**	receviez	**receviez**	
	reçoivent		recevaient	**recevront**	recevraient	reçoivent	

reconnaître *to recognize* (like **connaître**)

revenir* *to come back* (like **tenir**)

INFINITIVE, PARTICIPLE	PRESENT	IMPERATIVE	IMPERFECT	FUTURE	CONDITIONAL	SUBJUNCTIVE	PASSÉ COMPOSÉ
rire *to laugh*	ris	ris	riais	rirai	rirais	rie	j'ai **ri**
	ris	rions	riais	riras	rirais	ries	
	rit	riez	riait	rira	rirait	rie	
ri	rions		riions	rirons	ririons	riions	
	riez		riiez	rirez	ririez	riiez	
	rient		riaient	riront	riraient	rient	

INFINITIVE, PARTICIPLE	PRESENT	IMPERATIVE	IMPERFECT	FUTURE	CONDITIONAL	SUBJUNCTIVE	PASSÉ COMPOSÉ
savoir *to know, know how to*	**sais**	**sache**	savais	**saurai**	saurais	**sache**	j'ai **su**
	sais	**sachons**	savais	**sauras**	saurais	**saches**	
	sait	**sachez**	savait	**saura**	saurait	**sache**	
su	**savons**		savions	**saurons**	saurions	**sachions**	
	savez		saviez	**saurez**	sauriez	**sachiez**	
	savent		savaient	**sauront**	sauraient	**sachent**	
sortir* *to go out*	sors	sors	sortais	sortirai	sortirais	sorte	je suis sorti(e)
	sors	sortons	sortais	sortiras	sortirais	sortes	
	sort	sortez	sortait	sortira	sortirait	sorte	
sorti	sortons		sortions	sortirons	sortirions	sortions	
	sortez		sortiez	sortirez	sortiriez	sortiez	
	sortent		sortaient	sortiront	sortiraient	sortent	
tenir *to hold*	**tiens**	tiens	tenais	**tiendrai**	tiendrais	tienne	j'ai **tenu**
	tiens	tenons	tenais	**tiendras**	tiendrais	tiennes	
	tient	tenez	tenait	**tiendra**	tiendrait	tienne	
tenu	**tenons**		tenions	**tiendrons**	tiendrions	**tenions**	
	tenez		teniez	**tiendrez**	tiendriez	**teniez**	
	tiennent		tenaient	**tiendront**	tiendraient	tiennent	

venir* *to come* (like **tenir**)

INFINITIVE, PARTICIPLE	PRESENT	IMPERATIVE	IMPERFECT	FUTURE	CONDITIONAL	SUBJUNCTIVE	PASSÉ COMPOSÉ
vivre *to live*	**vis**	vis	vivais	vivrai	vivrais	vive	j'ai **vécu**
	vis	vivons	vivais	vivras	vivrais	vives	
	vit	vivez	vivait	vivra	vivrait	vive	
	vivons		vivions	vivrons	vivrions	vivions	
	vivez		viviez	vivrez	vivriez	viviez	
vécu	vivent		vivaient	vivront	vivraient	vivent	
voir *to see*	vois	vois	voyais	**verrai**	verrais	voie	j'ai **vu**
	vois	voyons	voyais	**verras**	verrais	voies	
	voit	voyez	voyait	**verra**	verrait	voie	
	voyons		voyions	**verrons**	verrions	**voyions**	
	voyez		voyiez	**verrez**	verriez	**voyiez**	
vu	**voient**		voyaient	**verront**	verraient	voient	
vouloir *to want*	**veux**	**veuille**	voulais	**voudrai**	voudrais	**veuille**	j'ai **voulu**
	veux	**veuillons**	voulais	**voudras**	voudrais	**veuilles**	
	veut	**veuillez**	voulait	**voudra**	voudrait	**veuille**	
	voulons		voulions	**voudrons**	voudrions	**voulions**	
	voulez		vouliez	**voudrez**	voudriez	**vouliez**	
voulu	**veulent**		voulaient	**voudront**	voudraient	**veuillent**	

[4] COMMON PREPOSITIONS

a. Simple prepositions

à to, at, in

après after

avant before

avec with

chez to/at, in the house (place) of (a person)

contre against

dans in, into, within

de of, from

depuis since, for

derrière behind

devant in front of

en in, into, as

entre among, between

malgré despite

par by, through

parmi among

pendant during, for

pour for

sans without

sauf except

selon according to

sous under

sur on

vers toward

b. Compound prepositions

à cause de because of, on account of

à côté de next to, beside

à droite de on (to) the right

à force de by dint of, as a result of

à gauche de on (to) the left

à part aside from

à partir de beginning with

à propos de about, concerning

à travers through, across

au bas de at the bottom of

au bout de at the end of, after

au fond de in the bottom of

au lieu de instead of

au milieu de in the middle of

au sujet de about, concerning

au-dessous de below, beneath

au-dessus de above, over

autour de around

du côté de in the direction of, near

en arrière de behind

en face de opposite

grâce à thanks to

jusqu'à until

loin de far from

près de near

quant à as for

[5] MISCELLANEOUS IDIOMS AND EXPRESSIONS

bien entendu of course

bon marché cheap

meilleur marché cheaper

avoir la parole to have the floor *(for a speaker)*

il fait jour it is light (daylight)

il fait nuit it is dark (night)

faire des progrès to improve

Ça/cela ne fait rien. It does not matter.

C'est égal. Ça m'est égal. It's all the same (to me).

C'est dommage. That's a pity. It's too bad.

Tant pis! Tant mieux! So much the worse. So much the better!

C'est entendu. D'accord! It is agreed. O.K.

S'il te plaît, s'il vous plaît. Please!

À tout à l'heure! See you later.

[6] PUNCTUATION

French punctuation, though similar to English, has the following major differences:

(a) The comma is not used before **et** or **ou** in a series.

Elle a laissé tomber le livre, le stylo et le crayon.	*She dropped the book, the pen and the pencil.*

(b) In numbers, French uses a comma where English uses a period and a period where English uses a comma.

7.100 (sept mille cent)	*7,100 (seven thousand one hundred)*
7,25 (sept virgule vingt–cinq)	*7.25 (seven point twenty five)*

(c) French final quotation marks, contrary to English, precede the comma or period; however, the quotation mark follows a period if the quotation mark closes a completed statement.

Elle demande: «Est-ce que tu m'aimes?» - «Oui», répond-il.	*She asks:"Do you love me?"* — *"Yes," he answers.*

[7] SYLLABICATION

French words are generally divided at the end of a line according to units of sound or syllables. A French syllable generally begins with a consonant and ends with a vowel.

(a) If a single consonant comes between two vowels, the division is made before the consonant.

ba-**la**-der   pré-**cis**   cou-**teau**

NOTE: A division cannot be made either before or after **x** or **y** when they come between two vowels.

tuyau   **exact**

(b) If two consonants are combined between the vowels, the division is made between the two consonants.

es-**p**oir   al-**l**er   chan-**t**er

NOTE: If the second consonant is **r** or **l**, the division is made before the two consonants.

sa-**ble**   pro-**pre**

(c) If three or more consonants are combined between the vowels, the division is made after the second consonant.

o**bs**-**tin**é   com**p**-ter   **ins**-**t**aller

(d) Two vowels may not be divided.

oa-sis   th**éâ**-**tre**   es-**p**ion

[8] SOME COMMON PROVERBS

À bon chat, bon rat.
Tit for tat.

À chacun son goût.
Everyone to his own taste.

Aide-toi, le ciel t'aidera.
Heaven helps those who help themselves.

Après la pluie, le beau temps.
Every cloud has a silver lining. (= Good weather follows the rain.)

À qui se lève le matin, Dieu prête la main.
The early bird catches the worm.

C'est le premier pas qui coûte.
It's the first step that counts. (= that is the most difficult)

En forgeant, on devient forgeron.
Practice makes perfect. (= by forging, you become a blacksmith)

Il faut battre le fer quand il est chaud.
Strike while the iron is hot.

Il n'y a pas de rose sans épine.
There is no rose without thorns.

La parole est d'argent; le silence est d'or.
Speech is silver, but silence is golden.

Les petits ruisseaux font les grandes rivières.
Great oaks from little acorns grow. (=little streams become large rivers)

Loin des yeux, loin du cœur.
Out of sight, out of mind.

Mieux vaut tard que jamais.
Better late than never.

Petit à petit, l'oiseau fait son nid.
Rome was not built in a day.(=little by little, the bird builds its nest)

Pierre qui roule n'amasse pas mousse.
A rolling stone gathers no moss.

Qui ne dit mot consent.
Silence gives consent.

Qui s'excuse s'accuse.
He who excuses himself accuses himself.

Qui se ressemble s'assemble.
Birds of a feather flock together.

Rira bien qui rira le dernier.
He who laughs last laughs best.

Tout nouveau, tout beau.
A new broom sweeps clean.

Vouloir, c'est pouvoir.
Where's there's a will, there's a way

French-English Vocabulary

The French-English vocabulary is intended to be complete for the context of this book.

Irregular plurals are given in full: **œil** *(m.)* *(pl.* **yeux***)*. Irregular feminine forms are also given in full: **beau** *(f.* **belle***)*. Regular feminine forms are indicated by showing the ending that is added to the masculine forms: **petit(e), bon(ne),** or the ending that replaces the masculine ending: **généreux (-euse).**

An asterisk (*) indicates an aspirate **h: le héros.**

ABBREVIATIONS

(adj.)	adjective	*(f.)*	feminine
(adv.)	adverb	*(m.)*	masculine
(coll.)	colloquial	*(m/f)*	masculine or feminine
(p.p.)	past participle	*(pl.)*	plural

à at, to
abbaye *(f.)* abbey
abeille *(f.)* bee
abondant(e) plentiful
(s') abonner to subscribe
abord: d'abord at first
aboyer to bark
absolu(e) absolute
absolument absolutely
abstrait(e) abstract
abus *(m.)* abuse
académie *(f.)* academy
accepter to accept
accès *(m.)* access
accessoire *(m.)* accessory
accompagner to accompany
accomplissement *(m.)* completion
accord *(m.)* agreement; **d'accord** OK, agreed
accueil *(m.)* welcome

accuser to accuse
achat *(m.)* purchase
acheter to buy
achever to complete, finish
acier *(m.)* steel
acteur *(m.)* *(f.* **actrice***)* actor
actif (-ive) active
activement actively
activité *(f.)* activity
actuel(le) current, present
addition *(f.)* check
adjectif *(m.)* adjective
admettre *(p.p.* **admis***)* to admit
administrateur (-trice) administrator
administratif (-ive) administrative
admirateur (-trice) admirer

admirer to admire
admis *(p.p.* of **admettre***)* accepted
adolescent(e) teenager
adopter to adopt
adorer to adore
adresse *(f.)* address
adversaire *(m.)* adversary, opponent
aérien(ne) overhead; air
aéronautique *(f.)* aeronautics
aéroport *(m.)* airport
aérospatiale *(f.)* aerospace industry
affaire *(f.)* affair; **affaires** *(f. pl.)* business; belongings
affiche *(f.)* poster
afficher to put up
affirmer to assert
afin de in order to

africain(e) African
âge *(m.)* age
agé(e) old
agenda *(m.)* memo book
agent de police *(m.)* police officer
agir to act
agneau *(m.)* lamb
agrandir to enlarge
agréable agreeable, nice
agressif (-ve) aggressive
agricole agricultural
agriculteur (-trice) farmer
aide *(f.)* aid, help
aider to help
aimable friendly, kind
aimer to like, love; **aimer mieux** to prefer
aîné(e) older, oldest
ainsi thus; **ainsi que** as well as
air *(m.)* air; **avoir l'air (de)** to appear, seem; **en plein air** outdoors; **prendre l'air** to get some air
ajouter to add
alarme *(f.)* alarm
alcool *(m.)* alcohol
aligner to align
alimentaire food
aliments *(m. pl.)* food
allée *(f.)* alley
Allemagne *(f.)* Germany
allemand(e) German
aller to go; **s'en aller** to go away
alliance *(f.)* wedding ring
allié(e) allied
allumer to light, turn on
alors then, thus, so; **alors**

que when
alpin(e) alpine
alpinisme *(m.)* mountain climbing
amaigrissant(e) reducing
ambassade *(f.)* embassy
ambassadeur *(m.)* ambassador
ambitieux (-euse) ambitious
améliorer to improve
amener to bring; lead to
américain(e) American
ami *(m.)* (e) friend; **petit ami** boyfriend; **petite amie** *(f.)* girlfriend
amiral *(m.)* *(pl. -aux)* admiral
amitié *(f.)* friendship
amour *(m.)* love
amoureux (-euse) in love; **tomber amoureux** to fall in love
amphithéâtre *(m.)* amphitheater
amusant(e) fun, amusing
amusement *(m.)* fun
amuser to amuse; **s'amuser** to have a good time, to have fun
an *(m.)* year; **avoir... ans** to be . . . years old
analyse *(f.)* analysis
analytique analytical
ananas *(m.)* pineapple
ancien(ne) old, ancient, former
anglais(e) English
Angleterre *(f.)* England
animal *(m.)* *(pl. -aux)* animal; **animal**

domestique pet
animé(e) animated
année *(f.)* year
anniversaire *(m.)* birthday
annonce *(f.)* advertisement; announcement; **annonce publicitaire** advertisement; **petite annonce** classified ad
annoncer to announce
annuaire *(m.)* phone book
antipathique nasty
anxieux (-euse) anxious
août *(m.)* August
apparaître *(p.p.* **apparu)** to appear
appareil *(m.)* apparatus; **appareil ménager** appliance; **appareil-photo** camera
appartement *(m.)* apartment
appartenir (à) to belong (to)
appel *(m.)* call
appeler to call; **s'appeler** to be named, call oneself
appétissant(e) appetizing
appétit *(m.)* appetite
applaudir to applaud
appliquer to apply; **s'appliquer** to apply oneself
apporter to bring
apprécier to appreciate
apprendre *(p.p.* **appris)** to learn; **apprendre (à)** to learn, to teach; **apprendre par cœur** to memorize
approcher to approach;

s'approcher (de) to come near
approprié(e) appropriate
approuver to approve
appuyer to lean;
   s'appuyer (contre) to lean (against)
après after, afterward;
   après tout after all;
   d'après according to
après-demain the day after tomorrow
après-midi *(m.)* afternoon
aqueduc *(m.)* aqueduct
arbitre *(m.)* referee
arbre *(m.)* tree
archéologue *(m./f.)* archaeologist
architecte *(m.)* architect
arène *(f.)* arena
argent *(m.)* money, silver;
   argent liquide cash;
   argent de poche spending money
argenterie *(f.)* silverware
armée *(f.)* army
armoire *(f.)* wardrobe
arracher to pull out
arranger to arrange
arrêt *(m.)* stop
arrêter to stop; to arrest;
   s'arrêter (de) to stop
arrivée *(f.)* arrival
arriver to arrive, to come; to happen
arrondissement *(m.)* administrative district
arroser to water
artichaut *(m.)* artichoke
artificiel(le) artificial
artifice: feu *(m.)* **d'artifice** fireworks

artiste *(m./f.)* artist
artistique artistical
ascenseur *(m.)* elevator
aspirateur *(m.)* vacuum cleaner; **passer l'aspirateur** to vacuum
aspirine *(f.)* aspirin
assaisonner to season
assaut *(m.)* assault
assemblée *(f.)* assembly
assez enough; rather
assiette *(f.)* plate
assimiler to assimilate
assis(e) seated
assister (à) to attend
associer (à) to associate (to)
assurance *(f.)* insurance
assurer to assure; to insure; to ensure
astronaute *(m./f.)* astronaut
astronome *(m./f.)* astronomer
astronomique astronomical
atelier *(m.)* studio
athlète *(m./f.)* athlete
athlétisme *(m.)* track and field
attaché(e) attached
attaquant(e) attacker
attaquer to attack
atteindre *(p.p.* **atteint)** to reach
attendre to wait (for);
   s'attendre à to expect
attentif (-ive) attentive
attention *(f.)* attention;
   faire attention (à) to pay attention (to)
attentivement attentively

atterrir to land
atterrissage *(m.)* landing
attirer to attract
attraction *(f.)* attraction;
   parc d'attractions *(m.)* amusement park
attraper to catch
avare miser(ly)
au *(pl.* **aux)** at the, to the
aucun(e) any;
   ne...aucun(e) not any
augmenter to increase
aujourd'hui today
auparavant before
auprès de next to
auquel *(pl.* **auxquels,** *f.* **à laquelle,** *f. pl.* **auxquelles)** to which (one[s])
aussi also, too; as
aussitôt right away,
   aussitôt que as soon as
autant as much, as many;
   autant que as much as
auteur *(m.)* author; **auteur dramatique** playwright
auto *(f.)* car; **en auto** by car
autobiographie *(f.)* autobiography
autobus *(m.)* bus
automatiser to automate
automne *(m.)* fall, autumn
automobiliste *(m./f.)* car driver
autoriser to authorize
autorité *(f.)* authority
autoroute *(f.)* highway
autour (de) around
autre other; another
autrefois formerly, in the past

autrement otherwise

avance *(f.)* advance; à l'avance in advance; d'avance in advance, beforehand

avant (de) before

avant-hier the day before yesterday

avantage *(m.)* advantage

avantageux (-euse) advantageous

avec with

avenir *(m.)* future

aventure *(f.)* adventure

aventureux (-euse) adventurous

avertir to warn

aveugle blind

aveuglément blindly

avion *(m.)* airplane; **en avion** by plane

avis *(m.)* opinion, advice; **à mon avis** in my opinion

avocat(e) lawyer

avoir *(p.p.* **eu)** to have

avril *(m.)* April

bac *(m.)* **(baccalauréat)** high-school degree

bagages *(m. pl.)* luggage

bague *(f.)* ring; **bague de fiançailles** engagement ring

(se) baigner to bathe

bail *(m.)* lease

bain *(m.)* bath; **bain de soleil** sun bath; **maillot de bain** *(m.)* bathing suit; **salle de bains** *(f.)* bathroom

bal *(m.)* dance

baladeur *(m.)* Walkman

balcon *(m.)* balcony

balle *(f.)* ball

ballon *(m.)* balloon; ball

balnéaire: station balnéaire *(f.)* seaside resort

banane *(f.)* banana

banc *(m.)* seat, bench

bande *(f.)* band, strip; **bande dessinée** comic strip

banlieue *(f.)* suburb

banque *(f.)* bank

barbare barbarian

barbe *(f.)* beard

bas(se) low; **en bas** downstairs; **à voix basse** in a low voice; **au bas (de)** at the bottom (of)

base-ball *(m.)* baseball

baser to base; **se baser** to be based on

basilique *(f.)* basilica

basket *(f.)* sneaker (shoe)

basket-ball *(m.)* basketball

bataille *(f.)* battle

bataillon *(m.)* battalion

bateau *(m.) (pl.* **-aux)** boat; **bateau à voile** sailboat; **bateau-mouche** sight-seeing boat

bâtiment *(m.)* building

bâtir to build

batterie *(f.)* drums

bavard (e) talkative

bavarder to chat

bavette *(f.)* sirloin steak

beau, bel *(f.* **belle)** beautiful, handsome; **faire beau** to be beautiful *(weather)*

beaucoup (de) a lot (of), many, much

beauté *(f.)* beauty

bébé *(m.)* baby

Belgique *(f.)* Belgium

bénéficier to benefit

besoin *(m.)* need; **avoir besoin de** to need

bétail *(m.)* livestock

bête stupid, silly, foolish

bêtise *(f.)* stupidity, stupid thing

betterave *(f.)* beet

beurre *(m.)* butter

bibliothécaire *(m./f.)* librarian

bibliothèque *(f.)* library

bicyclette *(f.)* bicycle; **monter à bicyclette** to go bicycling

bien well; **aller bien** to feel well; **bien des** a good many; **bien que** although; **bien sûr** of course

bientôt soon; **à bientôt** see you soon

bienvenue *(f.)* welcome

bifteck *(m.)* steak

bijou *(m.) (pl.* **bijoux)** jewel

bijouterie *(f.)* jewelry store

bilingue bilingual

billet *(m.)* ticket

biographique biographical

biologiste *(m./f.)* biologist

biscuit *(m.)* cookie

bise *(f.) (coll.)* kiss

blanc(he) white; *(m.)* egg white

blé *(m.)* wheat

blesser to hurt; **se blesser** to hurt oneself

bleu(e) blue

bœuf *(m.)* ox; beef; **bœuf bourguignon** beef stew

boire *(p.p.* **bu)** to drink

bois *(m.)* wood; woods

boisson *(f.)* drink

boîte *(f.)* box, can; **boîte aux lettres** mailbox; **boîte de conserve** can

bol *(m.)* bowl

bon(ne) good; **bon anniversaire** happy birthday; **bon marché** inexpensive; **bonne année** happy new year; **bonne chance** good luck; **de bonne heure** early; **faire bon** to be fine *(weather)*

bonbon *(m.)* candy

bonheur *(m.)* happiness

bonhomme *(m.)* **de neige** snowman

bonjour hello

bord *(m.)* edge; **bord de la mer** seashore

border to edge, line

botte *(f.)* boot

boucher (-ère) butcher

boucherie *(f.)* butcher shop

bouclé(e) curly

bouger to move

bouillabaisse *(f.)* fish stew

bouillir to boil

boulanger (-ère) baker

boulangerie *(f.)* bakery

boule *(f.)* ball; **boule de neige** snowball

bouleversé(e) upset

boum *(f.)* party

bouquiniste *(m./f.)* bookseller

Bourgogne *(f.)* Burgundy

bourse *(f.)* scholarship; stock market

boussole *(f.)* compass

bouteille *(f.)* bottle

branche *(f.)* branch

bras *(m.)* arm

bref *(f.* **brève)** brief

Bretagne *(f.)* Brittany

brièvement briefly

brillant(e) brilliant

briller to shine

brochette *(f.)* skewer

bronzer se bronzer to tan; **crème** *(f.)* **à bronzer** tanning cream

brosse *(f.)* brush; **brosse à dents** toothbrush

brosser to brush; **se brosser** to brush oneself

bruit *(m.)* noise

brûler to burn; **se brûler** to burn oneself

brun(e) brown, brunette

brusquement abruptly

buissonnière: faire l'école buissonnière to play hooky

bureau *(m.)* desk; office; **bureau de change** money exchange; **bureau des objets trouvés** lost and found; **bureau de poste** post office

buste *(m.)* bust

but *(m.)* goal; **gardien de but** goal keeper

ça that; **ça ne fait rien** it doesn't matter; **ça va?** how are you? **Ça va.** Fine.

cabinet *(m.)* office

cacher to hide; **se cacher** to hide oneself

cachet *(m.)* tablet

cadeau *(m.)* gift, present

cadet(te) younger

café *(m.)* coffee, café; **café crème** coffee with cream

cahier *(m.)* notebook

caisse *(f.)* cash register

caissier (-ière) cashier

calcul *(m.)* arithmetic

calculer to calculate

calculette *(f.)* calculator

calendrier *(m.)* calendar

calme *(m.)* calmness; *(adj.)* calm

calmement calmly

camarade *(m./f.)* pal, friend

Cambodge *(m.)* Cambodia

caméra *(f.)* movie camera

camion *(m.)* truck

campagne *(f.)* country, campaign

camper to camp

camping: faire du camping to go camping

canadien(ne) Canadian

canard *(m.)* duck

candidat(e) candidate

cantine *(f.)* cafeteria

caoutchouc *(m.)* rubber

capitaine *(m.)* captain

capitale *(f.)* capital

capturer to capture, seize,

arrest
car because
car *(m.)* tour bus
caractère *(m.)* character;
  caractères gras
  boldface type
caractériser to be
  characteristic of
caractéristique *(f.)*
  characteristic
Caraïbe Caribbean
carnaval *(m.)* carnival
carnet *(m.)* notebook;
  carnet de chèques
  checkbook
carotte *(f.)* carrot
carré(e) square
carrière *(f.)* career
cartable *(m.)* school bag
carte *(f.)* card, map, menu;
  carte d'identité
  identification card; **carte**
  de crédit credit card;
  carte postale postcard;
  carte routière road
  map
cartésien Cartesian; **esprit**
  (m.) **cartésien** logical
  mind
cas *(m.)* case; **en cas de** in
  case of; **en tout cas** in
  any case
case *(f.)* box
casquette *(f.)* cap
cassation: cour *(f.)* **de**
  cassation court of appeal
(se) casser to break
catégorie *(f.)* category
cathédrale *(f.)* cathedral
catholicisme *(m.)*
  Catholicism
cauchemar *(m.)* nightmare

cause *(f.)* cause; **à cause**
  de because of
ce it, he, she, they; this,
  that; **ce que** that which,
  what; **ce qui** that
  which, what; **c'est** it is
ceci this
cela that; **cela m'est égal**
  it's all the same to me;
  cela ne fait rien it
  doesn't matter
célèbre famous
célébrer to celebrate
céleste celestial
celle *(pl.* **celles)** the one,
  that, this
celtique celtic
celui *(pl.* **ceux)** the one,
  that, this; **celui-ci** the
  latter; **celui-là** the former
cendre *(f.)* ash
cent (one) hundred
centaine *(f.)* about a
  hundred
centimètre *(m.)* centimeter
centraliser to centralize
centre *(m.)* center; **centre**
  commercial shopping
  mall
cependant however
céramique *(f.)* ceramic
cercle *(m.)* circle; club
céréale *(f.)* cereal
cérémonie *(f.)* ceremony
cerf *(m.)* deer
cerise *(f.)* cherry
certainement certainly,
  surely
ces these, those
cesser to stop
cet(te) *(pl.* **ces)** this, that
ceux *(m. pl.)* the ones,

those, these
chacun(e) each one
chaîne *(f.)* chain; **chaîne**
  stéréo stereo; **chaîne de**
  montagnes mountain
  range
chaise *(f.)* chair
chaleureux (-euse) warm
chambre (à coucher) *(f.)*
  bedroom
champ *(m.)* field
championnat *(m.)*
  championship
chance *(f.)* luck; **avoir**
  (de) la chance to be
  lucky; **bonne chance**
  good luck
change *(m.)* change,
  exchange, **bureau** *(m.)*
  de change money
  exchange
changeant(e) changeable
changement *(m.)* change
changer (de) to change;
  changer d'avis to
  change one's mind
chanson *(f.)* song
chant *(m.)* song, singing
chanter to sing
chanteur (-euse) singer
chapeau *(m.) (pl.* **-aux)**
  hat
chapelain *(m.)* chaplain
chapelle *(f.)* chapel
chapitre *(m.)* chapter
chaque each
charcuterie *(f.)*
  delicatessen
charger to load; to entrust
charmant(e) charming
charme *(m.)* charm, spell
chasser to chase, hunt

chat(te) cat

châtaigne *(f.)* chestnut

château *(m.)* *(pl.* **-aux)** castle

chaud(e) warm, hot; **avoir chaud** to be hot *(of persons)*; **faire chaud** to be warm/hot *(weather)*

chauffer to heat, warm

chaussette *(f.)* sock

chaussure *(f.)* shoe

chef *(m.)* chef, cook, chief, head; **chef d'état** head of state; **chef-d'oeuvre** masterpiece

chemin *(m.)* road; **chemin de fer** railroad

cheminée *(f.)* fireplace

chemise *(f.)* shirt

chemisier *(m.)* blouse

chèque *(m.)* check; **chèque de voyage** traveler's check

cher (-ère) dear; expensive

chercher to look for, search

chercheur (-euse) researcher

cheval *(m.)* *(pl.* **-aux)** horse; **à cheval** on horseback; **faire du cheval** to go horseback riding

cheveu *(m.)* *(pl.* **-eux)** hair *(one strand)*

chèvre *(f.)* goat

chez to/at (the house/place of)

chic stylish, fashionable

chien(ne) dog

chiffre *(m.)* number

chimie *(f.)* chemistry

chimique chemical

chimiste *(m./f.)* chemist

chocolat *(m.)* chocolate; hot chocolate

choisir (de) to choose (to)

choix *(m.)* choice

choquer to shock

chose *(f.)* thing

chou *(m.)* *(pl.* **choux)** cabbage

choucroute *(f.)* sauerkraut

christianisme *(m.)* Christianity

chute *(f.)* fall; **saut** *(m.)* **en chute libre** sky-diving

ci-dessous below

cidre *(m.)* cider

ciel *(m.)* heaven, sky

ciné-club *(m.)* film club

cinéma *(m.)* movies

cinq five

cinquante fifty

cinquième fifth

circonstance *(f.)* circumstance

circulation *(f.)* traffic

cirque *(m.)* circus

cité *(f.)* city

citer to list, quote

citoyen(ne) citizen

citron *(m.)* lemon; **citron pressé** fresh lemonade

citronnade *(f.)* lemonade

clair(e) clear

clairement clearly

clarté *(f.)* clarity

classe *(f.)* class; **classe de neige** snow class; **salle de classe** classroom

classeur *(m.)* looseleaf notebook

classicisme *(m.)* classicism

classique classical

clavecin *(m.)* harpsichord

clef *(f.)* key

client(e) customer

climat *(m.)* climate

clou *(m.)* nail

cocher to check

code postal *(m.)* zip code

cœur *(m.)* heart; **de bon cœur** willingly

coffre *(m.)* trunk

coiffe *(f.)* headdress

coiffeur (-euse) hairdresser

colère *(f.)* anger; **se mettre en colère** to become angry

colis *(m.)* package

collaborateur (-trice) collaborator

collaborer to collaborate

collectionner to collect

collège *(m.)* secondary school

collègue *(m./f.)* colleague

collier *(m.)* necklace

colline *(f.)* hill

colonie *(f.)* colony; **colonie de vacances** camp

colonne *(f.)* column

combien (de) how many, much

combiner to combine

comédie *(f.)* comedy

comète *(f.)* comet

comique comical, funny

commande *(f.)* control, order

commander to order

comme as, like

commémorer to commemorate

commencement *(m.)* beginning

commencer to begin

comment how

commentaire *(m.)* commentary

commérage *(m.)* gossip

commerçant(e) merchant

commercial(e) commercial; **centre** *(m.)* **commercial** shopping mall

commettre to commit

commun(e) common

communauté *(f.)* community

compact *(m.)*, **disque** *(m.)* **compact** CD

compagnie *(f.)* company

comparer to compare

complet (-ète) complete

complètement completely

compléter to complete

compliqué(e) complicated

comporter to involve, include, require; **se comporter** to behave

composer to compose, dial

compositeur (-trice) composer

comprendre *(p.p. compris)* to understand, comprise, include

compte *(m.)* account; **compte-chèques** checking account; **compte épargne** savings account; **se rendre compte de** to realize

compter to count; to intend

comte *(m.)* count

comtesse *(f.)* countess

(se) concentrer to concentrate

concierge *(m. /f.)* concierge, superintendant

concours *(m.)* race, contest

condamner to condemn

conducteur (-trice) driver

conduire *(p.p. conduit)* to drive; **permis** *(m.)* **de conduire** driver's license

conduite *(f.)* behavior, driving

confiance *(f.)* confidence, trust

confier to trust; **se confier à** to confide in

confirmer to confirm

confiture *(f.)* jelly, jam

confortable comfortable

congé *(m.)* time off; **jour de congé** day off

connaissance *(f.)* acquaintance, knowledge; **faire la connaissance de** to meet

connaître *(p.p. connu)* to know, to be acquainted with

conquérant *(m.)* conqueror

conquérir to conquer

conquête *(f.)* conquest

consacré(e) devoted

consciencieusement conscientiously

consciencieux (-euse) conscientious

conseil *(m.)* advice; council

conseiller (-ère) counselor

conseiller to advise

consentir (à) to consent (to)

conséquent(e) consistent; **par conséquent** consequently

conserver to conserve, save

conserve *(f.)* canned food; **boîte** *(f.)* **de conserve** can

considérer to consider

consolider to strengthen

consommer to consume

constamment constantly

constater to notice, observe

constitutionnel(le) constitutional

constructeur (-trice) builder

construire *(p.p. construit)* to construct, build

consulter to consult

conte *(m.)* tale, short story

contemporain(e) contemporary, modern

contenir *(p.p. contenu)* to contain

content(e) content, happy

continuellement continuously

continuer to continue

contraire *(m.)* opposite; **au contraire** on the contrary

contravention *(f.)* (parking) ticket

contre against
contredire (p.p. **contredit**) to contradict
contribuer to contribute
contrôle (m.) control; test
contrôler to control
convenir to fit
convertir to convert
coopérer to cooperate
copain (m.) (f. **copine**) friend, pal
copier to copy
coq (m.) rooster; **coq au vin** chicken in wine sauce
corbeille (f.) basket; **corbeille à papier** wastebasket
corps (m.) body
correctement correctly
correspondant(e) pen pal
correspondre to correspond; to exchange letters
corriger to correct
Corse (f.) Corsica
côte (f.) coast
côté (m.) side; **à côté (de)** next (to); **de côté** aside
coton (m.) cotton
coucher (m.) setting; **coucher de soleil** sunset
coucher to put to bed; **se coucher** to go to bed
couleur (f.) color
couloir (m.) hallway
coup (m.) blow; **coup d'œil** glance; **coup de foudre** love at first sight; **coup de soleil** sunburn; **coup de**

téléphone telephone call; **coup de tonnerre** thunderclap
coupe (f.) cup; haircut
couper to cut
cour (f.) courtyard; court
courageux (-euse) courageous
couramment fluently
courant (m.) current
courir (p.p. **couru**) to run
couronner to crown
courrier (m.) mail
cours (m.) course, subject
course (f.) errand; race; **faire des courses** to go shopping
court(e) short
coussin (m.) cushion
couteau (m.) knife
coûter to cost; **coûter cher** to be expensive
coutume (f.) custom
couvert (m.) place setting; **mettre le couvert** to set the table
couvert(e) covered; **piscine couverte** indoor pool
couverture (f.) cover, blanket
couvrir (p.p. **couvert**) **(de)** cover (with); **se couvrir** to cover oneself
craie (f.) chalk; **bâton** (m.) **de craie** stick of chalk
craquer to crack
cravate (f.) tie
crayon (m.) pencil
créateur (-trice) creator
créativité (f.) creativity
créer (p.p. **créé**) to create

crème (f.) cream; **crème à bronzer** tanning cream; **crème solaire** suntan creme
crémerie (f.) dairy store
crêpe (f.) crêpe, pancake
cri (m.) cry
crier to shout
criminel(le) criminal
crise (f.) crisis
cristal (m.) crystal
critique (f.) criticism; review; (m./f) critic
critiquer to criticize
croire (pp. **cru**) to believe
croisade (f.) crusade
croisière (f.) cruise; **faire une croisière** to take a cruise
croissant (m.) crescent roll
croix (f.) cross, checkmark
croque-monsieur (m.) grilled ham and cheese sandwich
cruellement cruelly
cueillir to pick (flowers)
cuiller (or: **cuillère**) (f.) spoon
cuire to cook
cuisine (f.) kitchen; cooking; **faire la cuisine** to cook
cuisiner to cook
cuisinier (-ière) cook; **cuisinière** (f.) stove
cultiver to cultivate; to grow (plant)
culturel(le) cultural
curieux (-euse) curious, strange
curiosité (f.) curiosity
cyclisme (m.) cycling

cycliste *(m./f.)* cyclist
cygne *(m.)* swan

dame *(f.)* lady; **jeu** *(m.)* **de dames** checkers
dangereux (-euse) dangerous
dans in, into, within
danse *(f.)* dance
danser to dance
danseur (-euse) dancer
dater to date
davantage more
de of, about, from
déballer to unwrap, unpack
débarquer to land, disembark
débarquement *(m.)* landing; D-day
débarrasser to clear up
débat *(m.)* debate
début *(m.)* beginning
décembre *(m.)* December
décentraliser to decentralize
déchiffrer to decipher
décider (de) to decide (to)
décision *(f.)* decision
déclarer to declare
décoiffé(e) disheveled
décomposer to break down
décorateur *(m.)* (-trice) designer; interior decorator
décoratif (-ve) decorative
décoration *(f.)* decoration
décorer to decorate
découverte *(f.)* discovery
découvrir *(p.p.* **découvert)**

to discover
décrire *(p.p.* **décrit)** to describe
décrocher to take down; to pick up (phone)
défaite *(f.)* defeat
défendre to defend; to forbid
défenseur *(m.)* champion
défi *(m.)* challenge
défilé *(m.)* parade
défini(e) definite
déformer to distort
degré *(m.)* degree
dehors outside
déjà already
déjeuner *(m.)* lunch; **petit déjeuner** breakfast
déjeuner to eat lunch
délicat(e) delicate
délicieux (-euse) delicious
délivrer to free, deliver
demain tomorrow; **à demain** see you tomorrow
demande *(f.)* application, demand
demander to ask (for); **demander pardon** to ask forgiveness; **se demander** to wonder
démarrer to start (up)
déménager to move *(to another residence)*
déménageur *(m.)* mover
demeurer to live, stay
demi(e) half; **demi-heure** *(f.)* half-hour
démocratie *(f.)* democracy
démocratique democratic
démontrer to

demonstrate, prove
dénoncer to denounce
dent *(f.)* tooth; **brosse à dents** toothbrush
dentelle *(f.)* lace
dentiste *(m./f.)* dentist
départ *(m.)* departure
département *(m.)* department
dépasser to go over, surpass
dépêcher to dispatch; **se dépêcher** to hurry
dépense *(f.)* expenditure
dépenser to spend *(money)*
déplacer to move
déposer to put down, leave, deposit
déprimé(e) depressed
depuis for, since
député *(m.)* representative
déranger to bother, disturb
dériver to derive
dernier (-ière) last
derrière behind
des some; of the; from the; about the
désaccord *(m.)* disagreement
désastre *(m.)* disaster
désastreux (-euse) disastrous
descendre to go down; to take down
désespéré(e) hopeless
désespoir *(m.)* despair
déshabiller to undress; **se déshabiller** to get undressed
désigner to name
désirer to desire, want
désobéir(à) to disobey

désolé(e) sorry

désordre *(m.)* disorder

désormais from now on, henceforth

desquels *(f.* **desquelles***)* of which (ones)

dessin *(m.)* drawing, design; **dessin animé** cartoon

dessiné(e) drawn, designed; **bande** *(f.)* **dessinée** comic strip

dessiner to draw

dessous beneath, below

dessus above

destin *(m.)* fate

destinée *(f.)* destiny

détail *(m.)* detail

détenir to hold, detain

déterminer to determine

détester to hate

détruire to destroy

dette *(f.)* debt

deux two

deuxième second

devant in front (of)

développement *(m.)* development

développer to develop

devenir *(p.p.* **devenu***)* to become

devoir to owe; to have to

devoirs *(m. pl.)* homework

dialecte *(m.)* dialect

diamant *(m.)* diamond

diamètre *(m.)* diameter

dictée *(f.)* dictation

dictionnaire *(m.)* dictionary

différemment differently

différent(e) different

difficile difficult

diligent(e) hard working

dimanche *(m.)* Sunday

dimensionnel(le) dimensional

diminuer to reduce, diminish

dîner to dine, eat dinner

dîner *(m.)* dinner

diphtérie *(f.)* diphtheria

diplomate *(m./f.)* diplomat

diplôme *(m.)* diploma

dire *(p.p.* **dit***)* to say, tell; **vouloir dire** to mean

directement directly

directeur (-trice) director, principal

diriger to direct

discothèque *(f.)* *(coll.* **disco***)* discotheque

discours *(m.)* speech

discret (-ète) discreet

discuter (de) to discuss

disparaître *(p.p.* **disparu***)* to disappear

disperser to disperse

disposition *(f.)* disposal

dispute *(f.)* quarrel

(se) disputer (avec) to quarrel (with)

disque *(m.)* record; **disque compact** compact disc, C.D.; **disque vidéo** laser disc

disquette *(f.)* diskette

dissoudre to dissolve

distinguer to distinguish; **se distinguer** to stand out

distribuer to distribute

divan *(m.)* sofa

divers(e) different

diversifier to diversify

divertissement *(m.)* diversion

diviser to divide

dix ten

dix-huit eighteen

dix-neuf nineteen

dix-sept seventeen

docteur *(m.)* doctor

documentaire *(m.)* documentary

doigt *(m.)* finger

doit *see* **devoir**

domaine *(m.)* estate; sector

domestique *(m./f.)* servant, domestic; **animal** *(m.)* **domestique** pet

domicile *(m.)* home, residence

dominer to dominate

dommage *(m.)* harm; pity, shame

donc therefore

donner to give

dont of which

dormir to sleep

dos *(m.)* back; **sac** *(m.)* **à dos** backpack

doucement softly, gently

doué(e) talented

douleur *(f.)* pain

doute *(m.)* doubt

douter to doubt

douteux (-euse) doubtful

doux *(f.* **douce***)* sweet, mild, gentle

douzaine *(f.)* dozen

douze twelve

drame *(m.)* drama

drap *(m.)* sheet

drapeau *(m.)* flag

dresser to raise, put up

droit *(m.)* right, law

droit(e) right, straight; **à**

droite (de) to the right (of); **tout droit** straight ahead

drôle funny; strange

drôlement *(coll.)* really

druide *(m.)* druid

du some, any, of the; **du moins** at least

duc *(m.)* duke

duquel of which (one)

dur(e) hard

durant during

durer to last

dynastie *(f.)* dynasty

eau *(f.)* water; **eau minérale** mineral water

échalotte *(f.)* shallot

écharpe (f.) scarf

échecs *(m. pl.)* chess

éclairer to light

éclater to burst out; **éclater de rire** to burst out laughing

école *(f.)* school; **faire l'école buissonnière** to play hooky

économie *(f.)* economy

économique economic(al)

écouter to listen (to)

écran *(m.)* screen

écrire *(p.p.* **écrit)** to write; **machine** *(f.)* **à écrire** typewriter

écriture *(f.)* writing

écrivain *(m.)* writer

écurie *(f.)* stable

édifice *(m.)* building

édit *(m.)* edict

éditeur (-trice) publisher

éducatif (-ive) educational

éducation *(f.)* **physique** gym

effacer to erase

effet *(m.)* effect

effrayant frightening

effrayer to frighten

égal *(pl.* **-aux)** equal; **cela m'est égal** it's all the same to me

également equally, as well

égalité *(f.)* equality

égard consideration; **à son égard** on his/her account

église *(f.)* church

égoïste selfish

élaborer to develop

électeur (-trice) voter

électoral(e) electoral

électrique electric

électronique electronic

élégant(e) elegant

élément *(m.)* element

éléphant *(m.)* elephant

élevage *(m.)* breeding *(cattle)*

élève *(m./f.)* student, pupil

élever to raise, bring up; **bien/mal élevé(e)** well/badly brought up

éliminer to eliminate

élire *(p.p.* **élu)** to elect

élite *(f.)* elite

elle she, it, her, **elles** they, them

éloigner to move away; **s'éloigner (de)** to move away (from)

emballer to wrap, pack

embarrassé(e) embarrassed

emblème *(m.)* emblem

embouchure *(f.)* mouth *(river)*

embrasser to kiss

émerger to emerge

émetteur *(m.)* transmitter

émission *(f.)* (TV) program

emmener to take away, lead away

émotion *(f.)* emotion

empêcher (de) to prevent (from)

empereur *(m.)* emperor

emploi *(m.)* job; **emploi du temps** schedule, program

employé(e) employee

employer to use

employeur *(m.)* employer

emporter to take away

emprisonner to jail

emprunter (à) to borrow (from)

en in, to; about it/them, from it/them, of it/them; from there

enchanté(e) delighted

encore still, yet, again; **encore une fois** again; **pas encore** not yet

encourager to encourage

encre *(f.)* ink

encyclopédie *(f.)* encyclopedia

endormir to put to sleep; **s'endormir** to fall asleep

endroit *(m.)* place

énergie *(f.)* energy

énergique energetic

énerver to bother, annoy; **s'énerver** to get annoyed

enfance *(f.)* childhood

enfant *(m./f.)* child; **petits-enfants** *(m.)* grandchildren

enfin at last, finally

engagé(e) engaged, hired

engager to engage, hire; **s'engager à** to commit oneself to

engin *(m.)* machine

enlever to remove, take off

ennemi(e) enemy

ennui *(m.)* boredom, problem

ennuyer to bore; to bother; **s'ennuyer** to be bored

ennuyeux (-euse) annoying, boring

énorme enormous

énormément enormously, a great deal

enquête *(f.)* survey; investigation

enquêter to investigate

enregistrer to record

enseigner to teach

enseignement *(m.)* teaching

ensemble together

ensoleillé(e) sunny

ensuite then

entendre to hear; **s'entendre (avec)** to get along (with)

enthousiasmer to enthuse

entier (-ère) entire, whole

entourer to surround

(s') entraîner to train

entraîneur *(m.)* coach

entre between, among

entrée *(f.)* entrance

entrer to enter, go in

entrevue *(f.)* interview

envahir to invade

envers towards

envie *(f.)* desire, want; **avoir envie (de)** to desire, want; to feel like

environnement *(m.)* environment

envoyer to send

épais(se) thick

épeler to spell

épice *(f.)* spice

époque *(f.)* age, era

épouser to marry

épousseter to dust

équilibre *(m.)* balance

équipe *(f.)* team

équipement *(m.)* equipment

érudit(e) erudite, learned

erreur *(f.)* error, mistake

escalier *(m.)* staircase

escalope *(f.)* cutlet

escargot *(m.)* snail

espace *(m.)* space

Espagne *(f.)* Spain

espèce *(f.)* type, kind

espérer to hope

espoir *(m.)* hope

esprit *(m.)* spirit, mind

essai *(m.)* essay

essayer (de) to try (to)

essayiste *(m./f.)* essayist

essence *(f.)* gasoline, essence

essentiel(le) essential

essuyer to wipe

est *(m.)* east

estimer to hold in esteem

estomac *(m.)* stomach

et and, plus

établir to establish

établissement *(m.)* establishment

étage *(m.)* floor, story

étagère *(f.)* bookshelf

état *(m.)* state; **États-Unis** *(m. pl.)* United States

été *(m.)* summer; **en été** in the summer

éteindre to extinguish, turn off

étendre to spread

étoile *(f.)* star; **à la belle étoile** outdoors

étonnant(e) astonishing

étonner to astonish; **s'étonner** to be surprised

étrange strange

étranger (-ère) foreigner; stranger; **à l'étranger** abroad

être *(p.p. été)* to be; **être à** to belong to; **être en train de** to be (in the act of) doing something; **être** *(m.)* **humain** human being

étroit(e) narrow

étude *(f.)* study

étudiant(e) student

étudier to study

européen(ne) European

eux they, them

événement *(m.)* event

évidemment evidently

évident(e) evident

éviter to avoid

évoluer to evolve

évoquer to evoke

exagérer to exaggerate

examen *(m.)* test

excepté except

excès *(m.)* excess

excitant(e) exciting

excitation *(f.)* excitement

(s') exclamer to exclaim

excuser to excuse;
 s'excuser to apologize

exécuter to perform,
 execute

exemple *(m.)* example;
 par exemple for
 example

exercer to exercise;
 s'exercer to practice

exercice *(m.)* exercise

exiger to demand

exiler to exile

exister to exist

exotique exotic

expérience *(f.)*
 experience, experiment

explication *(f.)*
 explanation

expliquer to explain;
 s'expliquer to explain
 oneself

explorateur (-trice)
 explorer

explorer to explore

exporter to export

exposer to expose, exhibit

exposition *(f.)* exhibit

exprimer to express;
 s'exprimer to express
 oneself

extérieur(e) external

extrait *(m.)* extract

extraordinaire
 extraordinary

extraterrestre *(m.)* extra-
 terrestrial

extrêmement extremely

fabriquer to manufacture

fabuliste *(m./f.)* writer of
 fables

façade *(f.)* facade

face à faced with; **en face
 (de)** in front (of)

fâché(e) angry

fâcher to anger; **se fâcher**
 to become angry

facile easy

facilement easily

façon *(f.)* fashion, way,
 manner; **de cette façon**
 this way

facteur (-trice) mail
 carrier

faible weak

faiblir to weaken

faim *(f.)* hunger; **avoir
 faim** to be hungry

faire *(p.p.* **fait***)* to make, do

falloir to be necessary

fameux (-euse) famous

famille *(f.)* family; **en
 famille** with the family

fanfare *(f.)* band

fantaisie *(f.)* fancy; whim

fantastique fantastic

fantôme *(m.)* ghost

farce *(f.)* practical joke;
 faire une farce (à) to
 play a joke (on)

fascisme *(m.)* fascism

fatigué(e) tired

faune *(f.)* fauna

faut *see* **falloir**

faute *(f.)* mistake

fauteuil *(m.)* armchair

fauve *(m.)* big cat; wild

faux *(f.* **fausse***)* false, fake

favori(te) favorite

félicitations *(f. pl.)*

congratulations

féliciter to congratulate

femelle *(f.)* female

féminin(e) feminine

femme *(f.)* woman, wife;
 femme de ménage
 cleaning woman

fenêtre *(f.)* window

fente *(f.)* slot

fer *(m.)* iron

férié(e): jour férié legal
 holiday

ferme *(f.)* farm

fermement firmly

fermer to close

fermier (-ière) farmer

féroce ferocious

fête *(f.)* feast, holiday,
 party; **fête des mères**
 mother's day; **fête des
 pères** father's day; **fête
 du travail** labor day

fêter to celebrate

feu *(m.)* fire, traffic light;
 feu d'artifice fireworks

février *(m.)* February

fiancailles *(f. pl.)*
 engagement

ficeler to tie with string

fidèle faithful

fier (-ère) proud

se fier à to trust

fièrement proudly

fièvre *(f.)* fever

figure *(f.)* face

filet *(m.)* net; (shopping)
 bag

fille *(f.)* daughter, girl;
 petite-fille
 granddaughter

film *(m.)* movie

filmer to film

fils *(m.)* son; **petit-fils** grandson

fin *(f.)* end

finalement finally

financer to finance

financier (-ère) financial

finir to finish

fixe fixed

fixer to arrange, set up, fix

flamme *(f.)* flame

flatté(e) flattered

fleur *(f.)* flower

fleuri(e) in bloom, blossoming

fleuriste *(m./f.)* florist

fleuve *(m.)* river

flic *(m. coll.)* cop

flocon *(m.)* flake

fluvial(e) *(pl. -aux)* river

foie gras *(m.)* goose liver pâté

foire *(f.)* fair

fois *(f.)* time *(in a series);* **trois fois** three times; **trois fois quatre** three times (multiplied by) four; **une fois** one time, once; **à la fois** at the same time

folklorique folk

fonctionner to work, function

fonctionnement *(m.)* functioning

fond *(m.)* bottom; **au fond (de)** at the bottom (of)

fondateur (-trice) founder

fonder to found

fonds *(m. pl.)* funds

fontaine *(f.)* fountain

football *(m.)* *(coll.* **foot**) soccer; **football américain** *(m.)* football

force *(f.)* strength; force

forêt *(f.)* forest

forme *(f.)* form; **en pleine forme** in good shape

former to form

formidable great

formulaire *(m.)* form

formuler to formulate

fort(e) strong; loud (voice); high (price); very

fortifier to fortify; strengthen

four *(m.)* oven; **four à micro-ondes** microwave oven

fourchette *(f.)* fork

fournir to provide

frais *(f.* **fraîche**) fresh, cool; **faire frais** to be cool *(weather)*

franc(he) frank

français(e) French

franchement frankly

frapper to knock, hit

fraternité *(f.)* fraternity, brotherhood

fréquemment frequently

frère *(m.)* brother

frites *(f. pl.)* French fries

frivole frivolous

froid(e) *(adj & m.)* cold; **avoir froid** to be cold *(of persons);* **faire froid** to be cold *(weather)*

fromage *(m.)* cheese

frontière *(f.)* frontier

fruit *(m.)* fruit; **fruits de mer** *(m. pl.)* seafood

fruiterie *(f.)* fruit store

fumer to smoke

furieusement furiously

furieux (-euse) furious

fusée *(f.)* rocket

futur(e) future

gagner to win; to earn

galerie *(f.)* gallery

gant *(m.)* glove

garantir to guarantee

garçon *(m.)* boy; waiter

garder to keep, guard; to take care of

gardien(ne) guard, guardian; **gardien de but** goalkeeper

gare *(f.)* train station; **gare routière** bus station

garer to park

gargouille *(f.)* gargoyle

garnir to garnish

gastronomique gastronomic

gâteau *(m.)* cake

gâter to spoil

gauche left; **à gauche (de)** to the left (of)

gaulois(e) gallic

gaz *(m.)* gas

géant(e) giant

geler to freeze

gêner to bother

général(e) *(pl. -aux)* general

généralement generally

généreux (-euse) generous

génial(e) great

génie *(m.)* genius; genie

genou *(m.)* knee

genre *(m.)* type

gens *(m. pl.)* people

gentilhomme *(m.)* gentleman

gentil(le) kind, nice

gentillesse *(f.)* kindness

gentiment gently

géographie *(f.)* geography

gérant(e) manager

geste *(m.)* gesture

girafe *(f.)* giraffe

gisement *(m.)* deposit (mine)

glace *(f.)* ice; ice cream; mirror

glaneur (-euse) gleaner

gloire *(f.)* glory

golfe *(m.)* gulf

gomme *(f.)* eraser

gorge *(f.)* throat

gosse *(m./f. coll.)* youngster, kid

gothique gothic

goût *(m.)* taste

goûter *(m.)* snack

goûter to taste

gouvernement *(m.)* government

gouvernemental(e) government

gouverner to govern

grâce à thanks to

gracieux (-euse) graceful

gradin *(m.)* bleachers

grammaire *(f.)* grammar

gramme *(m.)* gram

grand(e) large, big; tall

grand-mère *(f.)* grandmother

grand-père *(m.)* grandfather

grandiose grand, imposing

grandir to grow

grands-parents *(m. pl.)* grandparents

gratte-ciel *(m.)* skyscraper

gras(se) fat

gratuit(e) free

grec *(f.* **grecque***)* Greek

grenier *(m.)* attic

grillé(e) grilled; **pain** *(m.)* **grillé** toast

grimper to climb

grippe *(f.)* flu

gris(e) gray

gronder to scold

grossir to become fat

grotte *(f.)* cave

groupe *(m.)* group

grouper to group

guérir to cure, recover

guérison *(f.)* cure, recovery

guerre *(f.)* war

guichet *(m.)* ticket window

guillotiner to behead

guitare *(f.)* guitar

gymnase *(m.)* gymnasium

gymnastique *(f.)* gym, gymnastics

habiller to dress; **s'habiller** to get dressed

habitant(e) inhabitant

habiter to live (in)

habits *(m. pl.)* clothes

habitude *(f.)* habit; **avoir l'habitude de** to be accustomed to, to be in the habit of; **d'habitude** usually

habituellement habitually

****haine** *(f.)* hatred

haltère *(m.)* dumbbell

****hasard** *(m.)* chance; **par hasard** by chance

****haut(e)** high; loud *(voice);* **à haute voix** loudly; **au haut (de)** in/at the top (of); **en haut** upstairs

hériter to inherit

héroïne *(f.)* heroine

****héros** *(m.)* hero

hésiter to hesitate

heure *(f.)* hour; **une heure** one o'clock; **à l'heure** on time; **à tout à l'heure** see you; **de bonne heure** early

heureusement fortunately

heureux (-euse) happy

hexagone *(m.)* hexagon

****hibou** *(m.)* owl

hier yesterday

hiéroglyphe *(m.)* hieroglyph

histoire *(f.)* story, history

historique historical

hiver *(m.)* winter

homme *(m.)* man

honnête honest

honneur *(m.)* honor; **tableau** *(m.)* **d'honneur** honor roll

honorer to honor

****honte** *(f.)* shame; **avoir honte** to be ashamed

hôpital *(m.)* hospital

horaire *(m.)* schedule

horloge *(f.)* clock

horreur *(f.)* horror

hors outside

****hors-d'œuvre** *(m.)* appetizer

hôte(sse) host

hôtel *(m.)* hotel

huile *(f.)* oil

huit eight

huitième eighth
humain(e) human
humaniste *(m./f.)*
  humanist
humanité *(f.)* humanity
humeur *(f.)* mood; **de
  bonne (mauvaise)
  humeur** in a good (bad)
  mood
humide wet, damp
humour *(m.)* humor
hydraulique hydraulic
hydroélectrique
  hydroelectric
hypermarché *(m.)* large
  supermarket
hypothèse (f.) hypothesis

ici here
idéal(e) ideal
idée *(f.)* idea
identifier to identify
identité *(f.)* identity; **carte
  (f.) d'identité**
  identification card
idiot(e) idiot; **faire l'idiot**
  to act like an idiot
ignorer to ignore
il he, it; **il y a** there is/are;
  ago; **il n'y a pas de
  quoi** you're welcome
île *(f.)* island
illustration *(f.)* picture
illustre famous
illustrer to illustrate
ils they
image *(f.)* picture
imaginatif (-ive)
  imaginative
imaginer to imagine
immédiat immediate
immédiatement

immediately
immeuble *(m.)* apartment
  building
immortel(le) immortal
impératif (-ve) imperative
imperméable *(m.)*
  raincoat
impoli(e) impolite
importer to import
imposer to impose
impressionnant(e)
  impressive
impressionner to impress
impressionnisme *(m.)*
  impressionism
impressionniste
  impressionist
impulsif (-ive) impulsive
impulsivement
  impulsively
inaugurer to inaugurate
inconnu(e) unknown
inconvénient *(m.)*
  disadvantage
incorrectement
  incorrectly
incroyable incredible
indéfini(e) indefinite
indépendance *(f.)*
  independence
indésirable undesirable
indigner to make
  indignant; **s'indigner** to
  become indignant
indiquer to indicate
indiscret indiscreet
individu *(m.)* individual
individuel(le) individual
industrie *(f.)* industry
industriel(le) industrial
infectieux (-ieuse)
  infectious

infirmier (-ière) nurse
influencer to influence
informations *(f. pl.)* news
informatique *(f.)*
  computer science
ingénieur *(m.)* engineer
ingrédient *(m.)* ingredient
injuste unfair
innovateur (-trice)
  innovator
innover to innovate
inquiet (-ète) worried
inquiéter to worry;
  s'inquiéter (de) to
  worry (about)
inscription *(f.)* registration
inscrire to schedule;
  s'incrire to enroll, to
  register
inspirer to inspire
instable unstable
installer to install;
  s'installer to settle
  down, to set up (shop)
instantané(e)
  instantaneous
institut *(m.)* institute
instructeur (-trice)
  teacher
insulte *(f.)* insult
intellectuel(le) intellectual
intensité *(f.)* intensity
interdire to prohibit, forbid
intéressant(e) interesting
intéresser to interest;
  s'intéresser à to
  become interested in
intérieur internal
interprète *(m./f.)*
  interpreter
interrogatif (-ve)
  interrogative

interroger to interrogate, question

interrompre *(p.p.* **interrompu)** to interrupt

interviewer to interview

intime intimate

intimidé(e) intimidated

intitulé(e) entitled; called

introduire to insert; introduce

intuitif (-ive) intuitive

inutile useless

inventer to invent

inventeur (-trice) inventor

invertébré *(m.)* invertebrate

invité(e) guest

inviter to invite

irresponsable irresponsible

irriter to irritate

isolé(e) isolated

itinéraire *(m.)* itinerary

jaloux (-ouse) jealous

jamais never, ever; **jamais de la vie** out of the question; **ne... jamais** never; **à jamais** forever

jambe *(f.)* leg

jambon *(m.)* ham

janvier *(m.)* January

japonais(e) Japanese

jardin *(m.)* garden

jardinage *(m.)* gardening

jardinier (-ière) gardener

jaune yellow; *(m.)* yolk *(of egg)*

je I

jeter to throw; **se jeter** to

empty *(river)*

jeu *(m.)* game; **jeu de cartes** card game; **jeu vidéo** video game

jeudi *(m.)* Thursday

jeune young

jeunesse *(f.)* youth

joie *(f.)* joy

joli(e) pretty

joue *(f.)* cheek

jouer to play; **jouer à** to play *(a game / a sport)*; **jouer de** to play *(a musical instrument)*; **se jouer** to be played

jouet *(m.)* toy

joueur (-euse) player

joujou *(m. coll.) (pl.* **joujoux)** toy

jour *(m.)* day; **jour de congé** day off; **jour férié** legal holiday

journal *(m.) (pl.* **-aux)** newspaper; journal; **journal intime** diary

journaliste *(m. /f.)* journalist

journée *(f.)* day

joyeux (-euse) joyous

judiciaire judicial

juge *(m.)* judge

jugement *(m.)* judgment

juger to judge

juillet *(m.)* July

juin *(m.)* June

jumeau *(pl.* **-aux;** *f.* **jumelle)** twin

jupe *(f.)* skirt

jus *(m.)* juice

jusqu'à until

juste fair; right

juxtaposer to juxtapose

kangourou *(m.)* kangaroo

karaté *(m.)* karate; **faire du karaté** to do karate

kilo, kilogramme *(m.)* kilogram

kilomètre *(m.)* kilometer

kiosque *(m.)* kiosk

klaxon *(m.)* horn

la the; her, it

là, là-bas there

laboratoire *(m.)* laboratory

lac *(m.)* lake

laid(e) ugly

laine *(f.)* wool

laisse *(f.)* leash

laisser to leave; + *infinitive* to allow, let

lait *(m.)* milk

laitier (-ière) dairy

lampadaire *(m.)* floor lamp

lampe *(f.)* lamp

lancer to throw, send out

langue *(f.)* language, tongue

laque *(f.)* hair spray

laquelle *(f.) (pl.* **lesquelles)** which (one)

large wide

lavage *(m.)* wash

laver to wash; **laver la vaisselle** to do the dishes; **machine à laver** washing machine; **se laver** to wash oneself

le the; him, it

leçon *(f.)* lesson

lecteur *(m.)* player *(music)*; *(f.* **lectrice)** reader

lecture *(f.)* reading

légendaire legendary
léger (-ère) light *(weight)*
légèrement lightly
législatif (-ve) legislative
léguer to bequeath
légume *(m.)* vegetable
lendemain *(m.)* next day
lent(e) slow
lentement slowly
lequel which one
les the; them, to them
lesquels (-elles) which
  (ones)
lessive *(f.)* laundry; **faire la
  lessive** to do the laundry
lettre *(f.)* letter; **boîte** *(f.)*
  aux lettres mailbox; **en
  toutes lettres** in full
leur their; to them
lever to raise, lift; **se lever**
  to get up
lèvre *(f.)* lip; **rouge** *(m.)* **à
  lèvres** lipstick
libérer to free
liberté *(f.)* freedom, liberty
librairie *(f.)* bookstore
libre (de) free (to)
lieu *(m.)* place; **au lieu
  (de)** instead (of); **avoir
  lieu** to take place
lieue *(f.)* league
ligne *(f.)* line
limite *(f.)* limit
limiter to limit
limonade *(f.)* lemon soda
lin *(m.)* linen
liquide *(m.)* liquid
lire *(p.p.* **lu)** to read
liste *(f.)* list
lit *(m.)* bed
litre *(m.)* liter
littéraire literary

littérature *(f.)* literature
littoral *(m.)* coast line
living *(m.)* living room
livre *(f.)* pound; *(m.)* book
livret *(m.)* booklet
locataire *(m./f.)* tenant
location *(f.)* rental
logement *(m.)* lodging
loger to lodge, stay
loi *(f.)* law
loin (de) far (from)
loisir *(m.)* leisure
Londres *(m.)* London
long(ue) long; **de long en
  large** back and forth
longer to go along
longtemps a long time
longueur *(f.)* length
lorsque when
loterie *(f.)* lottery
loto *(m.)* lotto
louer to rent
loup *(m.)* wolf
lourd(e) heavy
loyal *(pl.* **-aux)** loyal
loyalement loyally
loyer *(m.)* rent
lui he, him, to him, her, to
  her
lumière *(f.)* light
lundi *(m.)* Monday
lune *(f.)* moon
lunettes *(f. pl.)* eyeglasses;
  lunettes de soleil
  sunglasses
lutter to fight
luxe *(m.)* luxury
luxueux (-euse) luxurious
lycée *(m.)* high school
lyrique lyrical

M.J.C. youth center *(see*

  maison)
ma my
MacDo *(m.)* McDonald's
mâcher to chew
machine *(f.)* machine;
  machine à écrire
  typewriter; **machine à
  laver** washing machine
madame *(f.)* *(pl.*
  mesdames) Madam,
  Mrs.
mademoiselle *(f.)* *(pl.*
  mesdemoiselles) Miss
magasin *(m.)* store; **grand
  magasin** department
  store
magnétisme *(m.)*
  magnetism
magnétoscope *(m.)*
  V.C.R.
magnifique magnificent
mai *(m.)* May
maigre thin
maigrir to lose weight
maillot *(m.)* jersey;
  maillot de bain
  bathing suit
main *(f.)* hand
maintenant now
maire *(m.)* mayor
mairie *(f.)* town hall
mais but
maison *(f.)* house; **Maison
  des Jeunes et de la
  Culture (M.J.C.)** youth
  center
maître *(m.)* master;
  maître-nageur *(m.)*
  lifeguard
maîtresse *(f.)* grade school
  teacher; mistress
majeur of age

mal bad(ly); **aller mal** *(health)* to feel poorly; **avoir mal** to have an ache; **mal** *(m.)* **de dents** toothache; **mal du pays** homesickness

malade *(m./f.)* patient; *(adj.)* sick

maladie *(f.)* illness

maladroit(e) clumsy

malgré in spite of

malheureusement unfortunately

malheureux (-euse) unhappy

malhonnête dishonest

malin(e) clever

malle *(f.)* trunk

maman *(f.)* mom

Manche *(f.)* English Channel

manger to eat

manière *(f.)* manner, way

manifester to demonstrate

mannequin *(m.)* mannequin, model

manquer to be missing, lack

manteau *(m.)* coat

manuel (scolaire) *(m.)* textbook

maquillage *(m.)* makeup

maquiller to apply makeup; **se maquiller** to put on one's makeup

marbre *(m.)* marble

marchand(e) merchant

marchandise *(f.)* merchandise

marche *(f.)* walking

marché *(m.)* market; **bon marché** inexpensive

marcher to walk; to work, function

mardi *(m.)* Tuesday

maréchal *(m.)* marshal

marée *(f.)* tide

marémoteur (-trice) tidal (energy)

mari *(m.)* husband

mariage *(m.)* marriage

marier to marry; **se marier (avec)** to marry

marin *(m.)* sailor

marionnette *(f.)* puppet

Maroc *(m.)* Morocco

maroquinerie *(f.)* leather-goods store

marque *(f.)* brand

marquer to mark

marraine *(f.)* godmother

marron brown

mars *(m.)* March

masculin(e) masculine

masque *(m.)* mask

matelas *(m.)* mattress

matériel scolaire *(m.)* school supplies

mathématicien(ne) mathematician

mathématiques *(f. pl.)* mathematics

maths *(f. pl.)* math

matière *(f.)* subject

matin *(m.)* morning

matinée *(f.)* morning

mauvais(e) bad; **faire mauvais** to be bad *(weather)*

mauve purple

maximal(e) maximum

me me, to me

mécanicien(ne) mechanic

mécanisme *(m.)* mechanism

méchant(e) naughty, wicked

médecin *(m.)* doctor

médecine *(f.)* medicine

médical(e) medical

médicament *(m.)* medicine

médiéval(e) *(pl. -aux)* medieval

méditer to meditate

se méfier (de) to distrust

meilleur(e) best, better

mélange *(m.)* mix

mélanger to mix

mélodie *(f.)* melody

membre *(m.)* member

même same *(adj.)*; even *(adv.)*; **en même temps** at the same time

mémoire *(f.)* memory

menaçant(e) threatening

menacer to threaten

ménage *(m.)* household; **faire le ménage** to do the housework; **femme de ménage** cleaning woman

ménager (-ère) household; **travail ménager** housework

mener to lead

mensonge *(m.)* lie

mentionner to mention

menton *(m.)* chin

mer *(f.)* sea; **au bord de la mer** to/at the seashore; **haute mer** high tide; **basse mer** low tide

merci thank you

mercredi *(m.)* Wednesday

mère (*f.*) mother
méridional(e) southern
mériter (de) to deserve (to)
merveille (*f.*) marvel, wonder
merveilleux (-euse) marvelous
mes my
mesure (*f.*) measure
mesurer to measure
métallique metallic
métallurgie (*f.*) metallurgy
météo (*f.*) weather report
météorologue (*m./f.*) meteorologist, weather forecaster
méthode (*f.*) method
méthodiquement methodically
méticuleux (-euse) meticulous
métier (*m.*) job, profession
mètre (*m.*) meter
métrique metric
métro (*m.*) subway
métropole (*f.*) metropolis
mettre (*pp.* **mis**) to put (on); **mettre la table/le couvert** to set the table; **se mettre à** to begin to; **se mettre en route** to start out; **se mettre en colère** to become angry; **se mettre en rang** to get in line
meuble (*m.*) piece of furniture; (*m. pl.*) furniture
meurtre (*m.*) murder
microbiologie (*f.*) microbiology

miscroscopique microscopic
midi (*m.*) noon; south (of France)
mieux better; **aimer mieux** to prefer; **faire de son mieux** to do one's best; **tant mieux** so much the better
milieu (*m.*) center, middle; **au milieu** in the middle
militaire military
mille (**mil** *in dates*) (one) thousand
milliard (*m.*) billion
millier (*m.*) a thousand
mince thin
minerai (*m.*) ore
minéral(e) mineral; **eau** (*f.*) **minérale** mineral water
ministère (*m.*) ministry
ministre (*m.*) minister; **premier ministre** prime minister
minuit (*m.*) midnight
miroir (*m.*) mirror
missionnaire (*m./f.*) missionary
mobile movable
mobylette (*f.*) moped
mode (*f.*) style, fashion; **à la mode** in style
modèle (*m.*) model
moderne modern
moderniser to modernize
moi I, me
moindre least, smallest
moins less, minus, least; **au moins** at least; **moins (de)** less, fewer
mois (*m.*) month

moitié (*f.*) half
mon my
monarchie (*f.*) monarchy
monarque (*m.*) monarch
monde (*m.*) world; **tout le monde** everybody; **faire le tour du monde** to go around the world
mondial(e) world
monétaire monetary
moniteur (-trice) counselor
monnaie (*f.*) change
monsieur (*m.*) (*pl.* **messieurs**) sir, gentleman, Mr.
mont (*m.*) mount
montagne (*f.*) mountain
montagneux (-euse) mountainous
monter to go up, climb; to carry up
montre (*f.*) watch
montrer to show
moquer to mock; **se moquer (de)** to make fun (of)
moraliste (*m./f.*) moralist
morceau (*m.*) piece
mort (*f.*) death
mort(e) dead
mosquée (*f.*) mosque
mot (*m.*) word
moteur (*m.*) motor
moto (*f.*), **motocyclette** (*f.*) motorcycle
mouche (*f.*) fly; **bateau-mouche** (*m.*) sightseeing boat
mouchoir (*m.*) handkerchief
moulin (*m.*) windmill

mourir *(p.p.* **mort***)* to die
mousquetaire *(m.)* musketeer
moutarde *(f.)* mustard
mouton *(m.)* sheep
mouvement *(m.)* movement
moyen *(m.)* means; **moyen de transport** means of transportation
mur *(m.)* wall
musculation *(f.)* bodybuilding; **faire de la musculation** to do bodybuilding
musée *(m.)* museum
musicien(ne) musician
musique *(f.)* music
mystérieux (-euse) mysterious

n'importe quoi anything
n'est-ce pas? isn't that so?
nage *(f.)* swimming
nager to swim
naïf (-ve) naive
naissance *(f.)* birth
naître *(p.p.* **né***)* to be born
natal(e) native
natation *(f.)* swimming
national *(pl.* **-aux***)* national
nationalité *(f.)* nationality
naturaliste naturalist
naturel(le) natural
naturellement naturally
nautique nautical; **ski nautique** *(m.)* waterskiing
naval(e) *(pl.* **navals***)* naval
navire *(m.)* ship
né(e) born

ne: ne... aucun(e) not any; **ne... jamais** never; **ne... ni... ni** neither nor; **ne... pas** not; **ne... personne** nobody, no one; **ne... plus** no longer, no more, anymore; **ne... que** only; **ne... rien** nothing
nécessaire necessary
négatif (-ive) negative
négativement negatively
négliger to neglect
neige *(f.)* snow; **bonhomme de neige** *(m.)* snowman; **boule de neige** *(f.)* snowball
neiger to snow
nerveux (-euse) nervous
net(te) clean
nettoyage *(m.)* cleaning
nettoyer to clean
neuf nine
neuf (-ve) new
neveu *(m.)* nephew
nez *(m.)* nose
ni... ni neither. . . nor
niche *(f.)* kennel; niche
nièce *(f.)* niece
nocturne night
Noël *(m.)* Christmas
noir(e) black; *(m.)* darkness; **il fait noir** it is dark
noisette *(f.)* hazelnut
nom *(m.)* name
nombre *(m.)* number
nombreux (-euse) numerous
nommé(e) named
non no
nord *(m.)* north

norme *(f.)* standard, norm
Norvège *(f.)* Norway
nos our
notamment in particular
note *(f.)* note, grade, bill
noter to note
notre our
nourrir to feed
nourriture *(f.)* food
nous we, us, to us
nouveau, nouvel *(f.* **nouvelle***)* new; **de nouveau** again
nouveauté *(f.)* new thing
nouvelles *(f. pl.)* news
novembre *(m.)* November
nuage *(m.)* cloud
nucléaire nuclear
nuit *(f.)* night; **table de nuit** *(f.)* night table
numéro *(m.)* number; **numéro de téléphone** telephone number

obéir (à) to obey
obélisque *(m.)* obelisk
objet *(m.)* object; **bureau** *(m.)* **des objets trouvés** lost and found
obligatoire compulsory
obliger to oblige, compel
observer to observe
obtenir *(p.p.* **obtenu***)* to obtain, get
occupé(e) busy
occuper to occupy; **s'occuper (de)** to take care of, to be busy (with)
océan *(m.)* ocean
octobre *(m.)* October
odorant(e) fragrant

œil *(m.)* *(pl.* **yeux***)* eye;
   coup d'œil glance
œuf *(m.)* egg
œuvre *(f.)* work
officiel(le) official
offre *(m.)* offer
offrir *(pp.* **offert***)* to offer
oignon *(m.)* onion
oiseau *(m.)* bird
omelette *(f.)* omelet
omettre *(pp.* **omis***)* to
   omit
on one, we, you, they,
   people
oncle *(m.)* uncle
ongle *(m.)* nail
onze eleven
opérateur (-trice)
   operator
opération *(f.)* operation,
   transaction
optimiste optimistic
or *(m.)* gold, **en or** (made
   of) gold
orage *(m.)* storm
orangeade *(f.)* orange
   soda
orchestre *(m.)* orchestra
ordinaire ordinary;
   d'ordinaire usually
ordinateur *(m.)* computer
ordonner to order
ordre *(m.)* order
ordures *(f. pl.)* garbage
oreille *(f.)* ear
organisateur (-trice)
   organizer
organiser to organize
orgue *(m.)* organ
origine *(f.)* origin
orner to decorate
orteil *(m.)* toe

orthographe *(f.)* spelling
oser to dare
ôter to remove, take off
ou or
où where
oublier (de) to forget (to)
ouest *(m.)* west
oui yes
ouragan *(m.)* hurricane
ours *(m.)* bear
outil *(m.)* tool
ouverture *(f.)* opening
ouvreur (-euse) usher
ouvrier (-ière) factory
   worker
ouvrir *(p.p.* **ouvert***)* to
   open

paiement *(m.)* payment
pain *(m.)* bread; **pain
   grillé** toast
pair *(m.)* peer; **(jeune
   fille) au pair** au pair
   (girl)
paire *(f.)* pair
paix *(f.)* peace
palais *(m.)* palace; **palais
   de justice** courthouse
paléontologie *(f.)*
   paleontology
panne *(f.)* breakdown;
   tomber en panne to
   break down; **panne
   d'électricité** power
   failure
panoramique panoramic
pantalon *(m.)* pants
papier *(m.)* paper
paquet *(m.)* package
par by, through, per; **par
   conséquent**
   consequently

parachutisme *(m.)*
   parachuting, parasailing
paragraphe *(m.)*
   paragraph
paraître *(p.p.* **paru***)* to
   seem
parallèlement in parallel
parapluie *(m.)* umbrella
parc *(m.)* park; **parc
   d'attractions**
   amusement park
parce que because
parcourir to cover; to scan
pardon *(m.)* pardon;
   demander pardon to
   ask for forgiveness
pardonner to forgive,
   excuse
parenthèse *(f.)* parenthesis
paresseux (-euse) lazy
parfait(e) perfect
parfaitement perfectly
parfois sometimes
parfum *(m.)* perfume
parfumer to perfume; **se
   parfumer** to put on
   perfume
parfumerie *(f.)* perfume
   shop
parfumeur (-euse)
   perfume maker
parisien(ne) Parisian
parlement *(m.)* parliament
parler to speak
parmi among
parole *(f.)* word; **tenir sa
   parole** to keep one's
   promise
part *(f.)* part; **prendre
   part à** to take part in
partager to share, divide
parti *(m.)* party (politics)

participant(e) participant
participer (à) to participate (in)
particulier (-ère) particular
partie *(f.)* part; **faire partie de** to belong to
partiellement partially
partir to leave, go away; **à partir de** from
partitif *(m.)* partitive
partout everywhere
parution *(f.)* publication
pas not; **pas du tout** not at all; **pas encore** not yet; **ne... pas** not; **pas de quoi** you're welcome;
passager (-ère) passenger
passant(e) passerby
passé(e) past; **l'année passée** last year
passe-temps *(m.)* pastime
passeport *(m.)* passport
passer to pass; to spend *(time);* **passer l'aspirateur** to vacuum; **passer un examen** to take a test; **se passer** to happen
passionnant(e) intriguing, captivating
passionner to fascinate
pasteurisation *(f.)* pasteurization
patienter to wait
patin *(m.)* skate; **patin à glace** ice skate/skating; **patin en ligne** in-line skate; **faire du patin à glace** to go ice skating
patiner to skate

patinoire *(f.)* skating rink
pâtisserie *(f.)* pastry; pastry shop
pâtissier (-ière) pastry maker
patron(ne) boss; patron saint
patte *(f.)* paw
pâturage *(m.)* pasture land
pauvre poor
pauvreté *(f.)* poverty
payer to pay (for); **payer comptant** to pay cash; **payer en espèces/en liquide** to pay in cash
pays *(m.)* country; **avoir le mal du pays** to be homesick
Pays-Bas *(m.)* Netherlands
paysage *(m.)* landscape; scenery
paysagiste *(m. /f.)* landscape designer
paysan(ne) peasant
peau *(f.)* skin
pêche *(f.)* peach; fishing; **aller à la pêche** to go fishing
pêcher to fish
pédagogique educational
pédaler to pedal
peigne *(m.)* comb
peigner to comb; **se peigner** to comb one's hair
peindre *(p.p.* **peint)** to paint
peine *(f.)* pain; **valoir la peine** to be worth the effort; **à peine** hardly
peintre *(m.)* painter
peinture *(f.)* painting

pèlerinage *(m.)* pilgrimage
pelote *(f.)* ball (of wool)
pelouse *(f.)* lawn
pendant during; **pendant que** while
penderie *(f.)* closet
pendre to hang
pendule *(f.)* clock
pensée *(f.)* thought
penser to think; to intend
péninsule *(f.)* peninsula
pensionnaire *(m./f.)* boarder, guest
perdre to lose; **perdre son temps** to waste one's time
père *(m.)* father; **père Noël** Santa Claus
perfectionner to improve
période *(f.)* period
perle *(f.)* pearl
permettre *(p.p.* **permis)** to allow, permit
permis *(m.)* permit; **permis de conduire** driver's license
persister (à) to persist (in)
personnage *(m.)* character
personnalité *(f.)* personality
personne *(f.)* person
personne (ne) nobody, no one; **ne... personne** nobody, no one
personnel(le) personal
personnellement personally
persuader (de) to persuade (to)
peser to weigh
peste *(f.)* plague

pétanque *(f.)* bowls (game)

petit(e) little, small; **petit(e) ami(e)** *(m./f.)* boy/girlfriend; **petit-fils** *(m.)* grandson; **petite-fille** *(f.)* granddaughter; **petits-enfants** *(m. pl)* grandchildren; **petit déjeuner** *(m.)* breakfast; **petits pois** *(m. pl.)* peas

pétrole *(m.)* oil

peu (de) little, few; **à peu près** about, approximately; **peu à peu** little by little; **un peu** a little

peuple *(m.)* people *(of a nation)*

peur *(f.)* fear; **avoir peur de** to be afraid of; **faire peur** to scare

peureux (-euse) fearful

peut-être perhaps, maybe

pharmacie *(f.)* pharmacy, drugstore

philosophe *(m.)* philosopher

philosophie *(f.)* philosophy

photocopie *(f.)* photocopy

photocopieur *(m.)* (or: **photocopieuse**) copying machine

photographe *(m./f.)* photographer

photographie *(f.)* photography

photographier to photograph

physicien (-ienne) physicist

physiologie *(f.)* physiology

physique *(f.)* physics

physique physical; **éducation** *(f.)* **physique** gym

physiquement physically

pièce *(f.)* play; coin; room

pied *(m.)* foot; **aller à pied** to walk, go on foot

pierre *(f.)* stone

piller to loot

pilote *(m.)* pilot

piloter to pilot

pilule *(f.)* pill

pin *(m.)* pine tree

pionnier (-ière) pioneer

pique-nique *(m.)* picnic

piquer to sting

piqûre *(f.)* injection

pire worse, worst

pis worse, worst

piscine *(f.)* swimming pool; **piscine couverte** indoor pool

pittoresque picturesque

placard *(m.)* cabinet, closet, cupboard

placer to place, set

plafond *(m.)* ceiling

plage *(f.)* beach

plaindre to pity; **se plaindre** to complain

plaire (à) to please; **s'il vous plaît** please

plaisanter to joke, kid around

plaisir *(m.)* pleasure; **faire plaisir (à)** to please

plan *(m.)* map, plan

planche *(f.)* board; **planche à voile** windsurf; **faire de la planche à voile** to go

windsurfing

plancher *(m.)* floor

planète *(f.)* planet

planter to plant

plastique *(m.)* plastic

plat *(m.)* dish

plateau *(m.)* tray

plein(e) full; **plein de** full of; **en plein air** outdoors; **en pleine forme** in good shape; **en plein été** in mid-summer

pleurer to cry

pleuvoir *(p.p.* **plu)** to rain

plombier *(m.)* plumber

plonger to plunge, dive

pluie *(f.)* rain

plupart: la plupart (de) most

plus (de) more; **plus tard** later; **de plus** in addition; **le plus** the most; **le plus possible** as much as possible; **ne... plus** no longer, no more, anymore

plusieurs several

pneu *(m.)* *(pl.* **pneus)** tire

poche *(f.)* pocket

poème *(m.)* poem

poésie *(f.)* poetry

poète *(m.)* poet

poétique poetic

poids *(m.)* weight

pointillisme *(m.)* pointillism

poisson *(m.)* fish; **poisson rouge** gold fish

poivre *(m.)* pepper

pôle *(m.)* pole

poli(e) polite

poliment politely

politique political; *(f.)* politics

pomme *(f.)* apple; **pomme de terre** potato

pompier *(m.)* fireman

pont *(m.)* bridge

populaire popular

porc *(m.)* pig

porte *(f.)* door, gate

portefeuille *(m.)* wallet

porter to carry; to wear

portugais(e) Portuguese

poser to place; to ask *(questions);* **se poser** to come up *(problem)*

positif (-ve) positive

posséder to possess, own

possiblement possibly

postal(e) postal; **carte** *(f.)* **postale** postcard; **code** *(m.)* **postal** zip code

poste *(f.)* post office; **bureau** *(m.)* **de poste** post office

poste *(m.)* job

poster to mail

pot-au-feu *(m.)* beef stew

potage *(m.)* soup

pou *(m.)* *(pl.* **poux)** louse

poubelle *(f.)* garbage can

pouce *(m.)* inch; thumb

poulet *(m.)* chicken

poupée *(f.)* doll

pour for, in order to; **pour que** so that

pourboire *(m.)* tip

pourquoi why

pourtant even so

pousser to push; to grow; **pousser un cri** to shout; **pousser un**

soupir de soulagement to breathe a sigh of relief

pouvoir *(m.)* power; pouvoir exécutif executive power

pouvoir *(p.p.* **pu)** to be able to, can

pratique practical

pratiquer to practice; play *(a sport)*

précieusement preciously

précieux (-euse) precious, important

précis(e) precise; **à deux heures précises** at two o'clock exactly

précisément precisely

précurseur *(m.)* precursor

préfecture *(f.)* prefecture

préférable preferable

préférer to prefer

préfet *(m.)* prefect

préhistoire *(f.)* prehistory

préhistorique prehistoric

premier (-ière) first; **premier ministre** *(m.)* prime minister

prendre to take *(p.p.* **pris);** **prendre au sérieux** to take seriously; **prendre part à** to take part in; **prendre soin** to take care; **prendre une décision** to make a decision

prénom *(m.)* given name

préoccuper to preoccupy, worry

préparatifs *(m. pl.)* preparations

préparer to prepare; **se**

préparer to prepare oneself

près (de) near; **à peu près** about, approximately

présent *(m.)* present; **à présent** now

présenter to introduce; to offer; **se présenter** to introduce oneself

préserver to preserve

présidence *(f.)* presidency

président(e) president

presse *(f.)* press

pressé(e) in a hurry

prêt(e) ready

prêtre *(m.)* priest

prétendre to claim

prêter to lend

prévoir *(p.p.* **prévu)** to foresee

prier to pray

primaire primary

princesse *(f.)* princess

principal(e) *(pl.-aux)* principal, main

principalement principally

principe *(m.)* principle

printemps *(m.)* spring

prise *(f.)* taking

prisonnier (-ière) prisoner

privé(e) private

privilégier to privilege

prix *(m.)* prize; price

probabilité *(f.)* probability

probablement probably

problème *(m.)* problem

prochain(e) next

proche nearby

procéder to proceed

proclamer to proclaim

producteur (-trice)

producer

produit *(m.)* product

produire to produce

professeur *(m.)* *(coll.* **prof***)* teacher

professionnel(le) professional

profiter (de) to profit from

profiterole *(f.)* cream puff with chocolate sauce

profond(e) profound, deep

profondément profoundly

profondeur *(f.)* depth

programme *(m.)* program, platform

programmeur (-euse) programmer

progrès *(m.)* progress

projet *(m.)* project

projeter to project, plan

promenade *(f.)* walk; **faire une promenade** to go for a walk

promener to walk; **se promener** to take a walk

promesse *(f.)* promise

promettre (de) to promise (to)

promouvoir to promote

prononcer to pronounce; to declare

propos: à propos de about

proposer to propose

propre clean, own

propriétaire *(m./f.)* owner

prospérité *(f.)* prosperity

protéger to protect; **se protéger** to protect

oneself

protester to protest

prouver to prove

provençal(e) from Provence

provoquer to cause

prudemment prudently

prune *(f.)* plum

psychologie *(f.)* psychology

psychologique pyschological

public (-que) public; **en public** in public

public *(m.)* public, audience

publicité *(f.)* publicity

publier to publish

puis then

puisque since

puissant(e) powerful

pull *(m.)* pullover sweater

punir to punish

pupitre *(m.)* pupil's desk

purée *(f.)* mashed (vegetables)

quai *(m.)* pier

qualifié(e) qualified

qualité *(f.)* quality

quand when; **quand même** anyway

quantité *(f.)* quantity

quarante forty

quart *(m.)* quarter

quartier *(m.)* neighborhood

quatorze fourteen

quatre four

quatre-vingt-dix ninety

quatre-vingts eighty

quatrième fourth

que that, whom, which;

what; than; **ce que** that which, what; **ne... que** only; **qu'est-ce que** what

quel(le) what, which; what a

quelqu'un someone

quelque some; **quelques** *(m./f. pl.)* a few, some

quelque chose something

quelquefois sometimes

querelle *(f.)* quarrel

qui who, whom, which, that

quinze fifteen

quitter to leave

quoi what; **(il n'y a) pas de quoi** you're welcome

quotidien(ne) daily

rabais *(m.)* discount

raccrocher to hang up *(phone)*

racisme *(m.)* racism

raconter to tell; to describe

radioactivité *(f.)* radioactivity

rafraîchissement *(m.)* refreshment

ragoût *(m.)* stew

raide straight *(hair)*

raisin *(m.)* grape

raison *(f.)* reason; **avoir raison** to be right

raisonnable reasonable

rajeunir to rejuvenate

ramasser to pick up

ramener to bring back

randonnée *(f.)* hike

rang *(m.)* row

ranger to put away; to put in order, tidy

rapide rapid, fast
rapidement quickly, rapidly
rappeler to recall; **se rappeler** to remember
rapport *(m.)* report; **par rapport à** with regard to
rapporter to bring back
raquette *(f.)* racket
rarement rarely
raser to shave; **se raser** to shave (oneself)
rasoir *(m.)* razor
rassurer to reassure
rater to fail
ravi(e) delighted
rationnel(le) rational
rayon *(m.)* shelf, department
rayonner to radiate
réagir to react
réalisable feasible
réaliser to achieve, realize
réalisme *(m.)* realism
réaliste *(m./f.)* realist
réalité *(f.)* reality
récemment recently
récent(e) recent
récepteur *(m.)* handset, phone, receiver
réception *(f.)* reception; receipt
recette *(f.)* recipe
recevoir *(p.p.* **reçu)** to receive
recherche *(f.)* research
rechercher to search
récit *(m.)* story
recommandation *(f.)* recommendation
recommander to recommend

recommencer to start over again
récompense *(f.)* reward
réconcilier to reconcile; **se réconcilier** to make up with
recouvert(e) covered
recruter to recruit
rédaction *(f.)* editing
redécorer to redecorate
redéfinir to redefine
réel(le) real
refaire to redo
refermer to close again
réfléchir to reflect, think
refléter to reflect
réformer to reform
réforme *(f.)* reform
réfrigérateur *(m.)* refrigerator
(se) réfugier to take refuge
refuser (de) to refuse (to)
regarder to look at, watch; **se regarder** to look at oneself
régime *(m.)* diet; system
régional(e) *(pl.* **-aux)** regional
registre *(m.)* register
règle *(f.)* rule, ruler
règlement *(m.)* rules
régler to set, to arrange; **régler un compte** to arrange an account
régner to reign
regretter (de) to regret (to)
regrouper to regroup
régularité *(f.)* regularity
regulièrement regularly
reine *(f.)* queen

rejeter to reject
relation *(f.)* relationship
relativité *(f.)* relativity
relaxant(e) relaxing
relaxer to relax
relier to connect, link
religieux (-euse) religious
remarquable remarkable
remarque *(f.)* remark
remarquer to notice
remède *(m.)* remedy
remercier to thank
remettre *(p.p.* **remis)** to put back; to deliver
remonter to go back up; to wind up
remplaçant(e) replacement, substitute teacher
remplacer to replace
remplir to fill
rencontrer to meet
rendre to give back, return; **rendre malade** to make one sick; **rendre visite (à)** to visit; **se rendre** to go; **se rendre compte (de)** to realize
renommé(e) renowned
renoncer (à) to give up, renounce
rénover to renovate
renseignements *(m. pl.)* information
renseigner to inform; **se renseigner (sur)** to inquire, get information
rentrée *(f.)* return; **rentrée scolaire** return to school
rentrer to return

renverser to overthrow, capsize

renvoyer to send back; to fire

réorganiser to reorganize

répandu(e) wide-spread

réparer to repair

repartir to set out again

répartition (*f.*) distribution

repas (*m.*) meal

repasser to iron

répéter to repeat

répétition (*f.*) rehearsal

répondeur (*m.*) answering machine

répondre (à) to answer

réponse (*f.*) answer

reportage (*m.*) news report

repos (*m.*) rest

reposer to rest; **se reposer** to rest, relax

reprendre to take back

représentant(e) representative

représentation (*f.*) performance (*show*)

représenter to represent

réprimande (*f.*) reprimand

république (*f.*) republic

réputé(e) known, reputed

réseau (*m.*) network

réservation (*f.*) reservation

réserver to reserve

résidence (*f.*) residence, home

résigner to resign; **se résigner (à)** to resign oneself (to)

résister to resist

résoudre to solve, resolve

respecter to respect

respectueusement respectfully

respectueux (-euse) respectful

responsabilité (*f.*) responsibility

responsable responsible

ressembler (à) to resemble; **se ressembler** to look alike

restauration (*f.*) restaurant business; restoration

restaurer to restore

rester to remain, stay

résultat (*m.*) result

rétablir to restore; **se rétablir** to recover

retard (*m.*) lateness; **en retard** late

retentir to resound

retirer to remove

retour (*m.*) return; **de retour** back

retourner to return

retrait (*m.*) withdrawal

retraite (*f.*) retirement; retreat

retrouver to find again; **se retrouver** to find oneself

réussir (à) to succeed (in), to pass (test)

rêve (*m.*) dream

réveil (-matin) (*m.*) alarm clock

réveiller to awaken; **se réveiller** to wake up

revendiquer to demand

revenir (*p.p.* **revenu**) to come back

rêver (de) to dream (of)

revoir (*p.p.* **revu**) to see again; **au revoir** goodbye

révolte (*f.*) revolt

révolution (*f.*) revolution

révolutionner to revolutionize

révoquer to revoke

revue (*f.*) magazine

rez-de-chaussée (*m.*) ground floor

Rhin (*m.*) Rhine

riche rich

richesse (*f.*) wealth

rideau (*m.*) (*pl.* **-aux**) curtain

ridicule ridiculous

rien nothing; **de rien** you're welcome; **ne... rien** nothing

rire to laugh; **éclater de rire** to burst out laughing

risque (*m.*) risk

risquer (de) to risk

rive (*f.*) bank

rivière (*f.*) river

riz (*m.*) rice

robe (*f.*) dress; **robe à volants** dress with ruffles; **robe de chambre** bathrobe

robuste robust, strong

rocher (*m.*) rock

roi (*m.*) king

rôle (*m.*) role

romain(e) Roman

roman (*m.*) novel; **roman policier** detective story

romancier (-ière) novelist

romantique romantic

romantisme (*m.*)

romanticism

rompre to break

rond(e) round

ronde *(f.)* round

rose pink

rôtir to roast

roue *(f.)* wheel

rouge *(m.)* red; **rouge à lèvres** lipstick

rougir to blush

rouler to roll (along)

roumain(e) Romanian

route *(f.)* road, route; **en route** on the way; **se mettre en route** to start out

routier (-ère) *(adj.)* road

roux *(f. **rousse**)* red *(hair)*

royaume *(m.)* kingdom

rubrique *(f.)* column *(newspaper)*

rue *(f.)* street

ruer to kick

ruiner to bankrupt; ruin

ruisseau *(m.)* stream

sa his, her

sable *(m.)* sand

sabot *(m.)* clog

sac *(m.)* bag, sack, pocketbook; **sac à dos** backpack; **sac de couchage** sleeping bag

sage wise; well-behaved

Saint-Valentin *(m.)* Valentine's Day

saisir to seize, grab

saison *(f.)* season

sale dirty

salle *(f.)* room; **salle à manger** dining room; **salle de bains**

bathroom; **salle de classe** classroom; **salle de récréation** playroom; **salle de séjour** living room

salon *(m.)* living room, lounge; **salon de coiffure** beauty parlor

saluer to greet

salut hi

samedi *(m.)* Saturday

sans without

santé *(f.)* health

satirique satirical

satiriste *(m. /f.)* satirist

saucisse *(f.)* sausage

saucisson *(m.)* dry sausage

sauf except

saut *(m.)* jump; **saut en chute libre** skydiving

sauter to jump; **sauter à la corde** to jump rope

sauvage savage, wild

sauver to save; **se sauver** to run away

savane *(f.)* savanna

savant(e) scientist

savoir *(p.p. **su**)* to know (how to)

savourer to savour, relish, enjoy

scénariste *(m. /f.)* scriptwriter

scientifique scientific

scolaire school; **matériel** *(m.)* **scolaire** school supplies; **rentrée** *(f.)* **scolaire** return to school

scolarité *(f.)* schooling

sculpter to sculpt

sculpteur (-trice) sculptor

se (to) himself, (to) herself, (to) oneself, (to) themselves

sec *(f. **sèche**)* dry

sèche-linge *(m.)* dryer

secondaire secondary

seconde *(f.)* second

secret (-ète) secret

secrétaire *(m. /f.)* secretary

secrètement secretly

sécurité *(f.)* security; **sécurité sociale** social security

seize sixteen

séjour *(m.)* stay; family room; **salle** *(f.)* **de séjour** family room

séjourner to stay

sel *(m.)* salt

selon according to

semaine *(f.)* week

sembler to seem

semestre *(m.)* semester

sénat *(m.)* senate

sénateur *(m.)* senator

sensationnel(le) sensational

sensibilité *(f.)* sensitivity

sentiment *(m.)* feeling

sentir to feel, smell; **se sentir** to feel

séparer to separate

sept seven

septembre *(m.)* September

série *(f.)* series

sérieusement seriously

sérieux (-euse) serious; **prendre au sérieux** to take seriously

serpent *(m.)* snake

serveur (-euse)

waiter/waitress

serviette *(f.)* briefcase; napkin; towel

servir (de) to serve (as); **se servir de** to use

ses his, her

seul(e) only, single, alone

seulement only

sévère strict

sévèrement severely, strictly

sexe *(m.)* sex

si if; yes; so

siècle *(m.)* century

siège *(m.)* siege; seat

sieste *(f.)* nap; **faire la sieste** to take a nap

siffler to whistle

signer to sign

simplifier to simplify

simultanément simultaneously

sincère sincere

sincèrement sincerely

singe *(m.)* monkey

sirène *(f.)* siren

situé(e) situated

sixième sixth

ski *(m.)* ski; **ski nautique** waterskiing; **faire du ski** to go skiing

skier to ski

société *(f.)* company; society

sociologie *(f.)* sociology

sœur *(f.)* sister

soie *(f.)* silk

soif *(f.)* thirst; **avoir soif** to be thirsty

soigné(e) neat

soigneux (-euse) careful

soin *(m.)* care; **prendre**

soin (de) to take care (of)

soir *(m.)* evening

soirée *(f.)* evening, evening party

soixante sixty

soixante-dix seventy

sol *(m.)* ground

solaire sun

soldat *(m.)* soldier

soleil *(m.)* sun; **coucher** *(m.)* **de soleil** sunset; **coup** *(m.)* **de soleil** sunburn; **lunettes** *(f.)* **de soleil** sunglasses; **faire du soleil** to be sunny

solide solid

soliste *(m./f.)* soloist

sombre dark

somme *(f.)* sum

sommeil *(m.)* sleep; **avoir sommeil** to be sleepy

sommet *(m.)* summit, top

son *(m.)* sound

son his, her

sondage *(m.)* survey

songer (à) to think (of)

sonner to ring

sophistiqué(e) sophisticated

sorcellerie *(f.)* witchcraft

sorte *(f.)* sort, type; **en sorte que** so that

sortie *(f.)* outing; exit

sortir to go out

souci *(m.)* care, worry

soudain(e) sudden, *(adv.)* suddenly

soudainement suddenly

souffler to blow

souffrir *(p.p.* **souffert)** to suffer

souhaiter to wish

soulagement *(m.)* relief

soulier *(m.)* shoe

soupe *(f.)* soup

soupir *(m.)* sigh; **pousser un soupir de soulagement** to breathe a sigh of relief

soupirer to sigh

sourire *(m.)* smile

sourire to smile

souris *(f.)* mouse

sous under

souscription *(f.)* subscription

sous-sol *(m.)* basement

souterrain underground

se souvenir de to remember

souvent often

spatial(e) space

spécial *(pl.* **-aux)** special

se spécialiser (en) to specialize (in)

spécialiste *(m./f.)* specialist

spécialité *(f.)* specialty

spécifique specific

spectacle *(m.)* show

spectaculaire spectacular

spectateur (-trice) spectator

spirituel(le) spiritual; witty

splendide splendid

spontanément spontaneously

sport *(m.)* sport; **voiture de sport** sports car; **faire du sport** to play sports

sportif (-ive) sports, athletic

squelettique emaciated

stabilité *(f.)* stability

stade *(m.)* stadium

stage *(m.)* training course

standardiste *(m./f.)* switchboard operator

station *(f.)* station; **station balnéaire** seaside resort; **station de ski** ski resort

station-service *(f.)* gas station

stationné(e) parked

statut *(m.)* status

stop *(m.)* stop sign

store *(m.)* shade, blind

stratège *(m.)* strategist

stratégie *(f.)* strategy

studieux (-euse) studious

stupéfait(e) stupefied

stupide stupid

stupidement stupidly

stylo *(m.)* pen

subventionner to subsidize

succès *(m.)* success

successeur *(m.)* successor

sucre *(m.)* sugar

sud *(m.)* south

suffire to be enough

suffisant(e) sufficient

suffrage *(m.)* vote

suggérer to suggest

Suisse *(f.)* Switzerland; *(adj.)* Swiss

suite *(f.)* continuation; **à la suite** following

suivant(e) following

suivre *(p.p.* **suivi***)* to follow

sujet *(m.)* subject; **au sujet de** about

superbe superb

superficie *(f.)* area, surface

supérieur(e) superior

supermarché *(m.)* supermarket

supersonique supersonic

superstitieux (-euse) superstitious

supplément *(m.)* supplement

supporter to tolerate

suprême supreme

sur on, upon

sûr(e) sure; **bien sûr** of course

sûrement surely

surnommé(e) nicknamed

surprenant(e) surprising

surprendre *(p.p.* **surpris***)* to surprise

surréaliste surrealist(ic)

surtout especially

surveiller to watch

survêtement *(m.)* tracksuit

survoler to fly over

symbole *(m.)* symbol

symbolique symbolic

sympathique likable, nice

symphonie *(f.)* symphony

synthèse *(f.)* synthesis

système *(m.)* system

ta your

tableau *(m.)* chalkboard; painting; **tableau d'honneur** honor roll

tailleur *(m.)* suit *(woman's)*; tailor

talentueux (-euse) talented

tandis que while

tant so much/many; **tant mieux** so much the better; **tant pis** too bad

tante *(f.)* aunt

tapis *(m.)* rug

tard late; **plus tard** later

tarif *(m.)* rate

tarte *(f.)* pie

tasse *(f.)* cup

taux *(m.)* rate; **taux d'intérêt** interest rate

te you, to you

technicien (ne) technician

technique technical

technologie *(f.)* technology

tel(le) such

télécarte *(f.)* phone card

télégramme *(m.)* telegram

téléphone *(m.)* telephone; **coup de téléphone** telephone call; **numéro de téléphone** telephone number

téléphoner to phone

tellement so

témoin *(m.)* witness

tempéré(e) temperate

temporaire temporary

temps *(m.)* time; weather; **emploi du temps** schedule, program; **de temps à autre/de temps en temps** from time to time; **en même temps** at the same time; **perdre son temps** to waste one's time; **tout le temps** all the time

tendresse *(f.)* tenderness

tenir to hold; **tenir sa parole** to keep one's promise

tennis *(m.)* tennis; tennis shoe

tente *(f.)* tent

terme *(m.)* end

terminer to end

terrain *(m.)* field

terrasse *(f.)* terrace

terre *(f.)* earth, land; **par terre** on the ground

terreur *(f.)* terror

territoire *(m.)* territory

tes your

tête *(f.)* head

texte *(m.)* text

thé *(m.)* tea

théâtre *(m.)* theater

théière *(f.)* teapot

thème *(m.)* theme

théoricien *(m.)* (ne) theoretician

théorie *(f.)* theory

thermochimie *(f.)* thermochemistry

thermomètre *(m.)* thermometer

timbre *(m.)* stamp

timide shy

tirage *(m.)* drawing

tirer to pull, stick out

tiroir *(m.)* drawer

tissu *(m.)* material

titre *(m.)* title; **les (gros) titres** headlines

toi you

toilettes *(f. pl.)* toilet

toit *(m.)* roof

tomate *(f.)* tomato

tombe *(f.)* grave

tombeau *(m.)* tomb

tomber to fall; **tomber amoureux (-euse)** to fall in love; **tomber en panne** to break down

ton your

tondre to mow

tonnerre *(m.)* thunder;

coup *(m.)* **de tonnerre** thunderclap

topologie *(f.)* topology

tort *(m.)* fault; **avoir tort** to be wrong

tôt early; soon

toucher to touch; **toucher un chèque** to cash a check

toujours always, still

tour *(f.)* tower

tour *(m.)* tour; **faire le tour du monde** to go around the world

tourisme *(m.)* tourism

touriste *(m./f.)* tourist

touristique tourist

tourner to turn

tournesol *(m.)* sunflower

Toussaint *(f.)* All Saint's Day

tousser to cough

tout(e) *(m. pl.* **tous)** all; every(thing); *(adv.)* very, quite; **à tout à l'heure** see you later; **à tout prix** at all cost; **tous les deux** both; **tous les jours** every day; **tout à coup** suddenly; **tout à fait** entirely; **tout d'un coup** suddenly; **tout de suite** immediately; **tout droit** straight ahead; **tout le monde** everybody; **tout le temps** all the time

toutefois however

toux *(f.)* cough

traditionalisme *(m.)* traditionalism

traditionnel(le) traditional

traduire *(p.p.* **traduit)** to translate

tragédie *(f.)* tragedy

trahir to betray

train *(m.)* train; **être en train de** to be in the process of

traité *(m.)* treaty

traitement *(m.)* treatment; **traitement de texte** word processing

traiter to treat

traiteur *(m.)* caterer

trajet *(m.)* journey

tramway *(m.)* streetcar

tranche *(f.)* slice

tranquille quiet, calm; **laisser … tranquille** leave . . . alone

tranquillement calmly

transatlantique transatlantic

transformer to transform

transport *(m.)* transportation; **moyen de transport** *(m.)* means of transportation

transporter to transport

travail *(m.)* *(pl.* **-aux)** work; **travaux manuels** *(m. pl.)* shop, arts & crafts; **travaux ménagers** housework

travailler to work

travailleur (-euse) hard-working

travers: à travers across, through

traversée *(f.)* crossing

traverser to cross

treize thirteen

trente thirty

très very
tri *(m.)* selection
tribu *(f.)* tribe
tribunal *(m.)* court of justice
tricolore three-colored
tricoter to knit
triste sad
tristement sadly
tristesse *(f.)* sadness
trois three
tromper to deceive; **se tromper** to make a mistake
trompette *(f.)* trumpet
trône *(m.)* throne
trop **(de)** too; too many, too much
trophée *(m.)* trophy
trotter to trot
trou *(m.)* hole
troubler to disturb
trouver to find; **se trouver** to be (found)
tu you
tuer to kill
Tunisie *(f.)* Tunisia
typique typical
tyrannie *(f.)* tyranny

un(e) a, an, one
unique only, single, unique
uniquement only
unir to unite
unité *(f.)* unit
universel(le) universal
universitaire (from a) university
université *(f.)* university
urgence *(f.)* emergency
usage *(m.)* use
usé(e) worn

usine *(f.)* factory
utile useful
utiliser to use

va *see* **aller**
vacances *(f. pl.)* vacation; **colonie** *(f.)* **de vacances** camp
vaccin *(m.)* vaccine
vache *(f.)* cow
vaisseau *(m.)* vessel
vaisselle *(f.)* dishes; **faire/laver la vaisselle** to do the dishes
valable valid
valeur *(f.)* value, stock
valide healthy, ambulatory
valise *(f.)* suitcase
vallée *(f.)* valley
valoir to be worth; **valoir la peine** to be worth the effort; **valoir mieux** to be better
valse *(f.)* waltz
vanter to praise; **se vanter (de)** to boast (of)
varié(e) varied
variété *(f.)* variety
vaste vast
vaut *see* **valoir**
vedette *(f.)* star
végétarien(ne) vegetarian
véhicule *(m.)* vehicule
veille *(f.)* eve
vélo *(m.)* bicycle
vendeur (-euse) salesperson
vendre to sell
vendredi *(m.)* Friday
venir *(p.p.* **venu)** to come; **venir de** to have just
vent *(m.)* wind; **faire du**

vent to be windy
verbe *(m.)* verb
vérifier to check
véritable real, true
verité *(f.)* truth
verre *(m.)* glass
vers *(m.)* line, verse
vers towards
versement *(m.)* deposit
vert(e) green; **haricots verts** *(m. pl.)* string beans; **plante** *(f.)* **verte** potted plant
vertébré *(m.)* vertebrate
vertige *(m.)* dizziness; **avoir le vertige** to be dizzy
veste *(f.)* jacket
veston *(m.)* jacket *(man's)*
vêtements *(m. pl.)* clothes; **vêtements de sport** sport clothes
vêtu(e) dressed
veut *see* **vouloir**
viande *(f.)* meat
vice-président(e) vice-president
victime *(f.)* victim
victoire *(f.)* victory
victorieux (-euse) victorious
vide empty
vidéocassette *(f.)* videocassette
vider to empty
vie *(f.)* life
vieille *(f.)* old woman
vieillesse *(f.)* old age
vieux *(m.)* old man
vieux, vieil, *(f.* vieille) old
vif (-ive) lively
vigne *(f.)* vine

ville *(f.)* city; **en ville** downtown

vin *(m.)* wine

vingt twenty

vingtième twentieth

violon *(m.)* violin

virement *(m.)* transfer

virgule *(f.)* comma

virtuose *(m./f.)* virtuoso

vis-à-vis towards

visage *(m.)* face

viser to aim

visite *(f.)* visit; **faire une visite, rendre visite à** to visit

visuel(le) visual

vitamine *(f.)* vitamin

vite rapidly, quickly

vitesse *(f.)* speed; **à toute vitesse** very fast; **en vitesse** speedily

vitrail *(m.)* *(pl.* **vitraux***)* stained-glass window

vivant(e) alive

vivre *(p.p.* **vécu***)* to live

vocabulaire *(m.)* vocabulary

vœu *(m.)* *(pl.* **vœux***)* vow, wish

voici here!, here is/are

voie *(f.)* track

voilà there!, there is/are

voile *(f.)* sail; **bateau** *(m.)* **à voile** sailboat; **faire de la voile** to sail

voir *(p.p.* **vu***)* to see

voisin(e) neighbor

voiture *(f.)* car; **voiture de sport** sports car; **aller en voiture** to go by car

voix *(f.)* voice; **à haute voix/à voix haute** out loud; **à voix basse** in a low voice

vol *(m.)* flight; theft

volaille *(f.)* poultry

volcan *(m.)* volcano

volcanique volcanic

voler to fly; to steal

voleur *(m.)* robber

volley-ball *(m.)* volleyball

vos your

voter to vote

votre your

vouloir *(p.p.* **voulu***)* to want; **vouloir dire** to mean

vous you, to you

voyage *(m.)* trip, voyage; **agence** *(f.)* **de voyages** travel agency; **chèque** *(m.)* **de voyage** traveler's check; **faire un voyage** to take a trip

voyager to travel

voyageur (-euse) traveler

vrai(e) true, real

vraiment truly, really

vue *(f.)* view

week-end *(m.)* weekend

y to it/them, in it/them, on it/them; there; **il y a** there is

yeux *(m. pl)* *(sing.* **œil***)* eyes

yogourt *(m.)* yogurt

zèbre *(m.)* zebra

zéro *(m.)* zero

English-French Vocabulary

The English-French vocabulary include those words that occur in the English to French translation exercises.

ABBREVIATIONS

(adj.)	adjective	*(m.)*	masculine
(adv.)	adverb	*(p.p.)*	past participle
(f.)	feminine	*(pl.)*	plural
(inf.)	infinitive	*(v.)*	verb

a(n) un(e)

a.m. du matin

able: to be able (to) pouvoir + *inf.*

about à peu près; de

accompany accompagner

according to selon, d'après

across à travers

adore adorer

advance: in advance à l'avance; en avance

advise conseiller

after après

afternoon après-midi *(m.)*; **in the afternoon** l'après-midi

afterward(s) après

again de nouveau

age âge *(m.)*

(by) air mail par avion

airplane avion *(m.)*

airport aéroport *(m.)*

alarm clock réveil *(m.)*

all tout(e) *(m. pl.* tous*)*; **all**

evening toute la soirée; **all the time** tout le temps

allow permettre

almost presque

also aussi

always toujours

ambition ambition *(f.)*

ambitious ambitieux (-euse)

American américain(e)

amusing amusant(e)

ancient ancien(ne)

and et

angry fâché(e)

animal animal *(m.)* *(pl.* -aux*)*

anniversary (wedding) anniversaire *(m.)* de mariage

announce annoncer

another un autre *(m.)*

answer réponse *(f.)*; *(v.)* répondre (à)

any de

anybody ne... personne

anymore ne... plus

anyone quelqu'un; ne... personne

anything ne... rien

appear apparaître, avoir l'air

April avril *(m.)*

arrive arriver

as comme; **as . . . as** aussi... que; **as much . . . as** autant de... que

ask (for) demander

at à; **at home** à la maison

athletic sportif (-ive)

attend assister à, aller à

attentive attentif (-ive)

aunt tante *(f.)*

autumn automne *(m.)*

baby bébé *(m.)*

back: be/come back revenir; **go back** retourner

bag sac *(m.)*

balloon ballon *(m.)*
banana banane *(f.)*
band orchestre *(m.)*
bank banque *(f.)*
be être; **to be . . . years old** avoir... ans; **be able** pouvoir; **be in the middle of** être en train de
beautiful beau, bel *(f.* belle*)*
because parce que
become devenir; **become fat** grossir
before avant *(de + inf.)*
begin commencer
beginning commencement *(m.)*
bell cloche *(f.)*
best meilleur(e); **do one's best** faire de son mieux
better mieux, meilleur(e); **so much the better** tant mieux
between entre
bicycle bicyclette *(f.)*, vélo *(m.)*
big grand(e)
bird oiseau *(m.)*
birthday anniversaire *(m.)*
black noir(e)
blond blond(e)
blue bleu(e)
boat bateau *(m.)*; **sailboat** bateau à voiles
book livre *(m.)*
booth *(telephone)* cabine *(f.)* téléphonique
bore ennuyer; **become bored** s'ennuyer
born: to be born naître *(p.p.* né*)*

borrow emprunter (à)
boss patron(ne)
bother ennuyer
bowl bol *(m.)*
box boîte *(f.)*
boy garçon *(m.)*
break casser
breakfast petit déjeuner *(m.)*
bring *(a person)* amener; *(a thing)* apporter
brother frère *(m.)*
brown brun(e), châtain
brush brosser; **brush (oneself)** se brosser
build bâtir
bus bus *(m.)*, autobus *(m.)*
but mais
buy acheter
by à, en, par; **by bus** en bus

café café *(m.)*
cake gâteau *(m.)*
call appeler; *(phone)* téléphoner (à)
camera appareil-photo *(m.)*
camp camp *(m.)*; colonie *(f.)* de vacances; *(v.)* camper
can pouvoir
car voiture *(f.)* automobile *(f.)*; **sports car** voiture de sport
card carte *(f.)*; **postcard** carte postale
career carrière *(f.)*
castle château *(m.) (pl.* x*)*, palais *(m.)*
CD disque compact *(m.)*
celebrate célébrer, fêter
certain certain(e), sûr(e)

charming charmant(e)
chat bavarder
check chèque *(m.)*; **checkbook** carnet *(m.)* de chèques; **traveler's check** chèque de voyage
cheese fromage *(m.)*
chew mâcher
chewing gum chewing-gum *(m.)*
child enfant *(m. /f.)*
chocolate chocolat *(m.)*; **chocolate mousse** mousse *(f.)* au chocolat; **chocolate cake** gâteau *(m.)* au chocolat; **hot chocolate** chocolat
choose choisir
city ville *(f.)*
civilization civilisation *(f.)*
class classe *(f.)*
clean *(v.)* nettoyer; *(adj.)* propre
clear *(v.)* débarrasser; *(adj.)* clair(e)
college université *(f.)*
come venir; **come along** venir; **come back** revenir; **come home** rentrer (à la maison)
commerce commerce *(m.)*
complete finir
computer ordinateur *(m.)*
computer science informatique *(f.)*
concert concert *(m.)*; **rock concert** concert de rock
confide se confier à
conscientious consciencieux (-euse)

conscientiously consciencieusement
continue continuer (à)
contrary contraire *(m.)*; **on the contrary** au contraire
cook cuisiner, faire la cuisine
cook cuisinier (-ière)
cooking cuisine *(f.)*
cooperate coopérer
cost coûter
costume costume *(m.)*; **costume party** bal costumé *(m.)*
country campagne *(f.)*; pays *(m.)*
cousin cousin(e)
cure guérir
customer client(e)

D.J. disc-jockey *(m.)*
dance danser
dangerous dangereux (-euse)
daughter fille *(f.)*
day jour *(m.)*; journée *(f.)*; **every day** tous les jours
decide décider (de)
decorate décorer
delicious délicieux (-ieuse)
delighted ravi(e)
department département *(m.)*
deserve mériter
desire désir *(m.)*; *(v.)* désirer, avoir envie de
diet régime *(m.)*; **to go on a diet** se mettre au régime
different différent(e)

dinner dîner *(m.)*; **eat dinner** dîner
diploma diplôme *(m.)*
director directeur (-trice)
discotheque discothèque *(f.)*
discuss discuter (de)
disguise déguiser; **disguise oneself** se déguiser en
dish plat *(m.)*; **wash/do the dishes** faire la vaisselle
disobey désobéir
do faire
doctor docteur *(m.)*, médecin *(m.)*
dog chien(ne)
dollar dollar *(m.)*
door porte *(f.)*
doubt: no doubt sans doute
doubtful douteux (-euse)
downtown en ville
dress habiller; **dress (oneself)** s'habiller
drink boisson *(f.)*; *(v.)* boire
drive conduire
during pendant, durant

each chaque
early de bonne heure, tôt
earn gagner
eat manger; **eat dinner** dîner
eclair éclair *(m.)*
economy économie *(f.)*
eight huit
eighteen dix-huit
eighteenth dix-huitième
eighty quatre-vingt(s)
eighty-three quatre-vingt-

trois
either non plus
elegant élégant(e)
eleven onze
embarrass embarasser
employee employé(e)
end fin *(f.)*; **at the end** à la fin
engineer ingénieur
England Angleterre *(f.)*
English anglais *(m.)*
enough assez (de)
escape échapper à, s'échapper
especially surtout
Europe Europe *(f.)*
even même
evening soir *(m.)*, nuit *(f.)*; **in the evening** le soir
every chaque; tout (tous, toute, toutes); **every day** tous les jours
everybody tout le monde *(m.)*
everyone tout le monde *(m.)*
excited excité(e)
expect s'attendre à
expensive cher *(f.* chère*)*
extraordinary extraordinaire
eye œil *(m.)* *(pl.* yeux*)*

factory worker ouvrier (-ère) des usines
fall tomber
family famille *(f.)*
famous célèbre, fameux (-euse), renommé(e)
farmer fermier (-ère)
fat gros(se); **become/get fat** grossir

father père *(m.)*

favorite favori(te), préféré(e)

February février *(m.)*

feed nourrir

fewer moins de

fifteen quinze

fifth cinquième

fifty cinquante

finally finalement, enfin

find trouver

finish finir, achever

fireplace cheminée *(f.)*

first premier (-ère)

fish poisson *(m.); (v.)* pêcher, aller à la pêche

five cinq

fix réparer

flight vol *(m.)*

flower fleur *(f.)*

food nourriture *(f.),* aliments *(m. pl.)*

for depuis, pendant, pour

forbid interdire, défendre

foreign étranger (-ère)

forget oublier

forgiveness pardon *(m.)*

fortunately heureusement

fortieth quarantième

forty quarante

four quatre

fourteen quatorze

France France *(f.)*

freeze geler

French français(e)

fresh frais *(f.* fraîche)

Friday vendredi *(m.)*

friend ami *(m.),* copain *(m.) (f.* copine), camarade *(m./f.)*

friendly amical(e), aimable

from (the) de, du, de la,

de l', des

fruit fruit *(m.); **fruit store*** fruiterie *(f.)*

fun amusement *(m.); **have fun*** s'amuser

funny drôle, amusant

game jeu *(m.),* match *(m.)*

gas(oline) essence *(f.); **gas station*** station-service *(f.)*

generally généralement, d'habitude

generous généreux (-euse)

get up se lever; **get dressed** s'habiller; **get fat** grossir; **get used to** s'habituer à

gift cadeau *(m.)*

girl fille *(f.)*

girlfriend petite amie *(f.)*

give donner; **give back** rendre

glass verre *(m.)*

go aller; **go back home** rentrer; **go camping** faire du camping; **go down** descendre; **go out** sortir; **go upstairs** monter

good bon(ne); **good luck** bonne chance; **have a good time** s'amuser; **a good deal** bien des/beaucoup

good-bye au revoir

governor gouverneur *(m.)*

grade note *(f.)*

grandfather grand-père *(m.)*

grandmother grand-mère *(f.)*

grandparents *(m. pl.)* grands-parents

great formidable, grand

group groupe *(m.)*

guide guide *(m.)*

guitar guitare *(f.)*

gum chewing-gum *(m.)*

hair cheveux *(m. pl.)*

half demi(e)

hand main *(f.)*

handsome beau, bel *(f.* belle)

happiness bonheur *(m.)*

happy content(e), heureux (-euse)

hardworking travailleur (-euse)

have avoir; **have a good time** s'amuser; **have fun** s'amuser; **have to** devoir; **have time to** avoir le temps de + *(inf.)*

he il, lui

health santé *(f.)*

hear entendre

help aider

her elle, la, lui; son, sa, ses

here ici; **here is/are** voici

hi salut

high school lycée *(m.)*

him le; lui

his son, sa, ses

history histoire *(f.)*

hit succès *(m.); **latest hits*** derniers succès

holiday fête *(f.)*

home maison *(f.); **(at) home*** à la maison; **at the home of** chez

homework devoirs *(m.pl.); **do homework***

faire les devoirs
honest honnête
hope espérer
horse cheval *(m.) (pl.*
chevaux); **go horseback**
riding monter à cheval;
on horseback à cheval
hospital hôpital *(pl.* -aux)
hot chaud(e); **to be hot**
(person) avoir chaud; **to**
be hot *(weather)* faire
chaud
hotel hôtel *(m.)*
hour heure *(f.)*
house maison *(f.)*
housework ménage *(m.)*
how comment; **how long**
depuis quand, depuis
combien de temps; **how**
much, many combien
(de)
hundred cent

I je, moi
idea idée *(f.)*
if si
imaginative imaginatif
(-ve)
imagine imaginer
immediately immédiatement, tout de suite
imperative impératif (-ve)
important important(e)
impression impression *(f.)*
in dans, en, à
inflation inflation *(f.)*
instead (of) au lieu (de)
intelligent intellingent(e)
intend compter
interested in (to be)
s'intéresser à
interesting intéressant(e)

intuitive intuitif (-ive)
invitation invitation *(f.)*
it il, elle, le, la
its son, sa, ses
Italy Italie *(f.)*

job emploi *(m.),* travail *(m.)*
July juillet *(m.)*
June juin *(m.)*
jungle jungle *(f.)*
junior high school
collège *(m.)*

kind gentil(le), aimable,
sympathique
knock frapper
know *(be acquainted with)*
connaître; *(a fact)* savoir

lake lac *(m.)*
language langue *(f.)*
large grand(e)
last dernier (-ière); **last**
night hier soir
late tard
latest dernier (-ière)
lawn pelouse *(f.)*
lawyer avocat *(m.)*
lazy paresseux (-euse)
learn apprendre
leave partir; *(behind)* laisser
lemonade citronnade *(f.)*
lend prêter
less moins; **less and less**
de moins en moins
lesson leçon *(f.)*
letter lettre *(f.)*
life vie *(f.)*
like *(v.)* aimer; *(adv.)*
comme
likeable aimable
limousine limousine *(f.)*

listen écouter
little petit(e); peu
live habiter, demeurer,
vivre
living room salon *(m.),*
salle *(f.)* de séjour
long long(ue); **a long**
time longtemps
longer: no longer ne...
plus
look regarder; **look like**
ressembler à
(a) lot (of) beaucoup (de)
love aimer, adorer
luck chance *(f.);* **good**
luck bonne chance

magnificent magnifique
mail courrier *(m.)*
mailbox boîte aux lettres
(f.)
mailman facteur (-trice)
make faire; do; **make**
happy rendre heureux
make-up maquillage *(m.);*
to put make-up on se
maquiller
man homme *(m.)*
many beaucoup (de); bien
des; **how many**
combien (de)
matter: it doesn't matter
ça ne fait rien
may pouvoir
maybe peut-être
mayor maire *(m.)*
me me; moi
meal repas *(m.)*
meat viande *(f.)*
meet rencontrer; faire la
connaissance (de)
member membre *(m.)*

memory souvenir *(m.)*; mémoire *(f.)*

midnight minuit *(m.)*

million million *(m.)*

modern moderne

money argent *(m.)*

month mois *(m.)*

more plus; **more and more** de plus en plus

morning matin *(m.); **in the morning** le matin; **from morning to night** du matin au soir

most la plupart (de); plus

mother mère *(f.)*

mount mont *(m.)*

mountain montagne *(f.);* **mountain climbing** alpinisme *(m.)*

mow tondre

much beaucoup; **as much . . . as** autant (de)... que; **how much** combien (de); **so much the better** tant mieux

museum musée *(m.)*

music musique *(f.)*

musician musicien(ne)

my mon, ma, mes

myself moi-même

name nom *(m.)*

natural naturel(le)

naturally naturellement

near près (de)

necessary nécessaire: **be necessary (to)** être nécessaire (de), falloir

need besoin *(m.); (v.)* avoir besoin de

neighbor voisin(e)

neighborhood quartier

(m.), voisinage *(m.)*

neither . . . nor ne... ni... ni

nervous nerveux (-euse)

never ne... jamais, jamais

new nouveau, nouvel *(f.* nouvelle)

news informations *(f. pl)*

next prochain(e); **next day** lendemain *(m.)*

nice sympathique, agréable, gentil(le); **to be nice** *(weather)* faire beau

night nuit *(f.),* soir *(m.);* **at night** la nuit; **night table** table *(f.)* de nuit

nine neuf

ninety quatre-vingt-dix

no non; **no. . . longer** ne... plus; **no one** ne... personne, personne

nobody ne... personne, personne

noise bruit *(m.)*

nor ni

normal normal(e)

north nord

not ne... pas

notebook cahier *(m.)*

nothing ne... rien, rien

now maintenant

number *(phone)* numéro *(m.)*

o'clock heure *(f.)*

obey obéir (à)

observe observer

of de, (du, des); **of course** bien sûr

office bureau *(m.)*

often souvent

old ancien(ne),vieux, vieil *(f.* vieille); **to be . . . years old** avoir... ans; **old age** vieillesse *(f.)*

older plus âgé

on sur; *(. . . days of week)* le... ; **on time** à l'heure

once une fois

one un(e); **the one who** celui / celle qui

only seul *(adj.);* seulement *(adv.)*

open ouvrir; **open up** s'ouvrir

operator opérateur (-trice)

opinion opinion *(f.),* avis *(m.);* **in my opinion** à mon avis

or ou

orangeade orangeade *(f.)*

orchestra orchestre *(m.)*

order ordre *(m.);* **in order to** pour, afin de

other autre

our notre, nos

over there là-bas

owe devoir

own posséder; *(adj.)* propre

p.m. de l'après-midi, du soir

pack faire une valise

package colis *(m.),* paquet *(m.)*

parent parent *(m.)*

park parc *(m.)*

party fête *(f.),* boum *(f.)*

pastry pâtisserie *(f.);* **pastry shop** pâtisserie *(f.)*

patience patience *(f.)*

peace paix *(f.)*

perfect parfait(e)
perhaps peut-être
persist (in) persister (à)
personality personnalité
(f.)
persuade persuader
phone téléphone (m.);
phone book annuaire
(m.); **phone booth**
cabine (f.); **phone call**
coup de téléphone (m.);
phone number
numéro de téléphone
(m.); **on the phone** au
téléphone
piano piano (m.)
picnic pique-nique (m.)
picture image (f.), illustration (f.), photo (f.)
pie tarte (f.)
plane avion (m.)
plant plante (f.)
plate assiette (f.)
play jouer à (+ sport);
jouer de (+ musical
instrument)
pleasant agréable
pleasure plaisir (m.)
pocket poche (f.); **pocket
money** argent de poche
(m.)
politely poliment
poor pauvre
port port (m.)
possible possible
post office bureau de
poste (m.), poste (f.)
postcard carte postale (f.)
practical pratique
practice pratiquer,
s'exercer
prefer préférer, aimer

mieux
preferable préférable
prepare préparer; **prepare
oneself** se préparer
present présent (m.); **at
present** à présent
president président(e)
pretty joli(e)
principal directeur (-trice)
probable probable
probably probablement
promise promettre
promotion promotion (f.)
proud fier (-ère)
punishment punition (f.)
put (on) mettre; **put on
make-up** se maquiller

quarter quart (m.)
question question (f.); **out
of the question** jamais
de la vie, pas question
quickly vite, rapidement
quite assez

rain (v.) pleuvoir; pluie (f.)
raise lever
read lire
ready prêt(e)
really vraiment
receive recevoir
receiver (phone) récepteur
(m.)
recommend
recommander
recovery guérison (f.)
rehearse répéter
remember rappeler, se
souvenir de
rent louer
reporter reporter (m.)
representative député(e)

reputation réputation (f.)
resemble ressembler (à)
reserve réserver
rest (oneself) se reposer
restaurant restaurant (m.)
return (v.) (home) rentrer;
(an item) rendre,
retourner; retour (m.)
rich riche
room chambre (f.), pièce
(f.), salle (f.)
rule règle (f.); règlement
(m.)

sacrifice sacrifice (m.)
sad triste, malheureux
(-euse)
safe coffre-fort (m.)
salad salade (f.)
salary salaire (m.)
salesgirl vendeuse (f.)
salespeople vendeurs
(m. pl.)
salesperson vendeur
(-euse)
sandwich sandwich (m.)
say dire
school école (f.), lycée (m.)
season saison (f.)
secret secret (-ète)
see voir
seem paraître, sembler
selfish égoïste
sell vendre
send envoyer
September septembre (m.)
serious grave, sérieux
(-euse)
serve servir
service station station-
service (f.)
set régler; **set the table**

mettre le couvert/la table

seven sept

seventeen dix-sept

seventy-nine soixante-dix-neuf

share partager

shave raser; **shave (oneself)** se raser

she elle

shirt chemise *(f.)*

shoe chaussure *(f.)*, soulier *(m.)*

shop: do the shopping faire les courses; **go shopping** faire des achats/courses

short court(e), petit(e)

show montrer

shy timide

silence silence *(m.)*

sing chanter

sister sœur *(f.)*

sit s'asseoir

six six

sleep sommeil *(m.)*; dormir

sleepy: to be sleepy avoir sommeil

slowly lentement

smart intelligent(e)

snow neige *(f.)*; *(v.)* neiger

so donc; si; **so many, much** tant (de)

soda soda *(m.)*

some du, de la, de l', des, en, quelques

someone quelqu'un, on

something quelque chose

sometimes quelquefois, parfois

son fils *(m.)*

song chanson *(f.)*

soon bientôt; **as soon as** aussitôt que, dès que

soup soupe *(f.)*

south sud *(m.)*, midi *(m.)*

spare libre; **spare time** temps libre

speak parler

special spécial(e)

specialty spécialité *(f.)*

speech discours *(m.)*

speedy rapide

spend dépenser *(money)*; passer *(time)*

spring printemps *(m.)*

stamp timbre *(m.)*

start commencer (à); **start out** se mettre en route

state état *(m.)*

stay rester

steal voler

still encore

stop arrêter, s'arrêter

store magasin *(m.)*

story histoire *(f.)*

strong fort(e)

student élève *(m./f.)*, étudiant(e)

study étude *(f.)*; *(v.)* étudier

suburb banlieue *(f.)*; **in the suburbs** en banlieue

succeed réussir

suggest suggérer

suit *(female)* tailleur *(m.)*; *(male)* complet *(m.)*

suitcase valise *(f.)*

summer été *(m.)*

sure certain(e), sûr(e)

surf faire du surf

surprise surprise *(f.)*

swimming nage *(f.)*;

swimming pool piscine *(f.)*; **go swimming** aller nager

table table *(f.)*; **night table** table de nuit; **set the table** mettre le couvert/la table

take prendre; apporter; **take a trip** faire un voyage; **take a walk** faire une promenade, se promener; **take care of** garder

talk parler

tall grand(e)

taste goûter

teach enseigner

teacher professeur *(m.)*, maître *(m.)*

telephone *(v.)* téléphoner (à); téléphone *(m.)*; **on the phone** au téléphone; **telephone book** annuaire *(m.)*; **telephone booth** cabine téléphonique *(f.)*

television télévision *(f.)*

tell dire, raconter

ten dix

tennis tennis *(m.)*

tent tente *(f.)*

than que

thank remercier; **thank you** merci

that que; qui; ce, cet, cette, cela; **that one** celui (celle)-là

the le, la, l', les

theater théâtre *(m.)*

their leur, leurs

them eux, elles, les

then puis, alors, ensuite

there là; y; **over there** là-bas; **there is / are** il y a; voilà

these ces, ceux, celles

they ils, elles

thin mince

thing chose *(f.)*; affaires *(f. pl.)*

think (about) penser (à), réfléchir

third troisième

thirty trente

this ce, cet, cette, ceci; **this is** voici; **this one** celui (celle)-ci

those ces, ceux, celles

though bien que

thousand mille, mil *(in dates)*

three trois

Thursday jeudi *(m.)*

ticket billet *(m.)*

tie cravate *(f.)*

time temps *(m.); (in series)* fois *(f.);* **all the time** tout le temps; **from time to time** de temps en temps; **have a good time** s'amuser; **have time to** avoir le temps de; **a long time** longtemps; **on time** à l'heure; **many times** souvent

to à; **(in order) to** pour, afin de

today aujourd'hui

together ensemble

tomorrow demain *(m.)*

tonight ce soir

too aussi, trop

travel voyager

tree arbre *(m.)*

trip voyage *(m.);* **to take a trip** faire un voyage

truly vraiment

truth vérité *(f.)*

Tuesday mardi

twenty vingt

two deux

typewriter machine à écrire *(f.)*

uncle oncle *(m.)*

under sous

unfortunately malheureusement

United States États-Unis *(m. pl.)*

university université *(f.)*

until jusqu'à

upstairs en haut; **go upstairs** monter

us nous

use utiliser, se servir de

usual habituel; **as usual** comme d'habitude

vacation vacances *(f. pl.);* **to go on vacation** aller en vacances

value valeur *(f.)*

vegetable légume *(m.)*

vegetarian végétarien(ne)

very très

villa villa *(f.)*

visit rendre visite à, visiter

vote voter

wait (for) attendre

waiter serveur *(m.)*

walk marcher; promener; **to go for/to take a**

walk se promener

walkman baladeur *(m.)*

want vouloir, avoir envie de, désirer

wash laver; **wash oneself** se laver, **wash the dishes** faire la vaisselle

watch regarder, garder, surveiller

watch montre *(f.)*

water eau *(f.);* **mineral water** eau minérale; *(v.)* arroser

we nous

weak faible

wear porter

weather temps *(m.);* **bad weather** mauvais temps

wedding mariage *(m.)*

Wednesday mercredi *(m.)*

week semaine *(f.)*

weekend fin *(f.)* de semaine, week-end *(m.)*

what que, qu'est-ce que, quoi; quel(le); ce que

when quand

where où

which qui, que; **which (one)** lequel, laquelle; auquel, duquel; **which (ones)** lesquels (-elles); auxquels (-elles), desquels (-elles)

while pendant que

who qui

whole entier (-ière); tout

whom qui

whose à qui; de qui

why pourquoi

wife femme *(f.)*

wild sauvage

window *(for service)* guichet

(m.)
wine vin *(m.)*
winter hiver *(m.); winter
  sports** sports d'hiver
wish souhaiter
with avec
without sans
wonder se demander
wonderful merveilleux
  (-euse), formidable
woods bois *(m. pl.)*
work travail *(m.); (v.)*
  travailler; marcher

(machines)
worker ouvrier(-ère),
  employé(e)
worry (s') inquiéter; **to
  become worried**
  s'inquiéter
write écrire

year an *(m.),* année *(f.); to
  be . . . years old** avoir...
  ans
yes oui
yesterday hier

yet encore; **not yet** pas
  encore
you tu, toi, vous
young jeune; young
  people jeunes gens
  (m. pl.)
your ton, ta, tes, votre, vos
youth jeunesse *(f.)*

zip code code postal *(m.)*
zoo zoo *(m.),* parc
  zoologique *(m.)*

Index